Ferdinand Kramer. Die Bauten

The Buildings of Ferdinand Kramer

DAM

Ferdinand Kramer, 1970 | Ferdinand Kramer, 1970

Ferdinand Kramer. Die Bauten

The Buildings of Ferdinand Kramer

Herausgeber | Editors:
Wolfgang Voigt, Philipp Sturm, Peter Körner, Peter Cachola Schmal

Mit Beiträgen von | with contributions by
Julian Bindi, Enrico Dunkel, Christian Freigang, Alexander Kluge, Peter Körner, Lore Kramer, Martin Mosebach, Wolfgang Pehnt, Claudia Quiring, Matthias Schirren, Philipp Sturm, Wolfgang Voigt, Fabian Wurm

Wasmuth

1 Erweiterungsbau Institut für Physikalische Chemie, Treppenhaus, Campus-Bockenheim, Frankfurt, 2015
1 Extension of the Institute for Physical Chemistry, stairway, Campus-Bockenheim, Frankfurt, 2015

Einführung

Introduction

Im Deutschen Architekturmuseum hat es seit seiner Gründung immer wieder Anlässe gegeben, den Besuchern das Werk herausragender Architekten der klassischen Moderne des 20. Jahrhunderts zu präsentieren. Allein über die Akteure des „Neuen Frankfurts“ der 1920er Jahre gab es Ausstellungen zu Mart Stam (1997), Martin Elsaesser (2009) sowie mehrfach zu Ernst May, dem Initiator des Frankfurter Modells (1986, 2001 und 2011). Dass diesen nun Ferdinand Kramer folgt, hat nicht nur damit zu tun, dass auch er zu den klugen Köpfen der „Ära May“ in Frankfurt gehörte. Kramer ist heute vielen bekannt durch seine wieder aufgelegten Möbelentwürfe und vor allem durch seine Universitätsbauten auf dem Campus Frankfurt-Bockenheim.

Ferdinand Kramer wurde 1898 geboren und gehörte während der Weimarer Republik zu den jungen Kräften in der Avantgarde des Neuen Bauens. Als Ernst May ihn 1925 in sein Team holte, war Kramer bereits seit einigen Jahren als Entwerfer von Hausgerät und von auf die Maße einer Kleinwohnung zugeschnittenen Möbeln bekannt. Fünf Jahre lang war er Mitarbeiter in der Abteilung für Typisierung und Wohnungsbau im Frankfurter Hochbauamt. Gemeinsam mit lokalen Betrieben entwarf er eine breite Palette von sachlich gestalteten Möbeln und Alltagsgegenständen, die nicht nur in den Schulen und Kindergärten der Stadt Verwendung fanden, sondern auch in den Familienwohnungen der neuen Siedlungen am Stadtrand. Das bekannteste damals von ihm in Frankfurt realisierte Hochbauprojekt waren die Laubenganghäuser der Siedlung Westhausen (1929–1931) und, im gleichen Geist der Moderne, das Privathaus Erlenbach (1929/30).

Im Nationalsozialismus, in dem die Ära des Neuen Bauens ihr abruptes Ende fand, sah sich der Architekt Kramer auf wenige private Aufträge zurückgeworfen. Dem 1933 gleichgeschalteten und von den jüdischen

Since its founding the *Deutsches Architekturmuseum* (The German Museum of Architecture, or DAM) has frequently had occasion to present the work of outstanding architects of the 20th century classical Modernism. For the protagonists of the “New Frankfurt” from the 1920s there were exhibitions on Mart Stam (1997), Martin Elsaesser (2009) and several on Ernst May, the initiator of the Frankfurt Model in 1986, 2001 and 2011. Now Ferdinand Kramer’s work is being shown, not only because he was one of the “whiz kids” from the “May era” in Frankfurt. Many people know Kramer today from the reissue of his furniture and especially because of his university buildings on the Frankfurt Bockenheim Campus.

Ferdinand Kramer was born in 1898 and was one of the youthful forces in the avant-garde of *Neues Bauen* (New Building) during the Weimar Republic. When Ernst May added Kramer to his team in 1925, he already had a reputation as a designer of household appliances and furniture for small apartments. He worked for five years in the Department of Standardization and Housing Construction in the Frankfurt *Hochbauamt* (Building Authority). Together with local firms he created a whole array of soberly designed furniture and everyday items, not only for municipal schools and kindergartens, but also for family apartments in the settlements in the suburbs. His best known realized high-rise projects were the balcony access blocks he designed for the Westhausen Settlement in Frankfurt (1929–1931) and, in the same spirit of the Modern, the Erlenbach private house (1929/30).

During the period of National Socialism, when New Building met an abrupt end, the architect Kramer had only a few private commissions. In 1933 he left the politically and racially “purified” *Deutscher Werkbund* (German Work Federation) out of protest. Four years later he was expelled

Mitgliedern „gereinigten" Deutschen Werkbund wollte er nicht mehr angehören und erklärte seinen Austritt. Vier Jahre später folgte Kramers Ausschluss aus der Reichskammer der bildenden Künste, der einem Berufsverbot gleichkam. Begründet wurde der Ausschluss mit seinen „persönlichen Verhältnissen": Kramer war mit einer Frau aus jüdischer Familie verheiratet.

1937/38 entschloss sich das Ehepaar Kramer zur Emigration in die USA. Dort machte Ferdinand Kramer sich vor allem als Designer intelligenter Einrichtungsgegenstände einen Namen. Zukunftsweisend waren seine das IKEA-Prinzip vorwegnehmenden Knock-Down-Möbel, die von den Käufern selbst zusammengebaut und wieder zerlegt werden konnten. Legendär war sein „Rainbelle" genannter Regenschirm zum einmaligen Gebrauch aus gefaltetem Papier.

Nach dem Zweiten Weltkrieg gehörte Kramer zu den wenigen Emigranten, welche die Rückkehr in das nicht nur materiell, sondern auch moralisch beschädigte Deutschland wagten. 1952 übernahm er den Posten des Leiters des Universitätsbauamts in Frankfurt. Es begann Kramers zweite Karriere: Innerhalb von zwölf Jahren gestaltete er, begleitet von Argwohn und Neid seitens der Frankfurter Architektenkollegen, den Aufbau der weitgehend zerstörten Universität mit inzwischen historischen Bauten und Umbauten, wie dem modern implantierten Haupteingang im neubarocken Hauptgebäude (1953), dem Hochhaus des Philosophicums (1960) oder der Universitätsbibliothek (1964).

Über Kramers Universitätsbauten schrieb Alexander Kluge 1958, sie seien „funktionell, billig und von einer fast zarten Form, wie ich ähnliches sonst in Deutschland kaum kenne". Kramers Arbeit für die Universität stand unter dem Zeichen eines demonstrativen Neubeginns von Hochschule und Architektur nach 1945 und, wie Kluge betonte, für die Gestaltung „einer Universität aus einem geistigen Zusammenhang".

Durch den Umzug der Goethe-Universität aus Bockenheim auf den Campus Westend steht der Kernbestand der Kramer-Bauten heute zur Disposition. Einige sind bereits verschwunden und weiteren Gebäuden scheint die Abrissbirne sicher. Der Zeitgeist von heute sieht bei den in die Jahre gekommenen Universitätsbauten kaum mehr den „Charme des Systematischen". Allerdings bewegt sich etwas in letzter Zeit. Das frühere Institut für Pharmazie und Lebensmittelchemie wurde als Forschungszentrum BiK-F wiedereröffnet, vorbildlich saniert durch die Architekten SSP Schürmann Spannel. Engagierte Bürger, die sich seit Jahren für die Erhaltung der Kramer-Bauten einsetzten, hatten für das Philosophicum ein Konzept zur Umnutzung zum Wohnen entwickelt, das am Ende an der Finanzierung gescheitert ist. Dennoch ist die Erhaltung des Philosophicums nach langem Tauziehen gesichert. Derzeit wird es von Stefan Forster Architekten für Studierenden-Appartements umgebaut, allerdings um den Preis der Ergänzung durch einen zusätzlichen Baukörper an der Gräfstraße, der die Westseite des Gebäudes teilweise verdecken wird. Das Schicksal von Kramers Universitätsbibliothek ist weiterhin offen.

Vor einiger Zeit hatten sich die beiden Frankfurter Museen, die von ihrer Ausrichtung mit den Arbeitsfeldern Ferdinand Kramers eng verbunden sind, auf eine gemeinsame Initiative zur Erinnerung an sein Werk verständigt. Das Museum Angewandte Kunst machte 2013 den Anfang mit der Ausstellung *Das Frankfurter Zimmer*, der im Frühjahr 2014 die große Ausstellung *Das Prinzip Kramer* über den Designer Kramer folgte. Nachdem dieser Teil des Kramer'schen Schaffens auf umfassende Weise behandelt wurde, zeigt das Deutsche Architekturmuseum 30 Jahre nach seinem Tod eine auf Ferdinand Kramers Architektur konzentrierte Schau, unter dem Motto „Linie Form Funktion". Linie für die Geradlinigkeit und Phrasenlosigkeit, die sich durch das gesamte Werk ziehen; Form und

from the *Reichskammer der bildenden Künste* (Reich Chamber of Fine Arts), which amounted to disbarment. The reason given for the expulsion was his "personal relationships": Kramer was married to a woman from a Jewish family.

In 1937/38 the couple decided to immigrate to the USA. Ferdinand Kramer established a reputation there primarily as a designer of intelligent furnishings. His *Knock Down* furniture anticipated the IKEA principle whereby customers assemble and disassemble their furniture. His Rainbelle, a throw-way umbrella made of folded paper, became a hit.

After World War II Kramer was one of the few emigrants who risked returning to a Germany that had been morally as well as materially damaged. In 1952 he assumed the position of director of the University Building Authority in Frankfurt. Kramer's second career had begun: within twelve years, in the wake of the jealousy and suspicion of his Frankfurt colleagues, he oversaw the reconstruction of the almost completely destroyed university with what have since become historical buildings and conversions, such as the modern entrance implanted in the neo-Baroque main building (1953), the *Philosophicum* high-rise (1960), or the University Library (1964).

Regarding Kramer's university buildings, Alexander Kluge wrote in 1958, that they were "functional, cheap and have an almost tender form, the like of which I have hardly seen in Germany". Kramer's work for the university reflected the spirit of a demonstrative new beginning for the university and for architecture after 1945, and as Kluge emphasized, for the design of "a university with an intellectual context".

Since the Goethe University has moved from Bockenheim to the Westend Campus, the core inventory of the Kramer buildings is in limbo. Some buildings have already disappeared and other seem certain to follow. The contemporary *zeitgeist* sees very little of the "charm of the systematic" in the dilapidated university buildings. But recently there have been signs of hope. The former Institute for Pharmacy and Food Chemistry was reopened as the BiK-F Research Center, with an exemplary renovation by SSP Schürmann Spannel Architekten. Citizens who had been involved for years in the preservation of the Kramer buildings had a concept for conversion of the *Philosophicum* as apartments which failed for lack of funding. But after a long tug-of-war the fate of the *Philosophicum* is secure. It is currently being converted by Stefan Forster Architekten into apartments for students, at the price of adding a new building on Gräfstrasse. The new structure will partially obscure the west side of the building. The fate of Kramer's university library is still uncertain.

A couple of years ago the two Frankfurt museums closely connected to Ferdinand Kramer's fields of work organized a joint initiative to commemorate his work. In 2013 the *Museum Angewandte Kunst* (Museum of Applied Arts) began with the exhibition *Das Frankfurter Zimmer* (The Frankfurt Room), followed in spring of 2014 by the large exhibition *Das Prinzip Kramer* (The Kramer Principle) which featured Kramer as designer. After his design work had been comprehensively presented, thirty years after his death the *Deutsches Architekturmuseum* presents a show focused on Ferdinand Kramer's architecture with the title *Linie Form Funktion* (Line Form Function). Line here means the straightforwardness devoid of phrases which is a constant in Kramer's work. Form and Function stand for the Kramer principle of subordinating the form to function so that the form does not become an end in itself.

The exhibition is long overdue in the heat of the debate about whether his university buildings should be torn down or preserved. We show Kramer's architecture from different periods in its current and partly disfigured state, as well as with glimpses in the past in order to recall the

Funktion für das Prinzip Kramers, das eine dem anderen zu unterwerfen und die Form nicht zum Selbstzweck werden zu lassen.
Die Ausstellung ist überfällig, seit es in Frankfurt erhitzte Debatten über die Frage von Abbruch oder Erhaltung seiner Bauten gibt. Wir zeigen Kramers Architektur aus den verschiedenen Zeitabschnitten im aktuellen und zum Teil entstellten Zustand sowie in Rückblenden in die Vergangenheit, wobei an den jeweiligen Entstehungskontext erinnert wird. So kann die Ausstellung dazu beitragen, die architektonische Seite des Werkes neu zu entdecken und dessen Logik zu verstehen – und die heute mitunter fremd erscheinende Kargheit der Bauten mit anderen Augen zu sehen.
Zur Ausstellung im DAM erscheint das vorliegende Buch, dem andere wichtige Publikationen zum Werk Ferdinand Kramers vorausgingen. Den Anfang machte 1975 die Architektenkammer Hessen mit dem von Jochem Jourdan bearbeiteten *Ferdinand Kramer. Werkkatalog 1923–1974*. Es folgten die Ausstellungskataloge *Ferdinand Kramer. Architektur und Design* des Bauhaus-Archivs Museum für Gestaltung (1982) und *Ferdinand Kramer. Der Charme des Systematischen*, herausgegeben von Claude Lichtenstein (1991); sodann das auf einer Dissertation beruhende Werk *Die Frankfurter Universitätsbauten Ferdinand Kramers. Hochschulbau der 50er Jahre* von Astrid Hansen (2001) sowie begleitend zur Ausstellung im Museum Angewandte Kunst Frankfurt *Kramer, Ferdinand. Design für variablen Gebrauch*, herausgegeben von Gerda Breuer (2014). Zu einzelnen Bauten der Universität entstanden 2006 die von Thilo Hilpert herausgegebene Dokumentation *Ferdinand Kramers Hochhaus der Philosophen. Moderne vor dem Abriss* und der von Christian Langhagen-Rohrbach besorgte Nachruf *Senckenberganlage 36. Geographisches Institut der Johann Wolfgang Goethe-Universität 1964–2006* (2006). Über die Sanierung des Forschungszentrum BiK-F informiert die Publikation *Ferdinand Kramer/ SSP SchürmannSpannel Forschungszentrum BiK-F, Frankfurt am Main* (2014). Bereits 1998 wurde zu Kramers 100. Geburtstag aus dem Kreis seiner Familie die Dokumentation *Ferdinand Kramer – Skizzen* in limitierter Edition herausgegeben.
Diesen Werken folgt nun das vorliegende Buch, das Kramers Architektur in den Fokus nimmt und sich der Tatsache stellt, dass seine Universitätsbauten nicht nur Zustimmung erfahren haben. Wir haben daher einige Nutzer seiner Bauten – ehemalige Studenten, Mitarbeiter der Universität und Dozenten – um ihre Erinnerungen beziehungsweise ihren Standpunkt gebeten und freuen uns, von Wolfgang Pehnt, Martin Mosebach und Christian Freigang sehr prägnante Urteile vorstellen zu können. Matthias Schirren führte für uns ein Gespräch mit Alexander Kluge, der in den 1950er Jahren den Aufbau der Universität aus nächster Nähe erlebte. Im Katalog werden auch bisher unberücksichtigte Kramer-Bauten behandelt, wie zum Beispiel das auf dem Campus gelegene Juridicum. Es werden neu erschlossene Archivquellen genutzt, darunter ein Konvolut von Briefen, die Kramer zwischen 1925 und 1958 an seine erste Frau schickte. Sie erlauben detaillierte Einblicke in seine berufliche Existenz in den 1920er Jahren oder seine Haltung zur Emigration und beleuchten die erste Zeit nach Kramers Rückkehr nach Frankfurt. Eine eigens für diese Ausstellung in Auftrag gegebene Serie neuer Aufnahmen seiner Bauten lieferte uns der Fotograf Norbert Miguletz. Sie zeigt seine Interpretation vieler Kramer-Bauten in Rhein-Main und ermöglicht den Vergleich mit den schwarzweißen Aufnahmen aus den früheren Jahren.
Für das Zustandekommen der Ausstellung und des Katalogs sind wir einigen Personen und Institutionen zu großem Dank verpflichtet. Zunächst unseren Sponsoren – dem Kulturfonds Frankfurt RheinMain, der Gesellschaft der Freunde des DAM und der Wohnungsbaugesellschaft RMW so-

circumstances of their creation. This will aid in rediscovering this architecture and in understanding the logic of the work, to see with new eyes what sometimes might appear as a strange bleakness to the buildings.
This book, which is appearing in conjunction with the DAM exhibition, is preceded by several other important publications about Ferdinand Kramer's work. The *Architektenkammer Hessen* (Chamber of Architecture of Hesse) began in 1975 with the *Ferdinand Kramer Werkkatalog 1923–1974* edited by Jochem Jourdan, followed by the exhibition catalogue *Ferdinand Kramer. Architektur und Design* published by the Bauhaus Archive's *Museum für Gestaltung* (Museum for Design, 1982) and *Ferdinand Kramer. Der Charme des Systematischen*, edited by Claude Lichtenstein (1991). Then came *Die Frankfurter Universitätsbauten Ferdinand Kramers. Hochschulbau der 50er Jahre*, a book based on a dissertation by Astrid Hansen (2001), and in conjunction with the exhibition of the *Museum Angewandte Kunst* in Frankfurt, *Kramer, Ferdinand. Design für variablen Gebrauch*, edited by Gerda Breuer (2014). About specific university buildings Thilo Hilpert edited in 2006 a documentation with the title *Ferdinand Kramers Hochhaus der Philosophen, Moderne vor dem Abriss* and Christian Langhagen-Rohrbach wrote in the same year the troubled obituary to the *Senckenberganlage 36. Geographisches Institut der Johann Wolfgang Goethe-Universität 1964–2006*. In 2014 *Ferdinand Kramer/SSP SchürmannSpannel Forschungszentrum BiK-F, Frankfurt am Main* was published about the renovation of the BiK-F Research Center. And in 1998 on the occasion of Kramer's 100th birthday his family published *Ferdinand Kramer – Skizzen* in a limited edition.
Now comes this book, which focuses on Kramer's architecture and establishes the fact that his university buildings did not always meet with approval. We asked some users of his buildings – former students, colleagues from the university and lecturers – to recall the buildings from their own standpoint. We were delighted to receive trenchant judgments from Wolfgang Pehnt, Martin Mosebach and Christian Freigang. Matthias Schirren conducted a discussion for us with Alexander Kluge, who was close to the events as the university was being built in the 1950s.
Kramer buildings that have previously gone unnoticed are also treated in the catalogue, like the *Juridicum* on the campus. New archive sources were drawn on, among them a bundle of letters which Kramer wrote to his first wife from 1925 to 1958. Detailed insights emerge from them concerning his professional existence in the 1920s, his attitude towards emigration, as well as throwing light on the first years after his return to Frankfurt. The photographer Norbert Miguletz was commissioned to produce a series of photographs of Kramer's buildings for this exhibition. They show his interpretation of the many Kramer buildings in the Rhine-Main area and provide a comparison with the earlier black and white shots.
We are greatly indebted to a few individuals and institutions for the opportunity to put together this exhibition and catalogue. First of all, our sponsors, the Kulturfond Frankfurt RheinMain, the Gesellschaft der Freunde des DAM and the Wohnungsbaugesellschaft RMW, as well as the Architekten- und Stadtplanerkammer Hessen (Chamber of Architects and Urban Planners of Hesse). Without their generous support this project would not have been possible.
We also thank the exhibition donors: the University Archive, Frankfurt/Main, the Johann Christian Senckenberg University Library and Stefan Forster Architekten.
For the bulk of the material loaned we must thank the Kramer Archive in Frankfurt, which he himself began and which is still maintained in

wie der Architekten- und Stadtplanerkammer Hessen – ohne deren großzügige Förderung das Projekt nicht hätte stattfinden können.
Wir danken auch den Leihgebern der Ausstellung: dem Universitätsarchiv Frankfurt am Main, der Universitätsbibliothek Johann Christian Senckenberg und dem Architekten Stefan Forster.
Das Gros an Leihgaben verdanken wir jedoch dem Kramer-Archiv in Frankfurt, das von ihm selbst begonnen wurde und bis heute von seiner Familie auf beispielhafte Weise weitergeführt wird. Ein besonderer Dank gilt hierbei Lore Kramer, der zweiten Frau des Architekten, und ebenso Katharina Pennoyer. Sie öffneten uns das Archiv viele Male und standen mit Rat und Tat zur Seite. Besonders freuen wir uns über einen Beitrag, den Lore Kramer für den Katalog verfasste. Auf engagierte Weise steht sie seit Jahrzehnten dafür ein, dass die Erinnerung an Kramers Moderne lebendig bleibt.
Ebenso gilt unser Dank den Autoren des Katalogs, dem Fotografen Norbert Miguletz sowie Sigrid Hauser und Rosa Wagner vom Ernst Wasmuth Verlag. Ein besonderer Dank gilt Peter Körner, der in einer schwierigen Phase in das Projekt eingestiegen ist und das Kuratorenteam komplettiert hat.
Kurz vor Redaktionsschluss erreichte uns die Nachricht, dass die seit Jahren leer stehende Mensa an der Bockenheimer Warte als Übergangsquartier für Flüchtlinge genutzt werden soll (Abb. 2). Ein Bau von ihm, für die Gemeinschaft entworfen, nach langer Pause in Stand gesetzt, ausgestattet mit leichtem Mobiliar und in Dienst genommen für Menschen in Not: dem Emigranten Ferdinand Kramer hätte dies gefallen.

Wolfgang Voigt
Philipp Sturm
Peter Cachola Schmal

impeccable condition today. Special thanks here to Lore Kramer, the second wife of the architect, and Katharina Pennoyer. They opened the archives to us many times and were always there with advice and help. We are especially grateful for Lore Kramer's contribution to the catalogue. Lore Kramer has been active for decades in ensuring that Kramer's Modern lives on.
We also thank the authors of the catalogue, the photographer Norbert Miguletz and Sigrid Hauser and Rosa Wagner from Ernst Wasmuth Verlag. Special thanks also to Peter Körner, who came on board at a difficult phase of the project and completed the team of curators.
Just before copy deadline we received notification that the cafeteria on the Bockenheimer Warte, which stood empty for years, will be used as transitional accommodation for refugees (Fig. 2). One of the buildings that he designed for the community is being renovated after a longer period of dormancy, equipped with light furniture and put back into service for people in need: that would have pleased the émigré Ferdinand Kramer.

Wolfgang Voigt
Philipp Sturm
Peter Cachola Schmal

2 Mensa, Labsaal, Campus-Bockenheim, Frankfurt, 2015 | 2 Cafeteria, *Labsaal* (refreshment hall), Campus-Bockenheim, Frankfurt, 2015

1 Siedlung Westhausen. Laubenganghäuser mit Ferdinand Kramer, 1929 | 1 Westhausen Settlement. Balcony access houses with Ferdinand Kramer, 1929

CLAUDIA QUIRING

Ferdinand Kramers Weg in die Architektur – die Frankfurter Jahre von 1922 bis 1938

Der Einstieg des Architekten Ferdinand Kramer in die Architektur erfolgte mehr oder weniger nebenbei. Vom Abschluss seines Studiums an der TH München bis zu seiner Emigration beschäftigte er sich vornehmlich mit Gebrauchsgegenständen wie Metallgeräten, Leuchten und Möbeln sowie mit Umbauten und Einrichtungen. Bauten entstanden erst ab 1925 vereinzelt, so dass es während der 17-jährigen Arbeit in Deutschland lediglich 13 Projekte vom Reißbrett bis auf die Baustelle schafften.

1922, in Zeiten der Inflation, war an Bauaufträge für einen Berufsanfänger wie Kramer kaum zu denken. 1923 war er nach eigenen Angaben arbeitslos. Er konnte jedoch aus der Not eine Tugend machen, indem er Objekte herstellte – Öfen und Kannen beispielsweise –, die in wichtigen Ausstellungen in Frankfurt und an anderen Orten gezeigt wurden. Die Reaktionen waren positiv, Kramer kam regional und überregional ins Gespräch.[1] Über persönliche Kontakte erhielt er einige innenarchitektonische Aufträge, 1925 erwähnt er auch einen Vertrag mit der Stadt, der sich vermutlich noch auf Objektdesign bezog.[2]

Bis Mitte 1925 sah Kramer keine Chance, größere Aufträge zu erhalten, und vermutete, Frankfurt verlassen zu müssen. Wenn dies auch seine Stimmung trübte, hatte es doch keinen Einfluss auf seine Kreativität: „ich habe eine menge neuer ideen, an denen ich abends arbeite, ich bin selbst erstaunt, man kann in dieser zeit an mir melken wie an einer kuh […].“[3] Seine Wunschstadt war zu dieser Zeit – auch aus privaten Gründen – Berlin.

Doch im Oktober/November 1925 wurden die Weichen dann in ganz andere Richtungen gestellt: Kramer hatte durch die Frankfurter Ausstellung die Designerin Lilly Reich kennengelernt, die wiederum eng mit Ludwig Mies van der Rohe befreundet war. Dieser bot ihm nun Mitwirkungsmöglichkeiten an der Werkbund-Ausstellung in Stuttgart, die er zu diesem

The Path to Architecture – Ferdinand Kramer's Frankfurt Years 1922 to 1938

Ferdinand Kramer became involved with architecture more or less as an afterthought. After completing his studies at the TH Munich and until his emigration, he was involved primarily with household utilities made of metal, lamps and furniture as well as apartment modifications and furnishings. He started with individual buildings as such in 1925, and completed 13 projects from drawing board to construction during his 17 years of work in Germany.

1922, during the great inflation, a commision to build was a dream for a beginner in architecture like Kramer. According to his own information, in 1923 he was unemployed. But he was able to make a virtue of necessity by manufacturing objects like ovens and jugs, which were shown in important exhibitions in Frankfurt and other locations. The reactions were good and Kramer became a topic of regional discussion and beyond.[1] He received a few interior design commissions through personal contacts and he mentions a comission from the city in 1925, probably for the design of household objects.[2]

In mid-1925 Kramer saw no opportunities to receive larger contracts and thought he would have to leave Frankfurt. Although the prospect was depressing for him, it had no influence on his creativity: "I've got a lot of new ideas which I work on in the evenings and it astonishes me, you could milk me like a cow […]."[3] His preferred city at this time was Berlin, also for personal reasons.

But in October and November, 1925, his life's journey took an entirely other direction: at a Frankfurt exhibition Kramer became acquainted with the designer Lilly Reich, who was a close friend of Ludwig Mies van der Rohe. Mies van der Rohe now offered Kramer a collaboration in the Werkbund exhibition which he was preparing at the time: "It is up to [Mies] to decide if I will organize a large scale supply of material […] mortar, con-

Zeitpunkt gerade vorbereitete: „[Mies] soll letzten endes entscheiden, ob ich die *sehr* grosse Materialausstellung [...] einräumen werde [...] die Mörtel, Baustoffe, Maschinen etc. umfasst an Gelände ungefähr die Hälfte der Frankfurter Messe. [...] Es wäre natürlich eine enorme Aufgabe + ich würde es gerne machen, aber möchte mich nicht hervordrängen: das Haus zu bauen ist mir sicher, ebenso die Drucksachen."[4] Und kurz darauf konnte er berichten, dass Mies van der Rohe ihm eine in den Konditionen schon fest umrissene Stelle angeboten habe: „um die Bauausstellung aufzubauen, die Reklame + Propaganda dieser Ausstellung zu übernehmen + wegen des Hausbaues in der Mustersiedlung, das mir jetzt so gut wie sicher ist."[5] Dabei scheint es sich nicht um das 1927 tatsächlich von ihm betreute Plattenhaus des Frankfurter Hochbauamtes gehandelt zu haben, denn dieses stand nicht in der Mustersiedlung, sondern auf dem nahe gelegenen Experimentierfeld. Vielmehr muss „das Haus" tatsächlich eines der geplanten Siedlungshäuser gewesen sein. Dies wird auch durch die erhaltenen Architektenlisten bestätigt: Auf den ersten drei Listen, die bis Oktober 1925 vorgelegt wurden, stand sein Name, ab April 1926 rutschte er jedoch auf die Ersatzliste und ab Juli 1926 tauchte er gar nicht mehr auf.[6] Damit war er – vermutlich aufgrund seines engen Kontakts zu Lilly Reich – von Anfang an über seine geplante Beauftragung informiert. Das Los, dass es dann dennoch nicht dazu kam, teilte er mit anderen Kollegen – jedoch mit dem Unterschied, dass es für Kramer, der bis dahin nicht ein einziges Haus errichtet hatte und auch nicht den Bekanntheitsgrad von zum Beispiel Adolf Loos beanspruchen konnte, eine ungewöhnliche Auszeichnung bedeutete, überhaupt auf der Liste gestanden zu haben.

Obwohl Kramer weiter ausführte: „Ich bin glücklich darüber, denn es ist wohl eine der interessantesten Aufgaben, die ich bekommen könnte + ich verdiene etwas, kann grosse Erfahrungen sammeln + erste Reklame für mich", unterschrieb er den erwähnten Vertragsentwurf nicht.[7] Für ihn öffneten sich vielmehr gerade in Frankfurt die Türen und die dortigen Möglichkeiten erschienen ihm vielversprechender. Der erste Schritt war ein Angebot von Fritz Wichert, dem Direktor der Kunstgewerbeschule, Lehrveranstaltungen an seiner Schule zu geben. Doch noch interessanter war der Vorschlag Ernst Mays, die Stadt Frankfurt für das französische Patent des Strohplattenbaus zu interessieren.[8] Dies bezog sich vermutlich auf die Pisé-Technik, eine Art strohverstärkten Stampfbeton. May hatte sich in Schlesien bereits mit Lehmstampfbau beschäftigt und sah offensichtlich vor der Entwicklung des Frankfurter Plattenbauverfahrens mit Bimsbeton hierin eine durchaus interessante Technik. Kramer jedenfalls sah darin eine große Chance, das Wohnungselend zu mildern – ein Projekt, an dem er nur zu gerne mitwirken wollte, dessen Problematik bezüglich der Baufirmen er aber auch ganz realistisch einschätzte.[9] Doch wenig später scheint May dann das wahre Potential Kramers erkannt zu haben: „Ich war heute wegen des Strohpatents bei May auf städt. Hochbauamt, + derselbe ist interessiert für die Sache, aber noch mehr für meine Arbeiten, die ihm ausserordentlich gefielen (Abb. 3) + bat mich bei ihm zu arbeiten + doch nicht Frankfurt zu verlassen + so kam es, dass ich meine Stelle [in Stuttgart] jetzt verkaufte [...] Ich weiss ja nicht wie das weiter sein wird, aber schaden kann es mir nichts + Stuttgart steht mir ja immer noch bevor, wenn ich nicht bleiben möchte."[10] So konnte auch das Angebot aus Dresden von den Deutschen Werkstätten[11] seine Entscheidung nicht mehr umstoßen: Im November 1925 erfolgte die Einstellung Kramers als technischer Angestellter beim Hochbauamt Frankfurt.

Im März 1926 kam es auch zur Übereinkunft mit Fritz Wichert: Er sollte der seit 1921 von Paul Paravicini geleiteten Architekturklasse angehören und dort die „Einführung in das Wesen der neuesten Baugestaltung mit praktischen Beispielen" übernehmen.[12] Die Architekturklasse war damals

struction material, machinery etc. to fill a space roughly half the size of the Frankfurt Fair grounds. [...] It would of course be an enormous task + I would like to do it, but I don't want to be pushy about it: I'll be able to build the house and take care of the printed matter."[4] Shortly afterwards he was able to report that Mies van der Rohe had offered him a well defined position: "to set up the building exhibition, to assume responsibility for the advertising and public relations + build the house in the model settlement which is now as good as mine."[5] The house mentioned here did not seem to refer to the prefab house he was in charge of in 1927 for the Frankfurt Building Authority, because it was located on the nearby experimental grounds and was not part of the model settlement. "The house" must have actually been one of the planned settlement houses. This is confirmed by the surviving list of architects: his name was on the first three lists presented up to October, 1925, but at the beginning of April, 1926 he was relegated to the replacement list and he was not listed at all from July, 1926.[6] It seems that he had been informed from the beginning about his contract through his close contact to Lilly Reich. He shared the same fate with many other colleagues who were not granted the commission after all, but with the difference that for Kramer, who had at that point not built one house and who did not have the level of recognition, for instance, of an Adolf Loos, it was a sign of acknowledgement to have appeared on the list in the first place.

Kramer continued: "I'm happy about it, because it's one of the most interesting assignments I could have + I'll earn a bit and get a lot of experience + attention for myself." But he did not sign the contract.[7] The doors were starting to open for Kramer in Frankfurt and the opportunities there seemed more promising. The first was an offer from Fritz Wichert, the director of the *Kunstgewerbeschule* (School of Arts and Crafts), to give instruction there. But even more interesting was Ernst May's suggestion, to create interest in Frankfurt for the French patent of the prefabricated straw building.[8] This apparently referred to the Pisé technique, a kind of straw reinforced compressed concrete. May already had experience in Silesia with beaten cob work and before the introduction of pumice concrete he thought the technique might be very promising for Frankfurt prefab construction. And Kramer also saw a great opportunity to alleviate the miserable housing situation, a project in which he would have gladly participated, although he harbored no illusions regarding the construction firms.[9] But a little later May seems to have realized Kramer's true potential: "I visited May in the Building Authority today because of the straw patent, + and he is interested in it but is even more interested in my work which he keenly appreciated (Fig. 3). He asked me to work for him and not to leave Frankfurt + that's why I'm selling my position [in Stuttgart] [...] I don't know how it will work out but it can't harm me + Stuttgart is still open if I decide to leave."[10] And the offer that came from the *Deutsche Werkstätten* in Dresden[11] also did not deter him from his decision: in November, 1925 Kramer was hired as a technical employee in the Frankfurt *Hochbauamt* (Building Authority) .

In March, 1926 he came to an agreement with Fritz Wichert, to begin teaching an "Introduction in the newest building designs with practical examples" as a member of the architecture class[12] conducted since 1921 by Paul Paravicini. The architecture class at the time was still part of the "Spatial Design" department,[13] which Wichert, in the context of the planned transformation of the school into an academy, intended to restructure. The school status was retained but hiring Kramer and other employees from the Building Authority brought in some fresh blood. Kramer's collaboration shifted back once again from architecture to furniture design.[14]

2 Ferdinand Kramer und Erika Habermann auf Typenbank am Eisernen Steg, 1929
2 Ferdinand Kramer and Erika Habermann sitting on standardized bench at Eiserner Steg, 1929

3 Reisebüro der Hamburg-Amerika Linie (HAPAG), 1925
3 Hamburg-America line travel agency (HAPAG), 1925

noch Teil der Abteilung „Raumgestaltung[13] und wurde von Wichert – auch in Hinblick auf die intendierte Umwandlung der Schule zur Akademie – gerade umstrukturiert. Es blieb zwar letztlich beim Schulstatus, doch brachte ihr die Beauftragung Kramers und weiterer Mitarbeiter des Hochbauamtes einigen frischen Wind. Kramers Mitarbeit verschob sich aber bald wieder von der Architektur zum Möbeldesign.[14]
Er arbeitete im Hochbauamt in den folgenden fünf Jahren in der von Eugen Kaufmann geleiteten Abteilung Typisierung, in der ab 1926 auch Margarete Schütte-Lihotzky und Eugen Blanck wirkten. Auch hier beschäftigte er sich nur teilweise mit Architektur. Sein Schwerpunkt lag auf Hausrat und Mobiliar (Abb. 2), was unter anderem mit seinem Wettbewerbserfolg für Typenmöbel der städtischen Hausrat GmbH Ende 1925 zusammenhing, sowie auf der Bearbeitung von Typengrundrissen (Abb. 4).[15] Dies hinderte ihn aber nicht daran, sich weiter über architektonische Diskussionen, zum Beispiel über das Flachdach, auf dem Laufenden zu halten und einzubringen. So zeigte er Walter Gropius im März historische Bezüge für diese Dachform auf, indem er auf Thomas Morus' *Utopia* von 1516 verwies.[16] Konkreter wurde es kurz darauf mit einem ersten Bauprojekt für das Hochbauamt, das er zusammen mit May bearbeiten sollte: „die grosse Volksschule" blieb jedoch auf dem Papier.[17]

For the next five years Kramer worked in the standardization department led by Eugen Kaufmann, where, beginning in 1926, Margarete Schütte-Lihotzky and Eugen Blanck also worked. He was only partially involved with architecture here. His focus was on household goods and furniture (Fig. 2), which among other things had benefited from his success in the competition for standardized furniture for the municipal *Hausrat GmbH* at the end of 1925, and the development of standardized floor plans (Fig. 4).[15] This did not prevent him from keeping abreast and commenting on architectural discussions, for instance the flat roof. In March he showed Walter Gropius historical references to the flat roof in Thomas More's *Utopia* from 1516.[16] Things became more specific with the first municipal construction project, which he was supposed to work on with May, but "the great *Volksschule*" never went beyond a draft.[17] The first realized official project was the central garage in 1926 in Gutleutstrasse (Figs. 5–6). This project was relatively new, but because of the rapid increase in motor vehicle traffic it had a high priority. Large garages in the vicinity of the city were intended to absorb the anticipated need. The *Lastkraftwagen AG Mannesmann* garage facility for trucks in Frankfurt-Bockenheim, built from 1922 to 1924 by Ernst Balser, was considered a model with regards to the floor plan solution and the optimum use of the lot.[18] Kramer's central garage for the Frankfurt *Automobildroschkengesellschaft* was organized much differently. He was averse to the expressionist play with forms like the parabola used by Balser (Fig. 7) and he considered Mendelsohn with his curved façades as an example of

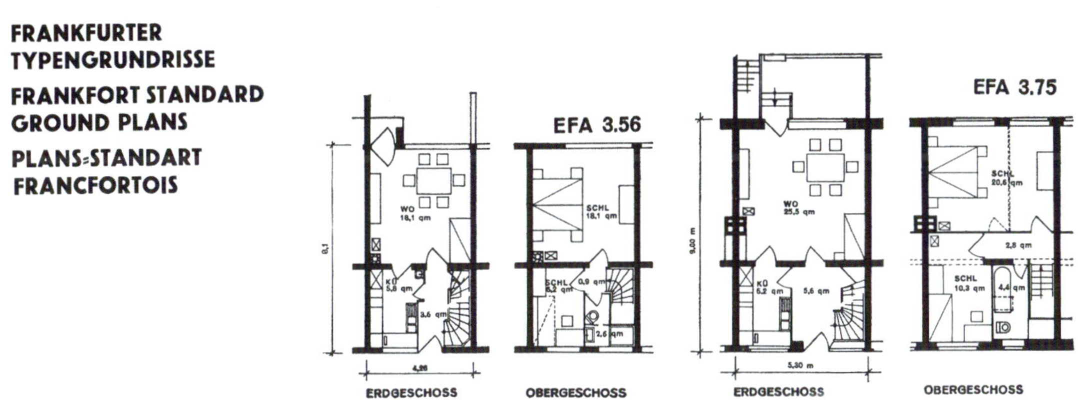

4 Frankfurter Typengrundrisse
4 Standardized floor plans for Frankfurt

5 Großgarage der Frankfurter Automobildroschkengesellscha
1927
5 Frankfurt *Automobildroschkengesellschaft* large garage, 19

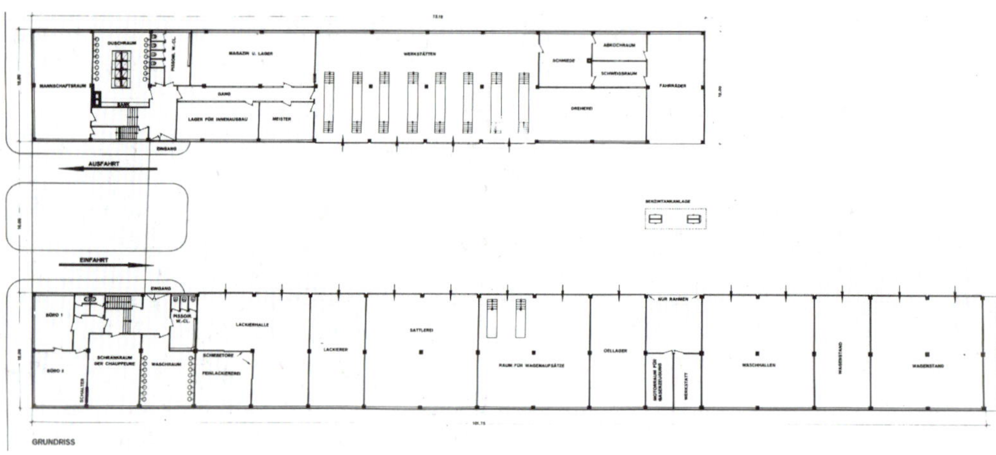

6 Großgarage der Frankfurter Automobildroschkengesellsch
Grundriss, 1927
6 Frankfurt *Automobildroschkengesellschaft* large garage. Gr
plan, 1927

Der erste realisierte amtliche Bau sollte 1926 die Zentralgarage in der Gutleutstraße werden (Abb. 5–6). Diese Bauaufgabe war relativ neu, aber aufgrund der rasanten Verkehrsentwicklung dringend – Großgaragen in Citynähe sollten den prognostizierten Bedarf auffangen. In Frankfurt wurde hierfür die 1922 bis 1924 von Ernst Balser für die Lastkraftwagen AG Mannesmann in Frankfurt-Bockenheim errichtete Garagenanlage aufgrund ihrer Grundrisslösung und Grundstücksausnutzung als vorbildlich angesehen.[18] Kramers Zentralgarage der Frankfurter Automobildroschkengesellschaft zeigte jedoch eine gänzlich andere Organisation. Solch expressionistisches Formenspiel wie die von Balser verwendete Parabelform (Abb. 7) kam für ihn nicht in Frage – Mendelsohn mit seinen gekurvten Fronten diente ihm als Beispiel für den schlechten Geschmack der Frankfurter.[19] Bei ihm bestimmt Rechtwinkligkeit Grund- und Aufriss der Stahlbetonskelettkonstruktion, die durch ausgewogene Proportionierung und ein scharfes Aufeinandertreffen von schalungsrauem Betonwerk und dünnprofilierten Stahlfenstern charakterisiert wird. Die für den Bau ebenfalls von Kramer entworfene Tankstelle, eine Addition und Durchdringung geometrischer Grundformen, wird sogar als Titelblatt von *Das Neue Frankfurt* verwendet (5/1928) (Abb. 8). In ihrer Gestaltung wirkt sie – wie auch die von Walter Dexel zu dieser Zeit in Frankfurt entworfenen Reklamesäulen, Telefonzellen etc. – wie eine Hommage an die von beiden sehr geschätzten De-Stijl-Künstler. Wesentlich profaner sollte Kramer bei einem etwa zeitgleich entworfenen Kiosk in den städtischen Anlagen vorgehen, der in seiner Schlichtheit schon fast ephemer wirkt (Abb. 9). Auch diese Kleinarchitekturen, wie Stra-

Frankfurt bad taste.[19] Right angles determined the floor and elevation plans of the reinforced concrete skeleton construction, which was characterized by balanced proportions and a sharply defined conjunction of raw formwork concrete and thin profile steel windows. The filling station, also designed and built by Kramer as an aggregate and interweaving of basic geometric forms, appeared on the cover of *Das Neue Frankfurt*

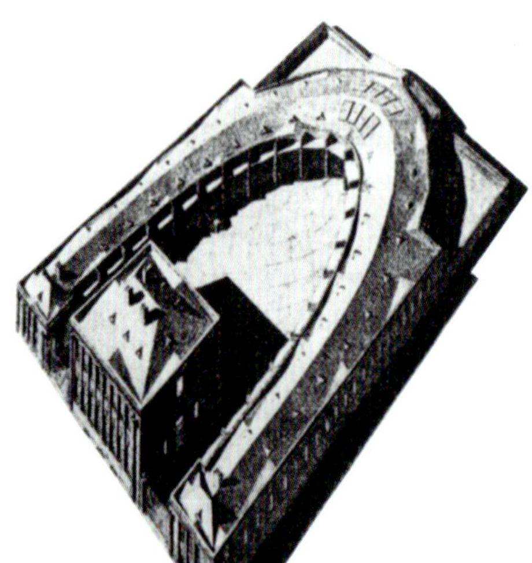

7 Ernst Balser, Lastkraftwagengarage der Mannesmann-Mulag. Perspektive, 1924
7 Ernst Balser, Mannesmann-Mulag garage facility for trucks. Perspective drawing, 1924

ßenbahnwartehallen, Telefonhäuschen und Schutzhallen für Spielplätze,[20] gehörten zu seinem Aufgabenbereich, der durch eine „Reklameordnung“ der Abteilung Bauberatung geregelt wurde.
Für sein nächstes Bauprojekt, ein Montessori-Kinderhaus (Abb. 10), arbeitete sich Kramer architektonisch und inhaltlich intensiv ein: „ich habe so ziemlich viel da durchgesehen und durchgearbeitet und beurteile bei montessori gerade das ästhetische negativ und das übrige, das die selbstständigkeit des kindes verlangt als neu und ausgezeichnet. [...] heute war ich wieder zur besichtigung von einem mütterheim und mehreren säuglingsheimen der stadt mit der oberin des jugendamtes, und sah die fehler und guten seiten dieser anstalten.“[21] Bei seinem Entwurf wollte er nun die Konstruktion des hakenförmigen Baus in Stahlbetonskelettbauweise dazu nutzen, die Flächen größtmöglich zu öffnen. Das Kinderhaus wurde jedoch nicht realisiert. Es blieb für ihn also weiter bei Inneneinrichtungen von Räumen für Kinder, wie er dies bereits im „Hallgartenblock“ und in Niederrad in der Siedlung Bruchfeldstraße umgesetzt hatte.
Ein weiteres Projekt für eine Institution der Fürsorge wurde realisiert, gewann aber gerade durch diese Tatsache eine besondere Dramatik. Als die Henry- und Emma Budge-Stiftung im Juli 1928 für Frankfurter Architekten einen Wettbewerb ausschrieb, beteiligte sich Kramer zusammen mit dem Holländer Mart Stam, dem Schweizer Werner Moser[22] und seiner Freundin Erika Habermann, die an der Kunstschule studierte (Abb. 11). Es ist vermutet worden, dass die Einbeziehung Habermanns und Kramers eine von „Alibi-Frankfurtern“ war und es eigentlich darum ging, Mart Stam für Frankfurt zu gewinnen.[23] Für Erika Habermann, die sehr bald nicht mehr erwähnt wird, scheint dies zuzutreffen. Das Trio Kramer, Stam, Moser passte jedoch von den verfolgten Ideen und der Formensprache her durchaus zusammen. Der eingereichte Entwurf „Kollektiv“ basierte allerdings – auch aufgrund von Zeitnot – weitgehend auf einem Entwurf Mosers für ein Züricher Altenheim (Abb. 12).[24] An der Überarbeitung, bei der die aus drei sich rechtwinklig kreuzenden Flügeln bestehende T-förmige Anlage mittels eines weiteren Flügels zu einem H-Grundriss ergänzt wurde, war Kramer nicht beteiligt, wie aus Briefen Stams an Moser hervorgeht. Auch die Wertschätzung, die Kramer Zeit seines Lebens für Stam bekundete, war zumindest zu diesem Zeitpunkt nicht beidseitig. Stam nahm ihn tatsächlich nicht für voll[25] und bemühte sich teils unter fadenscheinigen Argumenten darum, den Konkurrenten Kramer von der Arbeit fernzuhalten: „Kramer hat die Pläne bis jetzt nicht angesehen; teilt aber immer mit, dass er jetzt *mitzeichnen* wird. Ich sage aber immer das es nicht braucht und schiebe Ihn bis ins Unentliche hinaus.“[26] und: „Er [Kramer] hat hier die Pläne von der Küche bearbeitet. [...] Aber alles so unbrauchbar, oberflächlich mit 4B stiften und ohne Überlegung.“[27] Die Situation spitzte sich soweit zu, dass Kramer im August 1930 in einem Brief an Stam feststellte: „Das was man im Allgemeinen fair play nennt, scheint Ihnen unbekannt zu sein“, und ein Schiedsgericht anrufen wollte.[28] Auch in der Frankfurter Oktobergruppe, einer regelmäßigen Zusammenkunft verschiedener aktiver Köpfe aus Hochbauamt und Kunstgewerbeschule, wurde die Sache besprochen.[29] Erst im März 1930 konnte der Konflikt offiziell mit einem Vertrag beigelegt werden.[30] Kramer wurde ausgezahlt und bei der Möblierung besonders berücksichtigt.
Neben Ausstellungsbeteiligungen zum Thema Wohnen und Wohnbedarf hielt Kramer im Oktober 1929 zusammen mit Adolf Behne im SWR einen Vortrag, dem seine Vorstellungen zum Thema „Wie Wohnen?“ entnommen werden können. Es gelte, „mithilfe von Typisierung und Normierung, den Wohnungsapparat auf ein Minimum herabzusetzen, aber in diesem Minimum ein Maximum an Komfort unterzubringen“,[31] meinte er. Das Etagen- und Apartmenthaus empfand er – im Gegensatz zu May in dieser

8 *Das Neue Frankfurt* 5/1928. Cover mit Ferdinand Kramers Tankstelle der Frankfurter Automobildroschkengesellschaft
9 Kiosk, 1928
10 Projekt Montessori-Kinderhaus. Perspektive, 1928

8 *Das Neue Frankfurt* 5/1928. Cover displaying the Frankfurt *Automobildroschkengesellschaft* filling station built by Ferdinand Kramer
9 Kiosk, 1928
10 Montessori daycare project. Perspective drawing, 1928

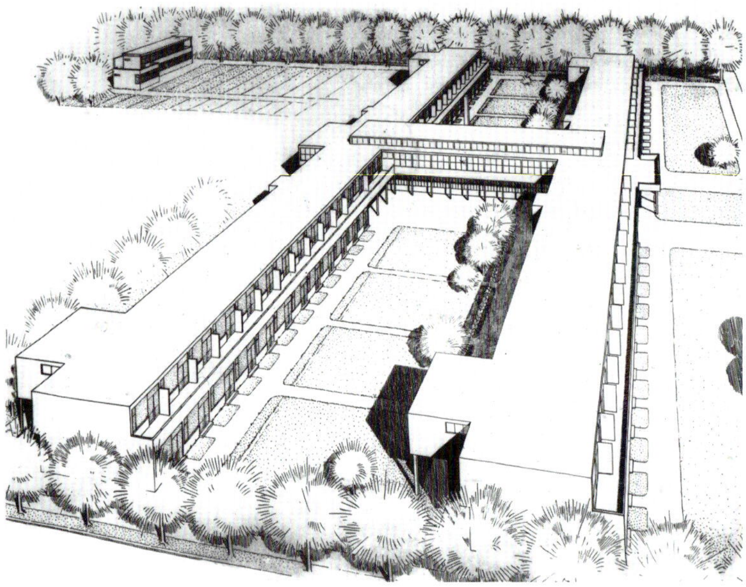

11 Altersheim der Henry- und Emma-Budge-Stiftung. Perspektive, 1928
11 Henry and Emma Budge Foundation Retirement Home. Perspective drawing, 1928

12 Werner Moser, Wettbewerbsentwurf für ein Altenheim in Zürich-Höngg. Vogelperspektive, Mai 1928
12 Werner Moser, Competition design for a retirement home in Zurich-Höngg. Bird's eye view, May, 1928

Zeit – als dafür am besten geeignet. Es sei die „rationellste Wohnform der Zukunft".[32] Als die drei wichtigsten Gesichtspunkte zählte er zudem auf: Normierung des Materials und der Konstruktion, Anwendung verbilligter Arbeitsmethoden auf den Wohnungsbau und Zentralisierung der wichtigsten Haushaltungsfunktionen. Als er zusammen mit Eugen Blanck, seinem Kollegen in der Abteilung Typisierung,[33] mit dem Bau von Laubenganghäusern in der Siedlung Westhausen beauftragt wurde und auch ein Zentralwäschereigebäude baute, konnte er einiges davon umsetzen. Die von Kramer und Blanck entwickelten neun viergeschossigen Außenganghäuser enthielten Drei-Zimmer-Wohnungen von 50 Quadratmetern, deren Einzelzimmer zugunsten des Wohnraums auf ein Minimum reduziert wurden (Abb. 13). Die Küche schrumpfte zur Kleinstküche von zwei bis drei Quadratmetern und konnte nicht einmal mehr mit der „Frankfurter Küche" bestückt werden. Das zwei Quadratmeter „große" Bad funktionierte nur dank der von Kramer entwickelten Sitzbadewanne (Abb. 14). Der zentrale Raum, auf den sich das gemeinschaftliche Leben nun aufgrund der reduzierten Rückzugsflächen konzentrieren musste, wurde dafür durch vierflügelige Türen belichtet und mit einem kleinen Balkon versehen – dann doch wieder so etwas wie „Luxus" oder, wie Kramer es ausdrückte: „im Minimum ein Maximum an Komfort". Anton Brenner, der kurz zuvor in der Siedlung Praunheim ein Ganghaus errichtet hatte, sorgte dort zusätzlich durch Niveauunterschiede in den Wohnungen für Abwechslung, die auch am Außenbau die Monotonie durchbrach.
Kramer und Blanck dagegen bekannten sich auch am Außenbau zum Massenbau: Streng gleichartig gliedern die offenen Laufgänge und offenen Treppenhäuser die eine Seite, die Balkone die andere. Die Seitenfronten wirken, als könne zügig weitergebaut werden. Elegant erscheinen Einzelformen, wie die schlanken Metallgeländer, und die Proportionierungen. In der baulichen Negierung der Treppenhäuser, von anderen Architekten gerne als einzig verbleibende Möglichkeit der Aufbrechung der Monotonie genutzt, wird die bewusste Abkehr von aufgesetzten oder gar repräsentativen Formen deutlich.[34] Manches mag sich jedoch auch aus Sparzwängen und dem Gebot, typisierte Elemente zu verwenden, erklären.

(5/1928) (Fig. 8). His design resembled that employed by Walter Dexel for the advertising pillars, telephone booths etc. in Frankfurt at the time and was a kind of homage to the De Stijl artists they both so esteemed. Kramer was significantly more profane in his design for a kiosk on public property (Fig. 9), which in its simplicity was almost ephemeral. All these smaller architectural assignments, like tram waiting rooms, telephone booths and protective canopies for playgrounds[20] belonged to his area of expertise, which fell under the Department of Building Consultation due to a "publicity regulation".
Kramer prepared himself intensively, both architecturally and in term of content for his next construction project, a Montessori kindergarten (Fig. 10): "I have looked at and worked through a lot of material and my aesthetic impression of Montessori is negative, but the rest, namely that the children are urged to demonstrate self-initiative, is something new and quite exceptional. [...] today I went on tour again to look at a municipal home for mothers and a home for infants with the matron of the youth welfare office and I saw the pluses and the minuses of these facilities."[21] Kramer now wanted to use the construction of the hook-shaped building with a reinforced concrete frame in order to open the spaces as much as possible. But the daycare project was never built. Kramer had to continue to work on the interior design of spaces for children, like those he had done for the *Hallgartenblock* and in Niederrad in the Bruchfeldstrasse Settlement.
He was able to implement another project for a public welfare institution, which because of the circumstances developed its own dramatic twist: in July, 1928 when the Emma and Henry Budge Foundation sponsored a competition for Frankfurt architects, Kramer took part along with Mart Stam from Holland, Werner Moser from Switzerland[22] and Moser's friend Erika Habermann, who was studying at the School of Art (Fig 11). It is suspected that the real point was to win Mart Stam for Frankfurt and that Habermann and Kramer were included as "alibi

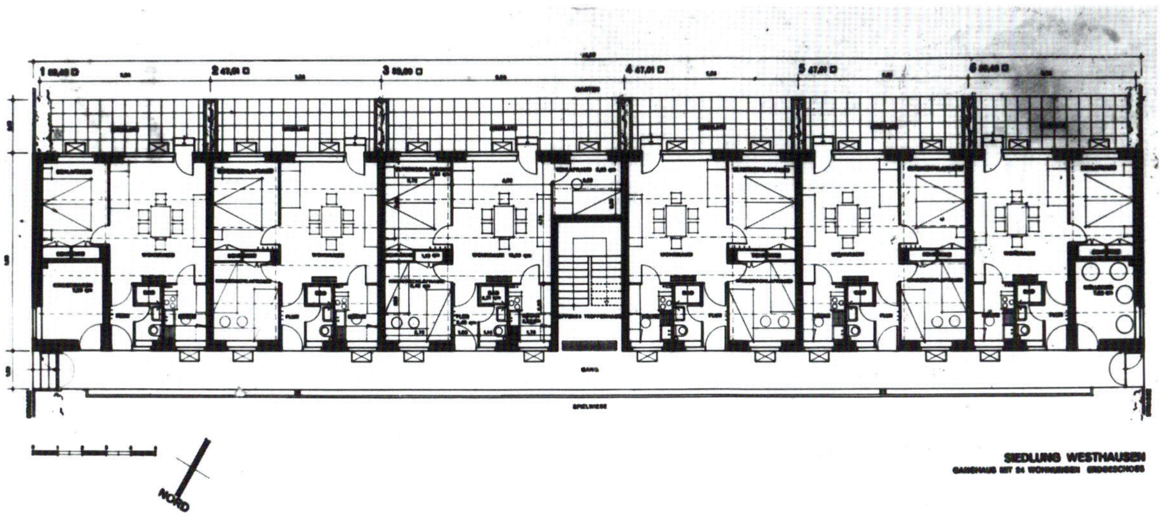

13 Siedlung Westhausen, Laubenganghaus. Grundriss Erdgeschoss, 1929
13 Westhausen Settlement, balcony access house. Ground plan of ground floor, 1929

Am zentralen Wäschereigebäude ließ Kramer – wie eine Reminiszenz an den traditionellen Industriebau – den im Neuen Frankfurt selten eingesetzten Backstein zur Wirkung kommen, kombiniert mit größtmöglicher Öffnung durch Stahlrahmenfenster (Abb. 15). Die Separierung vom Hauptbau verleiht der glatten Aufmauerung des trapezförmig zulaufenden Schornsteins eine schlichte Eleganz.
Die Außenganghäuser sollten die wichtigsten Bauten Kramers für das Hochbauamt bleiben. Schon im Oktober 1929 war seine baldige Kündigung vorgesehen. Grund war die wirtschaftliche Entwicklung, die auch in Frankfurt zu einem massiven Stellenabbau führte.[35] Zu Kramer hieß es damals: „Herrn Dipl. Ing. Kramer ist der Entwurf und die Durcharbeitung einer grösseren Anzahl von Wohnungen in der Siedlung Westhausen übertragen. Diese Arbeiten werden ihn noch mindestens bis zum 1.4.1930 beschäftigen. Von diesem Zeitpunkt ab [liegen] neue grössere Aufgaben für ihn nicht vor. Die Kündigung ist in Aussicht genommen."[36]
Dies war ein schwerer Schlag, waren doch auch seine Möbelaufträge oft eng mit seiner amtlichen Tätigkeit verknüpft, während er als Privatarchitekt nur wenig hatte umsetzen können. Ein Wohnhaus für die Familie

14 Typen-Badezimmer mit Sitzbadewanne, 1929
14 Standardized bathroom with hip-bath, 1929

Frankfurt citizens".[23] This seems to be the case for Erika Habermann, who very quickly disappeared from the scene. But from the standpoint of the ideas and the formal language represented in the design, the trio of Kramer, Stam and Moser fit together. However for reasons of time pressure the design they submitted as a "collective" was based to a large extent on a Moser concept for a retirement home in Zurich (Fig. 12).[24] Kramer was not involved in the re-working of the design, in which the T-shaped three wings crossing each other at right angles are augmented by a fourth wing in a new H-shaped floor plan, as can be gathered from letters from Stam to Moser. The regard Kramer had throughout his life for Stam, at least at this point in time, was not mutual. Stam simply refused to take Kramer seriously[25] and tried to make use of a threadbare argument to keep his rival Kramer away from the work: "Kramer hasn't seen the plans yet but is saying that he will *also work* on them now. I keep saying that isn't necessary and keep putting him off."[26] And: "He [Kramer] worked on the plans for the kitchen. [...] But it is all of no use and superficial with 4B pencils [soft lead unsuitable for drawings] and no reflection on the task."[27] The situation became so critical that Kramer wrote to Stam in August, 1930: "You don't seem to have heard of what is called in general 'fair play'." Kramer explored the possibility of an arbitration court.[28] The matter was also discussed in the Frankfurt *Oktobergruppe*, a regular meeting of various activists from the Building Authority and the School for Arts and Crafts.[29] The dispute was finally officially settled in March, 1930 with a contract.[30] Kramer received a settlement and was consulted for the furnishings.
In addition to participating in exhibitions for living and living needs, in October, 1929 together with Adolf Behne, Kramer gave a speech at the *Südwestfunk* radio station which indicates his thoughts concerning the subject "How should we live?" His idea was, "with the aid of standardization to reduce housing to a minimum, but to obtain a maximum in comfort from that minimum".[31] At that time, in contrast to May, he considered the split-level and apartment house as the best way to implement that idea. It was the "most rational form of living in the future".[32] The three most important points were: standardization of the material and construction, the application of cheaper methods of construction and the centralization of the most important household functions. He was able to realize some of these ideas together with Eugen Blanck, his colleague in the Standardization Department,[33] and was commissioned

15 Siedlung Westhausen, Zentralwäscherei, 1929
15 Westhausen Settlement, Central Laundry, 1929

Merzbach war 1928 ebenso auf dem Papier geblieben wie ein Jahr später der Wettbewerbsentwurf für die Opelschule in Rüsselsheim. Ein in diese Zeit fallendes Angebot aus Indien, die Universität von Hyderabad zu bauen, stellte aufgrund des geforderten „sarazenischen Stils“ und vermutlich auch der exotischen geographischen Lage keine wirkliche Alternative dar.[37]

Doch ganz arbeitslos war Kramer im Frühjahr 1930 noch nicht: Zeitgleich mit dem letzten Bauauftrag als städtischer Angestellter stritt er sich bereits seit einigen Monaten wegen eines privaten Auftrags mit den amtlichen Stellen herum. Es ging dabei um das Wohnhaus Erlenbach (Abb. 16), das durch das „eigenartige Verhalten der Baupolizei“ keine Baugenehmigung erhielt.[38] Als Hindernisgründe wurden das Anbauen an die Grenze und Proteste der Nachbarn aus ästhetischen Gründen angegeben. Es hieß weiter, ein „einheitliches Strassenbild [werde] mit dem Neubau nicht geschaffen“.[39] Das angefragte Siedlungsamt wie auch die Bauberatung hatten dagegen keine Einwände. Es folgten nach Kramers Einspruch wegen der „grundlegende[n] Bedeutung“ Gutachten und nochmalige Prüfungen durch alle Instanzen.[40] Die „aussergewöhnliche Gestaltung des Neubaues in einer bevorzugten Wohngegend“[41] bereitete der Baupolizei jedoch immer neue Bauschmerzen. Man befürchtete Klagen der einflussreichen Nachbarn, die nach Angaben Kramers sogar durch einen Architekten „ein durch tendenziöse Aufmachung entstelltes Modell des Hauses [haben] anfertigen lassen, von dem er eine Fotografie mit den Plänen an verschiedene bekannte Persönlichkeiten zu gutachterlichen Aeusserung übersandte.“[42] Erst im Sommer 1930 scheint das Verfahren zum Abschluss gekommen zu sein, 1931 konnte der Bau abgeschlossen werden.

Die „aussergewöhnliche Gestaltung“ zeigte sich – Neues Frankfurt hin oder her – in einer radikal-nüchternen Formensprache mit Flachdach, die jeglicher repräsentativen Zutat entbehrte und ihre Qualität stattdessen aus Reduktion und Proportion bezog. Die Bauherrin konnte den so müh-

with the construction of balcony access houses and a central laundry in the Westhausen Settlement. The nine four-story balcony access houses developed by Kramer and Blanck contained three-room apartments with 50 m², whose room sizes were kept to a minimum in the interest of living space (Fig. 13). The kitchen was reduced to a kitchenette with 2 to 3 m² and could not even accommodate a "Frankfurt Kitchen". The 2 m² "large" bathroom only worked thanks to the hip-bath developed by Kramer (Fig. 14). The central room, where social life now had to concentrate because of the reduced space for privacy, was equipped with four panel doors to let in more light, and a small balcony. It was a kind of luxury, or as Kramer put it: "realizing a maximum of comfort from a minimum". Anton Brenner, who had just built a balcony access house in the Praunheim Settlement, was further able to achieve variation with different levels in the apartments, which also helped to breaking up monotony in the exterior.

Kramer and Blanck on the other hand, also demonstrated their preference for mass construction on the exterior: the open walkways and stairways rigorously define one side with the balconies defining the other. The side façades look as if they could be rapidly added. Individual forms, like the slender metal handrails, and the proportioning, give the building an elegant appearance. In the architectural suppression of the stairways, used by other architects as the only remaining opportunity for breaking up monotony, the deliberate departure from artificial or imposing forms becomes obvious.[34] The technique can also in part be explained by reasons of cost and the standardization requirement.

As a hearkening back to traditional industrial construction Kramer employed brick for the central laundry building, which was seldom seen in New Frankfurt, combined with the largest possible steel frame window (Fig. 15). Its distance from the main building lent the smooth masonry of the trapezoid tapered chimney a sleek elegance.

The balcony access apartments were to become the most important buildings Kramer built for the Building Authority. Kramer was already considering leaving in October, 1929. The reason was the economic devolution

16 Wohnhaus Erlenbach, 1930
16 Erlenbach residence, 1930

17 Clubhaus des Frankfurter Kanu-Clubs, 1933
17 Frankfurt Kanu Club clubhouse, 1933

18 Wohnhaus Sommerlad, 1936 | 18 Sommerlad residence, 1936

sam erstrittenen modernen Bau allerdings nur kurz genießen: Das Haus wurde im September 1939 im Rahmen der „Entjudung des Grundbesitzes" von der inzwischen in Nürnberg ansässigen Besitzerin an einen „arischen" Interessenten verkauft.[43]

Das Gerangel um das Bauprojekt Erlenbach erscheint wie ein Vorgeschmack auf das, was in den 1930er Jahren auf Kramer zukommen sollte. Die Weltwirtschaftskrise hatte begonnen und ließ die Bautätigkeit stark zurückgehen, so dass den Architekten die Aufträge wegblieben. Walter Körte, ein ehemaliger Kollege im Hochbauamt und ebenfalls auf der Suche nach Arbeit, berichtete Walter Riezler[44] im April 1930: „Selbst Kramer, der ja dasselbe Schicksal hat wie ich, fällt es bei seinen guten Beziehungen, die er hat, schwer, Aufträge zu bekommen."[45] Als Auftrag an Kramer nachweisbar ist im gleichen Jahr noch der eher bescheidene Bau eines Kanu-Klubhauses am Main (Abb. 17), ein Wohnhaus blieb 1931 Projekt. So führte er wieder Umbauten und Einrichtungen aus. Zusammen mit Kollegen formulierte er zudem Leitgedanken zur Wohnungsnot in Frankfurt, die in den Aufruf „Baut gesunde und preiswerte Kleinwohnungen!" mündeten.[46] Wenig später beteiligte er sich erfolglos an dem 1932 ausgeschriebenen Wettbewerb für die Siedlung Goldstein, die nach dem Scheitern des noch unter May geplanten Vorprojekts im Zeilenbau und der Umwidmung in eine Notsiedlung nur noch wenig mit Kramers Wohnidealen zu tun hatte.[47]

Es gab nur noch wenige Bauherren, die ihm Aufträge zukommen ließen, und noch weniger, was auch umgesetzt werden konnte. Die 1933/34 angefertigten Parzellierungspläne für Gelände in Homburg und Ginnheim werden ihn genauso wenig befriedigt und weitergebracht haben wie die folgenden, durch weitreichende antimoderne Bauauflagen gegängelten Wohnhausprojekte. Mangels historischen Bildmaterials sind diese Privathäuser heute kaum noch zu beurteilen. Lediglich zum Doppelhaus Sommerlad und Schneider (Abb. 18) sowie dem Projekt des Bauunternehmers Heß am Grüneburgpark von 1935 (Abb. 19) hat sich historisches Material erhalten.[48] Diese Bauten und Projekte zeigen keine auffälligen Merkmale des Neuen Bauens mehr, lediglich einige liegende Fensterformate meint man mit den früheren Bauten in Verbindung bringen zu können. Mit den Wohnhäusern dieser Zeit mochte sich Kramer denn auch kaum mehr identifizieren. Nur sehr wenige Fotos oder Pläne nahm er von ihnen in sein eigenes Archiv auf und überließ das Übrige dem Vergessen.

Kramers Handschrift scheint in seiner strengen Gliederung nur noch das 1935/36 entstandene Verwaltungsgebäude für die Deutsche Vereinigte

which had already led to massive unemployment in Frankfurt.[35] His future was discussed in the following terms: "Herr Dipl. Ing. Kramer is responsible for the design and working out the details for a large number of apartments in Westhausen Settlement. He will be involved with this work at least until April 1, 1930. As of that point [...] there will be no new larger tasks for him. The termination of his contract is intended."[36]

This was a heavy blow, because his contracts for furniture design were often connected to his official employment and as a private architect there was not much work for him. A private residence for the Merzbach family in 1928 never got past the drawing board, nor was a competition design for the Opel School in Rüsselsheim in 1929 realized. Because of the "Saracen style" and probably also the exotic geographical location, an offer from India to build the University of Hyderabad was not a serious alternative.[37]

But Kramer was not yet completely unemployed in the spring of 1930: concurrent with his last contract with the Building Authority he had been contesting for several months a private contract. This concerned the Erlenbach residence (Fig. 16), which due "to the peculiar behavior of the building inspectors" had not been issued a building permit.[38] The grounds for the refusal were the proximity to the boundary and the protests of the neighbors about the aesthetics of the building. According to the neighbors' complaint "the new building [will] not contribute to a unified street appearance".[39] The settlement office and building consultancy had no objections to the project. After Kramer appealed, because of "fundamental considerations" a new appraisal and more audits were conducted at all official levels.[40] The "unusual design of the new house in an upper class neighborhood" was a continuing source of headaches for the building inspectors.[41] One feared the complaints of the prominent neighbors, who according to Kramer's information had commissioned an architect to "make a deliberately biased model of the house, which he photographed and sent with plans to various public personalities for their considered opinion."[42] The process finally came to an end in the summer of 1930, and construction was completed in 1931.

Aside from New Frankfurt, the "unusual design" was revealed in a radically sober formal language, with a flat roof, which did without any trace of impressive gestures, deriving its quality instead from reduction and

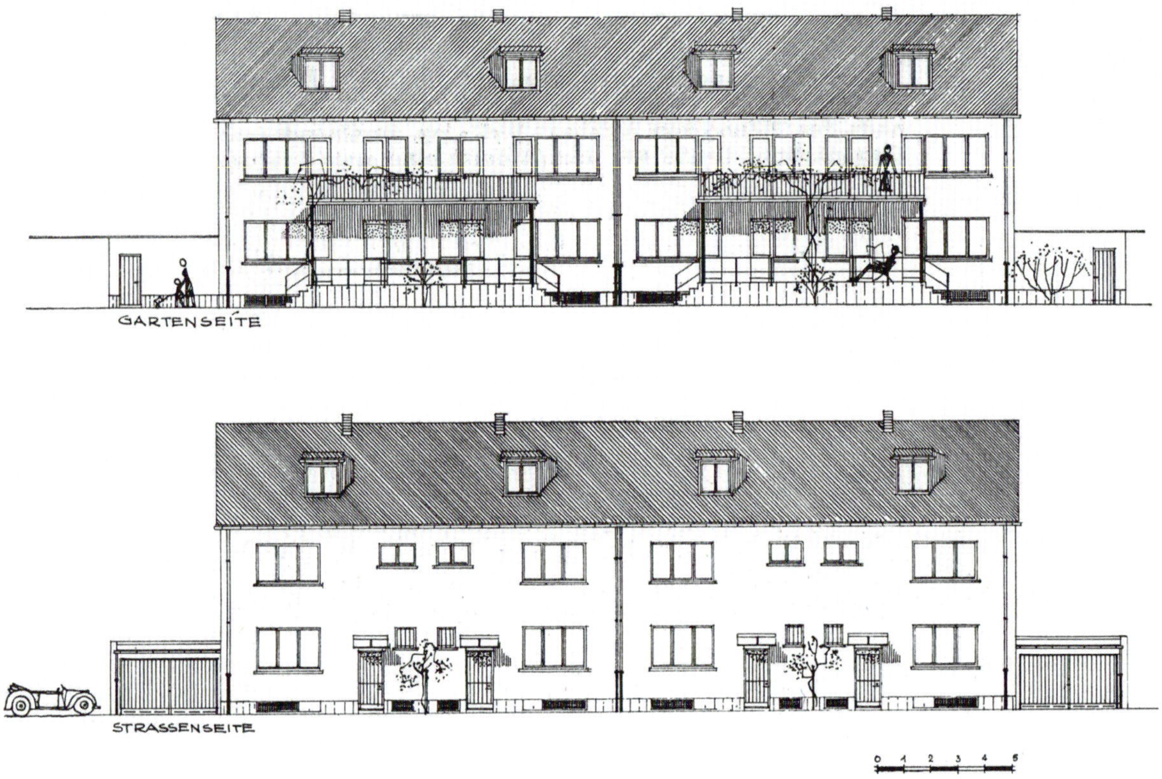

19 Projekt Einfamilienhäuser im Grüneburgpark für Jacob S. Heß, 1935

19 Single family houses project in Grüneburgpark for Jacob S. Heß, 1935

Schuhmaschinen Gesellschaft zu verkörpern, das jedoch schon bald eine ästhetische Überholung erfuhr und damit gerade diese Handschrift wieder verlor (Abb. 20). 1937 fand eine diffamierende Ausstellung seiner Arbeiten durch nationalsozialistische Architekten statt[49] und Kramer begann in Vorbereitung auf seine damals noch zur Diskussion stehende Ausreise in die USA, Zeugnisse seiner Auftraggeber einzuholen. Die prekäre Situation kulminierte im Bau- und damit Berufsverbot durch die Reichskammer der bildenden Künste am 6. September 1937 mit nachfolgender Vorführung auf dem Polizeipräsidium.[50] Nur aufgrund der damit deutlich werdenden Zuspitzung auch seiner persönlichen Situation und sehr ungern verließ Kramer im Mai 1938 Deutschland: „Vor dem Kommando: los, habe ich schreckliche Angst, denn mein Leben ist ja dann einfach abgeschnitten + es bleibt mir kein zurück mehr übrig als von dem X. Breitengrad ins Meer."[51]

proportion. But the owner was only able to enjoy the painstakingly acquired modern building for a short while: in the framework of a "de-jewing of real estate" the house was sold by the owner who had moved to Nürnberg to an "Arian" party.[43]

The Erlenbach dispute seemed to be a foreboding of things to come for Kramer in the 1930s. The depression had begun, building activity dropped off dramatically and there were no contracts for architects. Walter Körte, a former colleague of Kramer in the Building Authority who was also looking for work, reported to Walter Riezler[44] in April of 1930: "Even with his good connections Kramer, who is in the same situation as I am, is having trouble finding briefs."[45] One contract that can be attributed to Kramer is the modest construction of the Kanu Club clubhouse on the Main River (Fig. 17); in 1931 he planned a private residence which was never completed. He worked on conversions and furnishings again. In addition, together with colleagues, he formulated some central ideas for housing in Frankfurt which resulted in a call to "Build healthy and economical small apartments!"[46] A little while later he took part without success in a competition announced in 1932 for the Goldstein Settlement. After the failure of May's preliminary planned row housing project and its rededication as emergency shelter it had little to do with Kramer's ideas for housing.[47]

There were only a few clients who gave him contracts of which even less could be realized. The subdivision plans for the sites in Homburg and Ginnheim in 1933 and 1934 cannot have satisfied or improved his prospects any more than the ensuing anti-modern briefs for housing developments with excessive constraints. Without historical documentation, images and plans it is difficult to make a sound judgment of these buildings today. Only in the case of the Sommerlad and Schneider duplex (Fig. 18) and the Heß construction project in Grüneburgpark in

20 Verwaltungsgebäude Deutsche Vereinigte Schuhmaschinen Gesellschaft, 1937

20 *Deutsche Vereinigte Schuhmaschinen Gesellschaft* Administrative Building, 1937

1935 (Fig. 19) historical evidence has survived.[48] These buildings and projects show no particular signs of *Neues Bauen*. A few reclining window formats could be a sign of his earlier building. In addition, stemming from this period Kramer distanced himself from the buildings. He kept only a few photos or plans in his own archive and relegated the rest to obscurity.

The rigorous organization of Kramer's signature was only expressed in the administration building built for *Deutsche Vereinigte Schuhmaschinen Gesellschaft* in 1935 and 1936 (Fig. 20). Unfortunately soon after it was built it underwent an aesthetic revamping and the Kramer signature was erased. In 1937 Nazi architects organized a defamatory exhibition of Kramer's works.[49] In preparation for what had been until then a proposal for emigration to the USA, Kramer began sequestering certificates from his clients. His precarious situation culminated in disbarment by the *Reichskammer der bildenden Künste* (Reich Chamber of Fine Arts) on September 6, 1937, replete with a visit to police headquarters.[50] Kramer left Germany in May, 1938 albeit very unwillingly and only because of the evident worsening of his personal circumstances: "I am terrified by the command to leave, because my life is just cut off + there is no going back other than to sea from latitude x."[51]

Anmerkungen

1 Vgl. z.B. Siegfried Kracauer: „Stuttgarter Werkbundausstellung ‚Die Form'", in: *FZ*, 25.09.1924, *1. Morgenblatt* und in: *Das illustrierte Blatt*, Beilage der *FZ*, 19.07.1924.
2 Ferdinand Kramer, Briefe an Beate Feith, 12.01.1925 und 05.05.1925, ISG S1/365.
3 Ferdinand Kramer, Brief an Beate Feith, 05.05.1925, ISG S1/365.
4 Ferdinand Kramer, Brief an Beate Feith, 01.10.1925, ISG S1/365. Aus Gründen der Lesbarkeit wurde das Zitat leicht umgestellt.
5 Ferdinand Kramer, Brief an Beate Feith, nachträglich auf Oktober 1925 datiert, ISG S1/365.
6 Vgl. Karin Kirsch: *Die Weissenhofsiedlung*. Stuttgart 1987, 53–58, 208/209.
7 Die Materialausstellung wurde schließlich von Lilly Reich gestaltet und die Reklame übernahm Willi Baumeister. Kramer stattete Siedlungshäuser mit seinen Möbeln aus.
8 Ferdinand Kramer, Brief an Beate Feith 15.10.1925, ISG S1/365.
9 Dieses System wurde jedoch im weiteren Verlauf in Frankfurt nicht weiter verfolgt. May entwickelte stattdessen das „Frankfurter Montageverfahren", das auf den amerikanischen und holländischen Verfahren basierte und Bimsbetonplatten verwendete.
10 Ferdinand Kramer, Brief an Beate Feith, 23.10.1925, ISG S1/365.
11 Siehe hierzu den Beitrag von Lore Kramer: „Zu Ferdinand Kramer – frühe Prägungen, Intentionen und die Realität" in der vorliegenden Publikation.
12 Fritz Wichter, Brief an Ferdinand Kramer, 15.03.1926, PA Kramer.
13 Jedoch vermutlich, ohne dass Paravicini die Entscheidung mitgetragen hatte. Darauf deutet der Umstand hin, dass Kramer Paravicini möglichst bald aufsuchen sollte, um bei diesem Treffen auch klarzumachen, dass es zu keinen thematischen Überschneidungen kommen werde.

Notes

1 Cf. eg. Siegfried Kracauer: "Stuttgarter Werkbundausstellung 'Die Form'," in: *FZ*, Sept. 25, 1924, *1. Morgenblatt*, and in: *Das illustrierte Blatt*, Insert in the *FZ*, July 19, 1924.
2 Ferdinand Kramer, letters to Beate Feith, Jan. 12, 1925 and May 5, 1925, ISG, S1/365.
3 Ferdinand Kramer, letter to Beate Feith, May 5, 1925, ISG, S1/365.
4 Ferdinand Kramer, letter to Beate Feith, Oct. 1, 1925, ISG, S1/365. The quotation is slightly reordered to improve readability.
5 Ferdinand Kramer, letter to Beate Feith, later dated October 1925, ISG, S1/365.
6 Cf. Karin Kirsch: *Die Weissenhofsiedlung*, (Stuttgart, 1987), 53–58, 208/209.
7 The exhibition of material was eventually organized by Lilly Reich. Willi Baumeister took responsibility for the advertising. Kramer outfitted settlement houses with his furniture.
8 Ferdinand Kramer, letter to Beate Feith, Oct. 15, 1925, ISG, S1/365.
9 However this system was no longer employed in Frankfurt. May developed instead the "Frankfurt Montageverfahren" (Frankfurt Assembly System), which was based on the American and Dutch procedures and used porous concrete slabs.
10 Ferdinand Kramer, letter to Beate Feith, Oct. 23, 1925, ISG, S1/365.
11 See the essay by Lore Kramer: "Ferdinand Kramer – Early influences, Intentions and What Happened" in this publication.
12 Fritz Wichter, letter to Ferdinand Kramer, March 3, 1926, PA Kramer.
13 But apparently Paravicini did not take part in the decision. The circumstances indicate that Kramer had to meet Paravicini as soon as possible to explain that there would be no overlapping in the subject matter.
14 "I'm starting to build my household furniture this week in the school for arts and crafts", Ferdinand Kramer, letter to Beate Feith, later dated October 1925, ISG, S1/365. Cf. Kunstschule der Stadt Frankfurt-Main: *II. Ausstellung im Frankfurter Kunstverein*, (exhib. cat.; Frankfurt, 1927), no page numbers.
15 However because of the practice whereby designs as a rule were not identified with individuals, no particular design can be assigned to Kramer. Cf. the testimony of May in the trial of Anton Brenner vs the Building Authority, ISG, Mag. 632, vol. 4.
16 Ferdinand Kramer, letter to Walter Gropius, March 12, 1926, Bauhaus Archive Berlin, GN 15/3/8.

14 „meine hausrat möbel fange ich diese woche in der kunstgewerbeschule an zu bauen," Ferdinand Kramer, Brief an Beate Feith, nachträglich auf Oktober 1926 datiert, ISG S1/365. Vgl. auch Kunstschule der Stadt Frankfurt-Main: *II. Ausstellung im Frankfurter Kunstverein* (Ausst.-Kat.). Frankfurt 1927, o.S.
15 Aufgrund der Praxis, die Entwürfe in der Regel nicht mit Einzelpersonen zu benennen, können ihm hier jedoch keine Einzelentwürfe zugeordnet werden. Vgl. dazu die Aussagen von May im Prozess Anton Brenner gegen das Hochbauamt, ISG Mag. 632, Bd. 4.
16 Ferdinand Kramer, Brief an Walter Gropius, 12.03.1926, Bauhaus-Archiv Berlin, GN 15/3/8.
17 Ferdinand Kramer, Brief an Beate Feith, 08.06.1926, ISG S1/365. Dabei könnte es sich um die Pestalozzischule (ehemals Konrad-Haenisch-Schule) in Riederwald gehandelt haben, die jedoch von Martin Elsaesser gebaut wurde, der sich aufgrund unklarer Kompetenzbereiche immer wieder im Konflikt mit Kollegen im Hochbauamt befand.
18 Heike Risse: *Frühe Moderne In Frankfurt am Main, 1920–1933. Architektur der zwanziger Jahre in Frankfurt a.M. Traditionalismus, Expressionismus, Neue Sachlichkeit*. Frankfurt a.M. 1984, 101.
19 „[...] da die Leute absolut geschmacklich miserabel sind + z. B. Mendelsohn als Ideal sehen [...]", Ferdinand Kramer, Brief an Beate Feith, 19.04.1926, ISG S1/365.
20 Ferdinand Kramer, Brief an Beate Feith, nachträglich auf Anfang Okt. 1926 datiert, ISG S1/365. Wahrscheinlicher ist das Jahr 1927. Zur Schutzhalle siehe ISG Schulamt 3.764. Die Mittel für diese Bauprojekte wurden im Juni bzw. August 1926 beantragt und die Realisierung für 1927 vorgesehen.
21 Ferdinand Kramer, Brief an Beate Feith, 21.06.1927, ISG S1/365.
22 Werner Mosers Teilnahme erklärt sich durch dessen Freundschaft mit Mart Stam.
23 Werner Möller: *Mart Stam 1899–1986*. Tübingen, Berlin 1987, 76. Stam siedelte im August nach Frankfurt über.
24 Siehe J. Christoph Bürkle: „Das Budge-Haus in Frankfurt a. M. – Legende und Wirklichkeit", in: Werner Oechslin: *Mart Stam. Eine Reise in die Schweiz, 1923–1925*. Zürich 1991, 68–89.
25 Stam empfand Kramer zum einen für unrealistisch euphorisch in seinen Auftragserwartungen und gleichzeitig ängstlich bemüht. Mart Stam, Brief an Werner Moser, 29.10.1928, GTA Zürich 4-K-Moser/Stam/Kramer-Budgeheim.
26 Mart Stam, Brief an Werner Moser, 04.01.1929, GTA Zürich 4-K-Moser/Stam/Kramer-Budgeheim. Hervorhebung im Original.
27 Mart Stam an Werner Moser, undatiertes Schreiben (vor März 1930), GTA Zürich 4-K-Moser/Stam/Kramer-Budgeheim. Kramers eigene Erinnerung an ausführliche Diskussionen auf der Grundlage des Moser'schen Entwurfs für Zürich bezieht sich also wohl eher auf die Zeit bis zur Abgabe des Entwurfs. Ferdinand Kramer: „Kollektiv – die Entstehung des Budgeheims", in: *archithese* 10 (1980), Nr. 2, 13–15.
28 Ferdinand Kramer, Brief an Mart Stam, 12.08.1930 (Einschreiben), GTA Zürich 4-K-Moser/Stam/Kramer-Budgeheim.
29 Stam berichtete von sehr negativen Beurteilungen Kramers: „[...] ich war wirklich erstaunt über die Meinung, die man algemein über ihn hat, und die dahin geht, das man algemein vor ihm warnt. Ihm alles zu mutet nur nicht arbeiten, am Zeichentisch sitzen und etwas leiste," Mart Stam, Brief an Werner Moser, 15.03.1930, GTA Zürich 4-K-Moser/Stam/Kramer-Budgeheim.
30 Man einigte sich, das Projekt zukünftig „Stam, Kramer, Moser" zu nennen und bei der Bauausführung „Büro Stam-Moser" anzugeben. Vereinbarung vom 11.03.1930, GTA Zürich 4-K-Moser/Stam/Kramer-Budgeheim. Eine im März 1929 erwähnte mögliche Teilnahme von Kramer, Moser und Stam an einem engeren Wettbewerb für ein Altersheim in Augsburg kam nach diesen Geschehnissen vermutlich nicht mehr zustande.
31 „Wohn- und Baufragen im Rundfunk", in: *FR*, Nr. 763, 12.10.1929, 2.
32 Ferdinand Kramer: „Die Wohnung für das Existenzminimum", in: *DF* 4 (1929), Nr. 24, 647–649, hier: 647.
33 Eugen Blancks Hauptbetätigungsfeld war der Wohnungs- und Siedlungsbau. Als entsprechender Experte wechselte er 1929 an das Kölner Hochbauamt, wirkte aber weiter an Westhausen mit.
34 Eine detaillierte Analyse inklusive Vergleichen mit zeitgleichen Außenganghäusern lieferte Andrea Gleiniger: „Kramer und der Siedlungsbau des Neuen Frankfurt", in: Claude Lichtenstein (Hg.): *Ferdinand Kramer. Der Charme des Systematischen* (Ausst.- Kat.). Gießen 1991, 36–46.

17 Ferdinand Kramer, letter to Beate Feith, June 8, 1926, ISG, S1/365. It could be that the Pestalozzi School (formerly the Konrad Haenisch School) in Riederwald was meant, which however was built by Martin Elsaesser, who was often in conflict with colleagues in the Building Authority.
18 Heike Risse: *Frühe Moderne In Frankfurt am Main, 1920–1933. Architektur der zwanziger Jahre in Frankfurt a.M. Traditionalismus, Expressionismus, Neue Sachlichkeit*, (Frankfurt/Main, 1984), 101.
19 "[...] since they are utterly without taste + for instance consider Mendelsohn ideal [...]", Ferdinand Kramer, letter to Beate Feith, April 4, 1926, ISG, S1/365.
20 Ferdinand Kramer, letter to Beate Feith, later dated early Oct. 1925, ISG, S1/365. The year 1927 is more likely. For the protective canopy see ISG, Schulamt (Education Authority), 3.764. Application for financing for these construction projects was made in June and August, 1926, the implementation was planned for 1927.
21 Ferdinand Kramer, letter to Beate Feith, June 21, 1927, ISG, S1/365.
22 Werner Moser's participation can be explained by his friendship with Mart Stam.
23 Werner Möller: *Mart Stam 1899–1986*, (Tübingen & Berlin, 1987), 76. Stam moved to Frankfurt in August.
24 See J. Christoph Bürkle: "Das Budge-Haus in Frankfurt a. M. – Legende und Wirklichkeit," in: Werner Oechslin: *Mart Stam. Eine Reise in die Schweiz, 1923–1925*, (Zurich, 1991), 68–89.
25 Stam considered Kramer's contract expectations to be unrealistically euphoric and at the same time fearful. Mart Stam, letter to Werner Moser, Oct. 29, 1928, GTA Zürich, 4-K-Moser/Stam/Kramer-Budgeheim.
26 Mart Stam, letter to Werner Moser, Jan. 4, 1929, GTA Zürich, 4-K-Moser/Stam/Kramer-Budgeheim. Emphasis in the original.
27 Mart Stam to Werner Moser, undated letter (before March, 1930), GTA Zürich, 4-K-Moser/Stam/Kramer-Budgeheim. Kramer's own memory of extensive discussions based on the Moser design for Zurich refer more to the time up until the design was submitted. Ferdinand Kramer: "Kollektiv – die Entstehung des Budgeheims," in: *archithese*, vol. 10, (1980), no. 2, 13–15.
28 Ferdinand Kramer, letter to Mart Stam, Aug. 12, 1930 (registered letter), GTA Zürich, 4-K-Moser/Stam/Kramer-Budgeheim.
29 Stam told about very negative assessments concerning Kramer: "[...] I was really astonished about the general opinion about him, and that one should avoid him. That he may be capable of everything but not of working or being productive at the drawing board," Mart Stam, letter to Werner Moser, March 15, 1930, GTA Zürich, 4-K-Moser/Stam/Kramer-Budgeheim.
30 The agreement was to refer to it as a joint project by "Stam, Kramer, Moser" and for the implementation to refer to "Büro Stam-Moser". Agreements on March 11, 1930, GTA Zürich, 4-K-Moser/Stam/Kramer-Budgeheim. After these events a possible participation of Kramer, Moser and Stam in a close competition for a retirement home in Augsburg mentioned in March, 1929 was probably dropped.
31 "Wohn- und Baufragen im Rundfunk," in: *FR*, no. 763, Oct. 12, 1929, 2.
32 Ferdinand Kramer: "Die Wohnung für das Existenzminimum," in: *DF*, vol. 4, (1929), no. 24, 647–649, here on p. 647.
33 Eugen Blanck's main area of expertise was residential and settlement construction. In 1929 he moved to the Cologne Building Authority as an expert in this field but continued to work on the Westhausen project.
34 Andrea Gleiniger provides a detailed analysis including comparisons with contemporary balcony access houses in: "Kramer und der Siedlungsbau des Neuen Frankfurt," in: Claude Lichtenstein (ed.): *Ferdinand Kramer. Der Charme des Systematischen*, (exhib. cat.; Gießen, 1991), 36–46.
35 Letter from the human resources department of the magistrate, Oct. 10, 1929, ISG, Mag. T 626, vol. 3.
36 Here and in the following: Letter from the Building Authority to the human resources department of the magistrate, Dec. 21, 1929, ISG, Mag. T 626, vol. 3.
37 Prof. Mirza, letter to Ferdinand Kramer, Nov. 14, 1919, PA Kramer.
38 Ferdinand Kramer, letter to the municipal administration, May 29, 1930, ISG, Mag. T 689, vol. 2.
39 Building inspectors, June 7, 1930, ISG, Mag. T 689, vol. 2.
40 Ibid.
41 Decision on June 16, 1930 for Ferdinand Kramer, ISG, Bauverwaltung (Building Administration), 210.
42 Ferdinand Kramer, letter to the municipal administration, May 29, 1930, ISG, Mag. T 689, vol. 2.

35 Schreiben des Magistrats-Personaldezernats, 10.10.1929, ISG Mag. T 626, Bd. 3.

36 Hier und im Folgenden: Brief des Hochbauamts an den Magistrats-Personaldezernenten, 21.12.1929, ISG Mag. T 626, Bd. 3.

37 Prof. Mirza, Brief an Ferdinand Kramer, 14.11.1919, PA Kramer.

38 Ferdinand Kramer, Brief an den Magistrat der Stadt, 29.05.1930, ISG Mag. T 689, Bd. 2.

39 Baupolizei, 07.06.1930, ISG Mag. T 689, Bd. 2.

40 Ebd.

41 Bescheid vom 16.06.1930 an Ferdinand Kramer, ISG Bauverwaltung 210.

42 Ferdinand Kramer, Brief an den Magistrat der Stadt, 29.05.1930, ISG Mag. T 689, Bd. 2.

43 Die Akten enthalten den Vermerk „Eilt!“, ISG, Gutachterausschuss für Grundstücksbewertung 419.

44 Walter Riezler war Museumsdirektor in Stettin und seit 1927 Herausgeber der Werkbund-Zeitschrift *Die Form*.

45 Walter Körte, Brief an Walter Riezler, 24.04.1930, DAM 768-036-021. Für diesen Hinweis danke ich Jörg Schilling.

46 Eduard und Otto Fucker, Wilhelm Lehr, Ferdinand Kramer, Robert Michel: „Die Wohnungsnot in Frankfurt am Main. Baut gesunde und preiswerte Kleinwohnungen! Noch fehlen 24 000!“, in: *Die Siedlung*, Nr. 4, 1931, 51–53.

47 ISG Mag. 6.410 und ISG, Akten der Stadtverordnetenversammlung 445. Siehe auch die Gegenüberstellung der Projekte von 1929 und 1932 in: *DNS* 6 (1932/33), Nr. 2, 40. Das Ergebnis des Wettbewerbs ist aufgeführt in: *BM* 30 (1932), Nr. 4, Beilage B53.

48 Vgl. „Neubau von Einfamilienhäusern im Grüneburgpark zu Frankfurt a. M.“, ISG S8-9/285 und Brief von Herbert Pick in Generalvollmacht von Freiherr Albert von Goldschmidt-Rothschild an Ferdinand Kramer, 04.02.1938, PA Kramer.

49 Die Ausstellung soll in der Neuen Mainzer Straße stattgefunden und den Titel „Entartete Architektur“ getragen haben. Großformatige Abbildungen hätten, verdeutlicht durch aufgeklebte Pfeile, die „fehlerhafte“ Architektur aufgezeigt. Als Organisator nennt Kramer den Kampfbund Deutscher Architekten und Ingenieure (KDAI). In der erwähnten Straße kommen das Museum für Handwerk und die Kunstgewerbeschule als Veranstaltungsorte in Frage, doch die Unterlagen beider Institutionen sind durch Kriegszerstörungen nur sehr reduziert erhalten. Die Ausstellung konnte auch trotz intensiver Zeitungsrecherche nicht bestätigt werden. Die *Frankfurter Zeitung* und das *Frankfurter Volksblatt*, die offizielle Zeitung der NSDAP, sind jedoch nur lückenhaft erhalten. Der KDAI wurde bereits 1934 aufgelöst und kommt daher nicht als Organisator in Frage. Vermutlich handelte es sich um nationalsozialistisch gesinnte Architekten, die einen missliebigen Kollegen verunglimpfen wollten. Die Einzigartigkeit des Vorgangs betont auch Anke Blümm: *„Entartete Baukunst“? Zum Umgang mit dem Neuen Bauen 1933–1945* (Diss.). München 2013. Kramer erwähnt die Ausstellung in folgenden Quellen: Redemanuskript Bauhaus-Archiv Berlin, 07.06.1974; Ferdinand Kramer, Brief an das Institut für Zeitgeschichte, 22.04.1978; Redemanuskript für Centre Georges Pompidou, 09.10.1978; Redemanuskript Bauhaus-Archiv Berlin, ca. 1983; alle PA Kramer.

50 Bundesarchiv, Karteikarte aus dem Ressort Reichskulturkammer. Die Karte trägt den Vermerk: „Verh. m. Volljüdin“.

51 Ferdinand Kramer, Brief an Beate Kramer, 30.01.1938, ISG S1/365.

43 The files are marked „Urgent!“, ISG, Gutachterausschuss für Grundstücksbewertung (Advisory Committee for Property Evaluation), 419.

44 Walter Riezler was the director of the museum in Stettin and editor of the Werkbund magazine *Die Form* since 1927.

45 Walter Körte, letter to Walter Riezler, April 24, 1930, DAM, 768-036-021. I am indebted to Jörg Schilling for this reference.

46 Eduard and Otto Fucker, Wilhelm Lehr, Ferdinand Kramer, Robert Michel: “Die Wohnungsnot in Frankfurt am Main. Baut gesunde und preiswerte Kleinwohnungen! Noch fehlen 24 000!,” in: *Die Siedlung*, no. 4, 1931, 51–53.

47 ISG, Mag. 6.410 und ISG, Akten der Stadtverordnetenversammlung (Files of the city council), 445. See also the comparison of projects from 1929 and 1932 in: *DNS*, vol. 6, (1932/33), no. 2, 40. The results of the competition are described in: *BM*, vol. 30, (1932), no. 4, supplement B53.

48 See “Neubau von Einfamilienhäusern im Grüneburgpark zu Frankfurt a. M.,” ISG, S8-9/285 and letter from Herbert Pick with a general power of attorney for Freiherr Albert von Goldschmidt-Rothschild to Ferdinand Kramer, Feb. 4, 1938, PA Kramer.

49 The exhibition would have been held in Neue Mainzer Strasse with the title “Entartete Architektur” (Degenerate Architecture). Large format illustrations, with aid of arrows, showed the “defective” architecture. Kramer identified the *Kampfbund Deutscher Architekten und Ingenieure* (Fighting League of German Architects and Engineers, or KDAI) as the organizers. At that street address either the *Museum für Handwerk* (Craft Museum) or the *Kunstgewerbeschule* (School for Arts and Crafts) could have been the locations for the event, but documents for each of those institutions were to a large part destroyed by war. In spite of intensively searching for newspaper accounts nothing could be confirmed. The issues of the *Frankfurter Zeitung* and the *Frankfurter Volksblatt*, the official newspaper of the NSDAP, are incomplete. The KDAI had been dissolved in 1934 and cannot have been the organizer. The exhibition was probably organized by Nazi architects who wanted to “mob” an unpopular colleague. Anke Blümm also emphasized the singularity of the event: *“Entartete Baukunst”? Zum Umgang mit dem Neuen Bauen 1933–1945*, (Diss.; Munich, 2013). Kramer mentions the exhibition in the following sources: speech manuscript Bauhaus Archive Berlin, June 7, 1974; Ferdinand Kramer, letter to the Institute for Contemporary History, April 22, 1978; speech manuscript for Centre Georges Pompidou, Sept. 10, 1978; speech manuscript Bauhaus Archive Berlin, around 1983; all in PA Kramer.

50 Federal Archive, file card from the department of the *Reichskulturkammer* (Reich Chamber of Culture). The card is annotated: “married to a full-blood Jewess”.

51 Ferdinand Kramer, letter to Beate Kramer, Jan. 30, 1938, ISG, S1/365.

1 West 48th Street mit Rockefeller Center, New York City, 1938. Foto: Ferdinand Kramer

1 West 48th Street with Rockefeller Center, New York City, 1938. Photo: Ferdinand Kramer

WOLFGANG VOIGT

Gone with the Wind: Ferdinand Kramers Exil und die zweite Karriere in Frankfurt

Gone With the Wind: Ferdinand Kramer in Exile and the Second Career in Frankfurt

Begegnung in den Ruinen

Zwei Jahre nach Kriegsende: Die Frankfurter Innenstadt ist ein Ruinenfeld. Der stadtbekannte „Altstadtvater" Fried Lübbecke läuft durch die Reste seiner geliebten Altstadt und wird von einem Unbekannten angesprochen. „Hallo Herr Doktor, kennen Sie mich nicht? Ich bin ihr früherer Mitbürger und gebürtiger Frankfurter, jetzt Building Contractor in Chicago." Jetzt erkennt Lübbecke den schlanken Herrn, „gut rasiert, tadelloser Regenmantel, gelbe Lederhandschuhe", während er selbst in abgetragenen Sachen und löchrigen Schuhen unterwegs ist. Es ist ein alter Bekannter, ein Architekt, der emigriert war und nun zum ersten Mal herübergekommen ist, um sich in der zerstörten Heimat umzusehen.[1]

Gemeinsam laufen sie ein Stück weiter. Der Emigrant spricht Lübbecke auf die NS-Verbrechen an: Was sagen Sie zu Buchenwald und Auschwitz? Lübbecke mag darüber nicht sprechen: „Bleiben wir erst mal in Frankfurt! Wissen Sie, wo wir hier stehen?" Der Architekt verneint; wo einmal das Goethehaus stand, sieht er nur Trümmer. Der andere klärt ihn auf: „Wir stehen hier gerade vor Mutter Goethes ‚Blauer Stube'. Drüben – vier Meter höher – schrieb ihr Junge mit 23 Jahren den Faust." Der Architekt bleibt unbeeindruckt, die Nostalgie des Altstadtfreunds ist seine Sache nicht. „Wiederaufbau" lehnt er ab, den vom Luftkrieg geschaffenen Zustand sieht er als Chance: „Meinen Sie, ihr weiser Goethe hätte sich über das Schlamassel so aufgeregt. Wie sagte er so richtig: ‚Das Alte stürzt und neues Leben blüht aus den Ruinen.' [...] Seid uns doch dankbar, daß endlich mal hier gründlich saniert werden kann. Ich weiß, euer Herz hängt an den alten Klamotten. Aber, kann man heute den Menschen noch zumuten, in solcher Enge zu verkümmern! Jetzt gibt's hier eine vernünftige Geschäfts-City, und die Leute wohnen draußen im Freien. [...] Warum

Meeting in the Ruins

Two years after the war: Downtown Frankfurt lies in ruins. The familiar "Altstadtvater" (Mr. Old Town Frankfurt) Fried Lübbecke walks through what is left of his beloved *Altstadt*. A stranger speaks to him. "Hello Herr Doctor, don't you recognize me? I'm a former fellow citizen and Frankfurter by birth. Now I'm a building contractor in Chicago." Lübbecke recognizes the slender fellow, "well shaven, impeccable raincoat and yellow leather gloves". He himself is wearing worn-out clothes and shoes with holes in them. It's an old acquaintance, an architect, who had emigrated and was back for the first time to look around the ruins of his hometown.[1]

They walk together a little further. The emigrant talks to Lübbecke about the Nazi crimes: what do you say about Buchenwald and Auschwitz? Lübbecke prefers not to talk about that: "Let's stay in Frankfurt! Do you know where we are standing?" The architect doesn't know; where once the *Goethehaus* (Goethe's Birth House) stood is just rubble now. Lübbecke explains: "We're standing here right in front of Mother Goethe's 'Blaue Stube'. Over there – four meters up in the air – her son wrote Faust when he was 23 years old." The architect is unimpressed. His *Altstadt* friend's nostalgia is not his thing. He rejects "reconstruction" and sees the results of the aerial bombardment as a chance: "Do you think our wise friend Goethe would have gotten so agitated about this mess? As he once so rightly said: 'The old collapses and new life sprouts in the ruins.' [...] Let's be thankful that this area can be finally modernized. I know, you feel attached to the old city. But can you really expect people today to waste away in such cramped quarters? Now there's a reasonable business city here and people live further out, outdoors. [...] Why such metaphysical

beim Häuserbauen soviel metaphysische Faxen! Werdet doch endlich mal nüchtern! [...]. Das Goethehaus wieder aufzubauen und darnach womöglich die ganze Altstadt, ist für mich eine Schnapsidee."[2]
Die in Lübbeckes Lebenserinnerungen *Der Muschelsaal* überlieferte Begegnung hat es wirklich gegeben. Der namenlose Architekt war der neun Jahre vorher nach USA emigrierte Ferdinand Kramer. Im April 1947 war er zum ersten Mal nach Frankfurt gekommen, um seine kranke Mutter zu besuchen – die aber starb, bevor er eintraf. Lübbecke hat ihn verfremdet gezeichnet, als in Chicago tätigen Bauunternehmer – tatsächlich lebte und arbeitete Kramer in New York – und als überheblich auftretenden Emigranten, der dem Deutschen als Yankee in Siegerpose begegnet. Ganz der echte Kramer ist das ihm in den Mund gelegte Plädoyer für das bedingungslos Neue. In der Dramaturgie des 1960 erschienenen *Muschelsaals* ist sein Auftritt funktionell; er dient dem Autor als Anlass zur anschließend ausgebreiteten Gegenposition, die im Aufbau vom gewohnten Bild der Altstadt so viel wie möglich retten will. Bemerkenswert ist das Beharren des Autors, mit dem Emigranten statt über die Konzentrationslager über die von alliierten Bombern geschaffenen Ruinen zu sprechen; es ist ein krasses Zeugnis für die in den Nachkriegsjahren vorherrschende Mentalität der Schuldverdrängung.
Vom ersten Besuch in der zerstörten Heimat kehrte Kramer bald nach New York zurück. Dass er in Frankfurt auch sondierte, ob im Aufbau eine angemessene Rolle für ihn zu finden sei, davon darf man ausgehen. Aber 1947 bewegte sich noch wenig und die Rückkehr der Emigrierten stieß bei den deutschen Kollegen, die selbst in den Startlöchern saßen, nicht auf Begeisterung. Kramer wollte es trotzdem versuchen, weil er auch nach einem Jahrzehnt in den USA mit den sich dort bietenden Arbeitsmöglichkeiten nicht zufrieden sein konnte.

Escape to Life: Emigration in die USA

Kramers erster, der Erkundung dienender Aufenthalt in den USA hatte im Mai 1937 stattgefunden. Dabei traf er sich mit Walter Gropius, der als Architekturlehrer an der Harvard-Universität untergekommen war. In einem Brief an Gropius ist von einem Bauherrn in Boston die Rede, von dem er einen Auftrag erhoffte.[3] Nachdem daraus nichts geworden war, sah Kramer sich auf der Rückreise in London um, das aber ebenfalls keinen Ansatz zu bieten schien, der die Übersiedlung gerechtfertigt hätte. Kramers Frau, die aus einer jüdischen Familie stammende Modedesignerin Beate Feith, hatte früher als ihr Mann die Initiative zur definitiven Emigration ergriffen. Ihr Anfang 1938 gefasster Entschluss, in New York zu bleiben, und ihre Aufforderung an Kramer, ihr so bald wie möglich zu folgen, versetzten diesen in Depressionen. Nicht weil er nicht begriffen hätte, dass es höchste Zeit war, Nazi-Deutschland zu verlassen, sondern weil ihm vor den Schattenseiten der erzwungenen Emigration graute: vor dem Abbrechen aller Brücken zur Heimat, vor dem Verlust bürgerlicher Sicherheiten und drohender Armut – und vor dem mindestens zu Anfang drohenden beruflichen Nichts in einer ihm fremden Welt. Kramer war 39 Jahre alt und hatte die meiste Zeit seines Lebens in Frankfurt verbracht, wo er in eine angesehene Familie hineingeboren worden war und in den von Liberalität und Fortschrittsgedanken erfüllten Milieus verkehrte, die Frankfurt in den 1920er Jahren so attraktiv gemacht hatten. Es war *seine* Stadt, die ihm durch Ernst Mays Neues Frankfurt beste Chancen zur Entfaltung seiner Fähigkeiten gegeben hatte.
Ein Brief Kramers, den er am 30. Januar 1938 an Beate schrieb, wirft ein Licht auf die Abgründe, die mit der Entscheidung zum Exil verbunden

grimaces for building houses! Wake up! [...]. Reconstructing the *Goethehaus* and the whole *Altstadt* along with it is a foolish idea, if you ask me."[2]
The encounter related in Lübbecke's memoir *Der Muschelsaal* actually happened. The anonymous architect was Ferdinand Kramer, who had emigrated to the USA nine years earlier. He had visited Frankfurt for the first time after the war in April, 1947 in order to visit his sick mother. She died before he arrived. Lübbecke disguised him as a building contractor living in Chicago when in fact Kramer had lived and worked in New York. He was depicted as an arrogant emigrant, posing before the Germans as the Victorious Yankee. But the program for the new without compromise was real Kramer. In the dramaturgy of *Muschelsaal*, published in 1960, his appearance is an occasion for the author to represent the counter position, namely to rescue as much as possible of the *Altstadt*. The insistence on the part of the author to talk with the emigrant about the ruins created by the aerial bombardment instead of the concentration camps is significant. It is crass testimony for the dominant tendency of guilt suppression in the immediate post-war period.
Soon after his first visit in his bombed out home town Kramer returned to New York. We may assume that he was sounding out possibilities for an appropriate role for himself in the rebuilding of the city. But there was not much happening in 1947 and the return of the emigrants at that time was not exactly met with unbridled enthusiasm on the part of their German colleagues. Kramer wanted to try nonetheless because after a decade in the USA he was still dissatisfied with the opportunities for work there.

Escape to Life: Emigration in the USA

Kramer's first trip to the USA in May, 1937 was for purposes of reconnaissance. While he was there he met with Walter Gropius, who had found a position as architecture instructor at Harvard. A letter from Kramer to Gropius refers to a building owner in Boston, who he hoped would give him a commission.[3] After that prospect petered out, Kramer stopped off in London on the way back, but there were no opportunities there which might have justified relocation.

2 Französischer Dampfer *Île de France*, mit dem Ferdinand Kramer im März 1938 in New York eintraf.
2 The French steamer *Île de France*, with which Ferdinand Kramer arrived in New York in March, 1938.

3 Erika und Klaus Mann: *Escape to Life*, 1939
3 Erika and Klaus Mann: *Escape to Life*, 1939

waren: „Wenn ich an all das denke was mir bevorsteht + dann wenn unser neues *gone with the wind* beginnt wird es mir reichlich kodderig. [...] Es ist so schwer zu entscheiden was richtig ist. Ich hänge so an Europa + weiss nicht wie Amerika + die dortigen geschäftlichen Dinge auf mich wirken. Vielleicht ganz gut möglich, vielleicht gar nicht. [...] Vorläufig kann ich mir noch kein Bild machen wie ich überhaupt Fuß fassen kann."[4] Wenig später kamen Beate und Ferdinand Kramer in New York wieder zusammen (Abb. 1–2). Seine Ankunft blieb nicht unbemerkt. Die Schriftsteller Erika und Klaus Mann arbeiteten damals an einem Werk, das der amerikanischen Öffentlichkeit einen Überblick über das beträchtliche personelle Kapital verschaffen sollte, das den Vereinigten Staaten durch die Aufnahme der aus Deutschland und Österreich geflohenen Emigranten zugewachsen war. In ihrem 1939 in Boston erschienenen *Escape to Life*[5] wurde Kramer als derjenige Architekt vorgestellt, „dem die Stadt Frankfurt ihre vorbildlichen modernen Wohnhäuser mit zu verdanken hat" (Abb. 3).[6] Neben Erich Mendelsohn und Walter Gropius war er unter den Emigranten der einzige namentlich genannte Architekt, während der damals bereits in Chicago lehrende Mies van der Rohe aus unbekannten Gründen keine Erwähnung fand.

Kramer's wife, Beate Feith, a Jewish fashion designer, had preceded her husband in emigrating to the USA. Her considered decision in early 1938 to stay in New York, and her demand that he follow her as soon as possible plunged Kramer into depression. Not because he hadn't understood that it was high time to leave Nazi Germany, but because he dreaded the unknown confronting him in forced emigration: breaking off all ties to the home country, the loss of bourgeois security, the prospect of poverty and the professional reboot in a world that would be strange to him. Kramer was 39 and had spent most of his life in Frankfurt, where he had been born into a distinguished family and where he was situated in circles interested in ideas of liberalism and progress, which in turn had characterized and made Frankfurt so attractive in the 1920s. Frankfurt was *his* city, where Ernst May's New Frankfurt had afforded him the best chances for the development of his talents.

A letter Kramer wrote to Beate on January 30, 1938, throws some light into the abyss that had opened up with the decision to go into exile: "If I think about everything that I am facing + when our *gone with the wind* begins, then I start to become really sick. [...] It's so difficult to decide what is right. I am really dependent on Europe + don't know what effect America + the business conditions will have on me. Maybe it will work, and maybe not. [...] For the time being I can't see how I can even get a foothold there."[4]

A little while later Beate and Ferdinand Kramer met again in New York (Figs. 1–2). His arrival did not go unnoticed. The authors Erika and Klaus Mann were working at the time on a book intended to give the American public an overview of the considerable human capital the United States stood to gain from the emigrants fleeing from Germany and Austria. In their book *Escape to Life*[5] published in 1939 in Boston, Kramer appears as the architect, "co-responsible for giving the city of Frankfurt its exemplary modern apartment buildings" (Fig. 3).[6] He and Erich Mendelsohn and Walter Gropius were the only architects who were mentioned by name in the book, while for unexplained reasons Mies van der Rohe, who was already teaching in Chicago, went unmentioned.

4 „Designing Couple" Ferdinand und Beate Kramer in der Zeitschrift *Look*, 5. Juni 1951
4 "Designing Couple" Ferdinand and Beate Kramer in the magazine *Look*, June 5, 1951

KNOCKDOWN FURNITURE that can be assembled with wood pegs in the home is now being made. Available besides tables like the one shown below are beds, chairs, and cabinets in both wood and plastic models. Ferdinand Kramer, a New York architect, is the designer. He says a saving in shipping space and in the cost of assembly results in reduced prices.

Popular Science, Dec. 1945.

5 Kramer mit *Knock Down Furniture* in *Popular Science*, Dezember 1945
5 Kramer with *Knock Down Furniture* in *Popular Science*, December, 1945

A Sixty-Second Story

FERDINAND KRAMER: he folded a piece of paper . . .

Rain Made Him Rich

PORT CHESTER, N. Y.

NOT EVERY MAN can sit down with a piece of wrapping-paper in his hand and fold it into an international business!

But that's exactly what Ferdinand Kramer did. An architect and industrial designer, Kramer sat in his home one afternoon, folding, unfolding and refolding paper. He wanted to design a new kind of umbrella.

• "I got intrigued with umbrellas when a friend showed me some figures about their sales," says Kramer. "Do you know that people almost stopped buying umbrellas when automobiles were first marketed? But when traffic and parking problems arose, up zoomed umbrella sales! People had to walk–sometimes in the rain–to parked cars."

• Kramer also discovered that although the U. S. Patent Office had granted patents every few years on paper umbrellas, nobody had ever designed one from a *single* piece of paper.

A Radical Change

"That's when I took the wrapping-paper off the groceries and started experimenting!" says Kramer. "It turned out that my one-piece job was the first radical change in umbrella construction in 50 years."

Kramer's work wasn't finished with his pleated, wrapping-paper umbrella. It took a year to get machinery to make it and to perfect paper that would withstand wind and rain.

• But today, Kramer's gaily-colored parasol-type "Rainbelles" are sold in the U. S. and abroad. They're inexpensive–ranging from $1.29 to $1.98.

• "The ladies tell me they don't misplace their umbrellas any more," says Kramer with a twinkle. "They're too pretty to lose!"

6 Irreführende Schlagzeile: Der Rainbelle-Regenschirm machte Kramer keineswegs reich. *Sunday Picture Magazine*, 4. Mai 1952.

6 Misleading headlines: Kramer by no means became rich from the Rainbelle Umbrella. *Sunday Picture Magazine*, May 4, 1952.

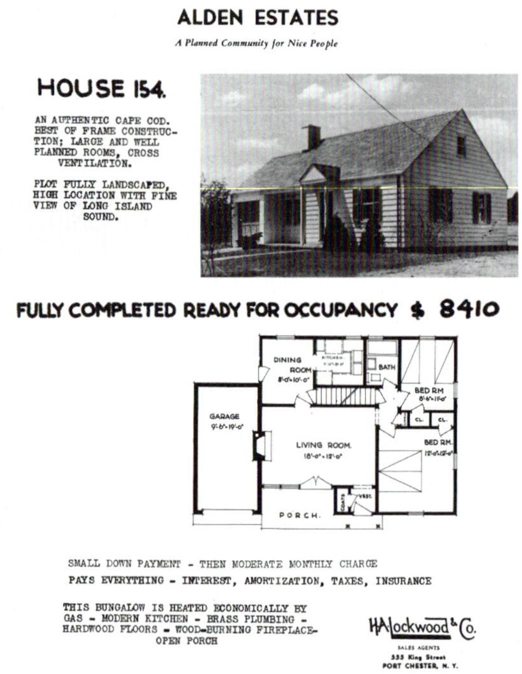

7 Verkaufsanzeige für Kramers Häuser auf Alden Estates, Port Chester, ca. 1940

7 Advertisement for Kramer's homes on Alden Estates, Port Chester, around 1940

In den USA machte sich Kramer einen Namen als ideenreicher Schöpfer innovativer Möbel und verblüffender Entwürfe für Gegenstände des Alltags. Mit seinen *Knock-Down*-Faltmöbeln[7] und den Wegwerf-Regenschirmen[8] aus Papier öffneten sich neue Horizonte intelligenten Designs. Ein nachhaltiges wirtschaftliches Ergebnis erbrachten diese Produkte jedoch mehr für die produzierenden Firmen als für Kramer, der die Ideen und Entwürfe geliefert hatte. Als Architekt von Hochbauten war er in diesen Jahren nicht wirklich erfolgreich. Sein Credo als Protagonist des Neuen Bauens in Deutschland, dessen starke Position in der Weimarer Republik auf öffentliche Aufträge gegründet gewesen war, vertrug sich schlecht mit der Notwendigkeit, sich innerhalb einer gänzlich anderen Kultur als Unternehmer auf dem privaten Markt zu behaupten. Kramers einziges nennenswertes Bauprojekt während des 14½-jährigen Exils, das es vom Reißbrett zur Ausführung schaffte, waren zwei Serien von Einfamilienhäusern, die dem Bild amerikanischer *country homes* zu entsprechen hatten. Die in Port Chester im Staate New York errichteten Häuser verfügten über tadellos funktionale Grundrisse und hatten dennoch mit seinen Überzeugungen einer kompromisslosen Moderne wenig zu tun (Abb. 4–7).

Frankfurter Freunde helfen im Exil und ermöglichen die Rückkehr

Den Auftrag verdankte er direkt oder indirekt Max Horkheimer, dem Direktor des aus Frankfurt stammenden Instituts für Sozialforschung, der Keimzelle der Kritischen Theorie und der später berühmt gewordenen Frankfurter Schule der Philosophie und Sozialwissenschaften (Abb. 8).[9] Nach der Machtergreifung der Nationalsozialisten und der gewaltsamen

Kramer started making a name for himself in the USA as a creative designer of furniture and amazing designs for objects used in everyday life. He opened up new horizons with his intelligent designs for *Knock Down* folding furniture[7] and the throw-away paper umbrella[8]. But the firms which produced these products earned more than Kramer, who had developed the ideas and come up with the designs. During these years he was not particularly successful as an architect of high-rise buildings. His position as a protagonist of the *Neues Bauen* (New Building) in Germany, with a reputation based on public contracts in the Weimar Republic, was no calling card in a private market in a completely different culture. Kramer's only construction projects worth mentioning during his 14½ years of exile to have gone from the drawing board to implementation were two series of single-family houses in the image of American country homes. The houses built in Port Chester in New York State displayed flawlessly functional floor plans but had little to do with his unmitigated support of the Modern (Figs. 4–7).

Return from Exile, with Some Help from Friends in Frankfurt

He owed the contract directly or indirectly to Max Horkheimer, the director of the Frankfurt based Institute for Social Research, the germ cell of *Critical Theory* and the later famous "Frankfurt School" for philosophy and social sciences (Fig. 8).[9] After the National Socialists seized power and violently shut it down, the institute relocated to New York in 1934, continuing its work as part of Columbia University. The Institute owned land north of New York City which was used as building land in the beginning of the 1940s. Kramer was commissioned by Horkheimer, whom

8 Franz Roeckle, Institut für Sozialforschung, 1924
8 Franz Roeckle, Institute for Social Research, 1924

9 Hermann Mäckler und Alois Giefer, Institut für Sozialforschung, 2014
9 Hermann Mäckler and Alois Giefer, Institute for Social Research, 2014

Schließung war es bereits 1934 nach New York übergesiedelt, um dort als Teil der Columbia University die Arbeit fortzusetzen. Das Institut hatte Landbesitz nördlich von New York, der Anfang der 1940er Jahre als Bauland verwertet wurde. Für die dort entstehenden Häuser wurde Kramer, mit dem Horkheimer schon lange bekannt war, als Architekt bestimmt. Ein Haus wurde von den Kramers erworben und als Dauerwohnung bezogen. Für ein Jahrzehnt war es den beiden eine hoch geschätzte Heimat, in gemessenem Abstand zur Metropole New York und der dort auf die Spitze getriebenen „amerikanischen Geschäftsmentalität",[10] die sich Kramer bis zum Schluss nicht aneignen mochte.

Die Verbindung zu den Akteuren des Instituts für Sozialforschung bestand seit den 1920er Jahren. Kennengelernt hatte man sich über einen Onkel von Beate Feith: Eduard Fuchs war bekennender Marxist und Autor populärer Werke; seine *Illustrierte Sittengeschichte* erreichte hohe Auflagen, er war zusammen mit Felix Weil einer der Gründer des Instituts.[11] Horkheimer gehörte zum Bekanntenkreis; eine enge Freundschaft ergab sich mit „Teddy" Theodor Adorno und seiner Frau Gretel, die auch während des Exils und danach lebendig blieb.

Nach dem Zweiten Weltkrieg zog es nicht nur Kramer, sondern auch die Leiter des Instituts für Sozialforschung zurück nach Frankfurt, das inzwischen zur inoffiziellen Hauptstadt der US-Besatzungszone geworden war. Obwohl das Institut im Exil auch fachlich von seiner Umgebung profitierte, konnten sich Horkheimer und Adorno mit dem in den amerikanischen Sozialwissenschaften vorherrschenden Pragmatismus nicht anfreunden. Schon 1951 erfolgte die Übersiedlung mit den Mitarbeitern und mitsamt der Bibliothek nach Frankfurt, wo das Institut wie schon bei seiner Gründung 1924 der Universität angeschlossen wurde.[12] Gegenüber der Ruine des alten Instituts wurde ein Neubau der Architekten Mäckler und Giefer hochgezogen, in dem die inzwischen historisch gewordene Frankfurter Schule der Sozialwissenschaften ihren Betrieb aufnahm und Horkheimer und Adorno als Direktoren residierten (Abb. 9).[13]

Die Rückkehr des Instituts aus dem Exil erwies sich für Kramer als Glücks-

he had known for a long time, as architect for the houses. The Kramers acquired a house, where they moved. It was a home they highly prized for a decade, at a discreet distance from the New York metropolis and the "American business mentality",[10] which Kramer could not in any way call his own.

His relationship to the principal figures of the Institute for Social Research went back to the 1920s. They had become acquainted through an uncle of Beate Feith, Eduard Fuchs. Fuchs was a self-proclaimed Marxist and author of popular works. His *Illustrierte Sittengeschichte* (Illustrated History of Morals) was widely circulated and together with Felix Weil he was a founder of the Institute.[11] In addition to Horkheimer among Kramer's circle of friends he also developed a close friendship with "Teddy" Theodor Adorno and his wife, Gretel, which survived in exile and afterwards.

After World War II, like Kramer, the director of the Institute for Social Research also felt drawn back to Frankfurt, which had meanwhile become the unofficial capital of the US occupied zone. Although the Institute also profited professionally from its position in exile, Horkheimer and Adorno could not adapt to the dominant pragmatism in social sciences in the United States. The personnel along with the library returned to Frankfurt already in 1951, and the Institute rejoined the university where it had started out in 1924.[12] The architects Mäckler and Giefer erected a new building across from the ruins of the old institute, where the historic Frankfurt School of Social Sciences set up shop, with Horkheimer and Adorno as directors (Fig. 9).[13]

The return of the Institute from exile was a piece of luck for Kramer. This time his friends in the Institute could help him with a commission which was greater in significance and scale then all his previous work. From 1951 to 1953 Horkheimer held the rectorship of the University. Together with the university curator, Friedrich Rau, he was the driving force in the summer of 1952 behind commissioning the vacillating Kramer, who later reported that Horkheimer had told him, "I would be a fool to turn it

10 Universitätsfest am 30. Juni 1952, Oberbürgermeister Walter Kolb, Kurator Friedrich Rau, Bundeskanzler Konrad Adenauer, Rektor Max Horkheimer (v.l.n.r.)

10 University celebration on June 30, 1952, Mayor Walter Kolb, curator Friedrich Rau, Chancellor Konrad Adenauer, university vice chancellor Max Horkheimer (from left to right)

fall. Diesmal konnten ihm die Freunde im Institut einen Auftrag vermitteln, dessen Bedeutung und Volumen alle seine früheren Arbeiten übertraf. In den Jahren 1951 bis 1953 bekleidete Horkheimer das Amt des Rektors der Universität. Zusammen mit dem Kurator der Universität, Friedrich Rau, war er im Sommer 1952 die treibende Kraft, die sich für Kramers Beauftragung einsetzte und den zuletzt noch zweifelnden Architekten beschwor, „es wäre töricht wenn [er] es ablehnte".[14] Für die anstehenden Verhandlungen flog der 54-jährige Kramer im Juni 1952 nach Frankfurt. Den Flug bezahlte das Institut für Sozialforschung, die Kosten des Aufenthalts bestritt Kramer selbst. Ende August war der Vertrag unter Dach und Fach, er wurde mit Wirkung vom 1. September 1952 zum Baudirektor der Universität ernannt und begann sofort mit der Arbeit (Abb. 10).

Zurück in Frankfurt: Hier ist meine Arbeit anerkannt

Unter den aus dem nationalsozialistischen Deutschland emigrierten Architekten war Kramer damals einer der wenigen Rückkehrer. Nachdem er als Architekt in den USA einigermaßen glücklos war und er, wie er es später ausdrückt, oft „nutzlos + hilflos herumgestanden" habe,[15] während seine Frau den gemeinsamen Lebensunterhalt verdiente, wollte er sich erneut auf Deutschland einlassen, und zwar noch vor seinem früheren Chef Ernst May, der nach fast zwei Jahrzehnten des Exils in Britisch-Ostafrika ebenfalls wegen einer angemessenen Aufgabe im westdeutschen Wiederaufbau sondierte. May fand sie 1954 in Hamburg als Planungschef des gewerkschaftlichen Wohnungsbaukonzerns Neue Heimat.[16]

Obwohl nach dem Luftkrieg das Volumen des Aufbaus alle gewohnten Dimensionen sprengte und auf Jahrzehnte auch für unbegabte Architekten genug Arbeit vorhanden war, wurden die Rückkehrer von den im Land gebliebenen Kollegen nicht mit offenen Armen empfangen. Nach

down."[14] At the age of 54, Kramer flew in June of 1952 to Frankfurt to take part in the upcoming negotiations. The Institute for Social Research paid for the flight, and Kramer paid for his lodgings. By the end of August the contract was complete, and as of September 1, 1952 he was appointed Director of Construction of the university and went immediately to work (Fig. 10).

Back in Frankfurt: Where my Work is Appreciated

Kramer was one of the few architects who as fugitives from Nazi Germany returned from exile at the time. After a relatively unsuccessful stint as an architect in the USA, where as he later put it, "I stood around helpless + useless",[15] when his wife was earning income for both of them, he decided to give it another try in Germany, even before his earlier boss, Ernst May, who also returned looking for an appropriate task in the reconstruction in West Germany after almost two decades in exile in British East Africa. May found a position in 1954 in Hamburg as the planning director of the union run housing firm, *Neue Heimat*.[16]

Although after the air war the volume of the reconstruction vastly exceeded all previous dimensions, with enough work for decades even for untalented architects, those who returned were not exactly welcomed with open arms. After his first six weeks in Frankfurt, before his tasks in the university were finally specified, Kramer noted in July, 1952: "I have the distinct impression that the local architects are jealous and reserved."[17]

The considerable construction volume of the University for which he became responsible without competition or competitors certainly aroused jealousy among colleagues. One of them with much to lose was the architect Ernst Balser, who had contributed as a free-lance architect to the New Frankfurt Modern. During the "Third Reich" and afterwards in 1951 Balser had worked on a new project for the university library.[18] The library now belonged to Kramer's area of responsibility and later became one of the last buildings to be built according to his own design. Balser went into a flight forward mode and offered Kramer a cooperation, for which he in fact had no great enthusiasm: "Architect Balser would gladly work with me as a partner on larger contracts – as long as they are American contracts. He has a ten-man office, which is large for here. You have to have a 'large' office like that in order to win commissions. He is personally very nice to me, even if his super Teutonic manners + style get on my nerves."[19]

In the summer of 1952 Kramer went through a rollercoaster of emotions during the period of sounding out and negotiation, which his moving letters to his wife express. After just a few days he noted with satisfaction, "[I] am operating here in another social layer + people say that I am the talk of the town in Frankfurt."[20] After the contract was concluded, he noted: "I am accepted here again + my work is appreciated and respected."[21]

The People are as Strange + Unpleasant as the Country is Beautiful

He might have been satisfied if it weren't for the high-rises hastily thrown up after the currency reform: "Frankfurt is building gigantically on every corner available and is destroying itself more with these walled in boxes than the bombardment ever did. There are no architects to be

den ersten sechs Wochen Frankfurt, noch bevor seine Aufgabe bei der Universität endgültig definiert war, notierte Kramer im Juli 1952: „Im Prinzip habe ich den Eindruck, dass die hiesigen Architekten eifersüchtig sind + zurückhaltend.“[17]
Das erhebliche Bauvolumen der Universität, das ihm ohne Wettbewerb und außer Konkurrenz zufiel, weckte die Eifersucht der Kollegen. Etwas zu verlieren hatte besonders der Architekt Ernst Balser, der als freier Architekt an der Moderne des Neuen Frankfurts teilgenommen hatte und während des „Dritten Reiches“ und dann wieder 1951 ein Neubauprojekt der Universitätsbibliothek auf dem Reißbrett hatte.[18] Diese fiel nun in Kramers Aufgabenbereich und wurde später als einer der letzten Bauten nach seinem Entwurf errichtet. Balser versuchte die Flucht nach vorn und schlug Kramer eine Kooperation vor, zu der dieser aber keine große Lust verspürte: „Für grössere Aufträge wäre Architekt Balser gerne bereit mit mir als Partner zusammen zu arbeiten – soweit es amerik. Aufträge sind. Er hat ein 10 Mann-Office, für hier gross. Ein solches ‚grösseres‘ Office muss bereits dastehen um Aufträge hereinzuholen. Er selbst ist sehr nett zu mir, wenn auch seine Manieren + Styl sehr superteutonisch auf die Nerven fallend sind.“[19]
Die Wochen des Sondierens und Verhandelns im Sommer 1952 stürzten Kramer in ein Wechselbad der Gefühle, wovon die Briefe an seine Frau ein berührendes Zeugnis geben. Mit Genugtuung stellte er schon nach wenigen Tagen fest, „[ich] bewege ich mich wieder hier in einer anderen Gesellschaftsschicht + man sagt ich wäre das Tagesgespräch in Frankfurt.“[20] Nachdem der Arbeitsvertrag geschlossen war, notierte er: „Hier bin ich ein angesehner Mensch wieder + meine Arbeit ist anerkannt + respektiert.“[21]

Ebenso schön wie das Land sind die Menschen uns fremd + unangenehm

Er hätte zufrieden sein können, wären da nicht die seit der Währungsreform hastig hochgezogenen Neubauten: „Frankfurt baut einfach gigantisch an allen Ecken und die Stadt ist durch diese scheusslichen Mauerkästen mehr zerstört als durch die Bombardierung. Es scheint keine Architekten mehr zu geben und es scheint, dass man darauf nicht mehr achtet.“[22] In Frankfurt hatte der Luftkrieg 90.000 Wohnungen zerstört. Inzwischen hatte das „Wirtschaftswunder“ begonnen, das den rasanten Aufbau befeuerte. Vor Kramers Urteil konnte keiner der Neubauten bestehen: „Ich habe bis jetzt hier noch kein aufregendes Bauwerk gesehen + ich frage mich oft ob wir uns so geändert haben in unserer Auffassung ...“[23]
Besonders störten Kramer die Mentalität und Unkultur der Deutschen um ihn herum, die ihm als seit dem Ende des „Dritten Reiches“ kaum gewandelt erschienen: „Ebenso schön wie das Land sind die Menschen uns fremd + unangenehm“, ließ er seine Frau wissen: „Ich komme mit vielen Menschen zusammen. Immer wieder: plumpes und hässliches Volk, aber voll Energie. Bösartige Charaktere und nur selten anders. Der Nazigeist steckt überall und es ist unmöglich nicht mit diesen ehemaligen P. Gs. [= NS-Parteigenossen] zusammen zu stossen.“[24] „Das Land finde ich wieder unerhört reizvoll + schön, die Menschen dagegen zynisch, böse und hässlich, bis auf wenige“, bekräftigte er sein Urteil einige Zeit später.[25]
Drei Wochen nach seiner Ankunft war Kramer Gast bei der Eröffnung einer Ausstellung über Küchen in der Frankfurter Festhalle. Mit beinahe ethnologischer Distanz notierte er: „Minister + Oberbürgermeister schwangen in Gehröcken grosse Reden + lobten + priesen die deutsche Tüchtigkeit + Hausfrau, – sehr komisch + eigenartig. Diese Frauen + Männer sind alle so dick, dass sie unsere Haustreppe nicht hinauf gehen könn-

seen and nobody seems to care.”[22] 90,000 apartments had been destroyed in the aerial bombardment of Frankfurt. Since then the so-called *Wirtschaftswunder* had begun, which was fueling the breakneck reconstruction. Kramer could see nothing positive in the new buildings: “I haven’t seen a single exciting building + I have to ask myself if our perceptions have changed that much...”[23]
Kramer was especially disturbed by the mentality and lack of culture of the Germans around him, which hardly seemed to have changed since the end of the “Third Reich”: “The people are as strange + unpleasant as the country is beautiful”, he wrote to his wife: “I meet many people and it’s always the same: crude and ugly folk, but full of energy. Only occasionally something other than nasty characters. The Nazi spirit is everywhere to be seen and it’s impossible to avoid running into these former P. Gs. [= *NS-Parteigenossen* or Nazi party members].”[24] “I find the country incredibly charming and beautiful and in contrast the people are cynical, evil and ugly, with a few exceptions”, as he underscored his judgment a little later.[25]
Three weeks after he had arrived in Germany, Kramer was a guest at the opening of an exhibition of kitchens in the Frankfurt *Festhalle* (Festival Hall). With an almost ethnological detachment he observed: “Ministers + the mayor in frock coats give great speeches + praise + vaunt the German industriousness + housewife, – all very comical but strange. These women + men are so fat that they couldn’t make it up our stairs at home.”[26] In the early 1950s the conspicuous number of fat people was called the *Fresswelle* (feeding frenzy) which occurred in West Germany after the years of deprivation and hunger.

Eating Asparagus with the Adornos: the Actual Frankfurt Circle Doesn’t Exist Anymore

Midway in the negotiations for the position at the university Kramer was uncertain whether he should risk returning to Germany, particularly since it threatened to separate him from his wife: “I’ve almost come to believe that I should give up my profession [...] because after all we want to be together + I don’t want to expose you to a risk here.”[27] On the other hand there was the prospect of guaranteed work in a leading position that he could only dream of back in the USA. He never wanted to work again for mediocre New York architects “as drafting boy at the lowest level”, and he shuddered at the thought of “having wasted 15 years with the American business mentality and these miscreants I had to work for”.[28] But even in the first few days as university director of construction he still had feelings of doubt: „[I am] completely confused and don’t know if I haven’t committed an unbelievable stupidity by coming here.”[29]
But the enthusiasm for a task which would challenge him as an architect like nothing else had in his life soon outweighed his misgivings. After the first six weeks at his new position he was euphoric: “I enjoy my work a lot + it’s extremely fascinating. I hope to start in a short while with the first buildings”,[30] and a little later: “up to now no problems, every day is a joy.”[31]
He had to mark the new beginning with a demonstrative act with symbolic character even before the new university buildings were started. To begin with, the University Building Authority had to be reorganized: “To the horror of all, everything has been painted white, modern lamps installed + some beautiful exotic plants in the windows from the Botanical Garten which is also under my jurisdiction. In the spirit of the new, I tore down all the curtains”.[32] He had to retain most of the employees, but

ten."[26] In den frühen 1950er Jahren waren auffällig beleibte Menschen der wandelnde Ausdruck der sogenannten Fresswelle, die in Westdeutschland auf die Jahre der Entbehrung und des Hungers folgte.

Mit Adornos Spargel essen: Die eigentlichen Frankfurter Kreise gibt es nicht mehr

Noch während der Verhandlungen um den Posten an der Universität war Kramer unsicher, ob er den Schritt nach Deutschland wagen sollte, zumal es ihn von seiner Frau zu trennen drohte: „ich komme fast zur Ansicht, dass ich meinen Beruf [...] aufgeben sollte, denn schliesslich wollen wir doch zusammen sein + ich möchte dich nicht in Wagnis hier hereinziehen."[27] Dagegen stand die Aussicht auf sichere Arbeit und zudem in einer Leitungsposition, wovon er in der Emigration nur träumen konnte; nie wieder wollte er für mittelmäßige New Yorker Architekten „als Zeichenknecht untersten Grades" arbeiten und ihm graute es „vor der amerikanischen Geschäftsmentalität und diesen Schurken mit denen ich drüben gezwungen war 15 Jahre zu vergeuden".[28] Aber noch in den ersten Tagen als frisch ernannter Universitätsbaudirektor ist er seiner Sache nicht restlos sicher: „[ich bin] ganz verworren und weiss nicht ob ich nicht eine ungeheure Dummheit gemacht habe herzukommen."[29] Aber schon bald überwog die Begeisterung für die große Aufgabe, die ihn als Architekten fordern würde wie nichts zuvor in seinem Leben. Nach den ersten sechs Wochen im Dienst der Universität schwärmte er: „Meine Arbeit macht mir viel Spass + ist sehr fascinierend. Ich hoffe bald die ersten Gebäude anzufangen",[30] und wenig später hieß es: „Bis jetzt keine einzige Schwierigkeit, jeder Tag eine Freude."[31]

Noch vor den ersten Institutsneubauten galt es, durch demonstrative Akte mit Symbolcharakter den Neubeginn zu markieren. Zuerst wird das Bauamt der Universität umgekrempelt: „Zum Schrecken aller ist alles weiss gestrichen, moderne Lampen + vom Botanischen Garten der mir auch baulich untersteht schöne seltsame Pflanzen an den Fenstern – der neue Geist, alle Vorhänge riss ich herunter."[32] Die meisten Mitarbeiter musste er übernehmen, aber er fand Verstärkung durch frische Kräfte, die bereits ein Studium im Sinne der Moderne hinter sich haben: „Ich habe 2 glänzende junge Burschen aus Graz engagiert. Da die Beamtengehälter so gering sind war es schwer tüchtige Leute zu bekommen."[33]

Zum öffentlichen Auftakt des neuen Campus geriet die im Frühjahr 1953 durchgeführte Umgestaltung am Hauptgebäude, wo er an der neubarocken Fassade das noch aus der Kaiserzeit stammende Schmuckportal

11 Jügelhaus, Portal, 2011 | 11 *Jügelhaus*, portal, 2011

12 Ferienhaus von Metzler, 1957
12 The von Metzler vacation house, 1957

there was fresh blood among those who had already studied the Modern: "I've hired 2 bright young fellows from Graz. Since the wages for officials are so low, it's hard to get competent people."[33]

He ushered in the new campus with the remodeling of the main building in the spring of 1953, where the decorative portal on the façade dating from the Kaiser period was replaced by a widened, sober entrance with glass and straightforward lines. The message of this *architecture parlante* was unmistakable: the traditional training of the elite was to give way to a democratic university. Instead of a portal admitting a limited few, an entryway for all classes of the people (Fig. 11).

Kramer's relationship to Frankfurt was still disturbed since he had been forced to leave in 1938. He soon realized that his earlier milieu had only rudimentarily survived: "The circle is always the same, small, and the real circle of Frankfurt citizens doesn't exist anymore."[34] Of his friends only the Sternbergers had remained (Dolf Sternberger, a former editor of the *Frankfurter Zeitung*), and the Metzler family who greeted Kramer like the prodigal son. Soon he was able to build a house in the Taunus for the banker, Albert von Metzler, a former schoolmate (Fig. 12). During the first years Kramer's intimate circle was composed of former emigrants, especially the Jewish friends and their wives from the Institute for Social Research and the University, like the sociologist Friedrich Pollock or the economist Fritz Neumark who had returned from Turkey. And he regularly met with the Adornos: "I was in Schwetzingen on Sunday with the Teddys to eat asparagus + plum pie."[35] "I had supper with Teddy + Gretel yesterday",[36] or: "I drive around with them often here, in the evening on the Rhine or in the Taunus."[37]

In 1952 Kramer and his wife were hoping for restitution of assets which were lost because of their emigration. He visited a Jewish woman who had returned from emigration, whose *Wiedergutmachung* (compensation) by the German officials was dragging on: "She is not having an easy time, finds it awful here + is apparently living from contributions. She has nothing left in England. Her bombed out house is still registered in the name of the Nazi police president, Beckerle, + she is waiting for more than 300,000 Marks from the state + has not received anything yet. [...] The government seems determined to sabotage the debts + wait until everyone who should get something has died off."[38]

durch einen verbreiterten nüchternen Eingang mit Glas und schlichten Linien ersetzte. Die Botschaft dieser *architecture parlante* war nicht zu übersehen: Die traditionelle Kaderschmiede der Auserwählten wandelte sich zur demokratischen Universität. Ein Portal nicht mehr einer zahlenmäßig geringen Elite, sondern offen für alle Klassen des Volkes (Abb. 11).
Kramers Beziehung zu Frankfurt war gestört, seit er 1938 gezwungenermaßen Abschied nehmen musste. Schon bald stellte er fest, dass sein Milieu von früher nur noch in Rudimenten vorhanden war: „Der Kreis ist immer derselbe, klein, die eigentlichen Frankfurter Bürgerkreise gibt es nicht mehr."[34] Von den alten Bekannten waren noch die Sternbergers vorhanden (Dolf Sternberger, früher Redakteur der *Frankfurter Zeitung*), außerdem die Familie von Metzler, die den Rückkehrer wie den verlorenen Sohn begrüßte. Für den Bankier Albert von Metzler, mit dem er zur Schule gegangen war, durfte er bald darauf im Taunus ein Haus bauen (Abb. 12).
Kramers engsten Kreis in den ersten Jahren bildeten andere Emigranten, allen voran die jüdischen Freunde vom Institut für Sozialforschung und von der Universität und deren Frauen – der Soziologe Friedrich Pollock, der aus der Türkei zurückgekehrte Finanzwissenschaftler Fritz Neumark und immer wieder das Ehepaar Adorno: „Sonntag war ich mit teddys in Schwetzingen zum Spargel + Pflaumenkuchen essen."[35] „Mit Teddy + Gretel war ich gestern zusammen zum Abendbrot"[36] oder: „Ich fahre öfter mit ihnen in der Gegend herum, abends an den Rhein oder Taunus."[37]
Kramer und seine Frau hofften 1952 auf Restitution von Vermögenswerten, die wegen der Emigration verloren gegangen waren. Er besuchte eine aus der Emigration zurückgekehrte jüdische Bekannte, deren „Wiedergutmachung" durch die deutschen Behörden verschleppt wurde: „Sie hat es sehr schwer, findet es scheusslich hier + lebt anscheinend von Spenden. In England hat sie nichts mehr. Ihr zerstörtes Haus ist noch eingetragen auf den Namen des Nazipolizeipräsidenten Beckerle + sie hat über 300.000 > Mk vom Staat zu bekommen + nichts bisher erhalten. [...] Diese Regierung hier scheint absolut die Schulden zu sabotieren + zu warten bis alle die etwas bekommen sollten ausgestorben sind."[38]
Unfreundliches widerfuhr den Zurückgekehrten auch von dem Land, das sie zuvor aufgenommen hatte. Nicht nur Kramer, sondern auch andere im Aufbau Westdeutschlands engagierte Emigranten waren seit 1952 mit einem neuen Gesetz (McCarran-Walter Act) konfrontiert, das sie nach drei Jahren Aufenthalt zur Rückkehr zwang, wenn sie nicht die US-Staatsbürgerschaft verlieren wollten. Während der von Paranoia und Xenophobie gekennzeichneten McCarthy-Ära in den USA standen die Emigranten mehr als andere unter dem Verdacht, insgeheim Kommunisten zu sein. „Es wird viel darüber gesprochen unter den Refugees die hier sind."[39] Nicht einmal die Adornos waren davon ausgenommen: „Teddy + Gretel kehren im Oktober [1952] nach Californien zurück, da ihre 3 Jahre herum sind + hoffen später wieder nach hier zu kommen, wann wissen sie selbst nicht."[40]
Lange war es für Kramer undenkbar, seinen amerikanischen Pass aufs Spiel setzen, der ihm im Krisenfall den Rückzug erlaubte. Für Beate, die er über Jahre in nahezu jedem Brief zum Nachkommen einlud, war das Gesetz ein Grund zum Zögern; auch verspürte sie darüber hinaus wenig Drang zum Umzug in das Land, in dem ihre Verwandten ermordet worden waren. So kam es, dass Kramer in der Dienstwohnung im Hauptgebäude der Universität acht Jahre allein verbrachte (Abb. 13). Eine Änderung brachte erst die definitive Trennung von Beate, worauf 1960 Lore Koehn zu Kramer zog und mit ihm eine neue Familie gründete. Der großen Aufgabe zuliebe hatte er die US-Staatsbürgerschaft dann doch auslaufen lassen.
Als man Kramer 1956 zu Vorlesungen an der TH Darmstadt einlud, wollte er sich mit Hilfe der Bücher von Sigfried Giedion darauf vorbereiten und

13 Kramers Dienstwohnung im Dachgeschoss des Jügelhauses. Links: Safari-Stuhl und *Butterfly Chair*, in der Mitte: *Knock-Down*-Tisch und -Sofa, beide nach Entwürfen von Kramer
13 Kramer's official residence in the attic of the *Jügelhaus*. Left: safari chair and *Butterfly Chair*, in the middle: *Knock Down* table and sofa, both designed by Kramer

There was more unpleasant news from the country which had taken them in. In addition to Kramer, other emigrants who were involved in the reconstruction of West Germany were confronted in 1952 with a new law (McCarran-Walter Act), which would compel them to return after three years if they didn't want to lose their US citizenship. During the wave of paranoia and xenophobia of the McCarthy era in the USA the immigrants more than other groups were suspected of secretly being communists. "This is being discussed among the refugees here."[39] The Adornos were also included: "Teddy + Gretel are going back in October [1952] to California, because their three years are up + they hope to be able to return soon, but they don't know when."[40]
For a long time it was unthinkable for Kramer to risk losing his American passport, which in case of crisis allowed him to return. For Beate, whom he invited to return in almost every letter, the law was reason enough to hesitate and at any rate she felt little compulsion to return to the country which had murdered her relatives. As a result Kramer spent eight years alone in the official residence in the main building of the university (Fig. 13). The situation finally changed when he separated from Beate and Lore Koehn moved in with Kramer to found a new family with him. He allowed his US citizenship to expire in the interest of the great task before him in Frankfurt.
When Kramer was invited in 1956 to give lectures at the TH Darmstadt, he wanted to prepare himself by reading books by Sigfried Giedion. He asked his wife to send him the books from the USA. But the perusal of the main work by Giedion, *Space Time and Architecture* (first edition 1941)[41] (Fig. 14) didn't seem to please him. Shortly after Walter Gropius had arrived in Harvard, Giedion also became a professor there. In Giedion's book which went through several editions and was translated into many languages, Le Corbusier and Gropius appear as the real heroes of the Modern in architecture, while Ernst May, to whom Kramer owed much, was only mentioned in passing.[42] Kramer wrote to Beate not without bitterness: "the Gideon clique is known for helping each other up [...] By the way, those are overstatements. Except for 2–3 buildings Gropius built hardly

bat seine Frau in den USA, ihm diese zu besorgen. Die Lektüre des Hauptwerks *Space Time and Architecture* (erste Auflage 1941)[41] (Abb. 14) scheint ihm dann aber nicht behagt zu haben. Giedion war kurz nach der Ankunft von Walter Gropius in Harvard dort ebenfalls Professor geworden. In Giedions Buch, das zahlreiche Auflagen erreichte und in viele Sprachen übersetzt wurde, erscheinen Le Corbusier und Gropius als die eigentlichen, alle anderen Ansätze überstrahlenden Helden der Architekturmoderne, während Ernst May, dem Kramer viel zu verdanken hatte, nur eine lapidare Erwähnung bekommt.[42] Nicht ohne Bitterkeit schrieb Kramer an Beate: „Die Klique Gideon ist altbekannt, sie schieben sich gegenseitig hoch [...] Übrigens sind es overstatements. Gropius hat praktisch ausser 2–3 Gebäuden nichts gebaut [...] May ist vollständig kaltgestellt + seine Afrikabauten sind nie gebaut worden, Gideon ist nicht sachlich genug um die Genialität Corbusiers von einem May oder Gropius zu unterscheiden.“[43]

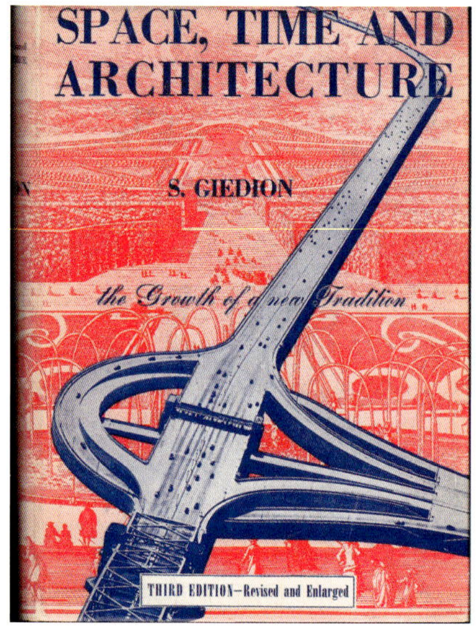

14 Sigfried Giedion: *Time Space and Architecture. The Growth of a New Tradition*, 1956

14 Sigfried Giedion: *Time Space and Architecture. The Growth of a New Tradition*, 1956

Prometheus Kramer

Ernst Mays Neues Frankfurt der 1920er Jahre war erfüllt gewesen von euphorischer Rhetorik. Von allen Disziplinen der Gestaltung galten die Architektur und das „Neuen Bauen“ als die stärksten Hebel zur Umgewöhnung in eine von Licht, Luft und Sonne erfüllte bessere Welt. In der ersten Nummer der Zeitschrift *Das Neue Frankfurt* hatte May 1926 den „Neuen Menschen“ beschworen, „der entschlossen ist, das Alte, Erstarrte hinter sich zu lassen, der mutig und hoffnungsfroh der jungen Schöpferkraft vertraut, der aus neuer Weltbetrachtung die neue Bauaufgabe gestaltet“.[44] Die jungen Schöpfer waren Mays Architektenmannschaft im Hochbauamt der Stadt, die aus dem In- und Ausland zusammengeströmt war. Ferdinand Kramer war einer von ihnen. Drei Jahrzehnte später wurde sein Missionsgeist durch die große Aufgabe neu befeuert. An die Stelle der neuen Menschen traten als pädagogisches Objekt die mit hohen Erwartungen besetzten Studenten der Nachkriegszeit, die es durch neue Architektur zu erziehen galt.

Im Unterschied zum 1933 unfriedlich beendeten Neuen Frankfurt, das von Anfang bis Ende die Polemik und Häme der konservativen Medien auszuhalten hatte, stießen während seiner aktiven Zeit Kramers Universitätsbauten nur zu Anfang auf eine erklärte Gegnerschaft, die bald verstummte. Sowohl die *Frankfurter Rundschau* (FR) als auch die *Frankfurter Allgemeine Zeitung* (FAZ) nutzten Planungsentscheidungen, Richtfeste und Einweihungen, um das Publikum auf den neuen Geist der Kramer-Bauten einzustimmen. In der Studentenzeitung *Diskus* vermittelten verschiedene Berichte – unter anderem von Peter Iden, der sich später als Theaterkritiker und Feuilletonchef der *FR* einen Namen machte – Kramers Architekturprinzipien an die Kommilitonen.

Ferdinand Kramer befand sich bereits im Ruhestand, als im April 1965 die Universitätsbibliothek eingeweiht werden konnte, sein letzter Neubau auf dem Bockenheimer Campus der Frankfurter Universität. Im Foyer enthüllte man eine Statue des aus Paris angereisten Bildhauers Ossip Zadkine[45], die eine halb abstrakte Figur aus der griechischen Mythologie darstellte: Prometheus, der den Menschen das Feuer brachte, der „Stifter seiner Künste und der Hüter des Urrechts gegen die Willkür“ (Abb. 15). Die zu dieser Gelegenheit erschienene Festschrift würdigt erst Prometheus als Freund der Menschen und sodann den Bildhauer und den Architekten als analoge Wohltäter der Universität. Zadkine habe ihr das Sinnbild geschenkt, der durch die Emigration weltkundig gewordene Kramer habe die Universität mit dem „Wissen von den Wissenschaften selbst und

anything [...] May is completely frozen out + his African buildings were never completed, Gideon is not objective enough to be able to distinguish the genius of a Corbusier from May or Gropius.”[43]

Prometheus Kramer

Ernst May's New Frankfurt was filled with euphoric rhetoric in the 1920s. Of all the design disciplines, architecture and *Neues Bauen* had the greatest potential for a reorientation towards a better world filled with light, air and sunshine. In the first issue of the magazine *Das Neue Frankfurt* in 1926 May invoked the “Neuer Mensch” “who is determined to leave behind the old and petrified and to trust in the courageous and hopeful creative force of youth, which will design new construction tasks with a new way of looking at the world.”[44] The young creative ones were members of May's architecture team in the municipal building department, who had poured back into Frankfurt from Germany and abroad. Ferdinand Kramer was one of them. Three decades later his missionary zeal was reignited by the great task. As a pedagogical goal the new human beings had become the post-war students, who with high expectations were to be educated by the new architecture.

In contrast to the unpeaceful end of New Frankfurt in 1933, which from its beginning to its demise had been subjected to the polemic and malice of the conservative media, during the time of his university building Kramer only had to confront an open opposition in the beginning which then rapidly died out. The *Frankfurter Rundschau* (FR) and the *Frankfurter Allgemeine Zeitung* (FAZ) used planning decisions, topping out ceremonies and inaugurations to create support for the new spirit behind the Kramer buildings. In the student magazine *Diskus* different reports, among them those of Peter Iden, who later became known as a theater critic and features editor of the *FR*, conveyed Kramer's architectural principles to the student body.

Ferdinand Kramer was already retired when in April, 1965 the university library was inaugurated. It was his last new building on the Bockenheim campus of Frankfurt University. A statue by the sculptor Ossip Zadkine, who attended the occasion from Paris, was unveiled in the lobby.[45] It was a half-abstract depiction of Prometheus, the Greek god who gave fire to

15 Ossip Zadkine, *Prometheus*, 1964
15 Ossip Zadkine, *Prometheus*, 1964

deren künftigen Entwicklungen und Bedingungen" entworfen, mit einem Gespür für die Gesellschaft und mit dem „Gefühl der Mitverantwortung für diejenigen, die nach uns kommen". Die Begegnung von Bildhauer und Baumeister sei schicksalhaft, sie lasse wie durch einen Blitzschlag „Bildwerk und Bauwerk" verschmelzen und „im Sinne einer zugleich archaischen und modernen Philosophie ein Neues bewirken".[46] Die Hommage aus der Feder von Godo Remszhardt, des Architekturkritikers der *FR* muss Kramer gefallen haben, ließ sie doch sein Wirken für die Universität als prometheische Tat erscheinen: Der in der Fremde gereifte Architekt kommt zurück, die Alma Mater erhält durch ihn die ihr gemäße neue bauliche Gestalt, die Demokratie.

Abschied aus dem fremd gewordenen Campus

Die vom Prometheus Kramer gestaltete Universität blieb auch nach dem 1964 vollzogenen Abschied aus dem Universitätsbauamt sein direktes Lebensumfeld, zumal er die Dienstwohnung unter dem Dach des Hauptgebäudes zunächst behalten durfte. Als Campusbewohner lebte Kramer weiter unter den Studenten, aus deren Mitte im Laufe der 1960er Jahre eine die Gesellschaft grundlegend verändernde Bewegung in Gang gesetzt wurde. Die nach dem Krieg nur an der Oberfläche gewandelten Nazis, über deren unbekümmertes Auftreten Kramer sich empört hatte, wurden nun neben anderen Themen zur Zielscheibe des studentischen Protests. Der zeitlebens links fühlende Kramer begrüßte die Rebellion gegen verkrustete Strukturen, konnte dem Radikalismus mancher Gruppen aber nichts abgewinnen.
Bauchschmerzen bereitete dem sensiblen Architekten die schleichende Aneignung „seiner" Universitätsräume durch die nachgewachsene Studentengeneration mit gelockerter Umgangsform, die Kramer'sche Wände nun als wilde Pinnwände benutzte. Es soll vorgekommen sein, dass Kramer beim Durchwandern der Campusbauten schief hängende Blätter abnahm und gerade wieder aufhängte.[47]
Ferdinand Kramer liebte die Ordnung ebenso wie die Reinheit – beides gehörte zum unveränderlichen Überzeugungskern des Architekten, der an einmal gefundenen Lösungen festzuhalten pflegte. Eine von keinem

human beings, the "sponsor of arts and the protector of primordial rights against despotism" (Fig. 15). The commemorative publication issued for this occasion honored Prometheus as a friend of humanity and by extension the sculptor and architect as benefactors of the university. Zadkine had bestowed upon them the symbol, and Kramer, the emigrant who had become informed in the ways of the world, had given the university the "knowledge of science and its future developments and limitations", with an awareness of society and with a "feeling of responsibility for those who come after us". The confrontation of the sculptor and the architect was one of fate, which allowed "sculpture and architecture", as if in a bolt of lightning, to fuse into one and "in the spirit simultaneously of an archaic and modern philosophy to bring forth something new".[46] The tribute by Godo Remszhardt, the architecture critic of the *FR* must have pleased Kramer, because it revealed his activity on behalf of the university as a Promethean deed: the architect who had grown wise in adversity had returned and brought democracy to his alma mater in a new architectural form.

Farewell to a Campus that had Become Strange

After completely stepping down from his duties in the Building Authority in 1964, the university that had been architecturally shaped by Prometheus Kramer was still a part of his social environment, particularly since he could still keep the official residence under the roof of the main building. As a campus resident Kramer continued to live among the students who beginning in the mid-1960s had set in motion a movement of fundamental change. The Nazis, who had only cosmetically changed after the war and whose carefree participation in society had so enraged Kramer, along with other subjects now became the targets of the student protests. The lifelong left-wing oriented Kramer welcomed the rebellion against the encrusted structures, but could not identify with the radicalism of some groups.
The creeping expropriation of "his" university rooms by the new student generation with their more relaxed behavior was giving Kramer headaches. The walls built by the sensitive architect were now being used as poster boards and Kramer was seen straightening up notices that were hung crookedly, as he walked through the campus buildings.[47]
Ferdinand Kramer loved order as much as cleanliness. Both qualities belonged to the core beliefs of the architect, who cultivated clinging to a solution once he had found one. An empty, white wall innocent of decoration was a sign for him of the unvarnished truth and a spatial background that emanated an "unnoticed feeling of freedom", as he put it in 1960 to the younger generation at the inauguration of a student dormitory at the Bockenheimer Warte.[48] He believed in the pedagogical effect of his architecture. For Kramer the functional living without decoration and a coy coziness was part of a universal education transmitted to the students by the university, who would in turn convey it to the society at large.
In the following years the public perception of architecture changed. The slender, light forms of the early West German architectural Modern, as typified by Sep Ruf, Paul Schneider-Esleben, Egon Eiermann, Ferdinand Kramer and others, had earned respect in service of the new beginning after the "Third Reich" and found approval in Germany and internationally. But their generation was losing its power of conviction, the more the West German democracy itself was put to the test and tried to reject what was now considered as convention in the Modern. In the 1960s the younger colleagues discovered Anglo-Saxon Brutalism for themselves

16 Heinrich Nitschke, Sozialgebäude und Neue Mensa, 2015
16 Heinrich Nitschke, Social building and new cafeteria, 2015

Dekor verletzte, leere weiße Wand galt ihm als Zeichen von ungeschminkter Wahrheit und als ein Raumhintergrund, von dem „unmerklich ein Gefühl von Freiheit" ausgehe, so hatte er es 1960 bei der Einweihung des Studentenheims an der Bockenheimer Warte der jungen Generation auf den Weg gegeben.[48] Er glaubte an die pädagogische Wirkung seiner Architektur. Das hier gebotene funktionale Wohnen ohne Dekor und kaschierende Gemütlichkeit sah Kramer als Teil der universalen Erziehung, die den Studierenden durch die Universität vermittelt würde, um sie anschließend in die Gesellschaft zu tragen.

In den folgenden Jahren veränderte sich die Wahrnehmung der Architektur in der Öffentlichkeit. Die schlanken und leichten Formen der frühen westdeutschen Architekturmoderne, wie sie Sep Ruf, Paul Schneider-Esleben, Egon Eiermann, Ferdinand Kramer und andere vertraten, hatten als Beleg des Neuanfangs nach dem „Dritten Reich" gedient und im In- und Ausland Zustimmung gefunden. Sie hatten jedoch an Überzeugungskraft verloren, je mehr die westdeutsche Demokratie selbst auf den Prüfstand gehoben wurde und sich der Architektennachwuchs von der inzwischen als Konvention empfundenen Moderne abzusetzen versuchte. Die jüngeren Kollegen entdeckten für sich in den 1960er Jahren den Brutalismus angelsächsischer Prägung und demonstrierten, dass im Kontext der Moderne auch mit einem Spiel von Gewicht und Schwere gültige Entwürfe zu erreichen waren. Eine keineswegs extreme Frucht dieser Strömung war das vom Volumen her kopflastig erscheinende Sozialgebäude, das 1973 von Kramers Nachfolger Heinrich Nitschke zwischen die Mensa und das Studentenheim an der Bockenheimer Warte gesetzt wurde. Kramer vermied die offene Kritik, aber er empfand den Bau als Fremdkörper und Affront gegen seinen Campus (Abb. 16).

Aus seiner eigener Universität wurden kritische Stimmen laut, die mit der zeitgenössischen Architektur ins Gericht gingen: 1965 erschien Alexander Mitscherlichs legendäre Schrift *Die Unwirtlichkeit unserer Städte*[49] und zwei Jahre später veröffentlichte Theodor Adorno mit seinem Essay „Funktionalismus heute" eine auffällig schwammige Modernekritik,[50] die sich, wenn man es darauf anlegte, auch auf die Universitätsbauten seines Freundes Kramer anwenden ließ: „Die Zukunft von Sachlichkeit ist nur dann eine der Freiheit, wenn sie des barbarischen Zugriffs sich entledigt: nicht länger den Menschen, deren Bedürfnis sie zu ihrem Maßstab erklärt, durch spitze Kanten, karg kalkulierte Zimmer, Treppen und

and demonstrated that in the context of the Modern valid designs could also be created with a play of weight and heaviness. A by no means extreme example of this current was the top-heavy looking social building built between the cafeteria and the student dormitory on the Bockenheimer Warte in 1973 by Kramer's successor, Heinrich Nitschke. Kramer avoided open criticism, but considered the building a foreign body and affront to his campus (Fig. 16).

A drumbeat against contemporary architecture was beginning to be heard in his own university: in 1965 Alexander Mitscherlich's legendary book *Die Unwirtlichkeit unserer Städte* (The Inhospitality of Our Cities) was published,[49] and two years later the essay by Theodor Adorno called "Funktionalismus heute" contained a strikingly vague criticism of the Modern,[50] which, if one wishes can be applied to the university buildings of his friend, Kramer: "The future of objectivity is only one of freedom when it dispenses with that of barbaric intervention: no longer subjecting human beings, whose needs they have declared to be their yardstick, to sharp edges, austerely calculated rooms, stairs and other sadistic shocks."[51] Their friendship does not appear to have suffered, though. Although Kramer and Adorno had discussed issues of aesthetics for decades, Adorno had never succeeded in understanding modern architecture with any depth according to Astrid Hansen.[52] The opinion in the Kramer home was unanimous concerning the lack of taste of the Adorno friends, who decorated their apartment in Kettenhofweg in the frowned upon "kidney-shaped coffee table style".[53]

Kramer was shocked when militant students occupied the vice chancellor's office in the summer of 1968, leading to a siege of the main building by the riot police (Fig. 17). Kramer and his family of four were trapped in the official residence. No one could leave or enter, as Lore Kramer remembers. She also recalls the last meeting with a distraught looking Adorno, who died a short time later, after the Institute for Social Research was also occupied in January, 1969 (Fig. 19).[54] Although the fronts had changed completely, the incidents recalled terrible memories of scenes of violence in pre-war Germany. The occupation of the vice chancellor's office was already a signal to leave the official residence. The family moved into the newly built house in Schaubstrasse in the Sachsenhausen district (Fig. 20). The departure from surroundings which had become strange to him, but which he had built himself, must have been extremely painful.

The insidious decline of his life work began at the point when Kramer was being showered with honors of all kinds. It is hard to tell exactly when, but a clear turning point occurred in 1972 with the completion of the AfE Tower for education and social sciences. The tower became a matter of history when it was demolished in 2014.[55] With its 32 floors the university was not just at an eye level with the banking towers which had meanwhile sprung up in the vicinity. The AfE Tower was a symbol of the university for the masses which put the neighboring campus of Kramer in the shadows (Fig. 21).

Increasing utilization by the steadily growing numbers of students and a lack of building maintenance led to a premature aging of the buildings. Planning issues also arose concerning the location of the campus in the district. Neglect and modernization that was either delayed or not done at all, together with a lack of attentiveness and occasional vandalism on the part of the students contributed to their decline.

Later classes only knew the buildings in their heavily deteriorated state. If that current state of decay is taken as a standard, as was often the case in the debate of the past years, a fair assessment of Kramer's great architectural achievement can hardly be made.

Ähnliches sadistische Stöße versetzt."[51] Der Freundschaft scheint es keinen Abbruch getan zu haben. Zwar hätten Kramer und Adorno einen jahrzehntelangen Austausch über Fragen der Ästhetik geführt, dennoch sei Adorno nie zu einem tieferen Verständnis moderner Architektur gelangt, so berichtet es Astrid Hansen.[52] Dass es den Freunden Adorno am guten Geschmack mangelte, als sie sich in ihrer Wohnung im Kettenhofweg im verpönten „Nierentisch-Stil" einrichteten, darüber war man sich im Hause Kramer einig.[53]

Zum schockierenden Erlebnis für Kramer wurde die Besetzung des Rektorats durch militante Studenten im Sommer 1968, die dazu führte, dass das Hauptgebäude von Bereitschaftspolizei belagert wurde (Abb. 17). Kramer und seine inzwischen vielköpfige Familie waren in ihrer Dienstwohnung eingeschlossen. Niemand konnte hinein oder heraus, so erinnert sich Lore Kramer. Sie hat auch noch das letzte Treffen mit dem verstört wirkenden, wenig später verstorbenen Freund Adorno vor Augen, nachdem im Januar 1969 auch das Institut für Sozialforschung besetzt worden war (Abb. 19).[54] Obwohl die Fronten jetzt ganz andere waren, weckten die Vorfälle bei Kramer böse Erinnerungen an gewaltsame Szenen im Vorkriegsdeutschland. Für ihn hatte bereits die Rektoratsbesetzung das Signal zum Verlassen der Dienstwohnung gegeben. Man zog um in das neu erbaute Haus der Kramers in der Schaubstraße im Stadtteil Sachsenhausen (Abb. 20). Der Abschied aus der fremd gewordenen Umgebung, die doch aus den eigenen Bauten bestand, muss doppelt schmerzhaft gewesen sein.

Während Kramer mit Ehrungen verschiedenster Art bedacht wurde, begann der schleichende Abstieg seines Lebenswerks. Wann genau er einsetzte, lässt sich nicht mehr feststellen, aber einen deutlichen Wendepunkt darf man im Jahr 1972 mit der Fertigstellung des AfE-Turms für die Erziehungs- und Gesellschaftswissenschaften sehen, der inzwischen bereits der Geschichte angehört, denn er wurde 2014 gesprengt.[55] Mit seinen 32 Geschossen begab sich die Universität nicht nur auf Augenhöhe zu den inzwischen hochgeschossenen Bank-Türmen der Geldinstitute. Mit dem AfE-Turm entstand ein zur Massenuniversität kompatibler Symbolbau, der den benachbarten Campus von Kramer verblassen ließ (Abb. 21).

Steigende Auslastung durch stetig wachsende Studentenzahlen und mangelnde Bauunterhaltung ließen die Bauten vorzeitig altern. Später herrschte Planungsunsicherheit über den Verbleib der Universität im Stadtteil. Vernachlässigung und verzögerte oder ausgebliebene Modernisierungen durch die Verwaltung waren gepaart mit nachlassender Achtsamkeit und zuweilen Vandalismus auf der Seite der Studierenden. Spätere Jahrgänge haben oft nur noch den stark abgenutzten Zustand kennen gelernt. Wer allein den Verfallszustand als Maßstab nimmt – wie das im Streit der vergangenen Jahre oft der Fall war –, wird zu einem fairen Urteil über die große Aufbauleistung Ferdinand Kramers kaum gelangen können.

17 Besetzung des Rektorats der Universität Frankfurt durch Studenten, 1968
18 Studenten und Polizei auf dem Campus der Frankfurter Universität, 1969
19 Besetzung des Instituts für Sozialforschung durch Studenten. Theodor Adorno verhandelt mit der Polizei, 1969

17 Occupation of the Frankfurt University vice chancellor's office by students in 1968
18 Students and police on the Frankfurt University campus, 1969
19 Occupation of the Institute for Social Research by students, Theodor Adorno negotiating with the police, 1969

20 Wohnhaus Kramer, 2015 | 20 Kramer residence, 2015

21 AfE-Turm. Baustelle, 1969 | 21 AfE Tower. Construction site, 1969

Anmerkungen

1 Fried Lübbecke: *Der Muschelsaal*. Frankfurt a. M. 1960, 501–513.
2 Ebd., 504. Zum Streit um den Wiederaufbau des Goethehauses vgl. Michael Falser: „Der ‚Deutsche Geist' und die Rekonstruktion des Frankfurter Goethehauses – die Trümmer des Geistes", in: Ders.: *Zwischen Identität und Authentizität. Zur politischen Geschichte der Denkmalpflege in Deutschland*. Dresden 2008, 82–87.
3 Ferdinand Kramer an Walter Gropius, 14.05.1937, auf Briefpapier des Hotels New Westin in New York. Kopie im Bauhaus-Archiv, Berlin 40/279.
4 Ferdinand Kramer (ab hier: FK) an Beate Kramer geb. Feith (ab hier: BK-F), 30.01.1938, ISG: Nachlässe, Kramer Ferdinand und Beate, S1/365 (ab hier: ISG ebd.).
5 Erika und Klaus Mann: *Escape to Life*. Boston 1939.
6 Erika und Klaus Mann: *Escape to Life. Deutsche Kultur im Exil*. Reinbek b. Hamburg 1996 (dt. Ausgabe), 254.
7 Zu Ferdinand Kramers *Knock Down Furniture* vgl. Gerda Breuer (Hg.): *Kramer, Ferdinand. Design für variablen Gebrauch*. Tübingen, Berlin 2014, 212–219.
8 Ebd., 250–257.
9 Zur Geschichte der Frankfurter Schule vgl. Martin Jay: *Dialektische Phantasie. Die Geschichte der Frankfurter Schule und des Instituts für Sozialforschung 1923–1950*. Frankfurt a. M. 1981.
10 FK an BK-F, 26.07.1952, ISG ebd.

Notes

1 Fried Lübbecke: *Der Muschelsaal*, (Frankfurt/Main, 1960), 501–513.
2 Ibid., 504. On the discussion about the reconstruction of the *Goethehaus* cf. Michael Falser: "Der 'Deutsche Geist' und die Rekonstruktion des Frankfurter Goethehauses – die Trümmer des Geistes", in: idem: *Zwischen Identität und Authentizität. Zur politischen Geschichte der Denkmalpflege in Deutschland*, (Dresden, 2008), 82–87.
3 Ferdinand Kramer to Walter Gropius, May 14, 1937, on hotel stationery of the New Westin in New York. Copy in the Bauhaus Archive, Berlin 40/279.
4 Ferdinand Kramer (abbreviated hereafter as FK) to Beate Kramer, née Feith (abbreviated hereafter as BK-F), Jan. 30, 1938, ISG: Estates, Kramer Ferdinand and Beate, S1/365 (hereafter: ISG ibid.).
5 Erika & Klaus Mann: *Escape to Life*, (Boston, 1939).
6 Erika & Klaus Mann: *Escape to Life. Deutsche Kultur im Exil*, (Reinbek b. Hamburg, 1996; German edition), 254.
7 On Ferdinand Kramer's *Knock Down* furniture cf. Gerda Breuer (ed.): *Kramer, Ferdinand. Design für variablen Gebrauch*, (Tübingen & Berlin, 2014), 212–219.
8 Ibid., 250–257.
9 On the history of the Frankfurt School cf. Martin Jay: *Dialektische Phantasie. Die Geschichte der Frankfurter Schule und des Instituts für Sozialforschung 1923–1950*, (Frankfurt/Main, 1981).
10 FK to BK-F, July 26, 1952, ISG ibid.

11 Thomas Huonker: *Revolution, Moral und Kunst. Eduard Fuchs: Leben und Werk*. Zürich 1985.
12 Monika Boll, Raphael Gross (Hgg.): *Die Frankfurter Schule und Frankfurt. Eine Rückkehr nach Deutschland*. Göttingen 2009.
13 Almut Gehebe-Gernhardt: *Architektur der 50er Jahre in Frankfurt am Main – am Beispiel der Architektengemeinschaft Alois Giefer und Hermann Mäckler* (Studien zur Frankfurter Geschichte 59). Frankfurt a. M. 2011, 254–259.
14 FK an BK-F, 03.09.1952, ISG ebd.
15 FK an BK-F, 06.07.1952, ISG ebd.
16 Claudia Quiring, Wolfgang Voigt, Peter Cachola Schmal, Eckhard Herrel (Hgg.): *Ernst May 1886–1970*. München, London, New York 2011.
17 FK an BK-F, 26.07.1952 (wie Anm. 10).
18 Gustav Lampmann (Hg.): *Ernst Balser. Ein Baumeister unserer Zeit*. München 1953.
19 FK an BK-F, 18.08.1952, ISG ebd.
20 FK an BK-F, 23.06.1952, ISG ebd.
21 FK an BK-F, 03.09.1952 (wie Anm. 14).
22 FK an BK-F, 15.06.1952, ISG ebd.
23 FK an BK-F, 18.08.1952 (wie Anm. 19).
24 FK an BK-F, 01.07.1952, ISG ebd.
25 FK an BK-F, 26.07.1952 (wie Anm. 10).
26 FK an BK-F, 01.07.1952 (wie Anm. 24).
27 FK an BK-F, 26.07.1952 (wie Anm. 10).
28 FK an BK-F, 06.07.1952 (wie Anm. 15).
29 FK an BK-F, 03.09.1952 (wie Anm. 14).
30 FK an BK-F, 13.10.1952, ISG ebd.
31 FK an BK-F, 25.11.1952, ISG ebd.
32 FK an BK-F, 07.10.1952, ISG ebd.
33 FK an BK-F, 13.10.1952, ISG ebd. Die beiden direkt nach dem Studium an der TH Graz engagierten Architekten waren Albert Dunkl und Helmut Alder.
34 FK an BK-F, 26.07.1952 (wie Anm. 10).
35 FK an BK-F, 02.05.1956, ISG ebd.
36 FK an BK-F, 18.08.1952 (wie Anm. 19).
37 FK an BK-F, 05.08.1952, ISG ebd.
38 FK an BK-F, 07.10.1952 (wie Anm. 32).
39 FK an BK-F, 26.07.1952 (wie Anm. 10).
40 FK an BK-F, 18.08.1952 (wie Anm. 19).
41 Sigfried Giedion: *Time Space and Architecture*. Cambridge/MA 1956.
42 Ebd., 477.
43 FK an BK-F, 01.02.1956, ISG ebd.
44 Ernst May: „Das neue Frankfurt“, in: *DNF* 1 (1926/27), Nr. 1, 2–11.
45 Zu Ossip Zadkine, einem aus Russland stammenden Bildhauer in Frankreich vgl. Christa Lichtenstein: *Ossip Zadkine (1890–1967). Der Bildhauer und seine Ikonographie*. Berlin 1980.
46 Amt für Wissenschaft, Kunst und Volksbildung Frankfurt am Main (Hg.): *Wiederkehr des Prometheus. Zur Inauguration der neuen Stadt- und Universitätsbibliothek und der Prometheus-Statue von Zadkine am 29. April 1965*. Frankfurt a. M. 1965, 30 Seiten.
47 Wolfgang Voigt, Gespräch mit Lore Kramer, 05.09.2015.
48 Ferdinand Kramer: „Wohnen im Studentenheim. Ansprache des Architekten zur Einweihung des Studentenheimes Bockenheimer Warte“, in: Bauhaus-Archiv (Hg.): *Ferdinand Kramer. Architektur & Design* (Ausst.-Kat.). Berlin 1982, 117/118 [Nachdruck nach: *BW* 50 (1959), Nr. 17] .
49 Alexander Mitscherlich: *Die Unwirtlichkeit unserer Städte*. Frankfurt a. M. 1965.
50 Theodor Adorno: „Funktionalismus heute“, in: Ders.: *Ohne Leitbild. Parva Aesthetica*. Frankfurt a. M. 1967, 104–127. Abdruck eines Vortrages auf der Tagung des Deutschen Werkbundes, Berlin, 23.10.1963 [zuerst publiziert in: *Neue Rundschau* 77 (1966), Nr. 4].
51 Theodor Adorno (wie Anm. 53), 110/111.
52 Astrid Hansen: „Der Philosoph und der Architekt. Theodor W. Adornos und Ferdinand Kramers Auseinandersetzung über die Ästhetik des Bauens“, in: Monika Boll, Raphael Gross (wie Anm. 12), 194–200.
53 Wolfgang Voigt (wie Anm. 47).
54 Ebd.
55 Zum AfE-Turm vgl. Philipp Sturm, Peter Cachola Schmal (Hgg.): *Hochhaus Stadt Frankfurt. High-rise City Frankfurt*. München, London, New York 2014, 184/185.

11 Thomas Huonker: *Revolution, Moral und Kunst. Eduard Fuchs: Leben und Werk*, (Zurich, 1985).
12 Monika Boll & Raphael Gross (eds.): *Die Frankfurter Schule und Frankfurt. Eine Rückkehr nach Deutschland*, (Göttingen, 2009).
13 Almut Gehebe-Gernhardt: *Architektur der 50er Jahre in Frankfurt am Main – am Beispiel der Architektengemeinschaft Alois Giefer und Hermann Mäckler* (Studien zur Frankfurter Geschichte, 59; Frankfurt/Main, 2011), 254–259.
14 FK to BK-F, Sept. 3, 1952, ISG ibid.
15 FK to BK-F, July 6, 1952, ISG ibid.
16 Claudia Quiring, Wolfgang Voigt, Peter Cachola Schmal & Eckhard Herrel (eds.): *Ernst May 1886–1970*, (Munich, London, New York, 2011).
17 FK to BK-F, July 26, 1952, (as note 10).
18 Gustav Lampmann (ed.): *Ernst Balser. Ein Baumeister unserer Zeit*, (Munich, 1953).
19 FK to BK-F, Aug. 18, 1952, ISG ibid.
20 FK to BK-F, June 23, 1952, ISG ibid.
21 FK to BK-F, Sept. 3, 1952, (as note 14).
22 FK to BK-F, June 15, 1952, ISG ibid.
23 FK to BK-F, Aug. 18, 1952, (as note 19).
24 FK to BK-F, July 1, 1952, ISG ibid.
25 FK to BK-F, July 26, 1952, (as note 10).
26 FK to BK-F, July 1, 1952, (as note 24).
27 FK to BK-F, July 26, 1952, (as note 10).
28 FK to BK-F, July 6, 1952, (as note 15).
29 FK to BK-F, Sept. 3, 1952, (as note 14).
30 FK to BK-F, Oct. 10, 1952, ISG ibid.
31 FK to BK-F, Nov. 25, 1952, ISG ibid.
32 FK to BK-F, Oct. 7, 1952, ISG ibid.
33 FK to BK-F, Oct. 13, 1952, ISG ibid. The two architects hired immediately after completing their studies at the TH Graz were Albert Dunkl and Helmut Alder.
34 FK to BK-F, July 26, 1952, (as note 10).
35 FK to BK-F, May 2, 1956, ISG ibid.
36 FK to BK-F, Aug. 18, 1952, (as note 19).
37 FK to BK-F, Aug. 5, 1952, ISG ibid.
38 FK to BK-F, Oct. 7, 1952, (as note 32).
39 FK to BK-F, July 26, 1952, (as note 10).
40 FK to BK-F, Aug. 18, 1952, (as note 19).
41 Sigfried Giedion: *Time Space and Architecture*, (Cambridge/MA, 1956).
42 Ibid., 477.
43 FK to BK-F, Feb. 1, 1956, ISG ibid.
44 Ernst May: "Das neue Frankfurt," in: *DNF*, vol. 1, (1926/27), no. 1, 2–11.
45 On Ossip Zadkine, a Russian-born sculptor living in France, cf. Christa Lichtenstein: *Ossip Zadkine (1890–1967). Der Bildhauer und seine Ikonographie*, (Berlin, 1980).
46 Amt für Wissenschaft, Kunst und Volksbildung Frankfurt am Main (ed.): *Wiederkehr des Prometheus. Zur Inauguration der neuen Stadt- und Universitätsbibliothek und der Prometheus-Statue von Zadkine am 29. April 1965*, (Frankfurt/Main, 1965), 30 pages.
47 Wolfgang Voigt, discussion with Lore Kramer, Sept. 5, 2015.
48 Ferdinand Kramer: "Wohnen im Studentenheim. Ansprache des Architekten zur Einweihung des Studentenheimes Bockenheimer Warte," in: Bauhaus-Archiv (ed.): *Ferdinand Kramer. Architektur & Design* (exhib. cat.; Berlin, 1982), 117/118 [Reprint from: *BW*, vol. 50 (1959), no. 17] .
49 Alexander Mitscherlich: *Die Unwirtlichkeit unserer Städte*, (Frankfurt/Main, 1965).
50 Theodor Adorno: "Funktionalismus heute," in: idem: *Ohne Leitbild. Parva Aesthetica*, (Frankfurt/Main, 1967), 104–127. Copy of a speech given at the conference of the *Deutscher Werkbund*, Berlin, Oct. 23, 1963 [first published in: *Neue Rundschau*, vol. 77 (1966), no. 4].
51 Theodor Adorno, (as note. 53), 110/111.
52 Astrid Hansen: "Der Philosoph und der Architekt. Theodor W. Adornos und Ferdinand Kramers Auseinandersetzung über die Ästhetik des Bauens," in: Monika Boll & Raphael Gross, (as note 12), 194–200.
53 Wolfgang Voigt, (as note 47).
54 Ibid.
55 On the AfE Tower cf. Philipp Sturm & Peter Cachola Schmal (eds.): *Hochhaus Stadt Frankfurt. High-rise City Frankfurt*, (Munich, London, New York, 2014), 184/185.

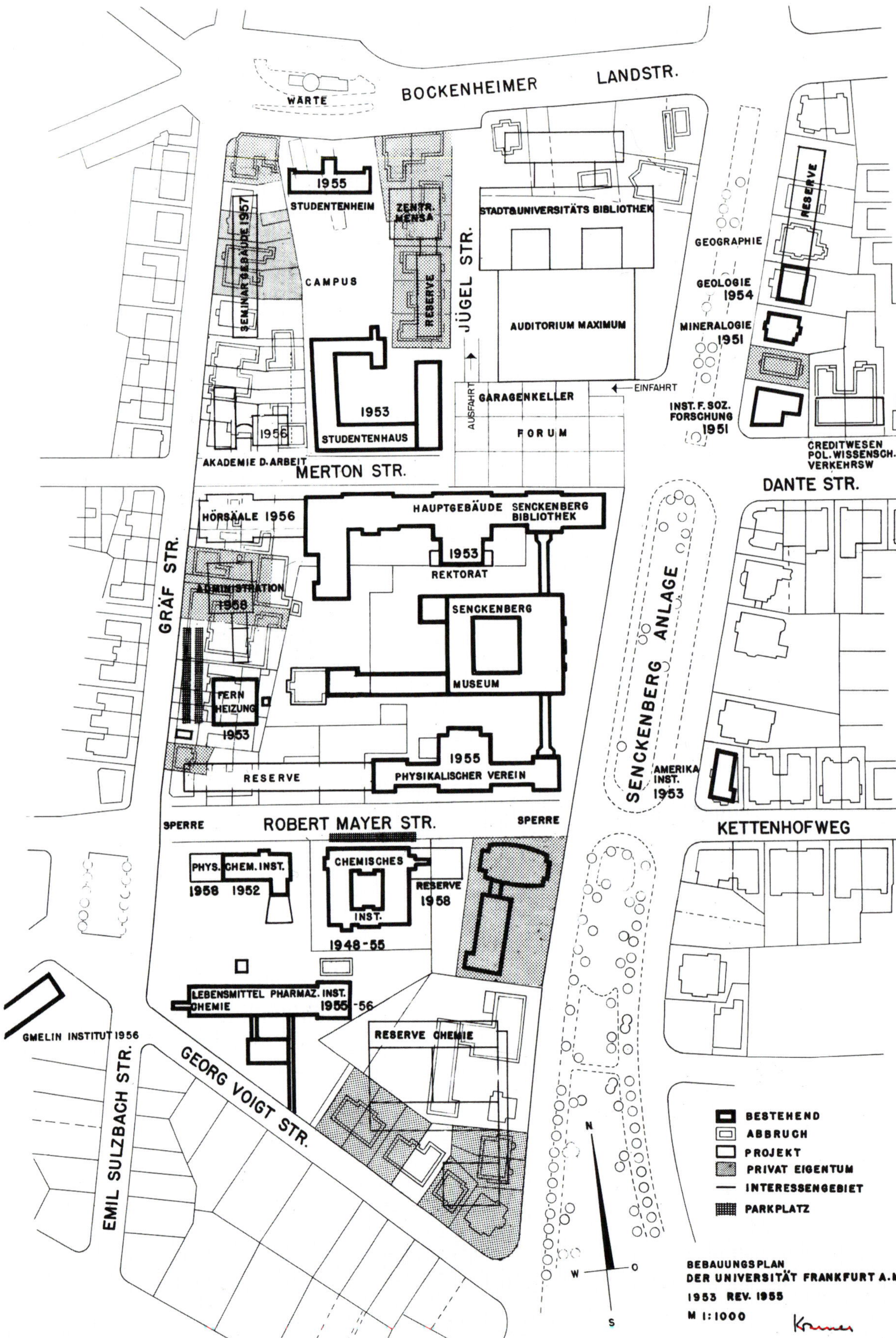

1 Bebauungsplan der Universität Frankfurt am Main, 1955 | 1 Frankfurt am Main Universität Development Plan, 1955

PHILIPP STURM

„Über 10 Millionen neue Projekte liegen auf dem Tisch vor mir" – der Aufbau der Frankfurter Universität in der Ära Kramer zwischen 1952 und 1964

"I've got more than 10 million new projects on my desk" – Frankfurt University Development from 1952 to 1964 in the Kramer Era

„Dazu kommt als einer der bedenklichsten Einwände die Unzulänglichkeit des Jügelhauses als Kollegiengebäude. Schon der Haupteingang erweist sich als zu eng und den baupolizeilichen Vorschriften widersprechend. Zwar könnte man sich helfen und den Erweiterungsbau mit einem zweiten geräumigen Eingang versehen. Doch würde eine solche Lösung, die an sich nicht monumentale Fassade weiterhin beeinträchtigen. Schlimmer sieht es mit der Innenanlage selbst aus. [...]"[1] So urteilten die Frankfurter Architekten Claus Mehs und Fritz Rupp 1912 über den historisierenden, neobarocken Bau von Ludwig Neher (Abb. 2). Das Gebäude, 1906 für die Akademie für Sozial- und Handelswissenschaften errichtet, repräsentierte bis zu ihrem Umzug auf den Campus Westend die 1914 gegründete Frankfurter Johann Wolfgang Goethe-Universität. Die Architekten kritisierten in ihrer Schrift nicht allein das Jügelhaus, sondern befassten sich mit der universitären Bauplanung und dem dafür zur Verfügung gestellten städtischen Terrain insgesamt. Am Beispiel der großzügigen Universitätsanlage in Straßburg[2] zeigten sie die Schwächen der Frankfurter Planung auf: „Stück für Stück erscheinen die einzelnen Flügel angesetzt, während die Gesamtanlage in ihrer Ausdehnung schon erkennen läßt, zu welch ungesunden und ganz unerträglichen Verhältnissen auch die bescheidenste Entwicklung der Frankfurter Universität in absehbarer Zeit führen müßte."[3]

Die Zwischenkriegszeit – Entwürfe für die Stadt- und Universitätsbibliothek

Nachdem die bauliche Erweiterung der Universität zwischen dem Beginn des Ersten und Ende des Zweiten Weltkriegs stagniert hatte, sah die Si-

"In addition, my gravest objection is to the inadequacy of the Jügelhaus as a collegiate building. To begin with, the entrance is too narrow and it violates municipal building regulations. This could be mitigated by providing the annex with a second spacious entrance. But that kind of solution would only further compromise a façade which is not monumental to begin with. Things look even worse for the internal facilities. [...]"[1] That was how the Frankfurt architects Claus Mehs and Fritz Rupp criticized Ludwig Neher's historicist, neo-Baroque building in 1912 (Fig. 2). Until the move to the Westend Campus, the building, which had been built in 1906 for the *Akademie für Sozial- und Handelswissenschaften* (Academy for Social and Commercial Sciences), represented the Frankfurt Johann Wolfgang Goethe University, founded in 1914. The criticism was not just

2 Ludwig Neher, Jügelhaus, 1907

2 Ludwig Neher, *Jügelhaus*, 1907

3 Martin Elsaesser, Entwurf für die Stadt- und Universitätsbibliothek, 1929
3 Martin Elsaesser, Design for the Municipal and University Library, 1929

4 Ernst Balser, Entwurf für die Stadt- und Universitätsbibliothek, 1935
4 Ernst Balser, Design for the Municipal and University Library, 1935

tuation, vor der im September 1952 der neue Leiter des Universitätsbauamtes Ferdinand Kramer stehen sollte, nicht erheblich besser aus.
In der Zwischenkriegszeit entstanden bis auf das 1924 von Franz Roeckle errichtete Institut für Sozialforschung (IfS)[4] keine weiteren Bauten. Neben einem Vorentwurf für ein Studentenheim von Martin Elsaesser aus dem Jahr 1929[5] besaß allein die einsetzende Planung für einen Bibliotheksneubau gewisse Relevanz. Richard Oehler, von 1927 bis 1945 Direktor der Stadt- und Universitätsbibliothek, entwickelte zusammen mit Elsaesser einen Entwurf für eine an der Victoria-Allee[6] gelegene Zentralbibliothek mit 25-geschossigem Bücherturm (Abb. 3). Weltwirtschaftskrise und Kostenüberschreitungen bei anderen Bauprojekten von Elsaesser führten aber 1932 zur Auflösung seines Vertrags und zum Abbruch der Planung.[7] Während des Nationalsozialismus nahm die Stadt das Projekt in reduziertem Kostenrahmen wieder auf und lud 1935 zu zwei aufeinander folgenden Wettbewerben ein.[8] In der zweiten Runde gehörte Ernst Balser aus Frankfurt zu den Preisträgern, der bereits in Ernst Mays Neuem Frankfurt eine aktive Rolle gespielt hatte (Abb. 4). Obwohl er nur einen zweiten Preis davontrug, sollte er den Auftrag zur Ausführung bekommen, sobald die Mittel dafür bereitstünden. Die Ausführung scheiterte wie zuvor bei Elsaesser an der Finanzierung. Der ausschlaggebende Grund war diesmal die Wiederaufrüstung der Wehrmacht, der viele andere Vorhaben geopfert wurden.[9]

Der Wiederaufbau der Universität

Nur ein Jahr nach Kriegsende öffnete die Universität wieder ihre Tore. Die wichtigsten Aufgaben der Hochschule waren, die verbliebenen Gebäude zu sichern und die zerstörten, falls möglich, wiederherzustellen. Paul Klingelhöfer, Kurator der Universität,[10] begann ab 1947 mit der Neuplanung eines umfassenden Campus. Durch ihn und durch Hanns Wilhelm Eppelsheimer, den neuen Direktor der Stadt- und Universitätsbibliothek, wurde der Architekt Balser erneut ins Spiel gebracht, der 1950 mit der städtebaulichen Projektierung eines Bauprogramms beauftragt wurde, das Bibliothek, Studentenhaus sowie Aula- und Verwaltungsgebäude umfassen sollte. Ihm wurde dabei zugesichert, später die Bibliothek bauen zu dürfen.[11] Die Stadtverwaltung verlangte jedoch einen städtebaulichen Ideenwettbewerb, aus dem wiederum Balser 1951 als Sieger

limited to the *Jügelhaus*. In their paper the architects examine the overall university construction planning and the grounds available for it. Using the example of the generously allocated university facility in Strasbourg[2] they show the weaknesses of the planning for Frankfurt: “The individual wings are added together piece by piece, while it is evident that in the extension of the overall facility, even the most modest developments of the Frankfurt University will lead to unhealthy and completely unacceptable conditions in the foreseeable future.”[3]

The Interwar Years – Designs for the Municipal and University Library

After the stagnation of the architectural expansion of the university between the beginning of World War I and the end of World War II, the situation facing Ferdinand Kramer as the new director of the University Building Authority did not look much better in September, 1952.
Except for the *Institut für Sozialforschung* (Institut for Social Research, IfS)[4] erected by Franz Roeckle in 1924, nothing was built in the period between the wars. In addition to a preliminary draft for a student dormitory by Martin Elsaesser from 1929[5] only the plans for a new library building had a certain relevance. Richard Oehler, director of the Municipal and University Library from 1927 to 1945, together with Elsaesser worked up a design for a central library with a 25 story book tower to be located on Victoria Allee (Fig. 3).[6] The international financial crisis and cost overruns on other Elsaesser construction projects led, however, to the cancellation of his contract in 1932 and to a break in the planning.[7] During the period of National Socialism the city took up the project again with reduced financial parameters and in 1935 sponsored two consecutive competitions.[8] Ernst Balser from Frankfurt, who had already played an active role in Ernst May’s New Frankfurt was among the winners in the second round (Fig. 4). Although he only won a second prize, he was supposed to receive the contract as soon as the funds were made available. As with Elsaesser the implementation foundered because of the financing. This time the main reason was the Wehrmacht rearmament, which took priority over other projects.[9]

hervorging. Er schlug eine repräsentative, blockartige Bebauung mit großem Vorplatz zum Jügelhaus vor. Die Bibliothek mit Bücherturm sollte dabei, anders als in seinen Entwürfen von 1935, an der Ecke Bockenheimer Landstraße/Senckenberganlage errichtet werden (Abb. 5).[12] Balsers monumentaler Entwurf wurde jedoch nie realisiert. Gründe hierfür waren neben dem Erscheinen Kramers ein neuer Kurator der Universität und ein Leitungswechsel in der Stadt- und Universitätsbibliothek. An Neubauten entstanden bis 1952 lediglich das Studentenhaus der Architektengemeinschaft Apel, Herdt, Letocha, die beim städtebaulichen Wettbewerb den zweiten Preis erhalten hatten, sowie das Institut für Sozialforschung von Alois Giefer und Hermann Mäckler.

Die Ära Ferdinand Kramer

Die Frage, durch wen Kramer letzten Endes nach Frankfurt geholt wurde, ist umstritten. Kramer selbst erzählte, er habe in New York Max Horkheimer[13] getroffen, der inzwischen Rektor der Universität geworden war und ihn für den Aufbau der Hochschule gewinnen wollte. Wenn man dagegen Friedrich Rau, seit 1952 der neue Universitätskurator, Glauben schenken will, war er es selbst, der Kramer ins Universitätsbauamt holen wollte und Horkheimer davon erst überzeugen musste.[14] Kramer kam im Juni 1952 nach Frankfurt und führte über einige Wochen Vertragsverhandlungen, von denen er seiner in Amerika verbliebenen Frau Beate ausführlich berichtete: „Dass ich Baudirektor werden kann teilte mir Teddy Adorno mit. Aber das Gehalt 1200 Mk ist zu gering um davon zu leben."[15] Wegen der seiner Ansicht nach zu geringen Bezahlung wurde eine Teilung der Position erwogen: „Horkheimer verhandelt mit Dr. Rauh [sic!] dem Curator wegen meiner Stellung als beratender Architekt + Combination eines Kaufmanns neben mir, das wäre interessant, da ich dann genügend Zeit auch für andere private Bauten hätte."[16] Hin- und hergerissen, ob er nach Deutschland zurückkehren oder in Amerika bleiben solle, stimmte er dem Vertrag schließlich zu und übernahm am 1. September 1952 die Leitung des Universitätsbauamtes. „Da du nicht antwortest habe ich der Universität zugesagt ohne dein o.k. – sie brauchen einen Leiter, da der bisherige Mann wegen Korruption gehen musste + Haufen Projekte eiligster Natur vorliegen. [...] Das Gehalt ist das eines Stadtrates + das meiste was möglich ist. Ich habe auch eine Wohnung herausgehandelt [...] Horkheimer dachte es wäre töricht wenn ich es ablehnte."[17] Begeistert stürzte Kramer sich auf die neuen Aufgaben, strukturierte das 25-köpfige Büro[18] um (Abb. 6) und begann mit den Planungen für die einzelnen Institute. „Über 10 Millionen neue Projekte liegen auf dem Tisch vor mir. Aufbau des Hauptgebäudes in dem meine Büros sind, das zoologische + geologische Institut 1 ½ Millionen. [...] Neu von mir ein Kraftwerk – Fernheizung für all die Komplexe für 1 ½ Millionen wird demnächst angefangen + muss im Herbst nächsten Jahr fertig sein. Das Botanische Institut wo ich mit Prof. Montfort, einem Schweizer Freundschaft geschlossen habe. [...] Der bürokratische deutsche Betrieb ist erschreckend in seiner Gründlichkeit + funktioniert nicht mehr bei den ungeheuren Massen die zu erneuern sind."[19] Kramer baute das Bauamt so um, dass es nur noch dem städtischen Hochbauamt untergeordnet war und keine Wettbewerbe mehr ausgeschrieben werden mussten. Jedes Gebäude wurde von seinem Team entworfen und realisiert. Er begründete dies damit, dass „[Universitätsbauten] nur im ständigen Kontakt mit den verschiedenen Wissenschaften und gründlicher Information über ihre Weiterentwicklung, ihren aktuellen, vor allem aber auch künftigen Bedarf zu planen sind."[20] Die neue Vergabepolitik sorgte verständlicherweise für Neider in der Frankfurter Architektenschaft.

5 Ernst Balser, Städtebaulicher Ideenwettbewerb für einen Universitätscampus mit Stadt- und Universitätsbibliothek, 1951
5 Ernst Balser, Urban developmental contest for ideas for a university campus with the Municipal and University Library, 1951

The Reconstruction of the University

The university reopened only one year after the war. The most important tasks were securing the buildings that had survived and reconstructing, if possible, the ones that had been destroyed. In 1947 Paul Klingelhöfer, curator of the university,[10] began new plans for a large-scale campus. He and Hanns Wilhelm Eppelsheimer, the new director of the Municipal and University Library, brought Ernst Balser back into the picture and contracted him in 1950 to create an urban developmental projection for a building plan to include the library, student dormitory, auditorium and administration building. He was promised that he would be entrusted with building the library later on.[11] But the municipal administration demanded an urban developmental competition for ideas, which Balser won again in 1951. He proposed an impressive, block-shaped structure with a large forecourt in front of the *Jügelhaus*. In contrast with his designs from 1935 it was to include the library and book tower on the corner of Bockenheimer Landstrasse and Senckenberganlage (Fig. 5).[12] But Balser's monumental design was never realized. In addition to the appointment of Kramer there was a new curator of the university and a change in the Municipal and University Library leadership. The only new buildings built until 1952 were the student dormitory designed by the architectural association of Apel, Herdt, Letocha, which had won second prize in the municipal development competition, and the *Institut für Sozialforschung* of Alois Giefer and Hermann Mäckler.

The Ferdinand Kramer Era

The answer to the question of who finally brought Kramer to Frankfurt is disputable. Kramer said that in New York he had met Max Horkheimer,[13] who had become the vice chancellor of the university and wanted to convince him to take part in the construction of the university. However, if one is to believe Friedrich Rau, who had become curator of the university in 1952, he was the one who had wanted to bring back Kramer to run the University Building Authority and then had to con-

6 Team von Ferdinand Kramer vor dem Bauamt im Philosophicum, 1962; hinten, v.l.n.r. Erwin Pleines, Hans Wilhelm von Wangenheim, Alex Hoffmann; vorne, v.l.n.r. Hans Harms, Wolfgang Last, Walther Dunkl, NN, Wolfgang Ott, Willy Schwarz, Hella Hess, NN.

6 Ferdinand Kramer team in front of the Building Authority in the *Philosophicum*, 1962; behind, from left to right: Erwin Pleines, Hans Wilhelm von Wangenheim, Alex Hoffmann; in front, from left to right: Hans Harms, Wolfgang Last, Walther Dunkl, unidentified, Wolfgang Ott, Willy Schwarz, Hella Hess, unidentified

Der Generalbebauungsplan 1953

Wegen der enormen Kriegsschäden und der bis dahin nur geringen Aktivitäten in Richtung Wiederaufbau am alten Standort im Stadtteil Bockenheim favorisierte Kramer die Chance eines Neuanfang auf der grünen Wiese. Das Gelände um das Jügelhaus empfand er als zu eng für das vorgesehene Bauprogramm mit den dazugehörenden Reserveflächen. Eine „Cité Universitaire“ oder eine „Campus-Universität“, wie er sie aus Amerika kannte, war sein Traum und die Ginnheimer Höhe, ein großzügiges, unbebautes Gelände zwischen Bockenheim und Ginnheim, war für ihn der ideale Standort. Der Vorschlag fand jedoch keine Mehrheit. Die standesbewussten Akademiker im Kuratorium der Universität bevorzugten den etablierten Standort nahe dem großbürgerlichen Wohnviertel Westend. Aber auch die Stadt votierte gegen einen Umzug; hier scheute man vor allem die umfangreichen Enteignungen, die dafür nötig gewesen wären.[21]
1953 präsentierte Kramer für das zwischen Bockenheimer Landstraße, Senckenberganlage, Georg-Voigt-Straße und Gräfstraße gelegene Areal nacheinander zwei Entwürfe eines Bebauungsplans. Gemeinsam war beiden die Geländeteilung in drei Abschnitte, auf denen die Institute der verschiedenen Wissenschaftsgebiete in Clustern angeordnet werden sollten. Berücksichtigt wurden dabei auch Reserveflächen für weitere Entwicklungen. Neben kleinen Unterschieden in der Anordnung der einzelnen Institute waren im ersten Entwurf die Biologischen Institute noch auf dem projektierten Gelände vorgesehen, bevor sie im zweiten an den Rand des Botanischen Gartens ausgelagert wurden. Dieser zweite Vorschlag gruppierte im nördlichen Abschnitt die Sportwissenschaften, eine Akademie für Arbeit, die Mensa, die Universitätsbibliothek, das Audimax und ein Administrati-

vince Horkheimer.[14] Kramer came to Frankfurt in June, 1952 and conducted contract negotiations for several weeks, which he wrote about in detail to his wife Beate back in America: “Teddy Adorno tells me that I can become the director of construction. But a salary of 1200 Mk is too little to live from.”[15] A division of the position was considered as compensation for what he considered insufficient pay: “Horkheimer is negotiating with Dr. Rauh [sic!], the curator, over my appointment as consulting architect + combination with a salesman, which I find interesting because then I would have enough time for other private work.”[16] Torn between thoughts of returning to Germany and staying in America, he finally agreed to the contract and took over as director of the University Building Authority on September 1, 1952. “Since you did not answer I agreed to the offer of the university without your o.k. – they need a director, because the last one had to leave because of corruption + there are a pile of projects that are in urgent need of attention. [...] The salary is the same as that of a city councilor + it's the most I could get. I also negotiated an apartment [...] Horkheimer thought I would be crazy to turn it down.”[17]
Kramer plunged into his new tasks with great enthusiasm, restructuring the 25-person office[18] and began the planning of the individual institutes (Fig. 6). “I've got more than 10 million projects on my desk. The main building, where my offices are, the zoological + geological institutes for 1 ½ million. [...] We're starting with a new power generating plant by me – district heating for the whole complex for 1 ½ million + it has to be ready by fall. The botanical institute where I made friends with Prof. Montfort from Switzerland. [...] The German bureaucracy is awful in its thoroughness + doesn't work anymore with the gigantic amount of work that has to be accomplished.”[19] Kramer reorganized the Building Authority so that it was only responsible to the Municipal Department of Construction and was not required to sponsor any more competitions. Each building was designed and built by his team. He justified this by saying that university buildings “can only be planned by maintaining continuous contact with the different disciplines and obtaining detailed information about their further development and their current, but above all future needs.”[20] The policy of awarding contracts was understandably not popular among the Frankfurt architects.

The Master Plan of 1953

Because of the enormous damage from the war and the relatively little reconstruction activity underway at the old Bockenheim site, Kramer was considering the opportunity to start afresh somewhere else. His sense of the grounds around the *Jügelhaus* was that they were too cramped for the construction program he envisioned. His dream was a “Cité Universitaire” or a campus university, as he knew them from America. The Ginnheimer Höhe, a wide open, undeveloped tract between Bockenheim and Ginnheim, was his ideal location. But the idea did not have enough support. The status conscious academics on the university board of trustees preferred the existing location nearby the upper middle class residential Westend district. The city was also against the proposed move because of the extensive expropriations it would entail.[21]
In 1953 Kramer produced two versions in succession of a master plan for the area between Bockenheimer Landstrasse, Senckenberganlage, Georg-Voigt-Strasse and Gräfstrasse. Both versions included a division of the grounds in three sections, each with a cluster of buildings grouped according to the different disciplines of the institutes. Space was reserved for fur-

7 Universitätsgelände, 1953
7 University grounds, 1953

onsgebäude um das bereits vorhandene Studentenhaus (Abb. 1). Im mittleren Abschnitt mit den bestehenden Gebäuden Jügelhaus, Senckenbergmuseum und dem Physikalischen Verein sollten Neubauten für die Geisteswissenschaften, die Psychologie, die Mathematik, die Physik und die pharmazeutische Chemie ihren Platz finden, außerdem ein universitätseigenes Fernheizwerk zur Versorgung des gesamten Bereichs (Abb. 7). Im südlichen Teil mit dem damals noch kriegsbeschädigten Chemischen Institut wollte Kramer die physikalische und anorganische Chemie ansiedeln und Reserveflächen für späteren Bedarf vorhalten. Für die Geowissenschaften und das geplante Amerika-Institut fehlte auf dem Gelände der Platz, so dass sie nördlich des bereits bestehenden Instituts für Sozialforschung auf der gegenüberliegenden Seite der Senckenberganlage vorgesehen waren. Das Institut für Kernphysik dagegen wurde aus Sicherheitsaspekten weit entfernt des Campus auf dem Rebstockgelände geplant. Dieser zweite Entwurf wurde im Juli 1953 vom Wiederaufbauausschuss der Universität genehmigt und als neuer Generalbebauungsplan beschlossen.[22]

Dem gut befreundeten Theodor Adorno, der Horkheimers Stellvertreter an der Universität war, berichtete Kramer nicht ohne Stolz: „Der Masterplan ist fertig und wird sich ohne Schwierigkeiten durchführen lassen – falls die Gelder vorhanden sind. Frankfurt hat nur 15 Millionen zur Verfügung. [...] Mit Dr. Rau arbeitet es sich ohne auch nur die geringsten Schwierigkeiten, wir sind gute Freunde geworden + sehr oft zusammen. Horkheimers sehe ich ab + zu, ebenso Pollocks. Ich fahre viel mit dem Wagen herum, Münster, München, Tübingen und sah mir die Universitätsbauten dort an. Überall dieselben Probleme und Fehler: Stückweises Anbauen ohne Masterplan und 2-klassige Architekten infolge der schlechten Gehälter."[23]

ther expansions. Outside minor differences in the grouping of the institutes, in the first version the Biological Institutes were still located on the projected grounds, while in the second version they were moved to the edge of the Botanical Gardens. In the second version the sport sciences, an *Akademie für Arbeit* (Academy for Work), the cafeteria, university library, the *Audimax*, and an administration building around the existing student dormitory were to be located in the northern section (Fig. 1). In the middle section, along with the *Jügelhaus*, Senckenberg Museum and *Physikalischer Verein* (Physics Society) buildings, the new buildings for the humanities, psychology, mathematics, physics and pharmaceutical chemistry were to be located, in addition to a district heating plant for the entire university (Fig. 7). Kramer wanted to allocate space for physical and inorganic chemistry, as well as to reserve space for later use in the southern section, where the war-damaged Institute for Chemistry was located. There was no space on the grounds for the earth sciences and the planned *Amerika-Institut*. They were to be located to the north of the existing *Institut für Sozialforschung* across from the Senckenberganlage. For safety reasons the Institute for Nuclear Physics was to be located far away from the campus on the Rebstock Grounds. The second version was approved in July, 1953 by the University Reconstruction Committee and was confirmed as the new master plan.[22]

His good friend Theodor Adorno, who was Horkheimer's representative in the university, told Kramer not without pride: "The master plan is ready and will go through without complications – if the money is there. Frankfurt has only 15 million available. [...] There are no problems working with Dr. Rau, we've become good friends + meet often. I see Horkheimer occasionally, as well as Pollock. I drive around a lot in the car, to

8 Jügelhaus, neobarockes Portal, 1952
8 *Jügelhaus*, neo-Baroque portal, 1952

9 Jügelhaus, neues Portal, 1953
9 *Jügelhaus*, new portal, 1953

Ein moderner Eingang und Institute aus Stahl, Beton und Klinker

Den zu engen Haupteingang des Jügelhauses zu erweitern und umzubauen, machte sich Kramer zu seiner ersten Bauaufgabe. Er ließ das neobarocke Portal (Abb. 8) einreißen und durch ein großzügiges transparentes Eingangsfoyer ersetzen (Abb. 9). In einer Stadt, in der gerade über den richtigen Umgang mit dem Wiederaufbau – traditionsbestimmt oder modern – gestritten wurde, musste ein solch radikaler Eingriff Widerstand auslösen. Franz Wilhelm Jerusalem, einer der führenden Soziologen während des nationalsozialistischen Regimes, warf Kramer in einem entrüsteten Leserbrief „architektonische Gleichschaltung“ vor, „wo man nur noch in phantasielosen Klötzen denkt und ein echtes Formgefühl nicht mehr erträgt, kann ich nur sagen: modernes Barbarentum.“[24] Provokant schickte der angegriffene Architekt dem Verfasser daraufhin den abgeschlagenen Fuß einer der neobarocken Portalfiguren mit den lakonischen Worten: „Dem Empörten zum Troste. Der Barbar.“[25] Der Architekturkritiker Godo Remszhardt dagegen pries in der *Bauwelt* den neuen Eingang und den Einzug der Moderne: „[d]esto mehr hat es Witz, daß grad unterm Rektorat des hegelianischen Dialektikers Horkheimer der Architekt etwas wie eine progressive Synthese setzen konnte, indem am sogenannten Jügelhaus als dem Kernstück der Universität er das dekorative Moos mit Sandstrahl wegblies, aber auch das Portal – monumentalen Einschlupf ins monumentale Studierstübchen – aufriß, um ein lichtoffenes Tor einzubauen, bedächtige Vernunft an Stelle gemütvollen Tiefsinns.“[26]
In den Jahren bis 1960 konnte eine Vielzahl von Bauten realisiert und eingeweiht werden: das Fernheizwerk (Abb. 10), das Amerika-Institut (Abb. 14), dessen ursprünglicher Entwurf von Hubert Lütcke durch Kramer eine moderne Überarbeitung erfuhr, das Geologisch-Paläontologische Institut, das Biologische Camp (Abb. 11), das Studentenwohnheim an der Bockenheimer Warte, das Institut für Pharmazie und Lebensmittelchemie, das Institut für Kernphysik (Abb. 12), das Hörsaalgebäude sowie das Philosophicum (Abb. 13).

Münster, Munich, Tübingen to look at the universities. The problems and mistakes were the same everywhere: piecemeal construction without a master plan and second rate architects as a result of the poor wages."[23]

A Modern Entrance and Institutes Made of Steel, Concrete and Clinkers

Kramer made his first building task the expansion and reconstruction of the main entrance of the *Jügelhaus*. He tore down the neo-Baroque portal (Fig. 8) and replaced it with a spacious, transparent foyer (Fig. 9). In a city where a hot debate was taking place concerning the correct approach to reconstruction, i.e. more traditionally oriented or modern, a measure like that was bound to trigger resistance. Franz Wilhelm Jerusalem, one of the leading sociologists during the National Socialist regime, accused Kramer in an indignant letter to the editor of "politically correct architecture." "I can only say that these clumps devoid of fantasy, where no real feeling for form is tolerated represent modern barbarism."[24] The architect provocatively sent the author a foot severed from one of the neo-Baroque portal figures with the laconic remark: "As a consolation for the indignant. The Barbarian."[25] On the other hand the architecture critic Godo Remszhardt praised the new entrance and its modernity, in *Bauwelt*: "it's even funnier that under the vice chancellorship of the Hegelian dialectician, Horkheimer, the architect was able to create a kind of progressive synthesis, not only by sandblasting away the decorative moss from the so-called 'Jügelhaus' as the heart of the university, but also by tearing down the portal, that monumental passageway to that monumental cubbyhole for studying, in order to build a gate open to the light, with considered reason instead of sentimental profundity."[26]
In the years leading up to 1960 several buildings were realized and inaugurated: the District Heating Plant (Fig. 10), the *Amerika-Institut* (Fig. 14), whose original design by Hubert Lütcke was subjected by Kramer to

Am Hochhaus für die Philosophen wird die funktionale, moderne Geste Kramers klar sichtbar. Seine Architektur hält sich weder auf mit Zierrat, noch wirkt sie in ihrer Funktionalität monoton. Helene Rahms, die damalige Architekturkritikerin der *Frankfurter Allgemeinen Zeitung*, erkennt im Philosophicum Kramers Vorliebe für Piet Mondrian und die De-Stijl-Bewegung: „Doch er [Kramer] spielt nicht mit derlei Effekten, sie ergeben sich stets aus den Zwecken oder jedenfalls im Zusammenhang mit ihnen."[27]
Seine zweckmäßige Moderne – der graue Sichtbeton, die ockerfarbenen Klinker und die stahlgerahmten Fensterfronten – fand bei ihren Nutzern nicht nur Freunde, sondern auch zahlreiche Kritiker, denen die Funktionalität der Architektur oft gar zu funktional geraten war. Die Naturwissenschaftliche Fakultät beanstandete mehrfach, dass bei Kramer die Bedürfnisse der Nutzer hinter seiner ästhetischen Formensprache zurückstehen müssten, und in der Philosophischen Fakultät wurde geklagt, dass das fensterlose Hörsaalgebäude nicht die Konzentration erhöhe, sondern eher Ermüdung hervorrufe. Außerdem wurden die kalten Farben kritisiert.[28]
Kramer ließ sich von solcher Kritik nicht in Verlegenheit bringen, viel mehr Sorgen bereitete ihm die komplizierte Verkehrs- und Grundstückspolitik der Stadt. Er sah der Universität ihre Entwicklungsmöglichkeiten genommen, da der Raum für Ausdehnung fehlte und die Stadtplanung oft Entscheidungen traf, die er nicht für richtig hielt. Gerne hätte er beispielsweise mit dem Neubau der Universitätskliniken auf der Ginnheimer Höhe ein gewaltiges Bauprogramm realisiert, doch „[f]ür einen geschlossenen Neubau der Medizinischen Fakultät [...] fand sich keine Mehrheit bei den Stadtverordneten, obwohl ein großes freies Gelände noch in günstiger Nähe der Hauptuniversität und nächst der neuen Biologie zur Verfügung stand."[29] Ein anderes Ziel, das ihm versagt blieb, war die Ausdehnung des Campus nach Westen entlang der Adalbertstraße. Stattdessen kaufte die Stadt Grundstücke am Niederurseler Hang, um dort einen eigenen naturwissenschaftlichen Campus für die Chemiker zu gründen.[30] Ein Bauprogramm so fern des zentralen Geländes in Bockenheim empfand er als nicht sinnvoll.
Solche Differenzen mit der Stadtverwaltung und dem Universitätskuratorium ließen Kramer an seinem Ziel einer umfassenden „Cité Universitaire" zweifeln, so dass er 1957 mit dem Gedanken spielte, die Frankfurter Aufgabe hinzuwerfen, und mit der Stadt Hamburg verhandelte, nachdem ihm dort die Direktorenstelle an der Landeskunstschule angeboten worden war.[31] Er blieb jedoch in seiner Heimatstadt; nicht zuletzt hielt ihn wohl das noch ausstehende große Projekt, die Stadt- und Universitätsbibliothek.

10 Fernheizwerk, 1953
11 Biologisches Camp im Botanischen Garten, 1956
12 Institut für Kernphysik, 1956
13 Bauamt im Erdgeschoss des Philosophicum, 1960

10 District Heating Plant, 1953
11 Biology Camp in the Botanical Garden, 1956
12 Institute for Nuclear Physics, 1956
13 Building Authority on the ground floor of the *Philosophicum*, 1960

14 Amerika-Institut und Englisches Seminar, 1954
14 *Amerika-Institut* and the English Seminar, 1954

Die Bibliothek

Am 27. Januar 1958 beschloss der Magistrat den Neubau der Stadt- und Universitätsbibliothek auf dem vorgesehenen Standort an der Senckenberganlage, südlich der Bockenheimer Landstraße. Damit beauftragt wurde erneut Ernst Balser, der seit zwanzig Jahren mit dem Projekt befasst war.[32] Trotz dieser Beschlusslage kam Balser nicht zum Zuge. Vermutlich auf Anraten Kramers schilderte der Universitätsrektor Rudolf Geißendörfer[33] dem Oberbürgermeister Werner Bockelmann die Lage so, dass mit dem Neubau der Bibliothek an dieser Stelle eine irreversible Fehlplanung für die Universität entstünde. Die Universitätsleitung sähe den Bibliotheksneubau viel lieber auf der gegenüberliegenden Seite nördlich der Bockenheimer Landstraße, um an deren Südseite auf dem Campus ausreichend Raum für Auditorium Maximum, Mensa und Juridicum zu erhalten. Das Argument verfehlte seine Wirkung nicht, so dass eine neue Planung erforderlich wurde und Ernst Balser endgültig aus dem Spiel gedrängt war. Allerdings gestaltete sich der Erwerb des Grundstücks schwieriger als erwartet.[34] Letztlich konnte die Standortfrage erst 1959 unter dem neuen Bibliotheksdirektor Clemens Köttelwesch entschieden werden. Köttelwesch vertrat eine neuere, aus den USA stammende Konzeption der wissenschaftlichen Bibliothek. Noch unter seinem Vorgänger Eppelsheimer sollten geschlossene Büchermagazine den größten Teil des geplanten Gebäudevolumens ausmachen. Das neue Ziel bestand darin, einen möglichst großen Teil der Bestände in offener Aufstellung den Benutzern direkt zugänglich zu machen. Das hatte natürlich erhebliche Folgen für den architektonischen Entwurf und war Grund dafür, dass Köttelwesch sich vom Architekten Balser lösen und mit Kramer weiter planen wollte (Abb. 15).[35] Am 15. Juni 1959 beschloss der Magistrat, Balser das Projekt zu entziehen und ihn abzufinden. Gleichzeitig wurde Kramer mit der Planung beauftragt.[36]

Die Bibliothek war sicher das größte und wohl auch das wichtigste Projekt in Kramers Gesamtwerk (Abb. 17). In enger Zusammenarbeit mit dem Bauherrn Köttelwesch plante er seinerzeit die „modernste Bibliothek Europas".[37] Zunächst löste man sich von den Entwürfen von Oehler/Elsaesser (1927) und Eppelsheimer/Balser (1935/1951), die beide einen beherrschenden Bücherturm als zentrales Element vorsahen. Die Planung Köttelwesch/Kramer ging dagegen von einem kompakten, horizontal strukturierten Gebäudekomplex aus, in dem nach angelsächsischem Prin-

a modern revision, the Institute for Geology and Paleontology, the Biology Camp (Fig. 11), the student dormitory on the Bockenheimer Warte, the Institute for Pharmacy and Food Chemistry, the Institute for Nuclear Physics (Fig. 12), the Auditorium and the *Philosophicum* (Fig. 13).

The functional, modern Kramer gesture was clear to see in the high-rise for philosophers. His architecture had nothing to do with embellishment, but its functionality was not monotonous. In Kramer's *Philosophicum*, Helene Rahms, at the time the architecture critic of the *Frankfurter Allgemeine Zeitung*, recognized the architect's affinity with Piet Mondrian and the De Stijl movement: "But he doesn't just play with such effects. They always have a purpose, or are produced in connection with one."[27] His expedient Modern, the grey exposed concrete, the ochre colored clinkers and the steel-framed window fronts, had their friends as well as many critics, for whom the functionality of the architecture had often become too functional. The Natural Sciences Faculty repeatedly complained that in Kramer's architecture the needs of the users had to take a back seat to his aesthetic form language while in the Philosophy Faculty the windowless auditorium was criticized because instead of increasing concentration it was a source of fatigue. The cold colors were also criticized.[28]

The criticism did not embarrass Kramer. He had other worries stemming from the complicated city traffic and real estate policy. In his opinion the development opportunities for the university were stymied because there was no space to expand and the city planning often made decisions which he considered wrong. He would have gladly realized a gigantic new building program for the university clinics on the Ginnheimer Höhe, but "there was no majority of the city councilors for a new building for the Faculty of Medicine, although there was a large space available in close proximity to the main university and next to the new Institute for Biology."[29] Another unrealized goal was the extension of the campus to the west along the Adalbertstrasse. Instead, the city bought lots on the Niederurseler Hang in order to build there a separate science campus for the chemists.[30] He thought a building program so far from the central grounds in Bockenheim made no sense.

Because of these disputes with the municipal administration and the university board of trustees Kramer began to doubt the feasibility of a comprehensive "Cité Universitaire." He already began considering abandoning the work in Frankfurt in 1957 and started negotiating with the city of Hamburg where he had been offered the post of director of the Hamburg State School of Art.[31] But he stayed home in Frankfurt where he still had the large-scale municipal and university library project.

The Library

On January 27, 1958 the municipal authorities approved construction of the new Municipal and University Library at the designated location at the Senckenberganlage, south of the Bockenheimer Landstrasse. Ernst Balser, who had been involved with the project for twenty years, was once again contracted.[32] In spite of this decision Balser was not able to begin work. The university vice chancellor, Rudolf Geißendörfer,[33] probably on Kramer's advice had described the plan to the mayor, Werner Bockelmann, as irrevocably bad planning for the university. The university directorate would greatly prefer to see the new library across the way on the north side of Bockenheimer Landstrasse, in order to retain enough space on the south side of the campus for the *Auditorium Maximum*, the cafeteria and the *Juridicum*. The argument was not without effect, so that a new plan had to be made and Ernst Balser was finally out of the

15 Ferdinand Kramer und Clemens Köttelwesch in der Stadt- und Universitätsbibliothek, 1965
15 Ferdinand Kramer and Clemens Köttelwesch in the Municipal and University Library, 1965

16 Stadt- und Universitätsbibliothek, Aufbau des *Prometheus* von Ossip Zadkine, 1964
16 Municipal and University Library, erecting *Prometheus* by Ossip Zadkine, 1964

zip der systematischen Aufstellung und dem Freihandsystem der Nutzer im Mittelpunkt stehen sollte. Dabei sollten die verschiedenen Nutzergruppen bereits im Eingangsfoyer auf die Ebenen des Hauses verteilt werden. Dort war die Buchausgabe vorgesehen, so dass die „Ausleiher" nur diesen Bereich betreten mussten. Die lesenden Besucher hingegen wurden in die nach Fakultäten aufgeteilten Handbibliotheken, Lesesäle und „Carrels" (Lesekabinen) gelenkt.[38]
Da das Baugrundstück durch die Bockenheimer Landstraße getrennt vom übrigen Campus lag, schlug Kramer bereits 1960 eine Untertunnelung der Straße vor.[39] 1962 konnte mit den Bauarbeiten begonnen werden, so dass nach zweieinhalb Jahren Bauzeit die Bibliothek in ihren drei Funktionsteilen – einem Verwaltungsbau, einem Magazinbau und einem Lesesaalgebäude – fertiggestellt war.
Wie die anderen Universitätsbauten Kramers besticht auch die Bibliothek durch radikale Zweckmäßigkeit. Über die explizite Farbgebung schrieb Helene Rahms in der *Frankfurter Allgemeinen Zeitung*: „Auffallend, ja für jeden Rest von bürgerlichem Geschmack geradezu provozierend, ist die Askese der Farben, die das gesamte Gebäude beherrscht. Es gibt, weder draußen noch drinnen, eine Farbe, die nicht dem Material eigen wäre, außer dem Weiß der Wand – der Summe aller Farben – und dem Grau der Stahlmöbel, das sich als augenschonender Hintergrund von Schrift und Druck bewährt hat."[40]
Das einzig nicht funktionale Element, das Kramer dem Gebäude zugestand, ist die Bronzefigur des *Prometheus* von Ossip Zadkine im Foyer der Bibliothek (Abb. 16). Am 29. April 1965 wurde die Stadt- und Universitätsbibliothek durch den hessischen Ministerpräsidenten Georg-August Zinn offiziell eröffnet – nach 50 Jahren Universität ohne zentrale Bibliothek. Ferdinand Kramer selbst war da schon nicht mehr der Baudirektor der Universität. Ein Jahr zuvor war er pensioniert worden, durfte den Bibliotheksbau aber als freier Architekt zu Ende führen.

Die neue Gesamtplanung

Der neue Standort der Bibliothek sorgte für umfangreiche Änderungen in Kramers Generalplan von 1953. Neben der Mensa (Abb. 18), die 1963 an der ehemals der Bibliothek zugedachten Stelle errichtet wurde, betraf die neue

running. But the purchase of the grounds proved more difficult than had been anticipated.[34] The issue of location was only resolved in 1959 under the new director of the library, Clemens Köttelwesch.
Köttelwesch supported the new idea coming from the USA for a research library. Under his predecessor, Eppelsheimer, the closed books stack was to occupy most of the building volume. The new goal was to provide direct user access to as much of the collection as possible. That of course would have a great effect on the design and was a reason that Köttelwesch wanted to part company with Balser and work instead with Kramer (Fig. 15).[35] On June 15, 1959 the municipal administration decided to take back the project from Balser and settle with him. Kramer was entrusted with the planning at the same time.[36]
The library was the largest and most important project in Kramer's complete œuvre (Fig. 17). In close collaboration with the principal Köttelwesch he planned what at the time was to be the "most modern library in Europe."[37] The first task was to depart from the plans by Oehler/Elsaesser (1927) and by Eppelsheimer/Balser (1935/1951), both of which envisioned a book tower as the central element. In contrast the Köttelwesch/Kramer plans involved a compact, horizontally structured building complex, in which the user became the focus in the Anglo-Saxon principle of systematic arrangement and free access to the stacks. That would mean distributing the different user groups in the entryway lobby in different levels in the building. This is where the books were to be dispensed so that the persons checking out the books only had to enter that one area. The visitors who wanted to read were to be steered to reference libraries, reading rooms and "carrels" (reading booths).[38]
As the site was separated from the rest of the campus by the Bockenheimer Landstrasse, Kramer suggested tunneling under the street in 1960.[39] Work began in 1962, so that all three functions of the library, including an administration building, a storage facility and a reading room building, were ready after two and a half years. Like the other Kramer university buildings the library was conspicuous in its radical functionality. Helene Rahms had this to say about the explicit color scheme in the *Frankfurter Allgemeine Zeitung*: "The asceticism of the color scheme running throughout the building is striking, if not downright provocative for any bourgeois taste. Inside or out, there is only its own color for each material, except for the sum of all colors, the white on the walls, and the

17 Stadt- und Universitätsbibliothek, 1966 | 17 Municipal and University Library, 1966

Bauplanung die Lehrstühle der Geistes-, Rechts-, Natur- und Sportwissenschaften (Abb. 19). 1961 befasste sich der Bauausschuss der Universität mit diesen Fragen, denn angesichts der stetig gestiegenen Studentenzahlen bestand dringender Raumbedarf. Außerdem sollte das lange geplante Auditorium Maximum verwirklicht werden. Kramer sah erhebliche Platzprobleme und schlug vor, auf das Audimax zu verzichten, um das Juridicum und ein zweites 76 Meter hohes Gebäude für das Philosophische Seminar auf dem Areal bauen zu können. Für die Naturwissenschaften empfahl er weiter die Ginnheimer Höhe. Dies kollidierte jedoch mit der Planung einer Stadtautobahn auf dem Gelände. Die Stadtverwaltung brachte schließlich ab 1963 einen vollkommen neuen Campus für die Naturwissenschaften am Niederurseler Hang ins Spiel. Die bisher für sie reservierte Fläche an der Ecke Senckenberganlage/Robert-Mayer-Straße wurde daraufhin für die Hochschule für Erziehung umgewidmet.[41] 1972 wurde dort der AfE-Turm eingeweiht.[42]
Kramer versuchte zu Beginn der 1960er-Jahre, die Weiterentwicklung des Campus – seines Lebenswerks – in die von ihm gewünschten Bahnen zu lenken. Dies gelang ihm zunehmend seltener, da innerhalb der Stadtverwaltung die Interessen oft anders lagen als im Universitätsbauamt. Vor seiner Pensionierung hatte er 1964 noch die Hörsaalerweiterung fertiggestellt und Pläne für das Juridicum und das Institut für Leibesübungen gezeichnet, die erst 1970 beziehungsweise 1972 durch seinen Nachfolger Heinrich Nitschke[43] ausgeführt wurden.[44]

grey of the steel furniture, which has proven to be an eye saving background for fonts and printing."[40]
The only non-functional element which Kramer conceded for the building is the bronze sculpture of *Prometheus* by Ossip Zadkine in the lobby of the library (Fig. 16). The Municipal and University Library, the first central library for the university after 50 years, was officially opened on April 29, 1965 by the minister president of Hesse, Georg-August Zinn. Ferdinand Kramer was no longer the director for construction of the university at the time. He had retired one year before but was allowed to finish the library as a freelance architect.

The New Overall Plan

The change in location for the library was the cause for extensive changes in Kramer's 1953 master plan. In addition to the cafeteria (Fig. 18), erected in 1963 on the site originally reserved for the library, the humanities, law, science and sports faculties were affected by the change in plans (Fig. 19). In 1961 the university building committee addressed these questions, because there was a desperate need for space caused by the steadily increasing number of students. In addition, the long planned

18 Mensa, Speisesaal der Professoren mit Blick auf die Gründerzeithäuser in der Jügelstraße, 1963
18 Cafeteria, dining room for the professors with a view on the Wilhelminian houses on Jügelstrasse, 1963

Resigniert kritisierte er im Oktober 1964 in der *Neuen Presse*: „Die Situation ist einfach katastrophal, jetzt rächen sich die Fehler der jahrelangen Grundstückspolitik. Wenn man sich genau ansieht, was jetzt geschieht, dann muß man doch sagen, wir stehen vor der Gefahr der wissenschaftlichen Slums, die zu nichts taugen."[45] In seinem architektonischen Schaffen gab es für den großen Universitätsbaumeister Ferdinand Kramer immer beides: enttäuschtes Klagen und gefeierte Erfolge. Nur wenige Monate nach seinem Tadel wurde sein wohl bedeutendstes Bauwerk, die Stadt- und Universitätsbibliothek, unter großem Beifall eingeweiht.

Auditorium Maximum was supposed to be realized. For Kramer there were considerable space problems to be solved and he suggested doing without the *Audimax*, in order to be able to build the *Juridicum* and a second 76 meter tall building for the Philosophy Seminar on the grounds. He again suggested using the Ginnheimer Höhe for the sciences building, but this idea ran into plans for a municipal autobahn. In 1963 the municipal administration introduced an idea for a completely new campus for the sciences on the Niederurseler Hang. The space which had been reserved for the sciences on the corner of Senckenberganlage and Robert-Mayer-Strasse was then rededicated to the *Hochschule für Erziehung* (College for Education).[41] In 1972 the AfE-Tower was inaugurated.[42]
At the beginning of the 1960s Kramer tried to steer the continued development of the campus, which he considered his life work, in the direction he wanted. This was becoming more of a problem because the municipal administration often had different priorities from the University Building Authority. Kramer was able to complete the expansion of the auditorium in 1964 and had drawn up plans for the *Juridicum* and *Institut für Leibesübungen* (Institute for Physical Education), which were only implemented in 1970 and 1972 by his successor,[43] Heinrich Nitschke.[44]
In a tone of resignation he complained to the *Neue Presse* in October, 1964: "The situation is just catastrophic, and the real estate policy failures going back years are now taking their toll. If you look closely at what is now going on, then you have to say that we are confronted with the prospect of worthless scientific slums."[45] Along with the celebrated successes as a great university master builder Ferdinand Kramer also had to endure the disappointments. Just a few months after his rebuke in the *Neue Presse* was printed the Municipal and University Library was inaugurated to great acclaim. It was certainly his most significant work.

19 Bebauungsplan der Universität Frankfurt am Main, Modell, 1963 | 19 University of Frankfurt am Main development plan model, 1963

Anmerkungen

1 Claus Mehs, Fritz Rupp: *Die Planung von Universitäts-Bauten. Denkschrift* (Hg. Ortsgruppe Frankfurt des Bundes Deutscher Architekten). Frankfurt a. M. 1912, 11/12. Die Denkschrift kritisierte nicht nur die vorhandene Substanz und die geplanten Bauvorhaben der Universität, sondern unterbreitete auch einen Vorschlag zur Anordnung von Universitätsbauten auf dem heutigen Campus Bockenheim.
2 Nach der Niederlage Frankreichs im Deutsch-Französischen Krieg und der Abtretung des Elsass wurde die neu gegründete Kaiser-Wilhelms-Universität zwischen 1878 und 1884 nach Entwürfen von Otto Warth in Straßburg errichtet.
3 Claus Mehs, Fritz Rupp (wie Anm. 1), 8.
4 Das IfS befand sich an der Victoria-Allee (heute Senckenberganlage) auf der Gemarkung, auf der Kramer 1963 seine Mensa errichten sollte. Im März 1944 wurde das IfS durch einen Bombenangriff weitgehend zerstört.
5 Jörg Schilling: „Plan und Projekte", in: Thomas Elsaesser u. a. (Hgg.): *Martin Elsaesser und das Neue Frankfurt.* Tübingen 2009, 156, 163.
6 Heute Senckenberganlage.
7 Franz Fischer: „Kontinuität und Neubeginn. Die Entwicklung der Stadt- und Universitätsbibliothek Frankfurt am Main 1945–1965", in: Peter Vodosek (Hg.): *Die Entwicklung des Bibliothekswesens in Deutschland 1945–1965.* Wiesbaden 1993, 114/115.
8 Aus dem ersten, reichsweit ausgeschriebenen Wettbewerb ging der Offenbacher Architekt Hans Peter siegreich hervor, den zweiten und dritten Preis erhielten Hein A. Schaefer aus Berlin und Ernst Balser aus Frankfurt. Im darauffolgenden zweiten, engeren Wettbewerb, zu dem nur die Preisträger des ersten Wettbewerbs eingeladen waren, erhielt Hein A. Schaefer den ersten und Ernst Balser den zweiten Preis. Vgl. H. K. Zimmermann: „Der Wettbewerb für eine Hauptbibliothek in Frankfurt a. M.", in: *ZdB* 55 (1935), 699–705; Ernst Neufert: „Neuzeitlicher Büchereibau. Zum Frankfurter Wettbewerb", in: *BW* 26 (1935), Nr. 33, 1–8; „Engerer Wettbewerb für die Hauptbibliothek der Universität Frankfurt a. M.", in: *Städtisches Anzeigenblatt Frankfurt a. M.* 1935, Nr. 49.
9 Franz Fischer (wie Anm. 7), 115.
10 Paul Klingelhöfer (1887–1951) war von 1946 bis 1951 Kurator der Universität. Vorher war er seit 1924 im Kultusministerium in Berlin als Referent für eine Reihe von Universitäten, auch Frankfurt, zuständig. Nach seinem Tod wurde Friedrich Rau sein Nachfolger. Vgl. ISG S2/985 und V48/717.
11 Astrid Hansen: *Die Frankfurter Universitätsbauten Ferdinand Kramers. Überlegungen zum Hochschulbau der 50er Jahre.* Marburg 2001, 60/61.
12 Gustav Lampmann: *Ernst Balser – ein Baumeister unserer Zeit.* München 1953, 16, 106–109.
13 Max Horkheimer (1895–1973) war Philosoph und Sozialwissenschaftler, Direktor des Instituts für Sozialforschung sowie von 1951 bis 1953 Rektor der Frankfurter Universität.
14 Beate Kramer: „36 Jahre mit Ferdinand Kramer", in: Claude Lichtenstein (Hg.): *Ferdinand Kramer. Der Charme des Systematischen* (Ausst.- Kat.). Gießen 1991, 17/18.
15 Ferdinand Kramer, Brief an Beate Kramer, 15.06.1952, ISG S1/365.
16 Ferdinand Kramer, Brief an Beate Kramer, 11.08.1952, ISG S1/365.
17 Ferdinand Kramer, Brief an Beate Kramer, 03.09.1952, ISG S1/365. Kramers Vorgänger im Bauamt war der Architekt Hubert Lütcke (1887–1963).
18 Kramers Mitarbeiter waren unter anderen Helmut Alder, Walter Bach, Walther Dunkl, Edgar Engelskircher, Hans Harms, Alex Hoffmann, Klaus Peter Heinrici, Heinrich Jordt, Wolfgang Last, Franz Mühlenhoff, Rainer Nüsslein, Heinrich Nitschke, Wolfgang Ott, Dieter Protzmann, Johann Schmidt, Willy Schwarz und Hans Wilhelm von Wangenheim. Vgl. Bauhaus-Archiv (Hg.): *Ferdinand Kramer. Architektur und Design* (Ausst.- Kat.). Berlin 1982, 73.
19 Ferdinand Kramer, Brief an Beate Kramer, 07.09.1952, ISG S1/365.
20 Ferdinand Kramer: „Bauen für die Wissenschaft", in: *Deutsche Universitätszeitung* 15 (1960), Nr. 6, 17.
21 Ebd., 19.
22 Niederschrift über die Sitzung des Wiederaufbau-Ausschusses der Johann Wolfgang Goethe-Universität am Montag, den 20.07.53, im Rektorat, PA Kramer.
23 Ferdinand Kramer, Brief an Theodor Adorno, 11.01.1953, Walter Benjamin Archiv, Akademie der Künste, Berlin.

Notes

1 Claus Mehs & Fritz Rupp: *Die Planung von Universitäts-Bauten. Denkschrift,* (ed. local branch in Frankfurt of the Bund Deutscher Architekten; Frankfurt/Main, 1912), 11/12. The memoir not only criticized the existing architecture and the construction plans of the university. It also made a proposal concerning the location for university buildings on what became Campus Bockenheim.
2 After the defeat of France in the Franco-Prussian War and the annexation of the Alsace, the newly founded Kaiser Wilhelm University was erected from 1878 to 1884 according to plans drawn up by Otto Warth in Strasbourg.
3 Claus Mehs & Fritz Rupp, (as note 1), 8.
4 The IfS was located on Victoria Allee (today: Senckenberganlage) in the district where Kramer would later build his cafeteria in 1963. In March, 1944 the IfS was largely destroyed during an air raid.
5 Jörg Schilling: "Plan und Projekte," in: Thomas Elsaesser et al. (eds.): *Martin Elsaesser und das Neue Frankfurt,* (Tübingen, 2009), 156, 163.
6 Today: Senckenberganlage.
7 Franz Fischer: "Kontinuität und Neubeginn. Die Entwicklung der Stadt- und Universitätsbibliothek Frankfurt am Main 1945–1965," in: Peter Vodosek (ed.): *Die Entwicklung des Bibliothekswesens in Deutschland 1945–1965*, (Wiesbaden, 1993), 114/115.
8 In the first competition conducted throughout the Reich, the Offenbach architect Hans Peter was the winner, followed by Hein A. Schaefer from Berlin with the second prize and Ernst Balser from Frankfurt with the third prize. In the runoff, to which only the winners from the first round were invited, Hein A. Schaefer won the first prize, with the second prize going to Ernst Balser. Cf. H. K. Zimmermann: "Der Wettbewerb für eine Hauptbibliothek in Frankfurt a. M.," in: *ZdB*, vol. 55, (1935), 699–705; Ernst Neufert: "Neuzeitlicher Büchereibau. Zum Frankfurter Wettbewerb," in: *BW*, vol. 26, (1935), no. 33, 1–8; "Engerer Wettbewerb für die Hauptbibliothek der Universität Frankfurt a. M.," in: *Städtisches Anzeigenblatt Frankfurt a. M.*, (1935), no. 49.
9 Franz Fischer, (as note 7), 115.
10 Paul Klingelhöfer (1887–1951) was the curator of the university from 1946 to 1951. Since 1924 he had been responsible as a consultant in the Ministry for Education and Cultural Affairs in Berlin for a series of universities, including in Frankfurt. After he died Friedrich Rau became his successor. Cf. ISG, S2/985 and V48/717.
11 Astrid Hansen: *Die Frankfurter Universitätsbauten Ferdinand Kramers. Überlegungen zum Hochschulbau der 50er Jahre,* (Marburg, 2001), 60/61.
12 Gustav Lampmann: *Ernst Balser – ein Baumeister unserer Zeit,* (Munich, 1953), 16, 106–109.
13 Max Horkheimer (1895–1973) was a philosopher and social scientist, director of the *Institut für Sozialforschung* (Institute for Social Research) and from 1951 to 1953 he was vice chancellor of the Frankfurt University.
14 Beate Kramer: "36 Jahre mit Ferdinand Kramer," in: Claude Lichtenstein (ed.): *Ferdinand Kramer. Der Charme des Systematischen,* (exhib. cat.; Gießen, 1991), 17/18.
15 Ferdinand Kramer, letter to Beate Kramer, June 15, 1952, ISG, S1/365.
16 Ferdinand Kramer, letter to Beate Kramer, August 11, 1952, ISG, S1/365.
17 Ferdinand Kramer, letter to Beate Kramer, Sept. 9, 1952, ISG, S1/365. Kramer's predecessor in the Building Authority was the architect Hubert Lütcke (1887–1963).
18 Kramer's associates were among others Helmut Alder, Walter Bach, Walter Dunkl, Edgar Engelskircher, Hans Harms, Alex Hoffmann, Klaus Peter Heinrici, Heinrich Jordt, Wolfgang Last, Franz Mühlenhoff, Rainer Nüsslein, Heinrich Nitschke, Wolfgang Ott, Dieter Protzmann, Johann Schmidt, Willy Schwarz and Hans Wilhelm von Wangenheim. Cf. Bauhaus-Archiv (ed.): *Ferdinand Kramer. Architektur und Design,* (exhib. cat.; Berlin, 1982), 73.
19 Ferdinand Kramer, letter to Beate Kramer, Sept. 7, 1952, ISG, S1/365.
20 Ferdinand Kramer: "Bauen für die Wissenschaft," in: *Deutsche Universitätszeitung*, vol. 15, (1960), no. 6, 17.
21 Ibid., 19.
22 Minutes of the meeting oft he Committee for Reconstruction of the Johann Wolfgang Goethe University on Monday, July 20, 1953, in the vice chancellor's office, PA Kramer.

24 Franz W. Jerusalem: „Modernes Barbarentum", in: *FAZ*, 11.03.1953. Jerusalem, der 1934 in Jena für die politische Gleichschaltung der Soziologenvereinigung gesorgt hat, wirft nun Kramer die „Gleichschaltung" der Architektur im Sinne der Moderne vor. Zur Rolle Franz W. Jerusalems im Dritten Reich vgl. Carsten Klingemann: *Soziologie im Dritten Reich*. Baden-Baden 1996, 43/44.

25 Beate Kramer (wie Anm. 14), 19.

26 Godo Remszhardt: „Universität Frankfurt – Problem und Modell", in: *BW* 54 (1963), Nr. 28, 791.

27 Helene Rahms: „Ein Hochhaus für Philosophen", in: *FAZ*, 15.02.1961.

28 Notker Hammerstein: *Die Johann Wolfgang Goethe-Universität Frankfurt am Main*, Bd. II. *Nachkriegszeit und Bundesrepublik 1945–1972*. Göttingen 2012, 377/378.

29 Ferdinand Kramer (wie Anm. 20), 19.

30 Helene Rahms: „Ferdinand Kramers Frankfurter Universitätsbauten", in: Bauhaus-Archiv (Hg.), *Ferdinand Kramer. Architektur und Design* (Ausst.-Kat.). Berlin 1982, 26. Heute befindet sich an diesem Standort am Niederurseler Hang der Campus Riedberg.

31 Claude Lichtenstein, Biographie Ferdinand Kramer, in: Claude Lichtenstein (Hg.): *Ferdinand Kramer. Der Charme des Systematischen* (Ausst.- Kat.). Gießen 1991, 103.

32 Abschrift Magistratsbeschluss Nr. 2208, „Neubau der Stadt- und Universitätsbibliothek", Frankfurt am Main 27.01.1958.

33 Rudolf Geißendörfer (1902–1976) war von 1946 bis 1970 Direktor der Chirurgischen Universitätsklinik Frankfurt sowie 1957/58 Rektor der Universität Frankfurt.

34 Franz Fischer (wie Anm. 7), 120/121.

35 Ebd., 122.

36 Abschrift Magistratsbeschluss Nr. 658, „Neubau der Stadt- und Universitätsbibliothek", Frankfurt am Main 15.06.1959.

37 zn.: „Die modernste Bibliothek Europas", in: *FAZ*, 05.05.1960.

38 Franz Fischer (wie Anm. 7), 122.

39 „Ein Tunnel zur neuen Bibliothek", in: *FAZ*, 28.05.1960. Der Tunnel zur Bibliothek wurde erst 1986 mit dem U-Bahn-Bau nach Hausen und Praunheim realisiert.

40 Helene Rahms: „Ein Instrument zur Arbeit mit Büchern", in: *FAZ*, 03.12.1964.

41 Notker Hammerstein (wie Anm. 28), 655–660.

42 Philipp Sturm: „AfE-Turm", in: Philipp Sturm, Peter Cachola Schmal: *Hochhausstadt Frankfurt. Bauten und Visionen seit 1945*. München 2014, 184/185.

43 Heinrich Nitschke (1928–1997) war von 1965 bis 1973 Kramers Nachfolger im Amt des Baudirektors.

44 Ausführlich dazu Enrico Dunkel: „23 Gebäude für die Universität – und ein paar mehr …" in diesem Band. Das Institut für Leibesübung sowie zwei Studentenwohnheime an der Ginnheimer Landstraße waren die einzigen universitären Bauten, die am Ende auf bzw. nahe der Ginnheimer Höhe errichtet wurden.

45 „Nur ‚Flickwerk' an der Universität", in: *NP*, 10.10.1964

23 Ferdinand Kramer, letter to Theodor Adorno, Jan. 11, 1953, Walter Benjamin Archive, Academy of Arts, Berlin.

24 Franz W. Jerusalem: "Modernes Barbarentum," in: *FAZ*, March 11, 1953. Jerusalem, who had enforced *gleichschaltung* (elimination of all opposition) in 1934 in Jena for the Sociology Association, now accused Kramer of "gleichschaltung" in terms of Modern architecture. For more information about the role of Franz W. Jerusalem during the Third Reich see Carsten Klingemann: *Soziologie im Dritten Reich*, (Baden-Baden, 1996), 43/44.

25 Beate Kramer, (as note 14), 19.

26 Godo Remszhardt: "Universität Frankfurt – Problem und Modell," in: *BW*, vol. 54, (1963), no. 28, 791.

27 Helene Rahms: "Ein Hochhaus für Philosophen," in: *FAZ*, Feb. 15, 1961.

28 Notker Hammerstein: *Die Johann Wolfgang Goethe-Universität Frankfurt am Main*, vol. II. *Nachkriegszeit und Bundesrepublik 1945–1972*, (Göttingen, 2012), 377/378.

29 Ferdinand Kramer, (as note 20), 19.

30 Helene Rahms: "Ferdinand Kramers Frankfurter Universitätsbauten," in: Bauhaus-Archiv (ed.), *Ferdinand Kramer. Architektur und Design*, (exhib. cat.; Berlin, 1982), 26. Campus Riedberg is today located on the Niederurseler Hang.

31 Claude Lichtenstein, Life history of Ferdinand Kramer, in: Claude Lichtenstein (ed.): *Ferdinand Kramer. Der Charme des Systematischen*, (exhib. cat.; Gießen, 1991), 103.

32 Transcript of City Council Decision, no. 2208, "Neubau der Stadt- und Universitätsbibliothek," Frankfurt/Main, Jan. 27, 1958.

33 Rudolf Geißendörfer (1902–1976) was from 1946 to 1970 director of the University Surgical Clinic Frankfurt, in 1957/58 he was vice chancellor of the Frankfurt University.

34 Franz Fischer, (as note 7), 120/121.

35 Ibid., 122.

36 Transcript of City Council Decision, no. 658, "Neubau der Stadt- und Universitätsbibliothek," Frankfurt/Main, June 15, 1959.

37 zn.: "Die modernste Bibliothek Europas," in: *FAZ*, May 5, 1960.

38 Franz Fischer, (as note 7), 122.

39 "Ein Tunnel zur neuen Bibliothek," in: *FAZ*, May 28, 1960. The tunnel to the library was finally realized in 1986 with the subway construction to Hausen and Praunheim.

40 Helene Rahms: "Ein Instrument zur Arbeit mit Büchern," in: *FAZ*, Dec. 3, 1964.

41 Notker Hammerstein, (as note 28), 655–660.

42 Philipp Sturm: "AfE-Turm," in: Philipp Sturm & Peter Cachola Schmal: *Hochhausstadt Frankfurt. Bauten und Visionen seit 1945*, (Munich, 2014), 184/185.

43 Heinrich Nitschke (1928–1997) was from 1965 to 1973 Kramer's successor as construction director.

44 For detailed information see: Enrico Dunkel: "23 Buildings for the University – and a couple more …" in this volume. The Institute for Physical Education and two student dormitories on Ginnheimer Landstrasse were the only university buildings finally built on or in the vicinity of Ginnheimer Höhe.

45 "Nur 'Flickwerk' an der Universität," in: *NP*, Oct. 10, 1964.

1 Werkbundsiedlung Stuttgart-Weißenhof, 1927. Interieur nach Entwurf von Ferdinand Kramer in J. J. P. Ouds Haus
1 The Werkbund's Stuttgart-Weissenhof Settlement, 1927. Interiors designed by Ferdinand Kramer in J. J. P. Oud's house

LORE KRAMER

Zu Ferdinand Kramer – frühe Prägungen, Intentionen und die Realität

„Lasst uns nicht länger die Werke, sondern vielmehr die Künstler betrachten – das heißt: die Art, in der die Künstler fühlen, erfinden und hervorbringen ...“

Louis Sullivan

„Während meiner Kindheit kam ich auf die Bootswerft meines Großvaters (Carl Friedrich August Leux) und sah frühzeitig präzis gezeichnete Schiffspläne und technische Lösungen eines Handwerks, das höchste Qualität mit sparsamsten Mitteln forderte: Formen, die das Resultat von Zweck, Material und Arbeit sind.“[1] Oft berichtete Ferdinand Kramer von diesem Erlebnis und von seinen Besuchen auf der legendären Schichau-Werft in Elbing, die sein Onkel, Carl Leux, als technischer Direktor leitete (Abb. 2). Nicht minder prägend waren der Umgang mit Materialien, Formen und Farben sowie die weltoffene Atmosphäre im Geschäft seines Vaters, des international agierenden Hutmachers und Hoflieferanten Gustav Kramer (Abb. 3–4).[2] Hier lernte er, dass Dinge, die wirklich modern sind, es auch lange Zeit bleiben.

Schon als Schüler zeichnete Ferdinand Kramer, malte und interessierte sich für Schriften (Abb. 5). Er war stark beeinflusst von der großen Morris-Druckgrafik-Sammlung im Frankfurter Kunstgewerbe-Museum.[3] Statt der ihn quälenden Geigen-Stunden durfte er Aquarellier- und Grafik-Kurse an der Kunstschule des Städel besuchen. Bühnenbilder für *Peer Gynt* entwarf er, Scherenschnitte zu *Sindbad dem Seefahrer* und romantische Postkarten für Einladungen in der Frankfurter Gesellschaft. Er stach in Holz ein Signet für den Kunsthändler der Galerie Prestel und begann, sich eine Bibliothek aufzubauen.

Aus dieser behüteten Welt riss ihn – wie Unzählige seiner Generation – der Erste Weltkrieg. Den Kriegsausbruch erlebte er während der Sommerferien auf Schloss Schlobitten in Ostpreußen bei Alexander Fürst zu Dohna-Schlobitten. Hier erfuhr er, wie eng der internationale Hochadel trotz der Feindseligkeiten zwischen den Nationen miteinander verbunden blieb – war doch die Mutter seiner Freunde eine Schwester der Zarin. Nach dem Notabitur 1916 an der Sachsenhäuser Oberrealschule hatte Ferdinand Kramer

Ferdinand Kramer – Early Influences, Intentions and What Happened

“Let us rather consider the artists than the works – that is, the way the artists feel, discover and create ...”

Louis Sullivan

“When I was a child I visited my grandfather’s shipyard (Carl Friedrich August Leux) where I saw ship drawings and technical solutions for craftsmen of the highest quality and with most economic means. Those forms were the outcome of a purpose, material and work.”[1] Ferdinand Kramer often told this story and talked about his visits to the legendary Schichau Shipyard in Elbing where his uncle, Carl Leux, was the technical director (Fig. 2). Another enduring influence was the familiarity he gained with materials, form and color, together with the cosmopolitan atmosphere in the international millinery shop belonging to his father, Gustav Kramer, purveyor to the court (Figs. 3–4).[2] He learned there that things which are truly modern remain so for a long time.

Ferdinand Kramer was already drawing, painting and dabbling in writing while still at school (Fig. 5). The large Morris graphic print collection in the Frankfurt *Kunstgewerbe-Museum* (Arts and Crafts Museum) impressed him.[3] Instead of submitting to the torture of violin lessons he was permitted to take watercolor and graphics lessons at the Städel *Kunstschule* (Art School). There he designed stage settings for *Peer Gynt*, silhouettes for *Sindbad the Sailor* and romantic postcard invitations for Frankfurt society. He made a woodcut for a publisher’s signet for the art dealer Galerie Prestel and began to build-up a library.

He was torn from this protected existence by World War I – as were many of his generation. He experienced the outbreak of war during the summer holiday in Schloss Schlobitten in East Prussia with Alexander Prince zu Dohna-Schlobitten. There he saw how closely associated the international nobility still was in spite of the national hostilities: the mother of his friends was a sister of the Czarina. Following early matriculation from the Sachsenhausen *Oberrealschule* in 1916, Ferdinand Kramer descended into the inferno of the war of attrition on the Russian and French fronts.

an der russischen und der französischen Front das Inferno der Materialschlachten durchzustehen, er wurde verschüttet. Nur wenige Wochen vor seinem Tod schrieb er über diese traumatischen Erlebnisse. Im Schützengraben vor Witry-lès-Reims las er verbotenerweise *Le Feu* von Barbusse und Berichte über die heftigen Attacken gegen das Werkbundmitglied Henry van de Velde, den Mitunterzeichner der Proteste gegen die Beschießung der Kathedrale in Reims. Das war seine erste Begegnung mit dem Deutschen Werkbund. Kälte und Regen ausgesetzt, baute er im Schützengraben aus einem alten Blechkanister seinen ersten Gebrauchsgegenstand, den Prototyp des später millionenfach verkauften energiesparenden „Kramer-Ofens".[4] Verräterischer Rauch wurde bei ihm – nach dem Prinzip eines irischen Dauerbrenners – durch eine Sturzzug-Vorrichtung nach unten abgeleitet, die Wärme optimal ausgenutzt und ein Abzugsrohr nicht mehr benötigt.[5]

1919, nach Beginn seines Studiums in München, erlebte Ferdinand Kramer dort begeistert die Ausrufung der Räterepublik, erschrak dann aber über ihre bedrohlich zunehmende Radikalisierung und blutige Niederwerfung und auch die Wochen danach am kurz zuvor gegründeten Bauhaus in Weimar enttäuschten ihn. Während seines Studiums an der Technischen Hochschule in München war es Theodor Fischer, der ihm Ziele setzte, sein soziales Empfinden sensibilisierte und ihm die Verantwortung des Architekten klar umriss: In seiner Schrift *6 Vorträge über Stadtbaukunst*[6] wies dieser auf das prekäre Thema der Wohnungsfrage hin, „... das uns rein menschlich, sofern wir nur eine Spur sozialen Empfindens unser eigen nennen, von Grund aus erregen muß", und er verlangte: „So wie es vor dem Kriege gewesen ist, darf es nicht weiter bleiben."[7] „Die Architektur ist der unerbittlich klare Spiegel der Menschheit."[8]

Wichtiges Erlebnis nach seinem Studium war für Ferdinand Kramer die Reise in die Niederlande und nach England 1924 mit Lilly Reich, der bekannten Innenarchitektin, Modedesignerin und Jurorin im „Haus Werkbund". Zum ersten Mal sah er Beispiele des Neuen Bauens in den Niederlanden, sah die Wohnsiedlungen von J. J. P. Oud (Abb. 7), und Arbeiten von Gerrit Rietveld (Abb. 6), Piet Mondrian und Theo van Doesburg: „Sie zeigten mir ein völlig neues Bild", berichtete er rückblickend: „Das war ein Umsturz. Ich war hell begeistert. Ich lernte die Quellen kennen – die Künstler der de Stijl Gruppe, die auch Gropius und das Bauhaus wesentlich beeinflusst haben."[9] Und in seinem Vortrag auf dem Symposium *Deutschland – Niederlande 1920–1940* in Den Haag 1982 betonte er: „... meine erste Begegnung mit dem Neuen Bauen der Niederlande um 1924 blieb für mich ein zentrales Erlebnis."[10] In London fotografierte er 1924 die langen Straßenzüge der traditionellen Reihenhäuser, ihn interessierten die Arbeiter-Wohnblocks aus dem 19. Jahrhundert und die Public Relation, die überzeugende Verkehrsmittel-Werbung in der Stadt, insbesondere die Schrift der „Underground". In jener Zeit traf er Beate Feith, die junge und begabte Schülerin von Lilly Reich, die er 1930 heiratete. Durch seine Eltern gab es Verbindungen zu Hutgeschäften wie Borsalino und Lock & Co. Hatters, zu Lieferanten und Kunden – Dolf Sternberger erzählt davon in der Zeitschrift *Die Wandlung*[11]

G. KRAMER
FRANKFURT MAIN
HUTLAGER
STEINWEG 12, ECKE RATHENAUPLATZ
TELEPHON HANSA 4831, POSTSCHECKKONTO 11761
DEN 19

2 Schichau-Werft, Elbing, Ostpreußen (heute: Elbląg, Polen), ca. 1910
3 Hutlager G. Kramer, Frankfurt, 1920er Jahre
4 Briefkopf Hutlager G. Kramer. Entwurf: Ferdinand Kramer
5 Eiserner Steg und Kaiserdom St. Bartholomäus in Frankfurt. Skizze von Ferdinand Kramer, 1977

2 Schichau Shipyard, Elbing, East Prussia (today: Elbląg, Poland), around 1910
3 G. Kramer Millinery shop, Frankfurt, 1920s
4 Letterhead for G. Kramer Millinery shop. Design by Ferdinand Kramer
5 Eiserner Steg and St. Bartholomew's Imperial Cathedral in Frankfurt. Sketch by Ferdinand Kramer, 1977

– und in München hatte er bei Ricarda Huch in Schwabing unter Literaten und Künstlern gewohnt. Nun aber gab es neue Begegnungen in progressiven, assimilierten jüdischen Künstler- und Intellektuellenkreisen: Beates Eltern waren mit Max Beckmann befreundet. Auch Eduard Fuchs, den marxistischen Kulturwissenschaftler und Kunstsammler, den „Sittenfuchs", berühmt durch seine mehrbändige *Illustrierte Sittengeschichte* und die *Geschichte der erotischen Kunst*, traf Ferdinand Kramer damals in dessen von Mies van der Rohe 1911 gebautem Haus in Berlin-Zehlendorf. Beate lebte während ihrer Ausbildung im Atelier von Lilly Reich bei Eduard Fuchs und seiner Frau Grete, der Schwester ihrer Mutter. Auch die Verbindungen zum Institut für Sozialforschung, zu Max Horkheimer sowie zu seinen späteren Freunden, dem Finanzwissenschaftler Fritz Neumark, Leo Löwenthal und Teddie Adorno, entstanden vermutlich durch Beates Familie.[12]
Entscheidender noch als diese Kontakte war für Ferdinand Kramers Entwicklung seine Anstellung im Hochbauamt der Stadt Frankfurt 1925. In der Abteilung Typisierung entwickelte er Bau- und Wohnungsnormen für die industrielle Produktion: die Fenster und Fensterbänke, Stahlzargen und Sperrholz-Türen, Tür- und Fenstergriffe, die Waschbecken und die Sitzbadewanne, die patentierte platz- und materialsparende „Minimaltreppe" sowie seine diversen Beleuchtungskörper, die variablen, kombinierbaren Typenmöbel und Einrichtungen für die Siedlungsbauten, Kindergärten und Schulen des Neuen Frankfurt (Abb. 8).
Nach dem gewonnenen ersten Preis im Wettbewerb der Hausrat GmbH für seine Typenmöbel aus leichtem Sperrholz im Juli 1925[13] hatte er ein „vertrauliches Angebot!" von Karl Schmidt-Hellerau, dem renommierten Sperrholz-Spezialisten und so genannten „Holz Goethe" des Deutschen Werkbunds, zur Mitarbeit in den 1898 gegründeten, international bekannten Deutschen Werkstätten in Hellerau bei Dresden abgelehnt. Dass sogar die Aussicht auf eine Professur für Innenarchitektur an der Kunstgewerbeschule[14] ihn letzten Endes nicht verführen konnte, zeigt, wie wichtig ihm die Mitarbeit am Neuen Frankfurt war, diesem experimentellen Reformprojekt. Der Gedanke Theodor Fontanes erfüllte ihn: „Für das Neue sollen wir recht eigentlich leben." Und für das Neue setzte er

6 Gerrit Rietveld, Berliner Stuhl, 1923
6 Gerrit Rietveld, Berlin Chair, 1923

7 J. J. P. Oud, Tusschendijken Wohnblock, Rotterdam, 1921
7 J. J. P. Oud, Tusschendijken Flats, Rotterdam, 1921

He was buried in rubble. He wrote about these traumatic experiences just a few weeks before his death. Against regulations, while in the trenches outside Witry-lès-Reims, he read *Le Feu* by Barbusse and reports about the serious attacks on the Werkbund member Henry van de Velde, a co-signer of the protests against the bombardment of Reims Cathedral. That was his first encounter with the *Deutscher Werkbund* (German Work Federation). Exposed to the rain and cold in the trenches he built his first utensil for daily use from an old tin can: It was the prototype of what later sold in the millions, the energy saving Kramer Oven.[4] Smoke which could betray a troop location was led through a downdraft channel, using the principle of the Irish slow-burning stove, optimizing heat-use and no longer requiring a chimney.[5]
In 1919, after he began studying in Munich, Ferdinand Kramer enthusiastically greeted the proclamation of the *Räterepublik* (Soviet Republic) there but was horrified by the threat of its increasing radicalization and bloody repression. After that he was also disappointed with the Bauhaus in Weimar which had been founded shortly beforehand. During his studies at the Technical College in Munich it was Theodor Fischer who suggested he develop his social commitment, and clearly defined the responsibility of the architect: In his piece *6 Vorträge über Stadtbaukunst* (Six Lectures On Urban Architecture)[6] Fischer referred to the delicate issue of housing, "... which from a simple human standpoint, if we have any social sense at all, must arouse our interest," and he demanded: "It should not continue as it was before the war."[7] "Architecture is the remorseless mirror of humanity."[8]
A trip to Holland and England that Ferdinand Kramer made in 1924 with Lilly Reich, the famous interior designer, fashion designer and juror in "Haus Werkbund", was to become a key experience after his studies. It was the first time he saw examples of *Neues Bauen* (New Building) in Holland, the residential settlements of J. J. P. Oud (Fig. 7), and works by Gerrit Rietveld (Fig. 6), Piet Mondrian and Theo van Doesburg: "They showed me a completely new picture", he reported in retrospect: "That was a revolution. I was completely enthusiastic. I went to the sources – the artists from the de Stijl group, who also have a significant influence on Gropius and the Bauhaus."[9] And in his speech at the symposium *Deutschland – Nieder-*

8 Türdrücker-Typen. Prospekt der Firma Ernst Wagener, 1930
8 Standardization of door handles. Advertisement folder of Ernst Wagener Factory, 1930

sich ein: in seinen Entwürfen, Publikationen sowie in seinen Kursen zur „Einführung in das Wesen der neuesten Baugestaltung mit praktischen Beispielen" an der Frankfurter Kunstgewerbeschule. Fritz Wichert, der Direktor, hatte ihn 1926 an sie geholt, denn er plante, „... eine wirkliche Architekturerziehung in Frankfurt zu begründen".[15]
Ein zentrales Erlebnis für Ferdinand Kramer war damals sein Besuch in Le Corbusiers Siedlung Frugès in Pessac: Begeistert schrieb er in seiner Bildreportage: „... Im Gegensatz zu den vielen, theoretisierenden Ausstellungen ist hier einmal mit großer Kühnheit ein neuer fruchtbarer Gedanke in die Wirklichkeit umgesetzt worden. Le Corbusier hat in Pessac Pionierarbeit geleistet ..."[16] Liebenswürdig bedankte Le Corbusier sich für diese erste Veröffentlichung seines Projektes in Deutschland.[17]
Als Ferdinand Kramer die Siedlung nach fast einem halben Jahrhundert wiedersah – er wollte sie seinen Kindern und mir zeigen – war es ein Schock für ihn. Obwohl er Wohnen als einen lebendigen Prozess auffasste, konnte er, die ursprünglichen Bilder der Gebäude vor seinem inneren Auge, derartige Formen der Aneignung durch die Bewohner, eine solche

lande 1920–1940 in Den Haag in 1982 he stressed: "... my first encounter with Neues Bauen in Holland around 1924 became a central experience for me."[10] In London he photographed the long streets of traditional townhouses, became interested in the 19th century blocks of workers' flats and appreciated the public relations campaign on public transportation advertisements, especially the typeface on the "Underground".
This was when he met Beate Feith, Lilly Reich's young, talented student, whom he married in 1930. He already had connections through his parents to milliners like Borsalino and Lock & Co. Hatters, to suppliers and clients, which Dolf Sternberger relates in the magazine *Die Wandlung*.[11] While in Munich he stayed with Ricarda Huch, in Schwabing with literary figures and artists. But there were also new encounters in the circles of progressive, assimilated Jewish artists and intellectuals: Beate's parents were friends of Max Beckmann. And Ferdinand Kramer also met Eduard Fuchs, the Marxist cultural scholar and art collector in the house built by Mies van der Rohe in 1911 in Berlin-Zehlendorf. Fuchs, known as the "Sittenfuchs" (morals fox), was famous for his several volume *Illustrierte Sittengeschichte* (Illustrated History of Morals) and the *Geschichte der erotischen Kunst* (History of Erotic Art). While she was training in Lilly Reich's studio, Beate lived with Eduard Fuchs and his wife Grete, her mother's sister. The contacts to the *Institut für Sozialforschung* (Institute for Social Research), to Max Horkheimer as well as friends Ferdinand Kramer made later, like the economist Fritz Neumark, Leo Löwenthal and Teddie Adorno, probably came through Beate's family.[12]
But his employment in the Frankfurt Building Department in 1925 was even more important for Ferdinand Kramer's development. He developed construction and residential norms for industrial production in the Department of Standards: the windows and window sills, steel frames and plywood doors, handles for doors and windows, wash basins and hipbaths, the patented space and material saving "minimal stairs" as well as his various light fixtures, the variable, modular furniture and furnishings for the New Frankfurt housing developments, kindergartens and schools (Fig. 8).
After winning the first prize in the *Hausrat GmbH* competition for his standardized furniture made of light plywood in July 1925,[13] he turned down a "confidential offer!" from Karl Schmidt-Hellerau, the famous plywood specialist and so-dubbed "Wood Goethe" of the *Deutscher Werkbund*, to work in the internationally renowned *Deutsche Werkstätten*, founded in 1898 in Hellerau near Dresden. The prospect of a chair for interior design at the *Kunstgewerbeschule* (School for Applied Arts)[14] did not tempt even him, which shows the importance he attached to his work for the New Frankfurt experimental reform project. Theodor Fontane's idea was his guide: "We should really live for the New." And he got involved for the New, in his designs, publications and in his courses giving an "Introduction to the Essence of the Newest Building Design with Practical Examples" at the Frankfurt *Kunstgewerbeschule*. The director, Fritz Wichert, brought him to the school in 1926, because Ferdinand Kramer was planning "... to establish true architectural education in Frankfurt."[15]
At the time his visit to Le Corbusier's Frugès settlement in Pessac was another key experience for him. As he wrote with enthusiasm in his illustrated report: "... In contrast to the many theoretical exhibitions, here is a new idea which has boldly borne fruit in reality. Le Corbusier paved the way in Pessac ..."[16] Le Corbusier expressed his gratitude for the first public mention in Germany about his project.[17]
When Ferdinand Kramer saw the settlement almost a half century later – he wanted to show his children and me – he was shocked. Although he considered housing as a living process, with the former image of the

9 Le Corbusier, Cité Frugès, Pessac, 2005
9 Le Corbusier, Cité Frugès, Pessac, 2005

10 Le Corbusier, Cité Frugès. Wohnhaus mit veränderter Fassade, Pessac, 2005
10 Cité Frugès. Residential building with redesigned façade, Pessac, 2005

Vernachlässigung der Bausubstanz nicht fassen. Le Corbusiers altersweiser Kommentar hierzu: „Vous savez, c'est toujours la vie, qui a raison, l'architecte qui a tort [Sie müssen wissen, es ist immer das Leben, das recht hat, nicht der Architekt]", hat ihn damals sehr berührt (Abb. 9–10).[18]

Neue Herausforderungen und Anregungen brachten ihm 1927 die Aufbauarbeiten für die Werkbund-Ausstellung *Die Wohnung* in Stuttgart-Weißenhof. Mies van der Rohe hatte nach dem mörderischen Krieg über alle Grenzen hinweg „die charakteristischsten Vertreter der modernen Bewegung aufgefordert, zu dem Wohnungsproblem Stellung zu nehmen."[19] Auf dem Weißenhof-Experimentiergelände demonstrierte Ferdinand Kramer dem Publikum den Aufbau des „May'schen Plattenhauses" aus vorfabrizierten Fertigteilen, das „Frankfurter Montageverfahren". Er richtete dieses Gebäude mit seinen Möbeln ein[20] sowie eines der Häuser von J. J. P. Oud und eine Wohnung im Miethausblock von Mies van der Rohe (Abb. 1 und 11).[21] Dass er in einem frühen Stadium des Weißenhof-Projekts zunächst ausgewählt worden war, auf dieser Ausstellung ein Wohnhaus zu bauen, obwohl es bisher noch keines von ihm gab, erfuhr er zu seiner großen Überraschung ein Jahr vor seinem Tod.[22] In der ersten offiziellen Liste der Württembergischen Arbeitsgemeinschaft des Deutschen Werkbunds stand er an elfter Stelle der Architekten, die als erste wegen einer Teilnahme befragt werden sollten. Auch in den drei folgenden Vorschlagslisten steht noch sein Name. Letzten Endes aber ging es ihm ähnlich wie Adolf Loos, dessen Name, einmal genannt, in späteren Listen nicht mehr aufgetaucht war.

Während jener Aufbauarbeiten wohnte Ferdinand Kramer in Stuttgart und erlebte hautnah die Entstehung der Weißenhofsiedlung. Voller Stolz schrieb er an Beate Feith: „... Gropius und auch die anderen verwenden so viele Dinge von mir, Fenstergriffe, Türgriffe, Öfen, Typentüren etc., dass ich eigentlich in jedem Haus drin stecke – ohne dass sie es wissen, das macht mir Freude, denn ich weiß, dass ich mehr kann wie die meisten, wenn ich noch etwas Zeit und Ruhe habe und mich entwickeln kann ..."[23] Schließlich dankte ihm die Direktion für seine „Mitarbeit auf architektonischem und innenarchitektonischem Gebiet" und „ausgezeichneten Leistungen".[24]

buildings in his mind's eye he simply could not fathom that kind of usurpation on the part of the residents and such neglect of the building structure. Le Corbusier's age-wise comment was: "Vous savez, c'est toujours la vie, qui a raison, l'architecte qui a tort" [You have to realize, life always is right, not the architect], moved him deeply (Figs. 9–10).[18]

He took on new challenges and ideas in 1927 for the preparation for the Werkbund exhibition *Die Wohnung* in Stuttgart-Weissenhof. After the murderous war Mies van der Rohe had uncompromisingly "appealed to the representatives of the modern movement to take a position on the problem of housing".[19] Ferdinand Kramer conducted a public demonstration on the Weissenhof experiment grounds of the "Frankfurter Montageverfahren" (Frankfurt assembly method) for setting up the "May'sches Plattenhaus" from pre-fabricated elements. He furnished this building with his furniture[20] as well as one of the houses by J. J. P. Oud and an apartment in the tenement by Mies van der Rohe (Figs. 1 and 11).[21] One year before his death he found out, to his great surprise, that in an early stage of the Weissenhof project he had been selected to build an apartment building for the exhibition although he had no reference project at the time.[22] In the first official list of the Wuerttemberg Working Group his name was eleventh among the architects who were to be approached concerning participation in the *Deutscher Werkbund* exhibition. His name was still on the three subsequent suggestion lists that followed. He shared the same fate as Adolf Loos, who was named once, but whose name did not appear in subsequent lists.

Ferdinand Kramer lived in Stuttgart during the construction work and experienced at first hand the creation of the Weissenhof Settlement. He wrote with great pride to Beate Feith: "... Gropius and the others use so many of my things, like window and door handles, ovens, standard doors and so on, that I am really part of each house, without them knowing it. That makes me happy because I know that I can do more than the others, if I have the time and quiet to develop ..."[23] The directorate thanked him for his "collaboration in the areas of architecture and interior design" and "extraordinary achievements".[24]

In 1928 Ferdinand Kramer outlined his ideas about housing: The conclu-

11 Werkbundsiedlung Stuttgart-Weißenhof. Wohnzeile von J. J. P. Oud, 1927
11 The Werkbund's Stuttgart-Weissenhof Settlement. Flats by J. J. P. Oud, 1927

1928 umriss Ferdinand Kramer seine Vorstellungen vom Wohnungsbau: Wegen der rasanten Entwicklungen würde sich konsequenterweise „der Gedanke immer mehr durchsetzen, Häuser zunächst nur für eine Generation zu bauen". Notwendig für eine wirtschaftliche Rationalisierung sei Typisierung und Standardisierung der konstruktiven Bauelemente. Skelettkonstruktion (Eisen oder Eisenbeton) und preiswerte Zwischenwände würden den Nutzern die Chance zu individuellen Raumaufteilungen geben, der persönlichen Initiative sei ein möglichst großer Spielraum zu geben.[25] Durch variable Grundrisse flexible Nutzungen zu ermöglichen, blieb eines seiner wichtigsten Ziele.

Wie prägend für sein Denken und Empfinden seine Begegnungen mit Adolf Loos und dessen Ideen und Arbeiten waren, spürte ich deutlich, als wir zusammen 1981 „Hommage à Loos – Begegnungen mit ihm" für die *Bauwelt* schrieben (Abb. 12).[26] Bewunderung, aber auch überraschende Gemeinsamkeiten empfand er mit dem um 28 Jahre Älteren. Hatte doch auch Loos schon als Kind im Steinmetz-Betrieb des Vaters Denk-und Produktionsweisen eines kreativen Handwerks, präzise Arbeit und Wertschätzung der Materialien erlebt. Zwar faszinierte Ferdinand Kramer im Haus Moller das „lösen eines grundrisses im raum",[27] doch angewendet hat er diese Aufgliederung eines Wohngeschosses in zwei unterschiedliche, durch einige Stufen miteinander verbundene Ebenen in seinen Wohnhäusern nicht. Vermutlich aber hat dieses Denken im Raum ihn drei Jahrzehnte später dazu inspiriert, in der „Auditoriologie" der Frankfurter Universität die sechs Hörsäle, die jeweils vorne hoch und hinten niedrig sind, in vier Geschossen, versetzt wie Keile, zu stapeln und dadurch – bei gleicher Höhe – ein Stockwerk zu sparen.

Beharrlich förderte er die Verbreitung der Ideen und Schriften von Adolf Loos. Er setzte sich ein für die Veröffentlichung des programmatischen Textes „Ornament und Verbrechen" von 1908 in der *Frankfurter Zeitung* zur Begrüßung der Architekten zum CIAM-Kongress in Frankfurt am Main 1929.[28] Und noch in den 1950er Jahren ließ er Texte von Adolf Loos wie „Der sattlermeister", „Das sitzmöbel", „Wohnen lernen", „Von einem armen reichen manne" für seine Mitarbeiter am Universitätsbauamt und auch für mich und meine Studierenden an der Werkkunstschule Offenbach abtippen und hektografieren. Dass Adolf Loos mir und vielen meiner Generation in jener Zeit unbekannt war, konnte er nicht akzeptieren.

sion to be drawn from rapid changes is that "for the time being houses will only be built for one generation". The establishment of types and standardization of the building elements would be necessary for an economical rationalization. Frame structures (with iron or reinforced concrete) and economical partitions would give the residents the opportunity to subdivide the rooms themselves and to create as much room as possible for personal initiative.[25] Making flexible uses possible with variable floor plans remained one of his most important goals.

I became acutely aware of how influential the encounters with Adolf Loos were for Ferdinand Kramer's thinking and perception when we wrote the "Hommage à Loos – Begegnungen mit ihm" together in 1981 for *Bauwelt* (Fig. 12).[26] He admired Loos and found surprising similarities with the twenty-eight year older man. As a child in his father's stonemason firm Loos had also been exposed to thinking and methods of production and the exact work and appreciation for materials that went into creative craftsmanship. Although the "dissolving of a floor plan in space" in the Moller House fascinated him, Ferdinand Kramer[27] did not utilize this division of a residential floor on two levels connected by a few stairs in his own apartments. But this idea of thinking in space probably inspired him three decades later at Frankfurt University "Auditoriologie" to stack the six auditoriums, each of them high in the front and low at the back, on four floors, offset like a wedge, thereby saving one floor at the same height.

He persistently propagated the spread of the ideas and writings of Adolf Loos. He became involved in the publication of the programmatic text "Ornament und Verbrechen" (Ornament and Crime) from 1908 in the *Frankfurter Zeitung* as a greeting to the architects at the CIAM Congress in Frankfurt/Main in 1929.[28] Later in the 1950s he had texts by Loos transcribed up and hectographed like "Der sattlermeister" (The Upholsterer), "Das sitzmöbel" (Seating), "Wohnen lernen" (Learning to Live), "Von einem armen reichen manne" (From a Poor Rich Man) for his colleagues at the University Building Authority as well as for me and my students at the *Werkkunstschule* (Crafts School) in Offenbach. He could not understand that at the time, how I and many of my generation had never heard of Adolf Loos.

Two events created serious interventions in Ferdinand Kramer's life: the departure in 1930 of Ernst May and many of his colleagues to the USSR

12 Ferdinand Kramer und Adolf Loos in Frankfurt, 1930
12 Ferdinand Kramer and Adolf Loos in Frankfurt, 1930

13 Verwaltungsgebäude Deutsche Vereinigte Schuhmaschinen Gesellschaft, 2015
13 *Deutsche Vereinigte Schuhmaschinen Gesellschaft* Administrative Building, 2015

Zwei gravierende Einschnitte veränderten Ferdinand Kramers Leben entscheidend: der Aufbruch Ernst Mays und vieler seiner Mitarbeiter 1930 in die UdSSR und das durch den Präsidenten der Reichskammer der bildenden Künste ausgesprochene Berufsverbot vom 6. September 1937. Nach Russland wollte er nicht, zu schlimm waren die Erinnerungen an den Winter 1916/17 in den Rokitno-Sümpfen. Außerdem war die politische Entwicklung nach der Revolution in Russland für ihn und viele seiner Generation eine der größten Enttäuschungen. Er blieb in Frankfurt, befasste sich vorwiegend mit Umbauten repräsentativer Villen in zweckmäßige Wohnungen. Auch das legendäre Literaten-Café Bauer sowie einige Läden baute er um und richtete sie ein. Von den neun nach 1933 von ihm errichteten Wohnhäusern überstand das Doppelhaus in der Ludolfusstraße 6 und 8 von 1935 unbeschadet die Zerstörungen des Krieges und der Nachkriegszeit. Zwar dokumentierten die Bewohner von Nr. 6 viele Jahre später, wie glücklich sie in der 5. Generation in diesem zweckmäßigen Hause lebten.[29] Ferdinand Kramer jedoch hat es selten erwähnt, zu sehr bestimmten Gestaltungsrichtlinien des Nationalsozialismus Baukörper und Fassaden.

„Schon lange vor dem 30. Januar 1933 zeichnete sich unzweideutig die kommende Entwicklung ab", schrieb er rückblickend in seinem Bericht „Gelaufe um Anschluss".[30] Die gemeinsame Basis war zerbrochen. Aus dem Deutschen Werkbund war er, Mitglied seit 1924, bereits 1933 ausgetreten – aus Protest gegen die diffamierende Fragebogenaktion, die Juden und Kommunisten eliminieren sollte.[31] Neid und Misstrauen breiteten sich aus und spalteten die Gesellschaft. Während der Vorstand des israelischen Kinderhorts sich dafür bedankte, dass er „... in so liebenswürdiger Weise unentgeltlich bei den Umbauarbeiten im Hause Bleichstrasse 8 mit Rat und Tat geholfen und dafür gesorgt habe, dass diese Arbeiten in so kurzer Zeit vollendet wurden ...",[32] kritisierten jüdische Architekten, dass er ohne Honorar gearbeitet hatte. Zwar konnte er sein letztes großes Projekt in Frankfurt vor dem Krieg, das Verwaltungsgebäude für die Deutsche Vereinigte Schuhmaschinen Gesellschaft (DVSG) von 1935/36, eine frühe Stahlskelett-Konstruktion in prominenter Lage an der Friedrich-Ebert-Anlage 13–31[33], angebaut an das alte Polizeipräsidium, noch weitgehend nach seinen Vorstellungen realisieren. Doch die ursprünglich

and the employment ban issued by the president of the Reich Chamber of Fine Arts on September 6, 1937. His memories of the winter of 1916/17 in the Rokitno swamps were so terrible that he did not want to go to Russia. In addition, the political developments after the Russian Revolution were disappointing to him and many of his generation. He stayed in Frankfurt and preoccupied himself mainly with converting mansions into practical apartment buildings. He also renovated and furnished several shops and the legendary literati Café Bauer. Of the nine apartment houses he built after 1933, the duplex built in 1935 at Ludolfusstrasse 6 and 8 survived the war and the post-war period unscathed. Many years later the residents of no. 6 affirmed how happy they were to be living in this practical dwelling in the fifth generation.[29] But Ferdinand Kramer seldom mentioned the building because of certain National Socialist design guidelines for building structures and façades.

„What was coming was obvious a long time before January 30, 1933", he wrote looking back in his report „Gelaufe um Anschluss" (Skirting the Issue).[30] The common ground was gone. He left the *Deutscher Werkbund*, of which he had been a member since 1924, in 1933 out of protest against the defamatory questionnaire campaign intended to keep out Jews and Communists.[31] Envy and mistrust spread throughout and polarized society. While the board of the Jewish day nursery thanked him for "... so lovingly contributing pro bono to the house at Bleichstrasse 8 with deeds and advice which guaranteed that this work was completed in so short a period of time ...,"[32] the Jewish architects criticized him for working without a fee. However, he was able to implement his last large-scale project built in Frankfurt before the war to a great extent according to his plans. This was the administrative building for the *Deutsche Vereinigte Schuhmaschinen Gesellschaft* (DVSG) in 1935/36, an early steel frame construction at a prominent location at the Friedrich-Ebert-Anlage 13–31,[33] attached to the old police headquarters. But the quadratic vertical sliding windows which were originally deeply cut into the façade were retrofitted with narrow lattice windows, and the light grey polished stone of the façade was replaced with the light beige travertine so favored by the Nazi state (Fig. 13). The commemoration for the new administrative building contained no mention of the architect.[34] The cover, text,

scharf in die Fassade eingeschnittenen quadratischen Vertikalschiebefenster wurden nachträglich zu schmalen Sprossenfenstern umgebaut und der hellgraue polierte Stein der Fassade wurde durch den im NS-Staat beliebten hellbeigen Travertin ersetzt (Abb. 13). Die Festschrift zur Errichtung dieses Verwaltungsgebäudes nennt den Architekten nicht.[34] Einband, Text, Layout, Typografie und Fotos sind im biederen Stil des Nationalsozialismus gestaltet, als hätte es die progressiven typografischen Arbeiten eines Willi Baumeister, Robert Michel oder Hans Leistikow im Neuen Frankfurt nie gegeben.

Eine diffamierende Ausstellung seiner Arbeiten durch den nationalsozialistischen Kampfbund Deutscher Architekten und Ingenieure[35] in der Neuen Mainzer Straße und das Berufsverbot durch die Reichskammer trafen Ferdinand Kramer hart. Er weigerte sich, „umgehend die Bauvorhaben anzugeben“, die er zu jener Zeit bearbeitete.[36] Nachdem er eine weitere Anweisung vom 13. Oktober 1937[37] ebenfalls ignoriert hatte, erhielt er vom Polizeipräsidenten in Frankfurt (Main) eine Vorladung zum 2. November auf das Polizei-Revier 22.[38] Es folgte eine dritte, eine „letztmalige“ Aufforderung des Präsidenten der Reichskammer vom 2. Dezember zur umgehenden Rücksendung des Mitgliedsbuchs mit der Androhung: „... anderenfalls ich gezwungen wäre, die Hilfe der Polizei in Anspruch zu nehmen.“[39] Und das passierte auch: Abgeholt und von zwei Polizisten eskortiert wurde der Widerspenstige schließlich auf das Revier gebracht.

Auf Drängen von Beates wohlhabenden Verwandten war Ferdinand Kramer bereits im Frühjahr 1937 nach New York City gereist. Sie wollten diesen „Goi“ kennenlernen, bevor sie bereit waren, auch für seinen Unterhalt in den USA mit einem „Affidavit“ zu garantieren. Stolz und nicht wie ein Vertriebener wollte er den Atlantik überqueren und war unglücklich, weil er seinen Flug mit dem Zeppelin „Hindenburg“ wegen einer Nierenkolik stornieren musste. Am 6. Mai schiffte er sich auf einem Passagierschiff ein,[40] ausgerechnet an jenem Tag, an dem die „Hindenburg“, dieses Symbol des technischen Fortschritts, brennend über Lakehurst abstürzte.

Entmutigt war er aus Amerika zurückgekehrt. Doch die Situation in Frankfurt spitzte sich dramatisch zu, er musste alle Aufträge abgeben.[41] Beate lebte ab Januar 1938 in New York. Ihr war vom Philanthropin gekündigt worden, weil sie mit einem „Goi“ verheiratet war. Auch Verwandte, Freunde und Bekannte waren emigriert. Er hatte einen Gestellungsbefehl der Wehrmacht erhalten und sein „Affidavit“ drohte abzulaufen. Am 22. Januar 1938, seinem 40. Geburtstag, hatten ihn seine Freunde Georg und Marie Swarzenski eingeladen. Plötzlich drangen Bewaffnete in die Wohnung ein, verhafteten Georg Swarzenski, den bereits vom Amt suspendierten Direktor des Städel, und führten ihn ab. Zuvor war das berühmte Bild von van Gogh *Dr. Gachet* (Abb. 14) auf Anweisung von Hermann Göring aus der Sammlung des Museums entfernt und nach Berlin verschickt worden. Zwar hatte der am 9. Dezember 1937 zum Abschied von diesem Bild im Feuilleton der *Frankfurter Zeitung* erschienene Artikel mit der Überschrift „Doktor Gachet“ diesen Raub nicht erwähnt, doch hatte man sich an höchster Stelle brüskiert gefühlt. „Bleich und doch irgendwie lächelnd kam Georg Swarzenski noch in dieser Nacht zu uns zurück“, berichtete Ferdinand Kramer. Gestapo-Leute hätten ihn stundenlang verhört und verdächtigt, jenen anonymen Artikel initiiert und lanciert zu haben. Trotz aller Aufregungen und Schrecken hatte ihn die abstruse Frage eines Frankfurter Antiquitätenhändlers während des Verhörs amüsiert, wann denn er, Georg Swarzenski, van Gogh für dieses Bild Modell gesessen habe.[42]

„Kramerellen“ nannten Familie und Freunde Ferdinand Kramers witzige, intelligente, pointiert kritische und manchmal auch arrogante Bemer-

14 Vincent van Gogh, *Dr. Gachet*. Öl auf Leinwand, 1890
14 Vincent van Gogh, *Dr. Gachet*. Oil on canvas, 1890

layout, typesetting and photos are in the conservative National Socialist style, as if the New Frankfurt progressive typography of a Willi Baumeister, Robert Michel or Hans Leistikow had never existed.

A defamatory exhibition of his works by the National Socialist *Kampfbund Deutscher Architekten und Ingenieure* (Fighting League of German Architects and Engineers)[35] in Neue Mainzer Strasse and the employment ban by the Reich Chamber were hard blows for Ferdinand Kramer. He refused to “submit current projects immediately”.[36] After ignoring another official inquiry on October 13, 1937,[37] he received a summons to police headquarters in Frankfurt/Main for November 2 at Precinct 22.[38] A final, “ultimate” request was issued by the president of the Reich Chamber on December 2, for the prompt return of the membership book, with the threat: “otherwise I will be forced to request the aid of the police.”[39] That is exactly what happened: The rebel was picked up and escorted to the precinct by two policemen.

Under pressure from Beate’s wealthy relatives, Ferdinand Kramer had already traveled to New York City in the spring of 1937. Before they would vouch for his stay in the USA with an affidavit, they wanted to get to know the “Goi”. He wanted to cross the Atlantic with pride, not like an exile and was unhappy because he had to cancel his flight on the Hindenburg zeppelin because of a renal colic. On May 6 he boarded a passenger ship,[40] on the same day that the Hindenburg, the symbol of technological progress, crashed in flames over Lakehurst.

He returned from America discouraged. But the situation in Frankfurt was becoming dramatic and he had to cancel all his contracts.[41] Beate had been living in New York since January 1938 having been laid off by the *Philanthropin* because she was married to a non-Jew. Relatives, friends and acquaintances had emigrated. Ferdinand Kramer had received an induction order from the Wehrmacht and his affidavit was about to expire.

For his fortieth birthday on January 22, 1938, his friends Georg and Marie Swarzenski invited him to their home. Suddenly armed men burst into the apartment, took Georg Swarzenski prisoner, who had already been suspended as director of the Städel, and led him away. Shortly before the famous van Gogh portrait *Dr. Gachet* (Fig. 14) had been removed from the

kungen und Anekdoten in jener Zeit. Nun wurde er, Mitbegründer der heute vergessenen „Gesellschaft von 1918",[43] nicht mehr der „rote Kramer" genannt, auch hieß er nicht mehr – wie in den frühen 1920er Jahren – der „schöne" oder später wegen seiner zahlreichen jüdischen Bauherren der „Juden-Kramer", jetzt hieß er „Kassandra" oder der „Gräuel-Kramer". Hatte er doch prophezeit: „... Es wird Krieg geben, ihr werdet ihn verlieren. Ich werde wiederkommen, wenn das Opernhaus in Einzimmer-Wohnungen aufgeteilt ist und auf der Hauptwache die Kühe weiden."[44]
Am 9. März 1938 schiffte er sich in Le Havre ein. „Mit fünf Dollar in der Tasche und meinem Mercedes-Cabriolet als Startkapital an Bord brach ich auf nach Amerika, beherrscht von dem Empfinden, dass ich für ein Emigrantenleben nicht geschaffen sei."[45] Doch wieder erwies sich als Glück, was ihm zunächst als Unglück erschienen war.

Anmerkungen

1 Ferdinand Kramer: „50 Jahre Architektur – Bericht aus meinem Leben", in: Adam Seide (Hg.): *Der neue Egoist*, Bd. 2. Hannover: Egoist-Verlag Elmar Kreutzburg, o. J. [1976], 84–87, PA Kramer. Die Leux'sche Werft war in Frankfurt-Niederrad.
2 Das Hutgeschäft war im Steinweg 12 (Hotel Schwan).
3 Vgl. Brief von Ferdinand Kramer an Frau Susanne Pollack, Weinheimer Landstraße 103, 6508 Alzey, (ohne Datum), PA Kramer.
4 Ende Dezember 1926 schloss Ferdinand Kramer mit den Eisenwerken Hirzenhain Hugo Buderus und der Burger Eisenwerke G.m.b.H.h einen Lizenzvertrag, dem ein „künstlerisches Urheberrecht" für den „Kramer-Ofen" zugrunde lag. Die Juristin Sabine Zentek, Fachanwältin für Urheber- und Medienrecht, schreibt, dass davon ausgegangen werden kann, „dass der ‚Kramer-Ofen' zu den ersten und wenigen urheberrechtlich geschützten Produkten der modernen Sachlichkeit zählte." Vgl. Sabine Zentek: *Designer im Dritten Reich*. Dortmund: Lelesken, 2009, 29–36.
5 Zwei unabhängige Gutachten beurteilten die Effizienz dieses Prinzips: „Die im Original-Buderus-Kramer-Ofen ermittelten Ergebnisse stellen Grenzwerte des Erreichbaren dar", heißt es im Gutachten von Prof. Kayser, Technische Hochschule Berlin, Februar 1931, PA Kramer. „Der Kramer-Ofen war auf seinem Gebiet nicht nur sozusagen das Ei des Columbus, er bestrickte auch durch seine besonders feinfühlige künstlerische Durchbildung aller Einzelheiten", betont das Gutachten der Preußischen künstlerischen Sachverständigen-Kammer, Berlin, September 1931, Walter Curt Behrendt, PA Kramer.
6 Theodor Fischer: *6 Vorträge über Stadtbaukunst, geschrieben für die Hochschulkurse der VI. Armee im Winter* 1917/18. München, Berlin: R. Oldenbourg, 1920.
7 Ebd., 30.
8 Ebd., 81.
9 Ferdinand Kramer in: *Die Zwanziger Jahre des Deutschen Werkbundes* (Hgg. Deutscher Werkbund und Werkbund-Archiv, Werkbund-Archiv 10). Gießen: Anabas, 1982, 206–229.
10 Vortrag von Ferdinand Kramer im Rahmen der Veranstaltung *Deutschland – Niederlande 1920–1940* in Den Haag, 04.06.1982, Manuskript, PA Kramer.
11 Dolf Sternberger: „Bürgerlichkeit", in: *Die Wandlung* 3 (1948), Nr. 3, Lizenz Nr. W 32, 195–200. Die Namen sind geändert, Anna Leux heißt hier Frau Becker, Ferdinand Kramer heißt Otto Becker.
12 Es ist das „Perls Haus", vgl. Beate Kramer: „36 Jahre mit Ferdinand Kramer", in: Claude Lichtenstein (Hg.): *Ferdinand Kramer. Der Charme des Systematischen* (Ausst.- Kat. Museum für Gestaltung Zürich). Gießen: Anabas, 1991, 12–19.
13 Preisausschreiben der Hausrat, Gemeinnützige Möbelversorgung für das Rhein-Main und Lahngebiet GmbH, *FZ*, 25.07.1925, PA Kramer.
14 Brief, „Vertraulich!", von Karl Schmidt-Hellerau, Deutsche Werkstätten A.G., Hellerau bei Dresden, an Ferdinand Kramer, 13.11.1925, PA Kramer.

museum collection on order of Hermann Göring and brought to Berlin. Although the theft was not mentioned in the farewell article titled "Doktor Gachet" in the features section of the *Frankfurter Zeitung* on December 9, 1937, the highest levels of the government felt affronted. "Georg Swarzenski came back to us, pale but somehow still smiling, that same night", Ferdinand Kramer reported. The Gestapo had interrogated him for hours and accused him of initiating the writing of the anonymous article. In spite of all the excitement and fear he could only be amused when a Frankfurt antique dealer on hand for the interrogation asked him, Georg Swarzenski, if he might have posed for van Gogh for this portrait.[42]
During that time Ferdinand Kramer's family and friends called his witty, intelligent, trenchant criticisms, and sometimes arrogant remarks, "Kramerellen". The co-founder of the now forgotten "Gesellschaft von 1918" (1918 Society),[43] was no longer dubbed "red Kramer", nor as in the early 1920's was he known as "pretty" or later, because of his many Jewish building owner clients as the "Jew-Kramer". Now he was called "Cassandra" or "Gruesome Kramer". Hadn't he foreseen it? "... There will be war and you will lose. I'll come back when the Opera House has been converted into one room apartments and the cows are put out to pasture on the Hauptwache."[44]
On March 9, 1938 he embarked from Le Havre. "With five dollars in my pocket and my Mercedes convertible on board as start-up capital I set off for America, convinced by the idea that I was not cut out for an emigrant's life."[45] But what initially seemed to be his misfortune again turned out to be his luck.

Notes

1 Ferdinand Kramer: "50 Jahre Architektur – Bericht aus meinem Leben," in: Adam Seide (ed.): *Der neue Egoist*, vol. 2, (Egoist-Verlag Elmar Kreutzburg, Hannover, n. d. [1976]), 84–87, PA Kramer. The Leux shipyard was in Frankfurt-Niederrad.
2 The millinery address was Steinweg 12 (Hotel Schwan).
3 Cf. Letter from Ferdinand Kramer to Frau Susanne Pollack, Weinheimer Landstrasse 103, 6508 Alzey, (n. d.), PA Kramer.
4 At the end of December 1926 Ferdinand Kramer concluded a license agreement with the Eisenwerke Hirzenhain Hugo Buderus and the Burger Eisenwerke G.m.b.H.h based on the "artistic copyright" for the "Kramer-Ofen". The lawyer Sabine Zentek, special solicitor for patent and media rights, writes that it may be assumed that the Kramer-Ofen was one of the first products of the Modern Objectivity protected by copyright." Cf. Sabine Zentek: *Designer im Dritten Reich*, (Lelesken, Dortmund, 2009), 29–36.
5 Two independent expert assessments evaluated the efficiency of this principle: "The results determined with the Original-Buderus-Kramer Oven represent the thresholds of what can be achieved", according to the assessment of Prof. Kayser, Technische Hochschule (Technical College) Berlin, in February 1931, PA Kramer. "The Kramer Oven in its domain was not only the egg of Columbus, it exerted a charm with its especially sensitive artistic design in all the particulars", was the point emphasized by the Prussian Chamber of Artistic Experts, Berlin, in September 1931, Walter Curt Behrendt, PA Kramer.
6 Theodor Fischer: *6 Vorträge über Stadtbaukunst, geschrieben für die Hochschulkurse der VI. Armee im Winter* 1917/18, (R. Oldenbourg, Munich & Berlin, 1920).
7 Ibid., 30.
8 Ibid., 81.

15 Briefe von Professor Dr. Fritz Wichert, Direktor der Städt. Kunstgewerbeschule Frankfurt am Main, Neue Mainzer Straße 47, an Ferdinand Kramer vom 15.01. und 15.03.1926, PA Kramer.
16 Ferdinand Kramer: „Le Corbusiers Siedlung Frugès in Pessac", in: *Stein, Holz, Eisen* 41 (1927), Nr. 1 unter der Rubrik: „Architektur des Auslands", 232/233.
17 Brief von Le Corbusier an Ferdinand Kramer, 13.01.1927, PA Kramer.
18 Vgl. Philippe Boudon: *Die Siedlung Pessac – 40 Jahre Wohnen à Le Corbusier* (Bauwelt Fundamente 28). Gütersloh: Bertelsmann, 1971, 10 und Willy Boesiger (Hg.): *Le Corbusier. Studio Paperback*. Zürich: Artemis, 1972, 27.
19 „Mies van der Rohe", in: Deutscher Werkbund (Hg.): *Bau und Wohnung*. Stuttgart: F. Wedekind, 1927, 7.
20 Die Frankfurter Küche im Plattenhaus richtete die Architektin Grete Schütte-Lihotzky ein.
21 Im Amtlichen Katalog der Werkbund-Ausstellung *Die Wohnung*, 1927 hg. von der Ausstellungsleitung, werden Ferdinand Kramer allerdings zwei Wohnungen im Haus 1, Block Mies van der Rohe, zugeschrieben: „Wohnung 5, 2. Stock rechts und Wohnung 6, 2. Stock links Innenausstattung: Dipl.-Ing. Architekt F. Kramer, Frankfurt a.M., Oppenheimer Strasse 44" (S. 28). Vgl. Nachdruck *Schriftenreihe Weißenhof*, Bd. 2. Stuttgart: Stuttgarter Gesellschaft für Kunst und Denkmalpflege, 1998.
22 Siehe die Mitteilung von Frau Karin Kirsch an Ferdinand Kramer im Brief vom 22.06.1984: „... ein erstes Ergebnis meiner Recherchen möchte ich Ihnen nicht vorenthalten: die Stellung Ferdinand Kramers in der Auswahl der Architekten" sowie die „Auswahl der Architekten" mit Auszügen aus den Listen vom 08.10.1925, vom April 1926 (ohne Tagesangabe) und vom 20. und 24.07.1926, PA Kramer. Vgl. Karin Kirsch (Hg.): *Briefe zur Weißenhofsiedlung*. Stuttgart: DVA, 1997, 26, 28, 30, 53, 98, 110.
23 Brief von Ferdinand Kramer an Beate Feith, Stuttgart, Mai 1927, ISG S1/365.
24 Brief der Direktion der Werkbund Ausstellung Die Wohnung Stuttgart 1927 e.V. an Ferdinand Kramer, 05.10.1927, PA Kramer.
25 Ferdinand Kramer: „Wohnung 8 – Grundsätzliches zum Bau Moderner Großstadtwohnungen", in: *BM* 26 (1928), Nr. 7, 217/218.
26 Ferdinand Kramer: „Hommage à Loos – Begegnungen mit ihm", in: *Adolf Loos. Spurensicherung, BW* 72 (1981), Nr. 42, 1877–1881.
27 Adolf Loos: „Josef Veillich" (1929), in: Franz Glück (Hg.): *Adolf Loos. Sämtliche Schriften*, Bd. 1. Wien, München: Herold, 1962, 438 (Anmerkungen).
28 Brief von Heinrich Kulka, Wien, an Ferdinand Kramer, 22.10.1929, PA Kramer.
29 Hans Claude: „Mein Großvater, Friedrich Sommerlad (1855 bis 1940) war Bauherr des Zweifamilienhauses Ludolfusstraße Nr. 6 [...] Der Enkel mit seiner Familie und Kindern, die 5. Generation bereits, bewohnen dieses zweckmäßige und stets geräumige Haus." Bauherr von Haus Nr. 8: Schneider, PA Kramer.
30 Deutscher Werkbund e.V. (Hg.): *Werk & Zeit – Gestalt & Politik*. Krefeld: R. Scherpe, 1984, Nr. 2, 47/48.
31 Vgl. Brief von Otto Baur vom Deutschen Werkbund Berlin an Ferdinand Kramer, 11.10. 1933, PA Kramer.
32 Vgl. Brief des Vorstands des isr. Kinderhorts an Ferdinand Kramer, 05.05.1933, PA Kramer.
33 Ursprünglich Hohenzollernplatz 31–35.
34 *Festschrift zur Errichtung des Verwaltungsgebäudes für die Deutsche Vereinigte Schuhmaschinen Gesellschaft (DVSG)*, hg. von der DVSG. Frankfurt a. M. 1936. Den Hinweis auf diese Festschrift erhielt ich von Thomas Edelmann.
35 Brief von Ferdinand Kramer an Herrn Dr. Gaber, Bund Deutscher Architekten, 24.03.1966, PA Kramer sowie Ferdinand Kramer im Manuskript seines Vortrags im Centre Georges Pompidou, 09.10.1978: „Souvenirs et impressions d'un membre du Werkbund", PA Kramer.
36 Der Präsident der Reichskammer der bildenden Künste Berlin, Einschreiben vom 06.09.1937, PA Kramer.
37 Der Präsident der Reichskammer der bildenden Künste Berlin, Schreiben vom 13.10.1937, PA Kramer.
38 Der Polizeipräsident in Frankfurt (Main), Vorladung vom 01.11.1937, PA Kramer.
39 Der Präsident der Reichskammer der bildenden Künste Berlin, Schreiben vom 02.12.1937, PA Kramer.
40 Ausdrucke der Passagierlisten im PA Kramer, recherchiert von Katharina Pennoyer: Abreise am 06.05.1937 auf dem Schiff „S. S. Hansa" von Hamburg als „non immigrant passenger"; Ankunft am 14.05.1937 in New York. *Source*

9 Ferdinand Kramer, in: *Die Zwanziger Jahre des Deutschen Werkbundes*, (ed. Deutscher Werkbund and the Werkbund Archive, Werkbund-Archiv, vol. 10; Anabas Verlag, Gießen, 1982), 206–229.
10 Speech by Ferdinand Kramer during the event *Deutschland – Niederlande 1920–1940* in Den Haag, June 4, 1982, manuscript, PA Kramer.
11 Dolf Sternberger: "Bürgerlichkeit," in: *Die Wandlung*, vol. 3, (1948), no. 3, Licence no. W 32, 195–200. The names were changed so that Anna Leux is called here Frau Becker and Ferdinand Kramer is Otto Becker.
12 The "Perls Haus", cf. Beate Kramer: "36 Jahre mit Ferdinand Kramer," in: Claude Lichtenstein (ed.): *Ferdinand Kramer. Der Charme des Systematischen*, (exhib. cat., Museum für Gestaltung, Zurich; Anabas Verlag, Gießen, 1991), 12–19.
13 Competition for the *Hausrat, Gemeinnützige Möbelversorgung für das Rhein-Main und Lahngebiet GmbH*, in: *FZ*, July 25, 1925, PA Kramer.
14 Letter marked „Confidential!" from Karl Schmidt-Hellerau, Deutsche Werkstätten A.G., Hellerau near Dresden, to Ferdinand Kramer, November 13, 1925, PA Kramer.
15 Letters from Professor Dr. Fritz Wichert, Director of the Municipal School for Applied Arts, Frankfurt/Main, Neue Mainzer Strasse 47 to Ferdinand Kramer on January 15 and March 15, 1926, PA Kramer.
16 Ferdinand Kramer: "Le Corbusiers Siedlung Frugès in Pessac," in: *Stein, Holz, Eisen*, vol. 41, (1927), no. 1 under the rubric Foreign Architecture, 232/233.
17 Letter from Le Corbusier to Ferdinand Kramer from January 13, 1927, PA Kramer.
18 Cf. Philippe Boudon: *Die Siedlung Pessac – 40 Jahre Wohnen à Le Corbusier*, (Bauwelt Fundamente, vol. 28; Bertelsmann, Gütersloh, 1971), 10 and Willy Boesiger (ed.): *Le Corbusier. Studio Paperback*, (Artemis, Zurich, 1972), 27.
19 "Mies van der Rohe," in: Deutscher Werkbund (ed.): *Bau und Wohnung*, (F. Wedekind, Stuttgart, 1927), 7.
20 The architect Grete Schütte-Lihotzky furnished the *Plattenhaus* with the Frankfurt Kitchen.
21 However in the official catalogue of the Werkbund Exhibition *Die Wohnung*, published in 1927 by the exhibition management, two apartments in House 1 in the housing block Mies van der Rohe are attributed to Ferdinand Kramer: "Wohnung 5, 3rd floor, right and Wohnung 6, 3rd floor, left, the interior decoration: Graduate Architect F. Kramer, Frankfurt/Main, Oppenheimer Strasse 44", as it appears on p. 28. Cf. Reprint, *Schriftenreihe Weissenhof*, vol. 2, (Stuttgarter Gesellschaft für Kunst und Denkmalpflege, Stuttgart, 1998).
22 Message from Frau Karin Kirsch to Ferdinand Kramer in the letter from June 22, 1984: "... I don't want to conceal from you the first results of my research: Ferdinand Kramer's place in the selection of architects" and: "Auswahl der Architekten [Selection of Architects]", with excerpts from the lists October 8, 1925, and from April (without indication of a day) and on July 20 and 24, 1926, PA Kramer. Cf. Karin Kirsch (ed.): *Briefe zur Weißenhofsiedlung*, (DVA, Stuttgart, 1997), 26, 28, 30, 53, 98, 110.
23 Letter from Ferdinand Kramer to Beate Feith, Stuttgart, May, 1927, ISG, S1/365.
24 Letter from the management of the "Werkbund Ausstellung Die Wohnung Stuttgart 1927" e.V. from October 5, 1927 to Ferdinand Kramer, PA Kramer.
25 Ferdinand Kramer: "Wohnung 8 – Grundsätzliches zum Bau Moderner Großstadtwohnungen," in: *BM*, vol. 26, (1928), no. 7, 217/218.
26 Ferdinand Kramer: "Hommage à Loos – Begegnungen mit ihm," in: *Adolf Loos. Spurensicherung, BW*, vol. 72, (1981), no. 42, 1877–1881.
27 Adolf Loos: "Josef Veillich" (1929), in: Franz Glück (ed.): *Adolf Loos. Sämtliche Schriften*, vol. 1, (Herold, Vienna & Munich, 1962), 438 (notes).
28 Letter from Heinrich Kulka, Vienna, from October 22, 1929 to Ferdinand Kramer, PA Kramer.
29 Hans Claude: "My grandfather, Friedrich Sommerlad (1855 to 1940) built the two family house at Ludolfusstrasse no. 6 [...] The grandson and his family and children in the fifth generation are living in this practical house where there is always enough room." The builder of House no. 8: Schneider, PA Kramer.
30 Deutscher Werkbund e.V. (ed.): *Werk & Zeit – Gestalt & Politik*, (R. Scherpe, Krefeld, 1984), no. 2, 47/48.
31 Cf. Letter from Otto Baur from the *Deutscher Werkbund*, Berlin, to Ferdinand Kramer on October 11, 1933, PA Kramer.
32 Cf. Letter from the board of the Jewish daycare to Ferdinand Kramer from May 5, 1933, PA Kramer.
33 Originally Hohenzollernplatz 31–35.

Citation: – Year 1937, Arrival: New York, New York; Microfilm Serial: T715, 1897–1957; Microfilm Roll: Roll 5977; Line 12; Page Number 156. Original data: Passenger and Crew Lists of Vessels Arriving at New York, New York, 1897–1957. Microfilm Publication T715, 8892 rolls. Records of the Immigration and Naturalization Service. National Archives at Washington, D.C.; Abreise (Emigration) am 09.03.1938 auf dem Schiff „S.S. Ile de France“ 1938 von Le Havre, Ankunft in New York am 16.03.1938. *Source Citation*: – Year 1938; Arrival: New York, New York; Microfilm Serial: T715, 1897–1957; Microfilm Roll: Roll 6126; Line 22; Page Number 72. Original data: Passenger and Crew Lists of Vessels Arriving at New York, New York, 1897–1957. Microfilm Publication T715, 8892 rolls. Records of the Immigration and Naturalization Service. National Archives at Washington, D.C.

41 Dietrich Worbs: „F. Kramer: Häuser der 30er Jahre“, Liste vom 27.10.1990, PA Kramer.

42 Das berühmte Bild *Dr. Gachet* von Vincent van Gogh war 1912 der Gemäldesammlung des Städel vom Stadtrat und Kunstsammler Victor Mössinger, dem späteren Schwiegervater von Georg Swarzenski, geschenkt worden. Benno Reifenberg, Redakteur der *Frankfurter Zeitung*, war der Verfasser dieses brisanten Artikels, auch er wurde von der Gestapo verhaftet und verhört. Vgl. Oswald Goetz, Dokumentarische Anmerkungen zu zwei Gemälden von van Gogh, niedergeschrieben 1950; deutsche Übersetzung: Fritz Metzinger, PA Kramer. Vgl. Lore Kramer, Leserbrief in der *FAZ*, 09.06.1990, und Konstanze Crüwell: „Ein bitterer Abschied. Georg Swarzenski, Städeldirektor von 1906 bis 1937“, in: Eva Atlan, Raphael Gross, Julia Voss (Hgg.): *1938. Kunst Künstler Politik* (Ausst.-Kat. Jüdisches Museum Frankfurt). Göttingen: Wallstein, 2013, 259–273. Die Anregung, die Beschreibung dieses Abends in diesen Text aufzunehmen, gab mir Katharina Pennoyer.

43 Ferdinand Kramer schrieb: „... während Hochinflation und Hungersnot gründeten wir, politisch Engagierte wie: Gustav Landauer, Margarete Susman, Hugo Sinzjheimer, Alfons Paquet von der Frankfurter Zeitung, der Dramaturg Georg J. Plotke, der Hölderlinforscher Karl Vietor und ich die heute vergessene ‚Gesellschaft von 1918‘, für die ich mein erstes Plakat zeichnete“ (aus dem unveröffentlichten Manuskript seines Vortrags „Souvenirs et impressions d'un membre du Werkbund“ im Centre Georges Pompidou, 09.10.1978; das Plakat ist nicht erhalten), PA Kramer.

44 Der Frankfurter Stadtrat Dr. Hellmut Reinert (SPD) hat mir dies auf einer Einladung beim Ehepaar Dr. Ewald und Dr. Sylvia Rathke im Winter 1961/62 berichtet.

45 Ferdinand Kramer: „In Amerika“, in: Uwe Fischer, Klaus-Achim Heine (Hgg.): *Materealien – Hefte zur Gestaltung*, Heft 1. Frankfurt a. M.: Ginbande Design, 1986.

34 *Festschrift zur Errichtung des Verwaltungsgebäudes für die Deutsche Vereinigte Schuhmaschinen Gesellschaft (DVSG)*, published by the DVSG, (Frankfurt/Main, 1936). Thomas Edelmann informed me about the existence of this commemorative publication.

35 Letter from Ferdinand Kramer to Herr Dr. Gaber, Bund Deutscher Architekten (Association of German Architects), from March 24, 1966, PA Kramer and: Ferdinand Kramer in the manuscript of his speech in the Centre Georges Pompidou, October 9, 1978: "Souvenirs et impressions d'un membre du Werkbund," PA Kramer.

36 The president of the Reich Chamber of Fine Arts Berlin, registered letter from September 6, 1937, PA Kramer.

37 The president of the Reich Chamber of Fine Arts Berlin, official letter from October 13, 1937, PA Kramer.

38 The police president in Frankfurt (Main), summons from November 1, 1937, PA Kramer.

39 The president of the Reich Chamber of Fine Arts Berlin, official letter from December 2, 1937, PA Kramer.

40 Print-outs from the passenger lists in the Kramer Archive, researched by Katharina Pennoyer: Departure on May 6, 1937 on the "S. S. Hansa" from Hamburg, as "non-immigrant passenger"; arrival on May 14, 1937, in New York. Source Citation: – Year 1937, Arrival: New York, New York; Microfilm Serial: T715, 1897–1957; Microfilm Roll: Roll 5977; Line 12; Page Number 156. Original data: Passenger and Crew Lists of Vessels Arriving at New York, (New York, 1897–1957). Microfilm Publication T715, 8892 rolls. Records of the Immigration and Naturalization Service. National Archives at Washington, D.C.; Departure (Emigration) on March 9, 1938 on the "S.S. Ile de France" from Le Havre, arrival in New York on March 16, 1938. Source Citation: – Year 1938; Arrival: New York, New York; Microfilm Serial: T715, 1897–1957; Microfilm Roll: Roll 6126; Line 22; Page Number 72. Original data: Passenger and Crew Lists of Vessels Arriving at New York, (New York, 1897–1957). Microfilm Publication T715, 8892 rolls. Records of the Immigration and Naturalization Service. National Archives at Washington, D.C.

41 Dietrich Worbs: "F. Kramer: Häuser der 30er Jahre," List from October 27, 1990, PA Kramer.

42 The famous painting *Dr. Gachet* by Vincent van Gogh was donated in 1912 to the Städel painting collection by the city councilor and art collector Victor Mössinger, later the father-in-law of Georg Swarzenski. Benno Reifenberg, editor of the *Frankfurter Zeitung*, authored this controversial article. He was also taken prisoner and interrogated by the Gestapo. Cf. Oswald Goetz, *Dokumentarische Anmerkungen zu zwei Gemälden von van Gogh*, written down in 1950, German translation: Fritz Metzinger, PA Kramer. Cf. Lore Kramer, letter to the editor in *FAZ* on June 9, 1990, and: Konstanze Crüwell: "Ein bitterer Abschied. Georg Swarzenski, Städeldirektor von 1906 bis 1937," in: Eva Atlan, Raphael Gross, Julia Voss (eds.): *1938. Kunst Künstler Politik*, (exhib. cat., Jewish Museum in Frankfurt; Wallstein, Göttingen, 2013), 259–273. I was encouraged to write down the events of that evening by Katharina Pennoyer.

43 Ferdinand Kramer wrote: "... during the great inflation and famine some of us who were politically involved, like Gustav Landauer, Margarete Susman, Hugo Sinzjheimer, Alfons Paquet from the Frankfurter Zeitung, the script editor Georg J. Plotke, the Hölderlin researcher Karl Vietor and I founded the today forgotten 'Gesellschaft von 1918', for whom I made my first poster" (from the unpublished manuscript of his speech: "Souvenirs et impressions d'un membre du Werkbund" in the Centre Georges Pompidou on Oktober 9, 1978. The poster is missing), PA Kramer.

44 The Frankfurt city councilor Dr. Hellmut Reinert (SPD) reported this to me in the winter of 1961/62 when we were invited by Dr. Ewald Rathke and his wife, Dr. Sylvia.

45 Ferdinand Kramer: "In Amerika," in: Uwe Fischer & Klaus-Achim Heine (eds.): *Materealien – Hefte zur Gestaltung*, no. 1, (Ginbande Design, Frankfurt/Main, 1986).

1 Jügelhaus, neues Portal, Eingangshalle, 1953 | 1 *Jügelhaus*, new portal, foyer, 1953

WOLFGANG PEHNT

Ein Tor in die neue Zeit

Für jemanden, der wie ich als Student seine ersten Kollegs durch ein neugotisches Portal betreten hat (in Marburg an der Lahn), signalisierte das Entree des Frankfurter Universitätsgebäudes eine andere Welt. Ferdinand Kramer, sein Urheber, war aus dem amerikanischen Exil dank seiner Freunde Max Horkheimer und Theodor W. Adorno 1952 als Universitätsbaumeister nach Frankfurt berufen worden. Der neue Eingang an der Mertonstraße war eines seiner ersten Projekte, gleichzeitig mit dem Generalbebauungsplan der Universität und dem Fernheizwerk an der Gräfstraße (Abb. 1–2). Kramer sorgte also zunächst für dreierlei: für den Planungshorizont des Ganzen, für die Versorgung mit Wärme als existentieller Grundlage des Lebens und Arbeitens (das wusste ich zu schätzen, denn das möblierte Zimmer, das ich zur Untermiete bewohnte, war in der kalten Jahreszeit nicht geheizt; in der Uni konnte man sich aufwärmen) – und für eine zeichenhafte Geste, die anzeigte, welches Verständnis von sich selbst die Institution Universität hatte.

Natürlich war diese gläserne Passage, die wie mit der Axt in die neubarocke Fassade des Altbaus gehauen war, nicht dem Bestand angepasst (Abb. 3). Das sollte sie auch nicht. Die Provokation des Neuen war hier gewollt. So stand am Anfang der Kramer'schen Bautätigkeit nicht eines der dringend benötigten Seminar- oder Hörsaalgebäude, von denen er in seiner Amtszeit 23 realisieren sollte, sondern dieser Ort, den jeder täglich passieren musste oder zumindest zu Gesicht bekam. Das neue Foyer zu durchqueren, von dem aus auch das Rektorat und damit die Spitze der Verwaltung in gerader Achse zugänglich war, bedeutete so etwas wie ein Initiationsritus, *rite de passage*, im wörtlichen wie im übertragenen Sinn.

Der alte Eingang, wie der Gesamtbau auf die Vorkriegsjahre 1906–13 datiert, war ein schmales neubarockes Portal gewesen, mit Wappenschmuck

A Gateway To a New Era

For somebody like me, who entered his first college through a neo-Gothic portal as a student (in Marburg/Lahn), the entrance to the Frankfurt University building signaled another world. Its architect Ferdinand Kramer had been summoned to Frankfurt from American exile in 1952 as university master builder, thanks to the intervention of his friends Max Horkheimer and Theodor W. Adorno. The new entrance on Mertonstrasse was one of his first projects, along with the master plan for the university and the Gräfstrasse district heating plant (Figs. 1–2). In this way, Kramer's responsibility was at first three-fold: the overall plan, the supply of heat as the basis for living and working – which I could appreciate because the furnished room I was subletting was not heated in the winter, we warmed up at the university – and for a symbolic gesture that showed how the institution of the university viewed itself.

2 Fernheizwerk, 1953
2 District Heating Plant, 1953

3 Jügelhaus, neues Portal. Baustelle, 1953
3 *Jügelhaus*, new portal. Construction site, 1953

und sich unbequem räkelnden allegorischen Figuren (Abb. 4). Jetzt war er auf sieben Meter Breite vergrößert. Er bekundete, dass dieses Haus für alle zugänglich und der Gegenwart weit geöffnet sein wollte. Die doppelte Glaswand und ihre schmalen Stahlprofile sprachen von Transparenz, Übersichtlichkeit, Rationalität. Rückbeziehung zur althumanistischen Bildungswelt stellte die Figur des Empedokles her, eine blockhafte Skulptur von Gerhard Marcks (Abb. 5). Der Philosoph, mit nach oben gewendetem Antlitz „im Denkakt begriffen", stand von 1954 bis 2013 im Foyer und

Of course this glazed passageway shaped as if hewn with an axe into the neo-Baroque façade of the old building was not exactly tailored to the existing stock (Fig. 3). It was not supposed to be, either. The provocation of the new was intentional, and the first of his tasks was not to build one of the desperately needed seminar or lecture room buildings, 23 of which he completed during his term of office. It was to build this setting, which everyone had to walk through, or at least saw, every day. Passing through the new foyer, from where one could continue in a straight line to the vice chancellor's office, and thereby to the head of administration, was literally and figuratively a kind of rite of passage.

The old entryway, like the rest of the building dating back to the pre-war period of 1906–13, was a narrow neo-Baroque portal adorned with a coat of arms and uncomfortably lolling allegorical figures (Fig. 4). It was now seven meters wide. It bore witness to the fact that this building was now wide open to the present and to anyone who cared to enter. The double-glazed façade with its narrow steel profiles expressed transparency, clarity and rationality. The figure of Empedocles, a block-like sculpture by Gerhard Marcks (Fig. 5), provided a reference to a classical humanist education. The philosopher, with his gaze turned upwards "in the act of thought" kept watch in the foyer from 1954 to 2013, and was relocated to a new home when the university moved. To us students, the sculpture bore a certain resemblance with the compact physique of Vice Chancellor Horkheimer, whose vast shaven head tended to jerk upwards from behind the rostrum at intervals during his lectures.

The sandstone overdoor above the main entrance, bearing the name of the university in Kramer's sans serif script, achieves a singular balance between heavy and light. It appears to weigh down on the rather delicate profiles. At the same time, the joints of the sandstone panels suggest that different laws apply to the statics here than those of conventional wall construction. The new entrance is at its lightest and brightest in the

4 Ludwig Neher, Jügelhaus, ca. 1920
4 Ludwig Neher, *Jügelhaus*, around 1920

5 Gerhard Marcks, *Empedokles*, 2013
5 Gerhard Marcks, *Empedokles*, 2013

wanderte beim Umzug der Universität mit ins neue Domizil. Uns Studenten schien eine gewisse Nähe zur gedrungenen Physis von Rektor Horkheimer gegeben, dessen mächtiger Kahlschädel bei seinen Vorlesungen in Abständen hinter dem Lesepult hervor nach oben zu schnellen pflegte.
Die sandsteinverkleidete Supraporte über dem Haupteingang, die den Namen der Universität in Kramers serifenloser Schrift zeigt, hält eine eigentümliche Schwebe zwischen Schwer und Leicht. Einerseits lastet sie scheinbar auf den überaus zarten Profilen. Andererseits deuten die Fugen der verkleidenden Sandsteintafeln an, dass hier andere statische Gesetze gelten als die des herkömmlichen Mauerbaus. Am lichtesten und leichtesten wirkte der neue Eingang abends, wenn das künstliche Licht aus den versenkten Deckenstrahlern der Halle auf den lichtgrauen Terrazzoboden fiel. Dann wurde vollends deutlich, was gemeint war: eine Aufforderung, die *universitas* der Lehrenden und Lernenden neu zu denken.
Sofern ich mich recht erinnere, fielen in den Lehrveranstaltungen des einen oder anderen Professors durchaus hämische Worte zu Kramers Kahlschlag. Normalerweise war er kein Mann der großen Gesten, auch wenn er sie sich am Portal leistete. Doch wenn das Tor Pathos besaß, so war es eines der Nüchternheit. Nüchternheit, Funktionstüchtigkeit, Sparsamkeit, Präzision, Sachlichkeit waren die Primärtugenden, um die es ging. Dass sie sich mit ästhetischen Qualitäten verbanden, war längst nicht jedem Kritiker einsichtig. Dabei zeigte schon ein Blick durch die beiden hintereinander gestaffelten gläsernen Türwände des Hauptfoyers, wie aus den Überschneidungen der Stahlprofile ein anmutiges Linienspiel entstand. Dazu muss man freilich auch die Details in Ehren halten – die Beschläge, Griffe, Türdrücker, Handläufe. Wo wenig ist, kommt es auf jede Einzelheit an.
Manche sahen in Kramers Bauten nicht die Eleganz der Bescheidenheit, sondern die Kargheit der Poverté. In meiner Studienzeit gab es außer dem Portal erst wenige Beispiele, an denen Kramers Strategie deutlich wurde: das Englische, das Geologische, das Botanische Institut (Abb. 6). Dank seiner nordamerikanischen Exilerfahrungen hätte Kramer die Neuanlage einer am Stadtrand gelegenen Campus-Universität nach angelsächsischem Vorbild vorgezogen. Stattdessen musste er sich in dem Quartier an der Bockenheimer Landstraße mit einem Programm der Lückenfüllung begnügen.

evening when the artificial light from the recessed ceiling spots in the hall splashes onto the pale grey terrazzo flooring. At this point the message became clear: It was a challenge for the teachers and students to rethink the larger scheme of things.
As far as I can remember, one or another of the professors made fairly malicious remarks about Kramer's stripping of space. He was not known as a man of grand gestures, even in the case of the portal. However, if that portal held any pathos it was a sober pathos. Sobriety and functionality, austereness, precision and objectivity were its primary virtues. That these virtues were linked to aesthetic qualities was by no means obvious to every critic. A glance through the two moveable glass partition walls staggered behind each other in the main lobby revealed a graceful play of lines emanating from the overlapping of the profile steel framework. Of course in order to discern this, one must appreciate the details, like the fittings, handles and door handles, and the banisters. In a sparse setting it comes down to every detail.
Instead of seeing an elegance in unassuming modesty, some considered Kramer's buildings a demonstration of paltriness. Except for the entryway, during my student period there were just a few examples which clearly showed the Kramer strategy: the English, Geological and Botanical institutes (Fig. 6). Thanks to his experiences in North American exile Kramer favored the Anglo-Saxon model for the new Campus University on the outskirts of the city. Although he had to be satisfied with filling the gaps in the Bockenheimer Landstrasse district.
One characteristic of Kramer's design, and the modernity for which he stood, is the relationship to temporality. It was a modernity which sensed that nothing is forever and that sooner or later all functions and purposes change. The members of the avant-garde considered themselves a generation of nomads with contacts around the world.
The sought after internationality followed the forced exile during the Nazi dictatorship. Kramer, whose first wife was Jewish, decided to immigrate to the USA in 1938. In America he had found a culture of interior design that was not based on durability and tradition. Houses were built from pre-fabricated elements to be assembled and transported on site or were assembled as mobile homes from the outset (Fig. 7).

6 Biologisches Camp im Botanischen Garten, 1956
6 Biology Camp in the Botanical Garden, 1956

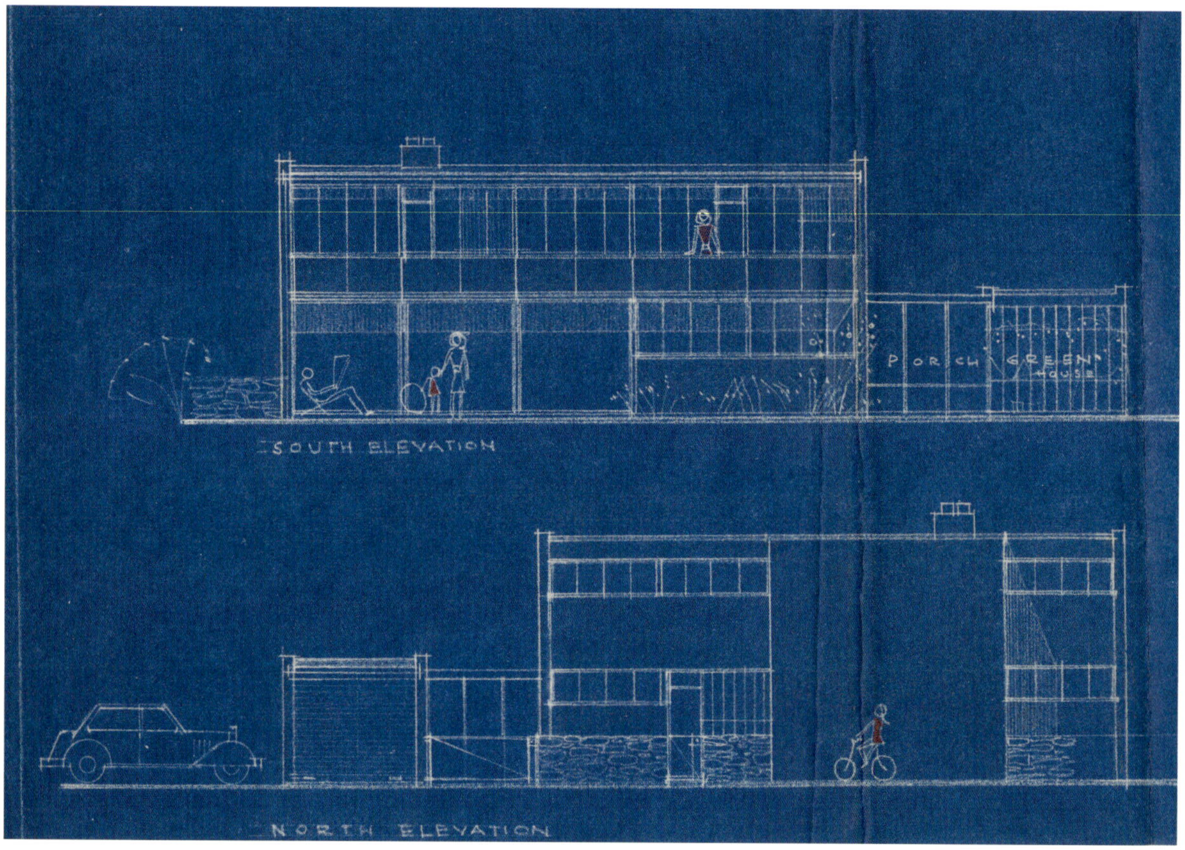

7 Typenhäuser. Entwurfszeichnung, 1944
7 Standardized buildings. Design proposal, 1944

Ein Charakteristikum des Kramer'schen Design – und der Moderne, für die er stand – ist das Verhältnis zur Zeitlichkeit. Dass nichts für die Ewigkeit ist, dass sich alle Funktionen und Zwecke früher oder später ändern, war eine Erfahrung der Moderne. Die Avantgarde sah sich als eine Generation der Nomaden, mit Kontakten weltweit.

Der gewollten Internationalität folgte die erzwungene, das Exil aus dem NS-Reich. Kramer, der in erster Ehe mit einer Jüdin verheiratet war, entschloss sich 1938 zur Emigration in die USA. In Amerika begegnete ihm eine Wohnkultur, die nicht auf Dauer und Tradition gründete. Häuser entstanden aus vorgefertigten Teilen, wurden als Fertighäuser transportiert oder von vornherein als *mobile homes* gebaut (Abb. 7).

Als erfindungsreicher Tüftler, der er war, schlug Kramer die verschiedensten Strategien ein, die dem Immobilen Mobilität gaben. Möbelteile konnten unterschiedlich kombiniert, montiert und demontiert werden. Kramers Möbel waren in sich veränderbar, konnten mit anderen Möbeln zu neuen Einheiten zusammengeschlossen werden (Tisch-Hocker-Regal), waren auf Rädern beweglich (fahrbare Kompaktküche, Gartenmöbel), ließen sich wegräumen, wenn sie im Wege standen (zusammenklappbares Tellergestell, *put-away*-Schrank), wurden zerlegt *(knock-down-furniture)*.

Was hieß das für die Architektur im Frankfurter Universitätsquartier? Die Aufgaben der verschiedenen Bauten waren in Größe und Zweck zu unterschiedlich, als dass sie nach einem einheitlichen Typus errichtet werden konnten. Fast alle waren Stahlbetonkonstruktionen (ausgenommen das Stahlskelett des Philosophicum), die mit Backstein, Klinker oder Glasbausteinen ausgefacht wurden. Das Konstruktionsraster war so gewählt, dass ein Gebäude nach einem Nutzungswechsel gebrauchsfähig

Resourceful tinkerer that he was, Kramer pursued the most diverse strategies to ensure the buildings' flexibility. Furniture could be combined in different ways, assembled and disassembled. Kramer furniture was convertible and could be combined with other furniture in new units (table-stool-shelf), or mounted on casters (movable compact kitchen, garden furniture), it could be stowed if it was in the way (foldable dish rack, put-away closet) or was collapsible (knock-down-furniture).

8 Sigfried Giedion: *Walter Gropius. Mensch und Werk*, 1954 | 8 Sigfried Giedion: *Walter Gropius. Mensch und Werk*, 1954
9 Gerd Hatje, Hubert Hoffmann: *Neue Deutsche Architektur*, 1956 | 9 Gerd Hatje, Hubert Hoffmann: *Neue Deutsche Architektur*, 1956

blieb. Trotzdem gelang es Kramer, von Anfang an Sondernutzungen zu berücksichtigen, so dass Abweichungen als belebende Momente an der Fassade ablesbar blieben. Das gab den Gebäuden, anders als im starren Funktionalismus, das Gelassene, unaufdringlich Variable, das diese Bauten auch nötig haben. Kramer zog nicht Sonnenbrecher unter Systemzwang über die ganze Front, sondern ließ sie weg, wo sie nicht nötig waren. An den außen liegenden Feuertreppen spürt man die Absicht des Architekten, notwendige Elemente zugleich zur ästhetischen Belebung heranzuziehen.

Ich weiß nicht, wie viel ich damals in Frankfurt von dieser Suggestion eines anderen Lebens, einer Moderne frugaler, unbeschwerlicher Genügsamkeit mitbekommen habe. Geholfen hat dabei die Universitätsbuchhandlung an der Bockenheimer Warte, in der die Buchhändlerin Melusine Huss waltete. Dort lagen in leuchtend farbigen Umschlägen die ersten deutsch erhältlichen Monografien über Walter Gropius, Mies van der Rohe, über *Neue Deutsche Architektur* im Schaufenster (Abb. 8–9). Für die Geldbörse eines Studenten waren sie zu teuer. Aber man konnte die Bände, die in den Regalen des Kunsthistorischen Instituts nicht zu haben waren, durchblättern und ahnte, dass Ferdi Kramers Neubauten in der weiten Welt nicht allein standen.

What did this mean for the architecture in the Frankfurt university district? The briefs for the buildings varied in size and purpose too much to have been built according to a unified type. Almost all were steel reinforced concrete structures (with the exception of the *Philosophicum*'s steel frame), which were filled out with brick, clinker or glass blocks. The construction grid was chosen so that the building could still be used subsequent to a change in function. Nevertheless, Kramer succeeded from the outset in allowing for special functions so that variations could be read as invigorating intervals in the façade. In contrast to the rigidity of functionalism it gave the buildings a relaxed, restrained variability, which buildings like these need. Kramer did not feel compelled by a systematic approach to cover the entire frontage with sun shading, omitting shades instead where they were not needed. The exterior fire escapes show the architect's deliberate infusion of required elements with an aesthetic dimension.

I can't say how much of this suggestion of another life, a Modern, frugal, uncomplicated contentment I absorbed at the time in Frankfurt. The university bookstore on Bockenheimer Warte, where the bookseller Melusine Huss held sway, was a help. Displayed in the window, with brightly colored covers, lay the first monographs available in German on Walter Gropius, Mies van der Rohe, or the *Neue Deutsche Architektur* (New German Architecture) (Figs. 8–9). They were too expensive for a student's budget and they were not to be found in the shelves of the Institute of Art History. However I could leaf through them in the bookstore, and conceive of Ferdi Kramer's new buildings as not alone in the whole wide world.

1 Philosophicum, 1961 | 1 *Philosophicum*, 1961

CHRISTIAN FREIGANG

Ferdinand Kramers Philosophicum

Ferdinand Kramer's Philosophicum

Ferdinand Kramers Bauten haben mich begleitet, seit ich 2002 eine Professur für Architekturgeschichte an der Frankfurter Universität angenommen hatte. Noch bestand der Campus Bockenheim aus vielen Kramerbauten, aber die Institutsgebäude östlich der Senckenberganlage (Abb. 2) sollten bald abgerissen werden, das Amerikahaus war besetzt (Abb. 3) und das Philosophicum schon geräumt. Eine eigenartig ambivalente Faszination ging von diesen Gebäuden aus: Als Vertreter einer ausgeprägt nüchternen Sachlichkeit gehörten sie als Spätlinge bestimmten Extrempositionen des Neuen Bauens an, hatten sich aber prominent unter die gleichzeitigen Bürobauten an der Senckenberganlage gemischt, die als typische Nierentisch-Architektur der 1950er Jahre gelten.
Ältere Mitarbeiter der Universität klagten über die Arbeitsbedingungen in den Kramerbauten, doch Lore Kramer verteidigte ebenso herzlich wie resolut das Wirken ihres Mannes. Historische Forschungen und eine zusammen mit Thilo Hilpert von der FH Wiesbaden durchgeführte Lehrveranstaltung sollten das Verständnis vor allem für das mittlerweile bekannteste Gebäude auf dem Campus fördern: das 1960 fertiggestellte Philosophicum, das Kramer als Scheibenhochhaus mit außen liegenden, nicht verkleideten Stahlstützen entworfen hatte (Abb. 1 und 4).
Es handelt sich um ein Konzept, in dem eine intelligente Effizienzoptimierung herrscht – und deswegen erinnert das Gebäude nicht an Universitätsbauten, sondern an Verwaltungsgebäude der Industrie (MAN in Gustavsburg [Abb. 5] oder Stahlwerke Peine-Salzgitter), aber auch Ernst Neufert hatte Ähnliches bereits als Bürogebäude in den 1930er Jahren konzipiert. Die schmale Scheibe erzeugt eine Flachheit des Gebäudes, die beste natürliche Belichtung von beiden Seiten erlaubt, und die Erschließung durch nur zwei außen liegende Treppenhäuser antwortet auf eine optimale Berechnung von Verkehrs- und Fluchtwegen, ohne den Büro- und Bibliothekstrakt zu beeinträchtigen (Abb. 6).

2 Geographisches und Geologisch-Paläontologisches Institut, 2007
2 Institute buildings for Geography and for Geology and Paleontology, 2007

3 Gebäude des Amerika-Instituts und des Englischen Seminars besetzt vom Institut für vergleichende Irrelevanz (IvI), 2012
3 The *Amerika-Institut* and English Seminar building occupied by the Institute for Comparative Irrelevance, or IvI, 2012

4 Philosophicum, Eingang, 1960
4 *Philosophicum*, entrance, 1960

5 Klaus Flesche, MAN-Verwaltungsgebäude, Gustavsburg, 1955
5 Klaus Flesche, MAN Administrative Building, Gustavsburg, 1955

Die Größen der Büros sind nach einem normierten Möbelsystem und einer optimierten Arbeitsplatzberechnung bemessen. Daraus entstehen Module, die sich in den Fenstergrößen und den Stützabständen niederschlagen, aber aus denen etwa auch die Linoleumfliesen abzuleiten sind. All das ist extrem nüchtern und derart subtil zusammengefügt, dass eine solche Intelligenz als Eleganz wirken kann (Abb. 7). Das gilt vor allem auch deswegen, weil der Einsatz verschiedener Glassorten (Glasbausteine, Riffelglas, frühe Isolierglasfenster) in Verbindung mit schlanken Metallprofilen um 1960 durchaus gediegen gewirkt haben muss. Die Glasflächen in der Fassade machten das Haus nachts zum funkelnden Kubus. Die über ihre Binnengliederung dezent rhythmisierten Chicagofenster strahlten ein wechselndes Muster von rechteckigen Lichtinseln ins Dunkel.
Diese strenge Eleganz kennt indes kein genüssliches Verweilen oder zerstreute Gelassenheit, und das hat Kramer dezidiert auch nicht gewollt. Deswegen gibt es auch kein einladendes Foyer, keine repräsentativen Elemente, keine spektakulären Perspektiveffekte wie etwa in dem Bürogebäude der Weimarer Republik schlechthin, dem Frankfurter IG-Farben-Haus. Sollte das Philosophicum denn überhaupt „sprechen" oder nur eine funktional-optimierte – und darin in sich „schöne" – Kiste sein? Sollte es mit dem etwas älteren amerikanischen Generalkonsulat in Frankfurt von SOM mit seiner an das Lever House erinnernden Grazilität oder mit den oben genannten Industrieverwaltungsbauten verglichen werden (Abb. 8)? Kramers Funktionalismus stand über derartigen Fragen formaler Sinnbezüge.
Die komplexe und subtile, indessen delikate Kombination von Zweckfunktionen, diese programmatisch realisierte und unentrinnbar vermittelte Sachlichkeit, ist sicherlich aus dem Geist des Neuen Bauens der 1920er Jahre zu erklären – und bezeichnenderweise hatte ja Kramer mit seinen Etagenwohnhäusern in der Siedlung Westhausen in Frankfurt schon 30 Jahre zuvor einen Rationalismus walten lassen, der scheinbar mühelos zu perfekter Form gerinnt. Aber das war nicht nur vor dem Hintergrund der beschwingten Architektur der 1950er Jahre anachronistisch, auch der weitere Diskurs etwa im Rahmen des sich damals auflösenden CIAM hatte die Infragestellung der Moderne mächtig intoniert – doch das wurde von Kramer offenbar nicht mehr wahrgenommen.

I have been surrounded by Ferdinand Kramer's buildings since I became professor for Architecture History at Frankfurt University in 2002. At that time Campus Bockenheim was still consisted of many Kramer buildings, but the Institute buildings east of the Senckenberganlage (Fig. 2) were scheduled to be torn down, *Amerikahaus* was occupied by demonstrators (Fig. 3) and the *Philosophicum* had already been cleared out. These buildings exerted a peculiar fascination: as late examples of an extremely sober objectivity they represented an extreme position in the *Neues Bauen* (New Building), while taking their prominent place among the office buildings built at the same time at the Senckenberganlage, which are regarded as typical 1950s kidney-shaped architecture.
Although more senior colleagues at the university complained about the work conditions in the Kramer buildings, Lore Kramer vigorously and heartily defended the impact of her husband. Historical research and a lecture jointly held with Thilo Hilpert from the FH Wiesbaden were intended to increase understanding, above all, of the best known building on the campus, the *Philosophicum*, completed in 1958/59, which Kramer had designed as a high-rise slab block with exterior, uncovered steel supports (Figs. 1 and 4).
The concept involved an intelligent optimization of efficiency, which is why the building is more reminiscent of industrial administrative architecture (MAN in Gustavsburg [Fig. 5] or the Peine/Salzgitter Steel Works) than university buildings. In fact Ernst Neufert had already conceptualized a similar office building in the 1930s. The narrow slab creates a flatness in the building that allows for the best possible lighting from both sides, while the access with just two exterior staircases is the result of calculations made to optimize traffic and escape routes without impinging on the office and library tract (Fig. 6).
Office sizes are calculated according to a standard furniture system and optimization of workspace. In addition to the window sizes and intervals of the supports, the resulting modules are reflected in the linoleum tiles. It is all extremely austere and so subtly put together that the intelligence behind it has an elegant effect (Fig. 7). This is, above all, due to the use of different types of glass, like glass blocks, ribbed glass and the earlier insulating glass, which in combination with the slender metal profiles

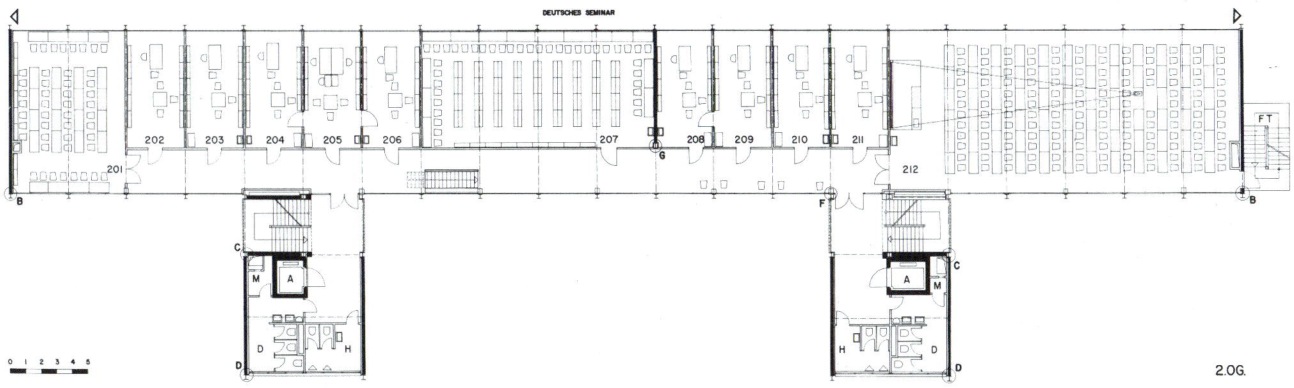

6 Philosophicum. Grundriss 2. Obergeschoss
6 Philosophicum. Ground plan of 3rd floor

7 Philosophicum, Treppenhaus, 1960
7 Philosophicum, staircase, 1960

8 Skidmore, Owings & Merrill mit Otto Apel, Amerikanisches Generalkonsulat, Frankfurt, 1955
8 Skidmore, Owings & Merrill with Otto Apel, American General Consulate, Frankfurt, 1955

Vor allem aber erforderte die delikate Konzeption des Philosophicums dauernde Pflege – korrodierte Armierungen, stumpfe Fensterscheiben und zerschlissene Fußbodenbeläge können jedoch bei einer intensiven Nutzung durch tausende Uni-Angehörige kaum vermieden werden. Und so erlangte dieses Gebäude, das in mehrfacher Hinsicht einen ambivalenten Sonderstatus einnimmt, einen tendenziell schlechten Ruf. Wenn es jetzt entgegen aller Unkenrufe nicht beseitigt, sondern zu einem Wohngebäude umgebaut wird, wird von der originalen Substanz nicht mehr als das statisch-konstruktive Skelett übrigbleiben. Wie viel von den subtilen Eigenarten des Hauses dann noch erkennbar sein wird, bleibt abzuwarten (Abb. 9).

must have appeared quite stylish around 1960. The glass façades turned the building into a glittering cube at night. With the discrete rhythm of their inner form, the Chicago windows project a changing pattern of rectangular islands of light in the darkness.

Pleasantly biding time or easygoing absentmindedness are foreign to this austere elegance, and Kramer definitely didn't want any of that. So there's no inviting foyer, no impressive elements, no spectacular perspective effects, such those encountered in the Weimar Republic office building *par excellence*, the *IG-Farben-Haus* in Frankfurt. Should the *Philosophicum* have something to "say" at all, or should it be a functionally optimized — and, in that, intrinsically "beautiful" — box? Should it be compared with the somewhat older American General Consulate designed by SOM in Frankfurt with the gracefulness recalling the Lever House, or should it be compared with the above mentioned industrial administrative buildings (Fig. 8)? Kramer's functionalism went beyond questions of the formal connotations.

The complex and subtle, yet delicate combination of purpose functions, this systematically realized and unmistakably conveyed objectivity has its clear origins in the spirit of the *Neues Bauen* from the 1920s. Indeed, thirty years before, with his apartment buildings in the Westhausen settlement in Frankfurt, Kramer had already implemented a Rationalism that coagulated into perfect form with apparent ease. But in addition to the anachronistic juxtaposition with the elated architecture of the 1950s and the winding down of the CIAM taking place at the time, the rationale of the Modern was now being seriously challenged — Kramer, however, obviously didn't notice the situation.

The delicate execution of the *Philosophicum* required constant care, but the corroded reinforcements, dulled window panes and worn out flooring could hardly be avoided with intense use by thousands of university students and personnel. Over time this building, which in many ways had been relegated to a special, ambivalent status, has tended to acquire a bad reputation. If now, in the face of a chorus of gloom, it were to be resurrected as an apartment building, then not much more of the original substance would remain than the statically constructive skeleton. How many of the subtle characteristics of the original will survive remains to be seen (Fig 9).

9 Philosophicum. Umbau, April 2015 | 9 *Philosophicum*. Reconstruction, April, 2015

1 Gebäude der Institute für Pharmazie und Lebensmittelchemie, heute Biodiversität und Klima Forschungszentrum, 2015
1 Institutes for Pharmacy and Food Chemistry building, today: Biodiversity and Climate Research Center, 2015

FABIAN WURM

Zurück in die Moderne
Erhalten, ertüchtigt, erneuert: der Pharmaziebau und das Philosophicum

Back To the Modern
Rescued, Revived and Renovated: the Pharmacy Building and the Philosophicum

Die Moderne zelebriert das Jetzt und das Morgen, aber nicht die Ewigkeit. Wenn es um die Zukunft von Ferdinand Kramers Universitätsbauten geht, heißt es stets, der Baumeister habe die Zeitgebundenheit seiner Architektur gern betont:[1] „Vielleicht bereitet ein Haus, das uns heute noch komfortabel erscheint, bereits der nächsten Generation eine Belastung."[2]
Keine Frage, der Architekt, zu dessen raffinierten Konstruktionen ein Wegwerf-Regenschirm und ein zerlegbarer Einwegtisch aus Wellpappe zählen, wollte der Vergänglichkeit nicht trotzen. Eine feste Burg ist das Frankfurter Philosophicum[3] ganz gewiss nicht. Kramers bekanntestes und nach wie vor umstrittenstes Werk ist ein Montagebau, dessen Stahlskelett binnen drei Wochen errichtet wurde und der – beinahe ebenso schnell – demontiert werden kann (Abb. 2). Hier ist das Bauen ein reversibler Vorgang und kein Manifest. Aus durchaus pragmatischen Erwägungen: Als der Emigrant 1952 zurückkehrte, habe er es als oberste Aufgabe begriffen, preisgünstig und vor allem rasch zu planen, so hat der Historiker Notker Hammerstein, Chronist der Frankfurter Alma Mater, seine Gespräche mit Kramer memoriert: Seine Gebäude hätten ohnehin nur eine Lebenserwartung von etwa 30 Jahren. Danach sei „Neues und anderes angesagt."[4] Remedur!
Nichts sei für immer. Improvisation, Leichtigkeit und Transparenz waren die Stichworte eines Zeitalters, das sich modern wähnte und von steinerner Schwere gründlich verabschieden wollte. Vor dem Hintergrund der Nazizeit schien die Negation von Pracht und Repräsentation plausibel. Mit seiner Absage an jeden Anspruch von Ewigkeit befand sich Kramer im Einklang mit der Epoche. Die junge Bundesrepublik übte sich in Bescheidenheit und richtete sich in Provisorien ein.
Für den einstigen Landesdenkmalpfleger Christoph Mohr, der fünf Universitätsbauten von Kramer unter Schutz stellen ließ, ist das Verdikt der

The Modern celebrates the Now and Tomorrow, but not eternity. If the subject is the future of Ferdinand Kramer's university buildings, the refrain the master builder himself was fond to repeat concerning the temporality of his architecture was:[1] "A house that seems comfortable to us today, may be a nuisance for the next generation."[2]
There is no question that the architect who counted among his more sophisticated constructions a throw-away umbrella and a collapsible table made of corrugated cardboard, had no intention of defying the temporality of things. The Frankfurt *Philosophicum* is by no means the Rock of Ages.[3] Kramer's most famous and most controversial work is still the montage construction whose steel skeleton was erected in three weeks and which can be dismantled almost as fast (Fig. 2). This is reversible building and is not etched in stone. For very practical considerations, when the emigrant architect returned in 1952, he immediately understood that his job was to plan economically and above all quickly, as the historian Notker Hammerstein, the chronicler of the Frankfurt Alma Mater, noted in his discussions with Kramer: At any rate his buildings had a lifetime of just thirty years, followed by something "new and different".[4] Time to re-boot!
Nothing lasts forever. Improvisation, ease and transparency were the key phrases of an era which believed in being modern, which wanted to fundamentally break free of onerous stone. Against a backdrop of the Nazi era, negating intimidating architecture seemed right. In his rejection of every pretense of eternity Kramer was in step with the times. The fledgling Federal Republic was practicing modesty and orienting to makeshift arrangements.
For the former state curator of monuments, Christoph Mohr, who listed five of the Kramer university buildings, although the rejection of perman-

2 Philosophicum im Bau, 1959
2 *Philosophicum* under construction, 1959

modernen Architekten wider die Dauerhaftigkeit sympathisch, doch „reine Attitüde“[5]. Für Mohrs Befund spricht im Falle Kramer vieles. Ein Zerstörer, ein „L'artiste démolisseur“ gar, der auch vor dem eigenen Werk nicht haltmacht, ist der sensible Gestalter gewiss nicht gewesen. Gehörte er zu jenen destruktiven Charakteren, die Walter Benjamin 1931 in einer physiognomischen Studie einprägsam beschrieben hat? „Der destruktive Charakter“, so der Philosoph, „kennt nur eine Parole: Platz schaffen; nur eine Tätigkeit: räumen. [...] Er sieht nichts Dauerndes. Aber eben darum sieht er überall Wege.“[6]
Die regelmäßig modifizierten Generalbebauungspläne für das Campusgelände weisen Kramer als umsichtigen Planer aus. Die im rechten Winkel ausgerichtete Anlage der alten Senckenberg-Institute und ihre strikt von West nach Ost gestreckten Baukörper geben eine Orientierung vor. Kramer hat alle seine Bauten im gleichen Winkel von der Straße abgerückt. Auch in ihrer Kubatur fügen sich fast alle Institute und Hörsaalgebäude in die vorhandene Bebauung ein.
Nicht für die Ewigkeit? Hier entstehe, lobte Alexander Kluge 1958, „eine Universität aus einem geistigen Zusammenhang, und ich bin mir sicher, dass mehr noch als das, was in dieser Universität geschieht, das Gehäuse die nächsten hundert Jahre überdauern wird.“[7] 25 Jahre später, in Digne Meller Marcovicz' TV-Filmcollage *Ferdi gegen Frankfurt*, charakterisierte Kluge den Universitätsbaumeister als einen Mann, der sich von seinen Werken nicht trennen mochte. Wie der Goldschmied Cardillac in E. T. A. Hoffmanns Kriminalnovelle *Das Fräulein von Scuderi* habe der Architekt im Schutz der Dunkelheit operiert, sich mithilfe eines Nachschlüssels in seine Institute geschlichen, um die Räume allein zu genießen: „Und da war der Werkschutz, der hat ihn verprügelt.“[8] Eine phantastische Geschichte. Dass Kramer das Schicksal der eigenen Bauten durchaus beschäftigte, das freilich ist verbürgt.
Ob er nun der Vergänglichkeit seiner Bauten das Wort redete oder aber von ihnen nicht lassen konnte: Was bedeuten die Bauten heute? Sind sie „ein Symbol für die Rückkehr der Frankfurter Schule“?[9] Ist das Philosophicum gar „ein Kulturdenkmal wie der Frankfurter Dom“?[10] Immerhin: eine Frage ist nun beantwortet. Nämlich die Frage, ob sich neue Nutzungen in diesen mittlerweile deutlich in die Jahre gekommenen Gebäuden denken lassen.

ence by the modern architects is understandable it is still “pure attitude”.[5] Mohr's finding for the case of Kramer is well founded. A sensitive designer like Kramer is no destroyer, no “L'artiste démolisseur”, who wouldn't spare his own work. Was he one of those destructive types Walter Benjamin so vividly described in 1931 in a physiognomic study? “The destructive character”, according to the philosopher, “has only one motto: make space and just one activity: cleaning up. [...] He sees nothing as permanent. But just for that reason he sees paths everywhere.”[6]
The regularly altered building plans for the campus grounds reveal Kramer as a prudent planner. The facility in the right hand corner of the old Senckenberg Institutes with its structure rigorously aligned from west to east provides an orientation. Kramer displaced all his building with the same angle from the street. With their cubic shapes, almost all institutes and lecture halls fit into the existing stock.
Not forever? In 1958, by way of praising the architecture, Alexander Kluge said: “What has been created here is a university in an intellectual context and I am sure that the building that houses what happens in this university is going to survive the next one hundred years.”[7] Twenty-five years later, in Digne Meller Marcovicz's TV film collage *Ferdi vs Frankfurt*, Kluge characterized the university architect as someone who didn't want to separate himself from his works. Like the goldsmith Cardillac in E. T. A. Hoffmann's short crime novel *Das Fräulein von Scuderi*, the architect operated under cover of darkness, slipping into his institute with the aid of a skeleton key just to enjoy the rooms alone: “There was the security guard, who gave him a beating.”[8] It's an incredible story but Kramer's preoccupation with his own buildings is authentic.
Whether or not he talked about the transitory nature of his buildings or in fact could not let them go, what is their significance today? Are they “a symbol for the return of the Frankfurt School?”[9] Is the *Philosophicum* in fact “a cultural landmark like the Frankfurt Cathedral?”[10] At any rate one question has been answered, namely whether new uses can be imagined for these run-down buildings.
For a long time this was not at all clear. “The time has come for the Kramer buildings to go”, was the opinion of the *Frankfurter Allgemeine Zeitung* in 2003[11], the *Philosophicum* “is in the way”, the local edition wrote in 2012.[12] When the university moved to Westend the demolition of the university buildings on the abandoned Bockenheim Campus, which were in need of renovation, seemed a sure thing (Fig. 3). But the complete renovation in 2013 of Kramer's Pharmaceutical Institute and the conversion begun on the *Philosophicum* show that the buildings can be converted for new use at a reasonable cost.

The renovation of the former Pharmaceutical Institutes can serve as a textbook example of a successful conversion (Figs. 1, 4–5). Today, where

3 Campus Westend, 2014
3 Campus Westend, 2014

4 Institut für Pharmazie und Lebensmittelchemie mit Hörsaal, 1957
4 Institute for Pharmacy and Food Chemistry with lecture hall, 1957

5 Biodiversität und Klima Forschungszentrum, 2015
5 Biodiversity and Climate Research Center, 2015

Lange wurde dies bezweifelt. „Den Kramer-Bauten hat die Stunde geschlagen", befand die *Frankfurter Allgemeine Zeitung* im Jahr 2003[11], das Philosophicum „steht im Weg", war noch 2012 in der Lokalausgabe zu lesen.[12] Mit dem Umzug der Universität ins Westend schien der Abriss der sanierungsbedürftigen Hochschulbauten auf dem aufgegebenen Bockenheimer Campus besiegelt (Abb. 3). Die 2013 abgeschlossene Kernsanierung von Kramers Pharmazie und der begonnene Umbau des Philosophicums zeigen aber, dass sich diese Bauten mit vertretbarem Aufwand für neue Nutzungen instand setzen ließen.

students formerly experimented, around 160 scientists from Biodiversity and Climate Research Center (BiK-F) are investigating the interaction of global developments and species diversity. It stands to reason that climate researchers do not want to work in a building that wastes energy. For the architects in charge of the conversion the energy retooling was a challenge. They wanted to build to current standards although "because of the listed status they were not bound to the current norms", as Thomas Schmidt from SSP Schürmann Spannel explained.[13] Along with Matthias Solbach, he was responsible for the renovation. With interior insulation made of silicate panels, wood and aluminum windows, vegetation covered roofs and heat recovery from the building services, the planners were able to lower energy consumption by more than half.
The main monument protection goal was to preserve the appearance of the building as it was inaugurated in January of 1958.[14] The expressive sunshade, the bridge over the hollow, the elevated lecture hall cube with its robust concrete beams and the elongated institute building with the fire escape on the eastern façade combine to form a diverse ensemble (Fig. 6).
The longitudinal construction underscores all the principles of the Kramer architecture: the construction grid and support structure are made visible by concrete supports which were originally untreated and not painted. This unadorned concrete framework crops up repeatedly, together with parapets of the non-load bearing wall panels filled in with clinker. Those are features typical for most Kramer buildings and they are not fundamentally different from those of the Engineering Research Building which Mies van der Rohe designed in 1943 for the IIT Campus in Chicago (Fig. 7).[15] The steel reinforced framework absorbs the stress along with longitudinally placed supports which run through the inside of the building. Changes can be easily made, which means that in the former Pharmaceutical Institute there are no load-bearing walls (Figs. 8–9).
His primary structure was the reinforced steel frame. In 1928 Kramer had already shown possibilities of concrete steel frame construction – at the time predominately in-use for industrial buildings. "After the skeleton has fulfilled all the static requirements the wall has no more independent structural significance. It can be set up or omitted anywhere."[16] As a consequence windows can also be inserted or enlarged at will, running in a row from support to support, and whole construction elements can be dismantled without compromising the construction (Fig. 10).
The principle of flexibility also means that constant change is on the agenda. Of course, a little wishful thinking is involved. At the time when the buildings were used for the university, were walls really permanently moved? Not so often. But the renovation of the old Pharmaceutical Institute makes clear that the conversion of these buildings is also possible with limited means. In the framework of the Hessen State Offensive for the development of scientific and economic excellence (LOEWE) 21.7 million Euro were made available for the renovation as well as the erection of a new building: the mesocosm hall dedicated to the simulation of climate scenarios. Demolishing the old buildings and constructing new ones would have been more expensive, without a doubt.

But in the case of the *Philosophicum* it took a while for this knowledge to sink in. How many plans and model calculations did architects make, how many interventions were necessary? To judge by the sheer quantity of paper which was produced it does not seem at all possible to maintain an overview. One thing is clear: The "Philosophical Seminar Building", which for more than 40 years was home to the departments of philology

Die Sanierung der einstigen Pharmazeutischen Institute kann geradezu als Paradebeispiel einer gelungenen Umnutzung gelten (Abb. 1, 4–5). Wo früher Studenten experimentierten, untersuchen heute rund 160 Wissenschaftler des Biodiversität und Klima Forschungszentrums (BiK-F) die Wechselwirkungen von globalen Entwicklungen und Artenvielfalt. Dass Klimaforscher nicht in einer Energieschleuder arbeiten wollen, ist plausibel. Für die Architekten des Umbaus war die energetische Ertüchtigung jedoch eine Herausforderung: Sie wollten Neubaustandards erreichen, obwohl sie „durch den Denkmalschutz nicht an aktuelle Normen gebunden waren", wie Thomas Schmidt von SSP Schürmann Spannel erläutert.[13] Er hat die Sanierung gemeinsam mit Matthias Solbach verantwortet. Den Planern gelang es, mit einer Innendämmung aus Silikatplatten, Holz-Aluminium-Fenstern, begrünten Dächern und Wärmerückgewinnung in der Haustechnik, den Energiebedarf um mehr als die Hälfte zu senken.
Das äußere Erscheinungsbild der im Januar 1958 eingeweihten Institutsbauten galt es zu wahren – das war oberstes Ziel.[14] Die ausdrucksstarken Sonnenbrecher, der Steg über die Mulde, der aufgeständerte Hörsaalkubus mit seinen kräftigen Betonbindern und das lange Institutsgebäude mit der Feuertreppe an der östlichen Stirnfront fügen sich zu einem abwechslungsreichen Ensemble (Abb. 6).
Der Längsbau verdeutlicht alle Prinzipien Kramer'scher Architektur: Konstruktionsraster und Tragstruktur sind durch Betonstützen sichtbar gemacht, die ursprünglich roh belassen und nicht gestrichen waren. Stets tritt dieser Betonrahmen unverkleidet in Erscheinung; die Brüstungen der nichttragenden Wandfelder sind mit Klinkern ausgefacht. Das sind Charakteristika der meisten Kramer-Bauten; nichts ist grundsätzlich anders als beim Engineering Research Building, das Mies van der Rohe 1943 für den IIT Campus in Chicago entwarf (Abb. 7).[15] Das Stahlbetonfachwerk nimmt die Kräfte auf, ebenso wie längs aufgereihte Stützen, die sich durch das Gebäudeinnere ziehen. Veränderungen sind problemlos möglich. Und das heißt konkret: In der einstigen Pharmazie finden sich keine tragenden Wände (Abb. 8–9).
Der Stahlbetonrahmen dient als Primärstruktur. Bereits 1928 hatte Kramer Möglichkeiten der seinerzeit vor allem im Industriebau erprobten Stahlbetonskelettbauweise aufgezeigt: „Die Wand hat – nachdem das Skelett alle statischen Funktionen erfüllt – keine selbständige konstruktive Bedeutung mehr, sie kann an jeder beliebigen Stelle errichtet oder fortgelassen werden."[16] Folglich können auch Fenster nach Belieben eingefügt und vergrößert werden, bis sie wie ein Band von Stütze zu Stütze laufen, und ganze Bauteile lassen sich demontieren, ohne dass die Konstruktion beeinträchtigt wird (Abb. 10).
Das Prinzip Flexibilität meint auch: Der stete Umbau ist Programm. Sicher kommt da ein wenig Wunschdenken ins Spiel. Wurden, als die Bauten noch der Universität dienten, wirklich permanent Wände gerückt? Eher selten. Aber – und das macht die Sanierung der alten Pharmazie deutlich – eine Umnutzung der Gebäude ist mit begrenzten Mitteln möglich. 21,7 Millionen Euro standen im Rahmen der hessischen Landes-Offensive zur Entwicklung wissenschaftlich-ökonomischer Exzellenz (LOEWE) für die Sanierung sowie die Errichtung eines neuen Bauteils, der Mesokosmenhalle für die Simulation von Klimaszenarien, zur Verfügung. Abriss und Neubauten wären fraglos um einiges teurer geworden.

Im Falle des Philosophicums hat es länger gedauert, bis sich diese Erkenntnis durchgesetzt hat. Wie viele Pläne und Modellrechnungen haben Architekten gemacht, wie viele Interventionen waren nötig? Bei den Mengen von Papier, die produziert wurden, scheint es kaum möglich, den Überblick zu behalten. Eines aber ist klar: Das „Philosophische Semi-

and aesthetics at the Goethe University, currently being converted for student apartments by Stefan Forster Architekten and the engineering firm of Bollinger + Grohmann, both from Frankfurt, is one of the most controversial buildings in the city (Fig. 11).
During the construction it was hardly otherwise. To be sure, the experimental construction drew international attention,[17] but Frankfurt's philosophers were more skeptical: they never occupied their *Philosophicum* – now, that is symbolism. There were already anxious questions during the construction of the nine story high-rise slab: was a building going up "without any roof or walls",[18] some kind of "giant made of steel?"[19] Chroniclers of the times were astonished that the truck drivers were able to artfully maneuver a 20 meter long steel beam with a total weight of 510 tons from Mannheim through downtown Frankfurt to Bockenheim. This is where the dream of construction without a construction site seems to have come true, with construction from prefabricated elements, just as Mies van der Rohe had predicted in 1928.[20]
The serial production of industrial construction elements was intended to lower costs and especially to ease the acute space problems of the university, which was bursting from the seams on the Campus in Bockenheim. Astonishingly enough the result was not more of the same. At first glance the *Philosophicum* looks like a strictly symmetrical structure. The naked double-T steel beams are placed in front of the façade. They absorb the weight of the building with joists, transferring it to the outside in order to make way for an unencumbered disposition of space inside (Fig. 12). For exactly that reason both staircases are located in towers in front of the high-rise slab. Closer examination shows how playfully Kramer breaks up the symmetry in the details, for instance with different sized windows: sometimes they are Chicago windows with three divisions, sometimes with just two. Neither the concrete filled panels on the upper floor nor the completely glazed recessed surfaces on the ground floor are symmetrical. Kramer creates intonations in the grid.

6 Institut für Pharmazie und Lebensmittelchemie, Steg zum Eingang, 1957
6 Institute for Pharmacy and Food Chemistry, access bridge to the entrance, 1957

nargebäude“, das über 40 Jahre lang die Philologischen Fachbereiche und die Kunstwissenschaften der Goethe-Universität aufnahm und derzeit von dem Frankfurter Architekten Stefan Forster sowie den Ingenieuren von Bollinger + Grohmann für Studentenapartments umgerüstet wird, zählt zu den umstrittensten Gebäuden der Stadt (Abb. 11).
Das war schon bei der Errichtung kaum anders. Sicher, internationale Aufmerksamkeit war dem Experimentalbau gewiss[17], Frankfurts Philosophen allerdings zeigten sich skeptisch: Sie haben ihr Philosophicum – welche Pointe – niemals bezogen. Bereits die Installation der neunstöckigen Hochhausscheibe sorgte für bange Fragen: Entstand hier ein „Haus ohne Dach und Wände“[18], gar ein „Gigant aus Stahl“[19]? Chronisten zeigten sich erstaunt darüber, wie den Lastwagenfahrern das Kunststück gelang, die 20 Meter langen Stahlträger mit einem Gesamtgewicht von 510 Tonnen von Mannheim durch die Frankfurter Innenstadt nach Bockenheim zu bugsieren. Hier schien der Traum vom Bauen ohne Baustelle wahr zu werden: Bauen als Montage vorgefertigter Elemente aus der Fabrik, ganz so, wie es Mies van der Rohe schon 1928 prophezeit hatte.[20]
Die industrielle Produktion serieller Bauteile sollte helfen, Kosten zu senken, und vor allem die Raumnot der aus allen Nähten platzenden Universität auf dem kaum erweiterbaren Campus in Bockenheim lindern. Das Resultat ist erstaunlicherweise keine Addition des immer Gleichen. Auf den ersten Blick wirkt das Philosophicum wie ein strikt symmetrisch angeordneter Baukörper. Die nicht von Beton ummantelten Doppel-T-Stahlträger sind vor die Fassade gesetzt, sie nehmen die Lasten aus dem Gebäude über Unterzüge auf und tragen sie nach außen ab, um eine freie Disposition von Räumen zu ermöglichen (Abb. 12). Eben deshalb sind auch die beiden Treppenhäuser in Türmen untergebracht und vor die Hochhausscheibe gestellt. Bei genauerem Hinsehen zeigt sich, wie spielerisch Kramer die Symmetrie im Detail bricht und etwa verschiedenartige Fenster einsetzt: Mal sind es dreifach unterteilte Chicago-Fenster, mal sind sie nur zweifach unterteilt. Auch die mit Beton ausgefachten Felder im Obergeschoss folgen keinem Gleichmaß, ebenso wenig die voll verglasten zurückgesetzten Flächen im Erdgeschoss. Kramer setzt Akzente im Raster.

7 Mies van der Rohe, Engineering Research Building, IIT Campus, Chicago, 2014
7 Mies van der Rohe, Engineering Research Building, IIT Campus, Chicago, 2014

With its pure steel construction the *Philosophicum* is the exception among Kramer's buildings not only because of its sheer size. His contemporaries saw that immediately: all of the university architect's designs can to a certain extent be combined and multiplied, "but not arbitrarily realized in large-format with mass industrial production methods".[21] This is exactly the point with the high-rise for the philosophers, whose elements were no longer determined by the "architect's sketches" but instead "by the exigencies of pre-fabrication and transport".[22]
In his last Campus projects Kramer resorted to the proven concrete frame construction, which he then used for the Institutes for Mathematics, the cafeteria and the university library.

Although the *Philosophicum* is now being renovated, this building is still good for controversy today. "Anything else than tearing it down is a joke", was the judgement to be found on the website of the *Deutsches Architektur-Forum*.[23] The engineering structure, not the most inviting to work in, seems to provoke powerful emotions. And some fairly bold assertions. The gaunt structure, according to the architecture historian, Gerd de Bruyn, unintentionally contributed to the politicization of the student body, "which couldn't see any connection between what was understood

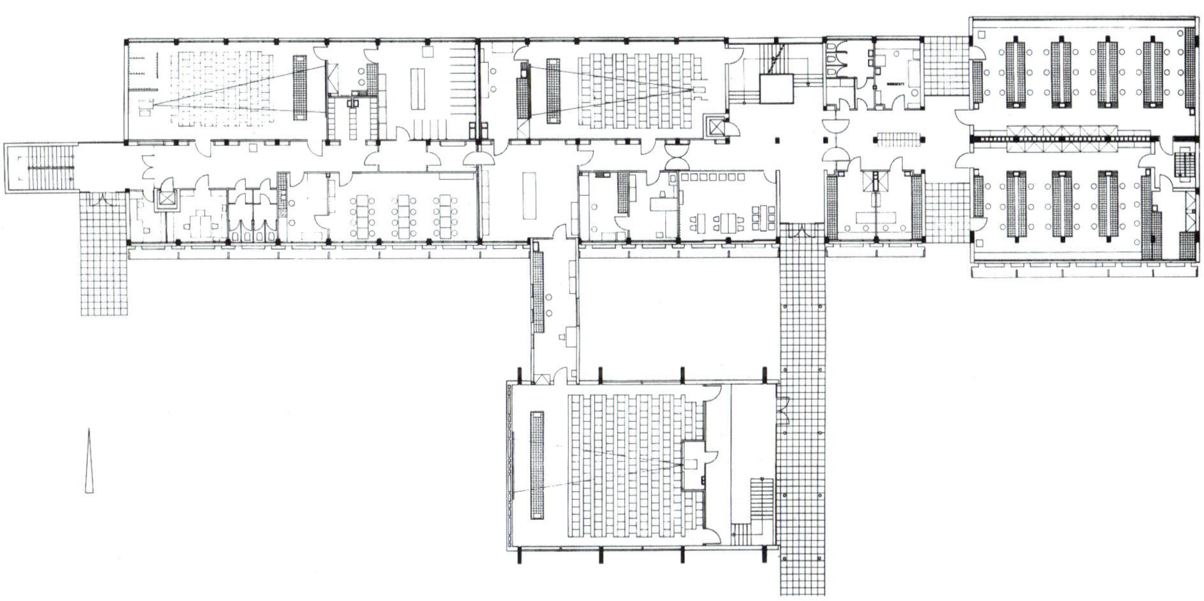

8 Institut für Pharmazie und Lebensmittelchemie. Grundriss Erdgeschoss, 1957
8 Institute for Pharmacy and Food Chemistry. Ground plan ground floor, 1957

9 Institut für Pharmazie und Lebensmittelchemie, Labor, 1957
9 Institute for Pharmacy and Food Chemistry, laboratory, 1957

10 Institut für Pharmazie und Lebensmittelchemie, 1957
10 Institute for Pharmacy and Food Chemistry, 1957

Das Philosophicum mit seiner reinen Stahlkonstruktion ist nicht nur durch seine schiere Größe die Ausnahme unter Kramers Gebäuden. Das haben Zeitgenossen sofort gesehen: Alle Entwürfe des Universitätsbaumeisters seien bis zu einem gewissen Grade kombinierbar, multiplizierbar, „aber nicht beliebig auf Großformate, auf Massen- und Montagebau zu übertragen".[21] Eben dies zeige sich beim Hochbau der Philosophen, dessen Elemente nicht mehr von der „zeichnenden Hand des Architekten bestimmt" seien, sondern „von den Bedingungen der Fabrikation und Transportierbarkeit".[22]
Bei seinen letzten Campus-Projekten fand Kramer wieder zurück zur erprobten Betonrahmenkonstruktion, die er dann bei den Bauten der Mathematischen Institute, der Mensa und der Universitätsbibliothek nutzte.

Obwohl das Philosophicum nun saniert wird, entzünden sich an diesem Gebäude bis heute Dispute. „Alles andere als sein Abriss ist ein Witz", heißt es auf der Website *Deutsches Architektur-Forum* etwa.[23] Der Ingenieurbau, dem nachgesagt wird, dass er nicht gerade zur Identifikation einlade, scheint heftige Emotionen zu befördern. Und manch kühne These dazu. Das karge Gehäuse, konstatiert der Architekturhistoriker Gerd de

to be left-wing politics in 1968 and the emancipatory goals of the *Neues Bauen* architecture." De Bruyn concludes: "Maybe one has to say, for a nervous student body, which had no interest in listening devotedly, but wanted to realize critical thinking in political action, Kramer's architecture was a decisive factor in propelling them into the city and making them homeless."[24]
If it were really because of Kramer's supposedly "joyless boxes" that students at the beginning of the 1970s moved to the neighboring Westend in order to occupy empty mansions, that would represent an incredible sleight of hand (Fig. 13): it was critical students and citizens' initiatives which occupied – at least emotionally – Kramer's significant buildings and protected them from demolition.[25] Even if their dreams of communal living in the *Philosophicum* hardly had a chance, it is not alone due to the efforts of the monument preservation officials that the qualities of the university buildings and especially their potential for conversion, has entered the spotlight of public awareness.[26] The protest generation and its children have discovered Kramer. Their motto could be, Back to the Modern.

Bruyn, habe ungewollt zur Politisierung einer Studentenschaft beigetragen, „die zwischen dem, was 1968 unter linker Politik verstanden wurde, und den emanzipatorischen Zielen des Neuen Bauens keine Verbindung herzustellen wusste". De Bruyn resümiert: „Vielleicht muss man sogar sagen, dass die Kramersche Architektur entscheidend dazu führte, eine nervöse Studentenschaft, die nicht nur andächtig zuhören, sondern kritisches Denken in politisches Handeln ummünzen wollte, in die Stadt hinaus zu jagen und heimatlos zu machen."[24]

Falls es wirklich Kramers vermeintlich „lustfeindlichen Kisten" zuzuschreiben ist, dass Studenten Anfang der 1970er Jahre ins benachbarte Westend zogen, um leer stehende Gründerzeitvillen zu besetzen, dann wäre dies schon eine erstaunliche Volte (Abb. 13): Es sind kritische Studenten und Bürgerinitiativen, die Kramers maßgebliche Bauten – zumindest emotional – besetzt und vor dem Abriss bewahrt haben.[25] Auch wenn ihre Pläne vom gemeinschaftlichen Wohnen im Philosophicum kaum eine Chance hatten: Es ist nicht allein das Verdienst der Denkmalpflege, dass die Qualitäten der Universitätsbauten und vor allem ihr Potential zur Umnutzung ins öffentliche Bewusstsein gerückt sind.[26] Die Protestgenerationen und ihre Kinder haben Kramer entdeckt. Zurück in die Moderne. Das könnte ihr Motto sein.

11 Stefan Forster Architekten, Studentenwohnheim, ehemaliges Philosophicum. Rendering, 2015

11 Stefan Forster Architekten, student dormitory, the former *Philosophicum*. Rendering, 2015

Anmerkungen

1 Matthias Alexander: „Den Kramer-Bauten hat die Stunde geschlagen", in: *FAZ*, 28.07.2003; vgl. Michael Maser: „Kramer hat diese Häuser nicht für die Ewigkeit gebaut", in: *BW* 100 (2009), Nr. 27/28.

2 Ferdinand Kramer: „Die Wohnung für das Existenzminimum", in: *DF* 4 (1929), Nr. 24.

3 Während der Planungsphase war stets vom „Philosophischen Seminargebäude" die Rede, in der *Bauwelt* wurde die neungeschossige Hochhausscheibe kurz nach der Eröffnung dann als „Seminargebäude der Universität Frankfurt" vorgestellt. Der Begriff „Philosophicum" bzw. „Philosophikum" (die Schreibweise wechselt; beides ist gleichermaßen gebräuchlich) hat sich – in Analogie zu Universitätsbauten anderer Städte, dem Kölner Philosophikum etwa – erst später durchgesetzt. Vgl. *BW* 45 (1961), Nr. 15.

4 Notker Hammerstein: *Die Johann Wolfgang Goethe-Universität Frankfurt am Main*, Bd. II. *Nachkriegszeit und Bundesrepublik 1945–1972*. Göttingen 2012, 378.

5 Christoph Mohr: Redebeitrag auf dem Symposion *Schonfrist oder Abriss? Vom richtigen Umgang mit Bauten der 60er- und 70er-Jahre*, veranstaltet vom Kuratorium Kulturelles Frankfurt in der Alten Mensa der Goethe-Universität am 14.11.2007.

6 Walter Benjamin: „Der destruktive Charakter", in: Tillman Rexroth (Hg.): *Walter Benjamin. Gesammelte Schriften*, Bd. IV/1. *Kleine Prosa. Baudelaire-Übertragungen*. Frankfurt a. M. 1980, 396/397. Benjamins Prosatext war ursprünglich in der *Frankfurter Zeitung*, 20.11.1931, erschienen.

7 Alexander Kluge: „Repräsentation fällt immer brutal aus", in: *Christ und Welt*, 28.12.1958.

8 Alexander Kluge über Ferdinand Kramer, in: *Ferdi gegen Frankfurt*, ein Fernsehfilm von Digne Meller Marcovicz, produziert vom Hessischen Rundfunk, Erstausstrahlung 12.11.1983.

9 Jochem Jourdan: „Die Universitätsbauten von Ferdinand Kramer auf dem Campus Bockenheim – ein Symbol der Rückkehr der Frankfurter Schule", Vortrag auf der Veranstaltung *Nicht für die Ewigkeit?*, gemeinsam ausgerichtet vom BDA Hessen, der Evangelischen Stadtakademie Frankfurt und dem Werkbund Hessen am 04.12.2010. Vgl. „Er will die alten Uni-Bauten retten. Der Architekt Jochem Jourdan setzt sich für das Erbe der 50er Jahre ein", in: *NP*, 12.02.2010.

Notes

1 Matthias Alexander: "Den Kramer-Bauten hat die Stunde geschlagen," in: *FAZ*, July 28, 2003; cf. Michael Maser: "Kramer hat diese Häuser nicht für die Ewigkeit gebaut," in: *BW*, vol. 100, (2009), no. 27/28.

2 Ferdinand Kramer: "Die Wohnung für das Existenzminimum," in: *DF*, vol. 4, (1929), no. 24.

3 During the planning phase the "Philosophisches Seminargebäude" (Philosophical Seminar Building) was constantly mentioned, shortly after it was occupied the nine story high-rise slab was presented by *Bauwelt* as the "Frankfurt University seminar building". The name "Philosophicum" (or equally common "Philosophikum") common in university buildings in other cities, like the *Philosophikum* in Cologne, was added later. Cf. *BW*, vol. 45, (1961), no. 15.

4 Notker Hammerstein: *Die Johann Wolfgang Goethe-Universität Frankfurt am Main*, vol. II. *Nachkriegszeit und Bundesrepublik 1945–1972*, (Göttingen, 2012), 378.

5 Christoph Mohr: Speech at the symposion *Schonfrist oder Abriss? Vom richtigen Umgang mit Bauten der 60er- und 70er-Jahre*, organized by the Kuratorium Kulturelles Frankfurt in the old cafeteria of the Goethe University on November 14, 2007.

6 Walter Benjamin: "Der destruktive Charakter," in: Tillman Rexroth (ed.): *Walter Benjamin. Gesammelte Schriften*, vol. IV/1. *Kleine Prosa. Baudelaire-Übertragungen*, (Frankfurt/Main, 1980), 396/397. Benjamin's prose text was originally published in the *Frankfurter Zeitung*, on November 20, 1931.

7 Alexander Kluge: "Repräsentation fällt immer brutal aus," in: *Christ und Welt*, December 28, 1958.

8 Alexander Kluge on Ferdinand Kramer, in: *Ferdi gegen Frankfurt*, a film for television by Digne Meller Marcovicz, produced by Hessischer Rundfunk, first showing on November 12, 1983.

9 Jochem Jourdan: "Die Universitätsbauten von Ferdinand Kramer auf dem Campus Bockenheim – ein Symbol der Rückkehr der Frankfurter Schule," a speech at the event *Nicht für die Ewigkeit?*, jointly organized with the BDA Hessen, the Evangelische Stadtakademie Frankfurt and the Werkbund Hessen on December 4, 2010. Cf. "Er will die alten Uni-Bauten retten. Der Architekt Jochem Jourdan setzt sich für das Erbe der 50er Jahre ein," in: *NP*, Feb. 12, 2010.

12 Philosophicum, Fassade, 1960
12 *Philosophicum*, façade, 1960

13 Philosophicum, Bibliothek, 1960
13 *Philosophicum*, library, 1960

10 DW Dreysse: „Ein Kulturgut wie der Dom. Architekt Dreysse zum Philosophicum", in: *FR*, 03.07.2003.
11 Matthias Alexander (wie Anm. 1).
12 Rainer Schulze: „Es steht im Weg", in: *FAZ*, 16.01.2012.
13 Thomas Schmidt, Vorstand und Leiter der Integralen Planung beim Architekturbüro SSP Schürmann Spannel, im Gespräch mit dem Autor am 06.09.2013 in Bochum. Vgl. Thomas Schmidt: „Ikone der Nachkriegsmoderne aus dem Dornröschenschlaf geweckt", in: *Beratende Ingenieure – Fachmagazin für Planen und Bauen* 2014, Nr. 11/12.
14 Der Schweizer Architekt, Designhistoriker und Kurator Claude Lichtenstein schreibt: „Dieses Bauwerk gehört ohne zu übertreiben zu den wirklichen Meisterwerken deutscher Nachkriegsarchitektur", in: Claude Lichtenstein (Hg.): *Ferdinand Kramer – der Charme des Systematischen* (Ausst.-Kat.). Gießen 1991, 253.
15 Bei den meisten Gebäuden, die Mies van der Rohe für seinen Campus des Illinois Institute of Technology (IIT) in Chicago entwarf, ist die Skelettkonstruktion sichtbar, die Brüstungsfelder sind mit hellem Klinker ausgefacht. Mies nutzt wahlweise Stahlbeton, mit Stahlprofilen verkleideten Beton oder nicht ummantelten Stahl für das Tragwerk. Bei seinem Engineering Research Building ist – aufgrund der kriegsbedingten Stahlknappheit – die Betonrahmen-Konstruktion unverkleidet. Vgl. Carsten Krohn: *Mies van der Rohe – das gebaute Werk*. Basel 2014, 111.
16 Ferdinand Kramer: „Zum Bau moderner Großstadtwohnungen", in: *Stein, Holz, Eisen* 42 (1928), Nr. 33.
17 Das Buch *Modern Steel Construction in Europe* präsentiert lediglich vier deutsche Stahlbauten als beispielhaft: Paul Schneider Eslebens Mannesmann-Hochhaus sowie die Phoenix-Rheinrohr-Verwaltung (Thyssen-Hochhaus) in Düsseldorf, das Rheinstahl-Hochhaus in Essen und eben Kramers Philosophicum. Bouwcentrum Rotterdam (Hg.): *Modern Steel Construction* in Europe. Amsterdam, London, New York 1963.
18 „Hochhaus ohne Dach und Wände", in: *NP*, 22.10.1958.
19 Ludwig Mies van der Rohe: „Industrielles Bauen", in: *G – Material zur elementaren Gestaltung* 2 (1924), Nr. 3.
20 Helene Rahms: „Ferdinand Kramers Universitätsbauten", in: Bauhaus-Archiv (Hg.): *Ferdinand Kramer. Architektur & Design* (Ausst.-Kat.). Berlin 1982, 27. Bereits 1961 hat Rahms das Philosophicum als „schroffen, illusionslosen und endgültigen Bau" charakterisiert. Helene Rahms: „Ein Hochhaus für Philosophen", in: *FAZ*, 15.02.1961.
21 Helene Rahms, „Ferdinand Kramers Universitätsbauten" (wie Anm. 20), 27.
22 Ebd. 7.

10 DW Dreysse: "Ein Kulturgut wie der Dom. Architekt Dreysse zum Philosophicum," in: *FR*, July 3, 2003.
11 Matthias Alexander, (as note 1).
12 Rainer Schulze: "Es steht im Weg," in: *FAZ*, Jan. 6, 2012.
13 Thomas Schmidt, member of the board and director of Integral Planning at SSP Schürmann Spannel, in a discussion with the author on September 6, 2013 in Bochum. Cf. Thomas Schmidt: "Ikone der Nachkriegsmoderne aus dem Dornröschenschlaf geweckt," in: *Beratende Ingenieure – Fachmagazin für Planen und Bauen*, (2014), no. 11/12.
14 The Swiss architect, design historian and curator Claude Lichtenstein wrote: "Dieses Bauwerk gehört ohne zu übertreiben zu den wirklichen Meisterwerken deutscher Nachkriegsarchitektur" (Without exageration this building is one of the true masterpieces of German post-war architecture), in: Claude Lichtenstein (ed.): *Ferdinand Kramer – der Charme des Systematischen*, (exhib. cat.; Gießen, 1991), 253.
15 On most of the buildings which Mies van der Rohe designed for his campus at the Illinois Institute of Technology (IIT) in Chicago the skeleton construction is visible and the parapet fields are filled with light-colored clinkers. Mies selectively used reinforced concrete clad with steel profiles or uncoated steel for the support structure. For his Engineering Research Building, because of the wartime scarcity of steel, the concrete frame construction is exposed. Cf. Carsten Krohn: *Mies van der Rohe – das gebaute Werk*, (Basel, 2014), 111.
16 Ferdinand Kramer: "Zum Bau moderner Großstadtwohnungen," in: *Stein, Holz, Eisen*, vol. 42, (1928), no. 33.
17 *Modern Steel Construction in Europe* presents four exemplary German steel buildings: Paul Schneider Esleben's Mannesmann high-rise and the Phoenix-Rheinrohr Administration (Thyssen high-rise) in Düsseldorf, the Rheinstahl high-rise in Essen and Kramer's *Philosophicum*. Bouwcentrum Rotterdam (ed.): *Modern Steel Construction in Europe*, (Amsterdam, London, New York, 1963).
18 "Hochhaus ohne Dach und Wände," in: *NP*, Oct. 22, 1958.
19 Ludwig Mies van der Rohe: "Industrielles Bauen," in: *G – Material zur elementaren Gestaltung*, vol. 2, (1924), no. 3.
20 Helene Rahms: "Ferdinand Kramers Universitätsbauten," in: Bauhaus-Archiv (ed.): *Ferdinand Kramer. Architektur & Design*, (exhib. cat.; Berlin, 1982), 27. As early as 1961 Rahms had characterized the *Philosophicum* as "an ultimately crude building, devoid of illusion". Helene Rahms: "Ein Hochhaus für Philosophen," in: *FAZ*, Feb. 15, 1961.
21 Helene Rahms, "Ferdinand Kramers Universitätsbauten," (as note 20), 27.

23 Beggi: *Schwarze Materie? Nein, graue Energie!* http://www.deutsches-architektur-forum.de/forum/showpost.php?p=419906&postcount=235 [letzter Zugriff 21.07.2015].

24 Gerd de Bruyn: „Politisierte Tristesse und ästhetisierter Leistungsdruck. Über den Wegzug der Frankfurter Universität", in: *Die alte Stadt* 30 (2003), Nr. 1.

25 Das einstige Amerika-Institut und Englische Seminar war sogar nicht nur emotional, sondern auch realiter besetzt. Studenten betrieben in dem zuvor leerstehenden denkmalgeschützten Gebäude von 2003 bis 2013 das „Institut für vergleichende Irrelevanz" (IVI), ein im Selbstverständnis autonomes Zentrum, das 2006 unter dem Titel „Sozialer Gebrauchswert, funktionale Möbel – Räume für Kritik und kooperatives Leben" auch eine kleine Ausstellung nebst Vortragsreihe zum Werk von Ferdinand Kramer präsentierte.

26 Anette Mönich: *Ein Gebäude voller Möglichkeiten – Wohnen im Philosophicum.* Frankfurt a. M. 2012. Siehe auch: Projektgruppe Philosophicum (Hg.): *Möglichkeiten – Wohnen-plus im Philosophicum.* Frankfurt a. M. 2012. Mönich, Vorsitzende der Bürgerinitiative *Zukunft Bockenheim*, begreift die Initiativen der Gruppe für Erhalt und Nutzung der „funktionalen Kramerbauten" auch als „Gegenbewegung zum Historismus"; Anette Mönich: Brief an die *SZ*, 17.06.2013.

22 Ibid.

23 Beggi: *Schwarze Materie? Nein, graue Energie!* http://www.deutsches-architektur-forum.de/forum/showpost.php?p=419906&postcount=235 [last accessed on July 7, 2015].

24 Gerd de Bruyn: "Politisierte Tristesse und ästhetisierter Leistungsdruck. Über den Wegzug der Frankfurter Universität," in: *Die alte Stadt*, vol. 30, (2003), no. 1.

25 The former *Amerika-Institut* and English Seminar was actually occupied, not just emotionally. From 2003 until 2013 students in the previously empty listed building conducted the "Institut für vergleichende Irrelevanz" (Institute for Comparative Irrelevance, or IVI), a self-conceived autonomous center. In 2006, with the title "Sozialer Gebrauchswert, funktionale Möbel – Räume für Kritik und kooperatives Leben" (Social Value for Users, Functional Furniture – Spaces for Criticism and Cooperative Living) they also staged a small exhibition together with a series of lectures on the work of Ferdinand Kramer.

26 Anette Mönich: *Ein Gebäude voller Möglichkeiten – Wohnen im Philosophicum*, (Frankfurt/Main, 2012). See also: Projektgruppe Philosophicum (ed.): *Möglichkeiten – Wohnen-plus im Philosophicum*, (Frankfurt/Main, 2012). Mönich, chairwoman of the citizens' initiative *Zukunft Bockenheim* (Bockenheim's Future), also understands the group's initiatives for the preservation and use of the "functional Kramer buildings" as a "counter-movement to historicism"; Anette Mönich: letter to the *SZ*, June 17, 2013.

1 Juridicum, Mehrzweckgebäude und Juristisches Seminar. Ansicht vom Campusplatz, 1968
1 *Juridicum*, multi-purpose building and Law Seminar. View from the campus square, 1968

ENRICO DUNKEL

23 Gebäude für die Universität – und ein paar mehr ...

Ergänzungen zur Werkliste Ferdinand Kramers

23 Buildings for the University – and a couple more ...

Addendum to the Ferdinand Kramer List of Works

Die im Universitätsarchiv Frankfurt verwahrten Akten und Baupläne legen ein beredtes Zeugnis über Schwierigkeiten und Abläufe beim Bauen für die Wissenschaft ab. Es hat sich anhand einer ersten Auswertung der Quellen gezeigt, dass die Planungen zu den unten besprochenen Gebäuden – Institut für Leibesübungen[1], Juridicum, Juristisches Seminar[2] und Mehrzweckgebäude – schon unter Ferdinand Kramer und damit viel früher begonnen haben, als bisher angenommen wurde. Dieses Material wurde bislang nicht wissenschaftlich ausgewertet, so dass diese Bauten nicht als Werke Kramers galten. Mit dieser Ergänzung kann nun die Werkliste des Architekten um einige Objekte erweitert werden.[3]

Institut für Leibesübungen

Die Planung dieses Instituts war kompliziert, aber auch exemplarisch für die Baugeschichte der Goethe-Universität. Bereits seit Beginn der 1950er Jahre hatten die Institutsleiter Hermann Altrock und Ernst Münter einen Institutsneubau angemahnt. Es folgte eine rege Diskussion über diverse mögliche Standorte, bevor die Entscheidung für das Areal an der Ginnheimer Landstraße fiel. Im August 1958 erhielt das Universitätsbauamt den Auftrag für die ersten Planungen. Das dreiteilige Gebäudeensemble – Institutsbau mit Hörsaal, Hallengebäude und Fliegerwerkstatt mit Heizungs- und Werkstattgebäude – war bereits zu dieser Zeit projektiert. Der geplante Baubeginn zum 1. März 1960 musste allerdings verschoben werden, da zunächst Probebohrungen auf dem schwierigen Baugrund anstanden und die Ankaufsverhandlungen beziehungsweise Enteignungsverfahren noch nicht abgeschlossen waren. Im Juni 1960 reichte das Universitätsbauamt den Bauantrag ein und erhielt im August desselben Jahres die Genehmigung. Der Baubeginn verschob sich in den nächsten Jah-

The files and blueprints stored in the University archive in Frankfurt give eloquent testimony to the difficulties and routine while building scientific facilities. On the basis of an initial evaluation of the sources it has become evident that the plans for the buildings mentioned here – the Institute for Physical Education[1] the *Juridicum*, the Law Seminar[2] and the multi-purpose building – were authored by Ferdinand Kramer and were therefore initiated much earlier than assumed. Until now this material has not been scientifically assessed, so that these buildings were not considered as Kramer's works. This addendum extends the list of Kramer's works by a number of buildings.[3]

Institute for Physical Education

The planning for this facility was complicated but not untypical for the architectural history of Goethe University. The institute directors, Hermann Altrock and Ernst Münter, had been insisting on a new institute building at the beginning of the 1950s. A lively discussion ensued about the various possible locations before a decision was made in favor of Ginnheimer Landstrasse. In August of 1958 the university building authority received the commission for the initial planning. The three-part building ensemble – with the institute building with lecture hall, the high-bay area and aviation workshop with heating and workshop buildings – had already been projected at this time. However the planned start of construction on March 1, 1960 had to be postponed, because the test drillings in the difficult foundation soil had yet to be done and the purchase negotiations and expropriations proceedings were also not completed. In June of 1960 the university building authority submitted the building application and received a permit in August that year. The start

2 Institut für Leibesübungen. Ansicht aus der Luft, um 1973/74
2 Institute for Physical Education. Aerial view, around 1973/74

3 Institut für Leibesübungen. Ansicht des Gangs zwischen den Gebäuden, ca. 1973/74
3 Institute for Physical Education. View of the corridor between the buildings, around 1973/74

ren wiederholt, da sich einzelne Eigentümer weiterhin weigerten, ihre Gartengrundstücke zu veräußern. Erst nach einem langwierigen Rechtsstreit stand das Areal schließlich zur Verfügung. Erneute Umplanungen wurden 1963 notwendig. Die Gebäude mussten nach Norden verschoben werden, da die Stadt Frankfurt den Ausbau der Ginnheimer Landstraße plante und sie im Weg gestanden hätten. Ein Schreiben Kramers an den Hessischen Kultusminister, in dem er die Umplanungen erläutert und eine „Vorlage der Ergänzung zur Raumbedarfsnachweisung" einreicht, zeigt eindeutig, dass er an den Planungen beteiligt war. Bis Ende 1964 und damit bis zu dem Ende seiner Tätigkeit als Universitätsbaudirektor finden sich Briefe, Aktennotizen und Vermerke von Kramer in den Akten.
Im August 1968 erfolgte der erste Spatenstich für das Institutsgebäude mit Hörsaal und die Fliegerwerkstatt. Der Rohbau konnte im Mai 1970 abgenommen werden und dieser Bauteil im April 1972 bezogen werden. Im Oktober 1973 war dann auch der zweite Bauabschnitt mit dem Sport- und Schwimmhallengebäude fertiggestellt (Abb. 2). Anhand der Akten zeigt sich, dass die Bauten unter dem Baudirektor Heinrich Nitschke, der Kramers Nachfolger geworden war, nach dessen Entwürfen errichtet und fertiggestellt wurden und Änderungen nur bei Details der Gestaltung erfolgten. So entfielen die ursprünglich angedachten Fenster zu Gunsten einer kostengünstigeren Lösung. Umplanungen hatten schon unter Kramers Leitung dahingehend stattgefunden, dass die Lage der Gebäude verschoben und das Raumprogramm wiederholt an die sich verändernden Bedingungen des Instituts angepasst wurde.
Wie auch bei Kramers anderen Universitätsbauten finden sich besonders am Institutsgebäude das mit Ziegelsteinen ausgefachte Stahlbetonskelett, welches als tragendes und stützendes Bauelement sichtbar bleibt, sowie die großzügigen lichten Treppenhäuser. Die Treppengeländer weisen ebenfalls die typischen Kramer'schen Gestaltungsmerkmale auf.
Besonders deutlich wird seine Urheberschaft am Entwurf auch an der Lage und Erschließung der Bauten, denn die gestalterische Nähe zum Institut für Pharmazie und Lebensmittelchemie ist hier offensichtlich.[4] Ähnlich wie dort wurde das tiefer liegende Gelände nicht aufgeschüttet, sondern das Institutsgebäude durch einen Steg erschlossen und mit dem Hallengebäude durch einen überdachten und verglasten Gang verbunden. Dadurch zeigt sich auch eine Nähe zum Biologischen Camp, bei dem die Bauten ebenfalls über Stege verbunden sind (Abb. 3).

of construction was postponed over the next few years because individual owners refused to sell their garden plots. Only after a difficult legal dispute did the lot become available for development. More plan revisions had to be made in 1963. The buildings had to be shifted to the north, because the city of Frankfurt was planning the extension of Ginnheimer Landstrasse and the buildings would have stood in the way. In a letter from Kramer to the Minister of Education for Hessen, he detailed the plan revisions and submitted a "Planning Supplement for Proof of Space Requirement" which shows clearly that he was involved in the planning. Up until the end of 1964, which marked the end of his tenure as university construction director, letters, file notes and comments by him can be found in the pertinent files.
In August of 1968 the ground was broken for the construction of the institute building with the lecture hall and the aviation workshop. Shell construction was completed in May, 1970 and the building was occupied in April 1972. The second phase of construction with the sports hall and indoor swimming pool was completed in October, 1973 (Fig. 2).
Information in the files shows that the buildings were completed according to Kramer's plans, with only minor changes in details of the design under Kramer's successor as construction director, Heinrich Nitschke. For instance, the originally planned windows were rejected in favor of a more economical solution. Revisions also occurred already under Kramer's direction, so that along with shifting the location of the lot, the room arrangement was altered repeatedly to accommodate the institute's changed circumstances.
As with the other university buildings, especially with the institute building the reinforced steel skeleton filled in with bricks, visible as a load-bearing element, together with the expansive, open stairways are as typical for Kramer's design signature as the banisters.
Kramer's authorship is clearly discernible in the draft from the placement and integration of the buildings, which shows the obvious design affinity with the Institute for Pharmacy and Food Chemistry.[4] Similar to that situation, instead of land-filling the lower lying grounds, the institute building was connected with an access bridge and the high-bay area was accessed via a glazed, roofed bridge. That in turn creates a relationship with the Biology Camp, where the buildings are also connected with bridges (Fig. 3).

4 Bebauungsplan des Campus Bockenheim, 1961

4 Development plan for Campus Bockenheim, 1961

Juridicum, Mehrzweckgebäude und Juristisches Seminar

Das Juridicum gilt als Werk Heinrich Nitschkes, doch stammt nach den Quellen der Entwurf zu diesem Gebäude eindeutig von Ferdinand Kramer. Allerdings unterscheidet sich dieses Werk grundlegend von Kramers anderen universitären Bauwerken und erinnert in seiner Rasterfassade an prominente Vorbilder im Ausland wie das SAS Royal Hotel in Kopenhagen von Arne Jacobsen oder das UN-Gebäude von Le Corbusier und Oscar Niemeyer in New York.

Das als *ein* Gebäude erscheinende Hochhaus besteht aus zwei Teilen, die unterschiedliche Funktionen zu erfüllen hatten: auf der Südseite das Institutsgebäude für die Rechtswissenschaftliche Fakultät mit dem durch einen Glasgang angeschlossenen Seminarbau und auf der Nordseite das Mehrzweckgebäude für die Verwaltung der Universität.

Der zwölfstöckige Bau schließt den Campus Bockenheim nach Osten zur Senckenberganlage ab und ersetzt die noch bis 1958 hier geplante Anlage aus Auditorium Maximum und Forum. Der äußerst schmale Stahlbetonskelettbau wird durch ein Raster von 1,40 m × 1,40 m gegliedert. Dieses Raster, welches die gesamte Gestaltung des Gebäudes bestimmt, zeigt sich in der auf der Campus-Seite verwendeten, durch doppelte T-Profilleisten strukturierten Vorhangfassade am auffälligsten.[5] Die Raumaufteilung ist flexibel, da durch die leicht demontierbaren Metallwände die Räume in Fenstersegmentbreite vergrößert oder verkleinert werden können. Dies entspricht ganz den Kramer'schen Gestaltungsprinzipien. Das an der Süd-, Ost- und Westseite verglaste Erdgeschoss ist um eine Rasterbreite gegenüber den darüber liegenden Geschossen zurückgesetzt.

Auch der quadratische Kubus des Seminargebäudes wird von der oben beschriebenen Fassade geprägt. Während das Erdgeschoss mit umlaufenden Oberlichtern gestaltet ist, wird das an der Fassade geschlossene Obergeschoss durch geordnete Fensterbänder in Sheddächern belichtet – und nimmt damit die Dachgestaltung der Stadt- und Universitätsbibliothek sowie der Mensa auf.

Ein Bebauungsplan des Campus Bockenheim mit dem Juridicum ist bereits auf das Jahr 1961 datiert (Abb. 4). Die frühesten Grundrisse tragen das Datum des 19.12.1962. Nord- und Südansichten sind 1963 entstanden. Alle diese Pläne sind mit der Unterschrift von Ferdinand Kramer versehen (Abb. 5).

Die Baugeschichte ist auch hier kompliziert und der Bau zog sich – von den ersten Planungen bis zum Bezug – über zehn Jahre hin. Ein erster Bauantrag datiert auf den 1. August 1962. Allerdings verzögerte sich der Baubeginn, da man zunächst beabsichtigt hatte, Mehrzweckgebäude und Tiefgarage nicht zusammen mit dem Juridicum zu errichten, aber nach eingehenden Diskussionen die Notwendigkeit des zeitgleichen Bauens und damit einer Kostenersparnis erkannte und genehmigte. 1963 wurde erneut ein Bauantrag eingereicht. Ein Schriftstück zeigt, inwiefern Kramer mit dem Bau und der Gestaltung dieser Gebäude befasst war: In einem Schreiben an den Kurator der Universität, Achaz von Thümen, der als Chef der Universitätsverwaltung auch für die Bauplanung verantwortlich war, verteidigt er die vom Juristischen Seminar geforderte, aber vom Hessischen Kultusminister als zu teuer abgelehnte Klimaanlage, die nicht nur der Ventilation, sondern auch dem dringend notwendigen Lärmschutz vor dem starken Autoverkehr diene. Nachdem der Rohbau im Juli 1966 unter Heinrich Nitschke fertiggestellt war, konnte 1968 die Tiefgarage in Betrieb genommen und im Juni 1970 das Juridicum bezogen werden.

Für das elegant wirkende Juridicum und das Juristische Seminar hat Kramer offensichtlich einen Entwurf aufgegriffen und angepasst, den er – ohne einen Preis zu gewinnen – 1959 für den Wettbewerb des Max-

Juridicum, Multi-Purpose Building and Law Seminar

The *Juridicum* is considered the work of Heinrich Nitschke, but according to the sources it was clearly designed by Ferdinand Kramer. Nonetheless this work with its grid façade differs radically from Kramer's other university buildings, recalling instead prominent models from overseas, like the SAS Royal Hotel in Copenhagen by Arne Jacobsen or the UN buildings designed by Le Corbusier and Oscar Niemeyer in New York.

The one-building high-rise was composed in two sections, each with its own function: on the south side the institute building for the legal studies faculty connected to the seminar building with a glazed hallway, and on north side the multi-purpose building for the university administration. The twelve-story building closes off Campus Bockenheim moving towards the east to the Senckenberganlage, replacing the *Auditorium Maximum* and *Forum* which had been part of the plans until 1958. The extremely narrow reinforced steel skeleton structure is connected by grid squares measuring 1.40 × 1.40 meters. This grid, which determines the building design, is most prominent on the Campus side, with the curtain wall structured with double T-profile moldings.[5] The room arrangement is flexible thanks to the easily dismantled metal walls with which the rooms can be enlarged or reduced by window segment widths. This is entirely in keeping with Kramer's design principles. The glazed ground floor on the south, east and west sides is recessed by one grid square from the floors on top of it.

The quadratic cube façade of the seminar building resembles the façade described above. The ground floor features wrap-around skylights while the closed upper floor is illuminated with a series of ribbon windows in the shed roofs, echoing the roof design of the municipal and university library and the cafeteria.

The development plan for Campus Bockenheim with the *Juridicum* is dated 1961 (Fig. 4). The earliest floor plans are dated December 19, 1962. Plans from the north and south were created in 1963. They are all signed by Ferdinand Kramer (Fig. 5).

The architecture history is also complicated here, the construction, from the first plans to the occupation, lasted more than ten years. The first building application is dated August 1, 1962. But the construction did not begin immediately, because the multi-purpose building and the underground garage were not supposed to be built at the same time as the *Juridicum*. After an ongoing discussion the necessity of simultaneous construction for cost reasons was acknowledged and approved and in 1963 a new building application was submitted. A piece of correspondence addressed to the university curator, Achaz von Thümen, who as director of university administration was also responsible for building planning, shows to what extent Kramer was involved in the planning and construction of the building. In this letter he defends the air-conditioning unit requested by the Law Seminar. This equipment had been rejected by the Minister of Education for Hesse for reasons of cost but Kramer argued that in addition to serving the purpose of ventilation, it would also provide urgently needed protection from the automobile traffic noise. After the shell construction was completed under Heinrich Nitschke in July of 1966, the underground garage went into operation in 1968, and in June of 1970 the *Juridicum* was occupied.

Kramer apparently used the design he submitted without winning a prize for the competition of the Max Planck Institute for Brain Research in 1959 in Frankfurt am Main, for the elegant *Juridicum* and Law Seminar.[6] The isometric diagram shows a slender high-rise connected with a cubic library building via a corridor, as realized in the *Juridicum*.

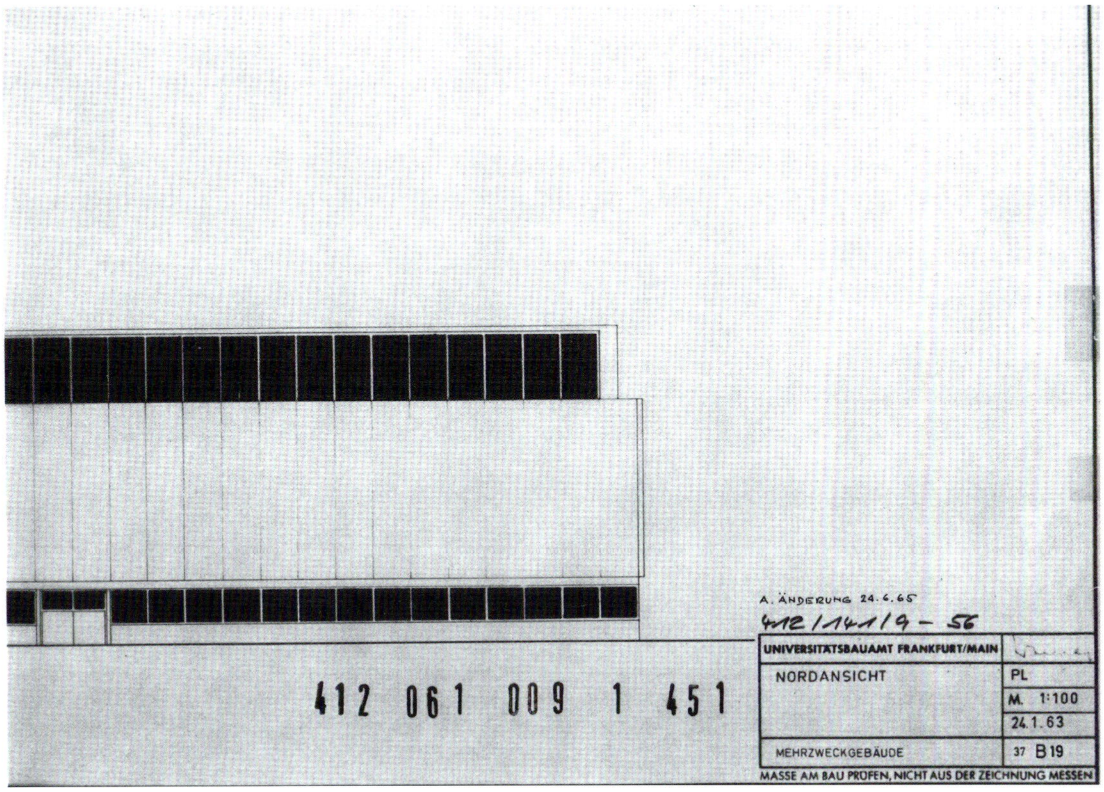

5 Detail der Nordansicht von Mehrzweckgebäude und Juristischem Seminar mit der Unterschrift Ferdinand Kramers
5 A detail from the north side of the multi-purpose building and Law Seminar with the signature of Ferdinand Kramer

Planck-Instituts für Hirnforschung in Frankfurt am Main konzipiert hatte.[6] Das isometrische Diagramm zeigt ein schmales Hochhaus, das mit einem kubischen Bibliotheksbau über einen Gang verbunden ist, wie dies am Juridicum umgesetzt wurde.

Durch einen Vergleich der frühesten Pläne Kramers von 1962 mit jenen ab 1965 ist erkennbar, dass unter der Leitung Nitschkes keine oder nur geringfügige Änderungen am ursprünglichen Entwurf stattgefunden haben und damit auch das Juridicum als Werk Kramers gelten muss.

By comparing the earliest plans Kramer made in 1962 with the plans from the beginning of 1965 it is apparent that under the aegis of Nitschke no changes at all or only minor ones were made on the original designs, so that the *Juridicum* must also be considered the work of Kramer.

Anmerkungen

1 Heute Institut für Sportwissenschaften, Ginnheimer Landstraße 39, Frankfurt am Main.
2 Heute Kunst- und Städelbibliothek, Senckenberganlage 31–33, Frankfurt am Main.
3 Die Ergänzung zur Werkliste ist Teil meines Dissertationsprojekts „Die Baugeschichte der Goethe-Universität".
4 Heute Biodiversität und Klima Forschungszentrum (BiK-F) in Frankfurt am Main.
5 Zur Beschreibung in diesem Absatz siehe Bettina Marten: „Juridicum", in: Maximilian Große-Beck u.a. (Hgg.): *Vom Auditoriumsgebäude zum Campus Bockenheim. Bau/Geschichten.* Frankfurt a. M. 2014, 92/93.
6 Vgl. Bauhaus-Archiv (Hg.): *Ferdinand Kramer. Architektur & Design* (Ausst.-Kat.). Berlin 1982, 85 (Abb. 308).

Notes

1 Today the Institute für Sports Science, Ginnheimer Landstrasse 39, Frankfurt/Main.
2 Today the Art Library and Städel Library, Senckenberganlage 31–33, Frankfurt/Main.
3 This extension of the list of works is part of my dissertation project entitled "The Architectural History of the Goethe University".
4 Today the Biodiversity and Climate Research Center (BiK-F) in Frankfurt/Main.
5 For this description see Bettina Marten: "Juridicum," in: Maximilian Große-Beck et al. (eds.): *Vom Auditoriumsgebäude zum Campus Bockenheim. Bau/Geschichten*, (Frankfurt/Main, 2014), 92/93.
6 Cf. Bauhaus-Archiv (ed.): *Ferdinand Kramer. Architektur & Design*, (exhib. cat.; Berlin, 1982), 85 (fig. 308).

1 Jügelhaus, neues Portal, 1953 | 1 *Jügelhaus*, new portal, 1953

Ferdinand Kramer – Architekt kritischer Theorie

Alexander Kluge im Gespräch mit Matthias Schirren

Ferdinand Kramer – Architect of Critical Theory

Alexander Kluge in discussion with Matthias Schirren

Herr Kluge, Sie gelten auch als Chronist der Kritischen Theorie, die unter dem Rektorat des aus dem amerikanischen Exil zurückgekehrten Max Horkheimer und mit Theodor Adorno an der Frankfurter Universität nach dem Zweiten Weltkrieg eine neue Heimstatt bekommen hatte. Mit Ferdinand Kramer, den man als den Architekten der Kritischen Theorie bezeichnen könnte und der mit den Mitgliedern des Instituts für Sozialforschung auch während des Exils in den USA engere Verbindung unterhielt, sogar für sie entworfen hatte, haben Sie in Frankfurt eine Zeit lang auf einem Flur gelebt?

Ich war 1956 bis 1958, nach Abschluss meiner Dissertation über die universitäre Selbstverwaltung, die ich bei Rudolf Reinhardt in Marburg geschrieben hatte, in Frankfurt Referendar im Universitätskuratorium. Da habe ich mit Frieder Rau, dem Kurator der Universität, der zu den engsten Verbündeten Kramers an der Universität gehörte und sehr viel für ihn getan hat, zusammengearbeitet. Ich wohnte zuerst in einem der Gästezimmer der Universität im Dachgeschoss des Hauptgebäudes, wo auch Kramer mit seiner Frau eine kleine Dienstwohnung bezogen hatte (Abb. 2). Später wohnte ich einige Zeit in einem der Gästezimmer der Biologischen Institute, die Kramer ebenfalls gebaut hat. Dort habe ich dann eine ganze Menge Geschichten für die Lebensläufe geschrieben, mein erstes erzählerisches Buch, das 1962 erschien.

Wir führen dieses Gespräch an einem Wochenende des Jahres 2015, für das der Bundesaußenminister die Ankunft von 40.000 weiteren Flüchtlingen aus Syrien und anderen Staaten in München, wo Sie heute wohnen, prognostiziert hat. Erlangt die etwas spröde, streng rationale Architektur des Remigranten Ferdinand Kramer, die Kritiker trocken und gar menschenunfreundlich genannt haben, unter den Bedingungen unserer Zeit neue Aktualität?

Mr. Kluge, you are considered one of the chroniclers of *Critical Theory*, which found a new home after World War II under the vice chancellorship of Max Horkheimer, who had returned from exile in America, and with Theodor Adorno at Frankfurt University. One could call Ferdinand Kramer the *Critical Theory* architect. In addition to maintaining a close relationship with the members of the Institute for Social Research during their joint exile in the United States, he also designed for them there. Did you run into him in the corridors?

After completing my dissertation on university self-administration, which I wrote under Rudolf Reinhardt in Marburg, I was a trainee in

2 Wohnung Ferdinand Kramer, 1953 | 2 Apartment of Ferdinand Kramer, 1953

3 Philosophicum, 1960
3 *Philosophicum*, 1960

4 Peter Zumthor, Serpentine-Pavillon, London, 2011
4 Peter Zumthor, Serpentine Pavilion, London, 2011

Sagen wir mal so, die beiden Dinge hängen ja historisch nicht genau zusammen. Ich glaube auch nicht, dass man zu Ferdy Kramers Bauten nur rationale Architektur sagen kann. Es ist eine für Menschen gebaute Architektur. Insofern beharrt er gegenüber einem bloßen Funktionalismus, was immer das auch wäre, stets auf dem explizit menschlichen Gebrauchswert. Das ist eigentlich das, was man das Pathos seiner Bauweise nennen könnte. Das heißt, es gibt ein Aufsteigen von der Abstraktion zur Konkretion. Und die Konkretion, der Wahrheitsbeweis für gute Baukunst, erweist sich, wenn Leben im Bau ist. Und das gilt natürlich auch für Flüchtlingsunterkünfte.

Eines der radikalsten Gebäude Kramers auf dem von ihm ja im Ganzen verantworteten und nach amerikanischem Vorbild, wenngleich dann innerstädtisch realisierten Campus Bockenheim ist das Philosophicum (Abb. 3). Ein Stahlskelettbau, der aller repräsentativen Elemente zu entbehren scheint, der ganz aufzugehen scheint in der Funktion, möglichst variable und neutrale Räume zur Verfügung zu stellen.
Brecht sagt ja, die klassischen Maße und die Wirklichkeiten in unserer Gesellschaft seien in die Funktionale gerutscht. Da ist der Begriff des Funktionalen ganz anders gebraucht. Positiv gewendet müsste man fragen: Ist die Architektur für den Gebrauch geeignet? In dem Sinne von: Wie erfüllt sie Funktionen qualitativ? Der Funktionalismus ist zunächst einmal eine abstrakte Planungsidee. Bei Ferdy Kramer ging das induktiv. Er überlegte zusammen mit dem Kurator Rau, zusammen mit Professoren, mit Gelehrten, wie hängen eigentlich Philosophie und andere Wissenschaften so zusammen, dass man Übergänge zwischen ihnen begünstigt und nicht Scheidewände errichtet. Also, dass sich keine Trennung zwischen Instituten herstellt, sondern die Institute wachsen können, sie können sich aber auch verkleinern. Das heißt, er machte einen Evolutionsraum für die Wis-

Frankfurt on the university board of trustees from 1956 to 1958. I worked there with Frieder Rau, the curator of the university, one of the closest allies of Kramer at the university and someone who had done a lot for him. I lived initially in one of the university guest rooms in the attic of the main building, where Kramer and his wife had moved into a small official residence (Fig. 2). I later lived in one of the guest rooms of the Institutes of Biology, which Kramer also built. I wrote there a great many stories for the resumes, my first narrative book, which was published in 1962.

We're having this discussion on a weekend in 2015, when the German Foreign Minister has predicted the arrival of 40,000 more refugees from Syria and other countries in Munich, where you live now. In today's situation, has the somewhat brittle, rigorously rational architecture of the returned emigrant, Ferdinand Kramer, who critics called dry and even misanthropic, regained relevance?
Let's put it this way, both things don't fit exactly together historically. I also don't think that one can call Ferdy Kramer's buildings only rational architecture. It is architecture built for human beings. To that extent he always resists simple functionalism, whatever that might be, in favor of an explicit value of human utility. You could call that the pathos of his method of building. Which means there is a progression from abstraction to the concrete. And the concrete, the acid test for good architecture, is proven when there is life in the building. And of course that is also true of refugees' lodgings.

One of Kramer's most radical buildings on Bockenheim Campus – for which he was responsible as a whole, which had an American model, although it was implemented as an inner-city campus – is the *Philosophicum* (Fig. 3). A steel frame building, which seems to avoid any trace of pomp, with rooms that are optimally variable and neutral.
Brecht says, yes, classical proportions and the realties in our society have

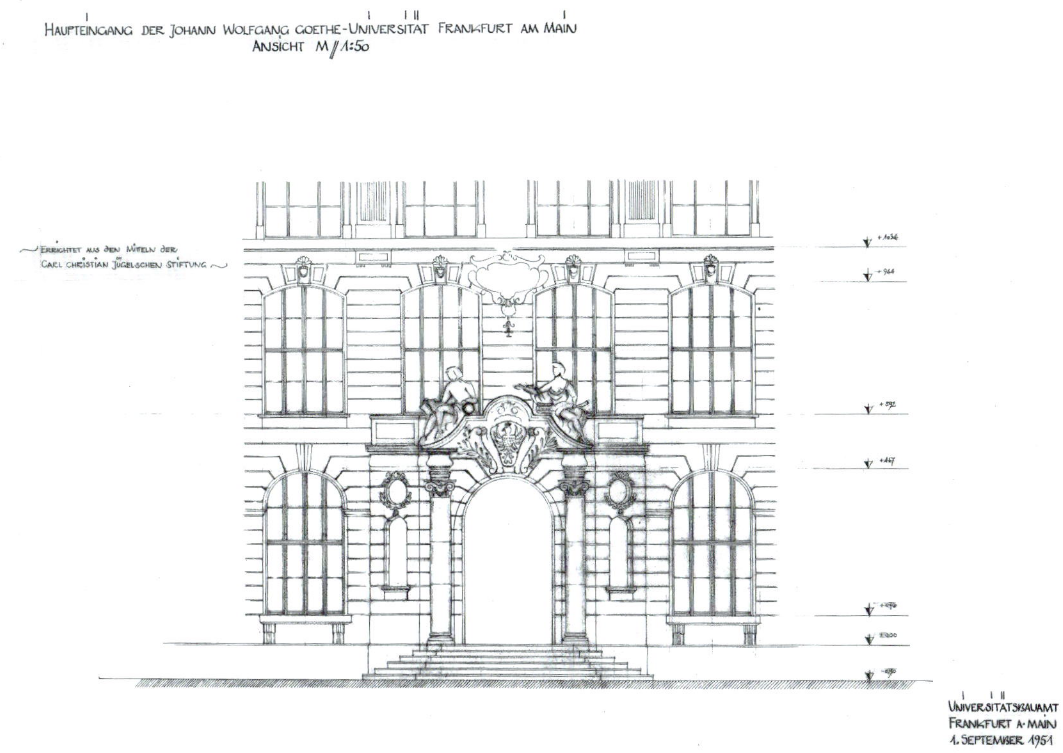

5 Jügelhaus. Ansicht Portal, 1951
5 *Jügelhaus*. Elevation drawing of the portal, 1951

senschaft. Keiner weiß ja, wie die Evolution einer Wissenschaft verläuft. Deshalb musste das so gebaut werden, dass es sich in allen Richtungen verändern ließ, wie bei einer Zelle im menschlichen Körper.

Sie haben einmal, 2011 in Ihrer Rede zum Pavillon von Peter Zumthor für die Serpentine Gallery in London, die Architektur mit einem Garten verglichen, also etwas Lebendigem, das gepflegt werden muss, damit es sich zum Wohle der Menschen, die diese Gärten einerseits bevölkern, sie aber andererseits auch als Bilder in sich tragen, entwickeln kann (Abb. 4). Ist es also eine Art gärtnerische Offenheit, die den Architekten Kramer und seine Bauten auszeichnet?
Absolut! Sie können Dompteur sein, also: Herrscher sein, und Bestien bändigen und Sie können Gärtner sein. Und dann müssen Sie den Pflanzen Raum geben zum Wachsen, die Möglichkeit, dass sie sich entfalten. Gärtner ist ja ein sehr umfassender Begriff.

Den Schnitt, den Kramer 1951 am Jügelhaus, dem damaligen Hauptgebäude der Universität, vollzog, indem er den im Krieg unzerstört gebliebenen Eingang komplett neu gestaltete, den würden Sie auch als eine Art gärtnerischen Schnitt sehen wollen (Abb. 1 und 5)?
Das ist nicht nur ein Schnitt, das ist ein Befreiungsschlag, der den Bau von seinem neobarocken Portal, das allein dekorative und ornamentale Bedürfnisse erfüllte, befreite. Kein Mensch braucht so hohe Türen. Was man aber damals brauchte, waren mehrere Türen nebeneinander, durch die mehrere Menschen zugleich das Haus betreten beziehungsweise verlassen konnten.

In den 2012 erschienenen Neuen Lebensläufen haben Sie Ferdinand Kramer ein Denkmal gesetzt. Er ist dort Protagonist dessen, was Sie die „einzige

slid into the functional. Functionalism as a term is used completely differently there. Put positively one would have to ask: is the architecture suitable for the use? In the sense of how does it qualitatively fulfill a function? Functionalism in first approximation is an abstract planning idea. With Ferdy Kramer that was inductive. Together with the curator Rau, professors and academics, he thought about how philosophy and other sciences are connected, so that one could facilitate transitions between them, and not put up walls between them. So that meant not creating a division between institutes. Instead, the institutes can grow, but they can also shrink. And that meant he was creating a space to evolve for science. No one can say how the evolution of a science will proceed. Therefore the building must be constructed to be able to change in all directions, like a cell in a human body.

In, 2011, in your speech about the Pavilion by Peter Zumthor for the Serpentine Gallery in London, you compared architecture with a garden, something living which has to be cared for, so that it can develop for the benefit of the human beings who on the one hand inhabit the gardens, but on the other hand bear images of these gardens within them (Fig. 4). Does a kind of gardening candor characterize the architect Kramer and his buildings ?
Absolutely! You can be a trainer of animals, that is: a ruler, and tame the beasts, and you can be a gardener. Then you have to give the plants room to grow and the opportunity for them to develop. Gardener is a truly comprehensive term.

Would you want to view the revamping which Kramer carried out in 1951 on the *Jügelhaus*, the former main building of the university, by taking the building entrance which was intact after the war, and completely redesigning it, as a kind of weeding out the garden (Figs. 1 and 5)?

6 Jügelhaus, Portalbeschriftung „Karl Marx Universität", 1968
6 *Jügelhaus*, inscription on the portal: "Karl Marx Universität", 1968

7 Hörsaalgebäude I, Ferdinand Kramer im Hörsaal, 1958
7 Auditorium I, Ferdinand Kramer in the lecture hall, 1958

realisierte Liebe in dieser Zeit nennen: Liebe zur Baukunst". Und man muss die Betonung hier wohl auf das Wort „realisiert" legen, denn alle anderen Liebesbeziehungen, die Sie in dem Text schildern oder auch nur erwähnen, einschließlich derjenigen Adornos zu einer Geliebten, die ihn just 1968 verließ, scheitern. Sie schildern Kramer als einen Mann, der in seiner beruflichen Tätigkeit ganz aufgeht, der auch nachts um die von ihm entworfenen Gebäude auf dem Campus Bockenheim herumstreicht.

Das ist ein Porträt des Wintersemesters 1968. Es heißt „Die Küche des Glücks". Ferdinand Kramer war zu diesem Zeitpunkt schon in Pension. Aber die Räume, die er gebaut hat, die spielten eben noch eine Rolle. In diesem Jahr 1968 war der Eingang zum Jügelhaus, in dessen erstem Stock Adorno seine Seminare abzuhalten pflegte und in dem Niklas Luhmann ihn 1968 für ein Semester vertrat, überschrieben nicht mehr mit Johann Wolfgang Goethe Universität, sondern war diese Inschrift ihrerseits überschrieben mit Karl Marx Universität (Abb. 6). Kramers Räume waren die Gefilde, in denen sich jetzt die Protestbewegung entfaltete. Das konnte er ja nicht vorhersehen. Eine Universitätsbauplanung kann so was nie vorhersehen. Das ist dann auch wieder schnell verschwunden. Aber für einige Monate gab es diese selbstbewusste Gegenuniversität, wenn man so will. Und das erwies sich als eine Blüte der Intelligenz in der Protestbewegung. Im Gegensatz zu dem stärker rhetorischen Flügel der Protestbewegung in Berlin hielt man hier in Frankfurt strikt am Erfahrungsbegriff fest. Ganz im Sinn der Kritischen Theorie – zumindest zeitweise. Die studentischen Rebellen haben die Bauten Kramers oft beschimpft. Sie haben von ihnen aber – das gilt für Teach-ins im Hauptgebäude im Raum zwischen Kramers Haupteingang und dem Rektorat ebenso wie für den großen Kramer'schen Komplex der „geschichteten Hörsäle" – auch lebhaft Gebrauch gemacht (Abb. 7). Und die Besetzung des Rektorats durch die Studenten wurde erleichtert, weil es nach Kramers Idee zu ebener Erde lag, demokratisch, dort, wo Menschen hineinkommen, nicht obrigkeitlich, so dass ich Treppen hinaufgehen muss, um zum Rektor zu kommen. Das sind alles Gedankengänge von ihm. Und sie passen eigentlich auffällig zu den Bedürfnissen des studentischen Protests. So wie sie auch zu einer glanzvollen Universität passen.

That was not just revamping, that was a blow for freedom, which liberated the building from its neo-Baroque portal, which was only there to fulfill the need for decoration and ornament. No human being needs such tall doors. What they needed at the time were several doors alongside each other, so several people could leave or enter the building at once.

In *Neuen Lebensläufen* (New Resumes), published in 2012, you created a monument to Ferdinand Kramer. He is the protagonist of what you call the "only realized love at that time: the love of architecture". And one should place the emphasis here on the word "realized", because all the other love relationships that you depict in the book or only just mention, including Adorno's to a lover who had just left him in 1968, fail. You depict Kramer as a man who completely blossoms in his professional activity, who wandered in and out of the buildings he had designed on Bockenheim Campus at night.

That's a portrait of the winter semester in 1968. It's called "Die Küche des Glücks" (The Kitchen of Happiness). At that point in time Ferdinand Kramer was already retired. But the rooms he had built still played a role. In 1968 the entrance to the *Jügelhaus*, the second floor of which was reserved for Adorno's seminars, where Niklas Luhmann stood in for him in 1968 for one semester, no longer bore the inscription of Johann Wolfgang Goethe University. Now, it was Karl Marx University (Fig. 6). Kramer's rooms were now the realm where the protest movement was unfolding. He could not have foreseen that. That's not included in architectural planning for a university. That's something that also disappears quickly. But for a few months there was this self-confident counter-university, if you will. And it became a real blossoming of intelligence in the protest movement. In contrast to the more rhetorical wing of the protest movement in Berlin, in Frankfurt one stuck firmly to the terms of experience. Exactly as described in *Critical Theory*, at least for a while. The student rebels often berated Kramer's buildings. But they also made lively use of them – that goes for teach-ins in the main building in the space between Kramer's main entrance and the vice chancellor's office as well as the large Kramer complex of "layered auditoriums" (Fig. 7). Occupying the vice chancellor's office was easy for the students, because thanks to

Einer Ihrer ersten Filme, er wurde 1960 gedreht, handelt vom Reichsparteitagsgelände in Nürnberg.
Brutalität in Stein.

Und da kombinieren oder montieren Sie die Bilder dieser Nürnberger Ruinen mit Marschmusik und Propagandareden der Nazis. Welche Musik würden Sie der Kramer'schen Architektur konnotieren?
Ich würde zögern zu sagen: Schönberg. Aber die Filmmusik aus Alban Bergs Oper *Lulu* würde ich schon für adäquat halten. Ich hielte aber auch Musik von Bernd Alois Zimmermann für geeignet, weil der in den *Soldaten* auch zarte Stellen hat. Außerdem etwas Bellini, etwas Nono, das heißt, ich würde Kramers Bauten niemals bloß auf eine Musik stimmen können. Weil er sehr differenziert baute.

Max Horkheimer hat den filigranen Schreibtisch, mit dem Kramer das Rektoratszimmer möbliert hatte, alsbald entfernen und wieder durch einen schweren, dunklen Holzschreibtisch ersetzen lassen (Abb. 8).
Horkheimer war kein Konservativer. Er war ein Mensch, den ich sehr achte. Aber geschmacklich war er oft blind. Er hat die Qualitäten von Kramer nicht begriffen. Er hat die Charakteristik von ihm, seine Fähigkeiten, sehr wohl begriffen. Aber die Qualitäten der Bauten und Möbel hat er nicht verstanden.

Ist die künstlerische Qualität von Kramers Bauten in einem von Adorno notierten Traum besser aufgehoben: Adorno träumte, Kramer habe seine architektonische Tätigkeit ganz aufgegeben und widme sich nun ausschließlich der Malerei, und zwar unter anderem von Tieren, die man aus den Bildern herausziehen konnte und streicheln. Das Ganze im Stil von Cézanne gemalt und in morgendlich rosafarbener Lichtstimmung?
Ja, das ist sehr freundschaftlich gesehen und eigentlich auch sehr stimmig. Sie dürfen auch nicht unterschätzen, wie genau Kramer in seinen Geschmacksurteilen war. Eines Tages hatte er die Idee, man benötige für das studentische Wohnheim bestimmte Zudecken, wie es sie nur in Kanada gab, die eine purpurrotbraune Farbe hatten. Die zierten dann die Betten (Abb. 9). Das heißt, es kamen Farbpunkte in dieses doch etwas Graue seines Baus hinein, die absolut etwas mit Malerei zu tun hatten. – Das heißt, er ist ein Künstler, aber keiner, der diese etwas affige romantische Idee hat, dass der Künstler irgendwie ein Herrscher sei. Die Kunst dient. Es ist eine Mischung aus Autorität und Demut, die sich in seiner Person verbindet. Wie man überhaupt immer zwei Aussagen machen soll. Er selbst drückte sich ja weniger durch intellektuelle Sprüche als durch seine Arbeit aus.

Geben Sie ein Beispiel?
Nehmen wir mal seinen Bibliotheksbau. Da sagt er: Man muss die Bücher und die Menschen so eng zusammenführen, wie man kann. Er ging davon aus, dass man „Cubicals", also Schlafgelegenheiten und Arbeitsräume mitten zwischen den Büchern benötigt. Man muss auch eine Geliebte empfangen können. Aber man muss auch gleich daneben arbeiten und auch lesen können. Je näher ich das zusammenrücke, meinte er, desto menschlicher werden die Bücher und desto klüger, also buchähnlicher, werden die Köpfe.

In der Einweihungsrede zum Philosophicum verwahrte sich Kramer dagegen, es sei die Aufgabe des Architekten, eine Arbeitsatmosphäre zu schaffen. Vielmehr sei es seine Aufgabe, das richtige Licht zu schaffen. Also statt Arbeitsatmosphäre Arbeitslicht.

8 Rektoratszimmer Max Horkheimer, 1953
8 Vice Chancellor Max Horkheimer's office, 1953

Kramer it was democratically located at ground level, where people came in, not on some authoritative upper floor, so that I have to climb a flight of stairs to see the vice chancellor. Those were all Kramer's ideas. And they fit rather well to the needs of student protests. As well as to a magnificent university.

One of your first films, it was produced in 1960, was about the Reich party congress grounds in Nuremberg.
Brutalität in Stein [Brutality in Stone].

You combine or montage the pictures of the Nuremberg ruins with march music and Nazi propaganda speeches. What music would Kramer's architecture connote?
I would hesitate and say: Schönberg. But I would also think the film music from Alban Berg's opera *Lulu* would fit. Although Bernd Alois Zimmermann's music would be suitable, too, because there are also tender places in the *Soldiers*. And then Bellini, some Nono, so I would never assign a specific music to Kramer's buildings. Because his buildings are highly nuanced.

Max Horkheimer was quick to replace the filigree writing desk which Kramer designed for the vice chancellor's office, with a dark, heavy wood writing desk (Fig. 8).

9 Walter-Kolb-Studentenhaus, 1961 | 9 Walter Kolb Student Residence, 1961

Ich nehme bei jemandem wie Kramer das, was er tut, als seine Theorie und nicht das, was er sagt. Er sagte manchmal auch etwas, um andere Leute zu ärgern. Er ist ja nicht ohne aggressive Tendenzen gewesen. Und wenn er dann die staatliche Hochbauverwaltung vor Augen hatte, die ihm sagte: Also Mathematiker kriegen zwar zwei Armlehnen an ihre Sessel und einen Sessel und nicht bloß einen Stuhl, aber es ist ausgeschlossen, dass sie eine Liege in ihrem Raum haben. Er aber wusste von den Mathematikern: Die müssen liegen, um zu denken, um das, was in ihrem Kopf umhergeht, abzulesen. Dann sah er die Liegen vor (Abb. 10). Und kriegte natürlich Ärger mit dem Rechnungshof.

Und da kamen Sie dann ins Spiel?

Ich war Jurist, verstehen Sie, meine Aufgabe im Kuratorium der Universität war im Grunde, das, was Kramer tat, zu verteidigen. Nach außen, zur Hochbauverwaltung des Landes Hessen, die versuchte, beim Universitätsbau Mitzuständigkeit zu erwerben, und gegenüber den Professoren, die durchaus reaktionär dachten, also gewohnheitsmäßig, im Sinne von: traditionell. Da ging es darum, das, was Kramer dann unter Umständen auch als Beschimpfungen formuliert hat, wieder so zurechtzurücken, dass es übereinstimmte mit dem, was er tatsächlich baute.

Horkheimer was no conservative. He was someone whom I truly esteemed. But from a standpoint of taste he was often blind. He didn't understand Kramer's qualities. He understood very well Kramer's character, his abilities. But he didn't understand the qualities of the buildings or the furniture.

Is the artistic quality of Kramer's buildings better expressed in a dream Adorno wrote down? Adorno dreamt that Kramer had given up entirely his architectural activity to devote himself to painting, to paintings of animals which one could take out of the paintings and pet. Painted in Cezanne's style in the pink light mood of morning.

Yes, that is the dream of a friend and actually very accurate. You should not underestimate how exact Kramer was in judgment of taste. One day he had the idea that the student dormitory needed certain bed covers that only existed in Canada, which had a purple brown color. They decorated later the beds (Fig. 9). Which meant in his somewhat grey building that points of color were interspersed, which definitely had something to do with painting. So, Kramer is an artist, but not one of those artists with the silly romantic idea, that the artist is some kind of ruler. Art is there to serve. It's a mixture of authority and humility, which were combined in his person. How one is supposed to make two statements at all times. Kramer expressed it less with intellectual sayings and more with his work.

Can you give an example?

Let's take his library building. He said that the books and the people should be brought together as closely as possible. He assumed that one needed cubicles, that is, places to sleep and workspaces in the middle of the books. One had to be able to meet with a lover there, too, but a fellow student should be able to work and read there at the same time. The more I bring the books and the people together, the more human the books become, and the more intelligent, that is, book-like, the minds become.

In the inauguration speech for the *Philosophicum* Kramer criticized the idea that it was the job of the architect to create a work atmosphere. Instead, the architect should concentrate on creating the right light, that is work lighting instead of work atmosphere.

With someone like Kramer, I take what he does for his theory and not what he says. Sometimes he said things to irritate people. He had his aggressive side. And when he had the people from the State Department of Construction in front of him, who are telling him that a mathematician gets two armrests on his armchair and an armchair and not just a chair, but that it's out of the question that he might have a couch in his room. But Kramer knew that the mathematicians had to lie down in order to think, in order to read what was going on in their heads. So he provided the room with a couch (Fig. 10) and of course had a problem with the Accounting Office.

And then you had to get involved?

You see, I was a lawyer, my job in the university board of trustees was basically to defend what Kramer did. Externally, to the Department of Construction of the State of Hesse, which was trying to acquire co-responsibility in the university construction, and with the professors who were thoroughly conservative, in the sense of being creatures of habit, of being traditional. My job was to reconcile what Kramer might have formulated as an insult with what he actually built.

Und die Kritische Theorie?

Bei Kramers Bauten ging die Idee des Planens so weit in die Konkretion, dass er sich wirklich eine Vorstellung machte, was hinterher in den Bauten stattfinden könnte. Und das ist eine künstlerische Tätigkeit par excellence. Das ist Imagination und die braucht viel Liebe und Emotion. Ich sehe den Künstler überhaupt nicht darin, dass er sich zu einem Formgestalter aufschwingt, der über die Verhältnisse verfügt. Er ist vielmehr in der Lage aus dem, was ist und was sein könnte, innere Einheiten zu bilden, sowohl Mikroskop zu sein als auch Teleskop. Und das bedingt auch seine Stellung – respektive die Kramers – zur Kritischen Theorie. Gerade weil er eigentlich überhaupt keine Anstalten machte, sich theoretisch auszudrücken, gehört er zum festen Bestand dieser Frankfurter Schule.

Das Gespräch wurde am 12. September 2015 geführt.

And *Critical Theory?*

With his buildings Kramer's idea of planning was so concrete that he really had an idea of what was going to happen in the buildings afterwards. That's artistic activity par excellence. That's imagination, and that takes a lot of love and emotion. I don't see the artist in the dictation of form at all, who has a command of proportion. It is more in the capacity to form inner unity out of what is and what could be, both as a microscope and as a telescope. And that also defines his, Kramer's, position in *Critical Theory*. He was part of the Frankfurt School precisely because he made absolutely no pretense to express himself theoretically.

The conversation was held on September 12, 2015.

10 Amerika-Institut und Englisches Seminar. Ruhepause, 1954 | 10 *Amerika-Institut* and English Seminar. Break, 1954

1 Hörsaalgebäude, Treppenhaus, 2015 | 1 Auditorium, stairway, 2015

„Aus diesem Philosophicum weht mich der pure Nihilismus an“

Martin Mosebach im Gespräch mit Wolfgang Voigt und Philipp Sturm

“This Philosophicum exudes pure nihilism for me”

Martin Mosebach in discussion with Wolfgang Voigt and Philipp Sturm

Ferdinand Kramer, der Baudirektor der Universität, hat zwischen 1952 und 1964 zahlreiche Wissenschaftsbauten in Frankfurt errichtet. In welchen von ihnen haben Sie wann studiert?
Mein Jurastudium bis zum ersten Examen begann 1970 und endete 1977; diese Zeit habe ich an der Frankfurter Universität verbracht, unterbrochen von zwei Jahren in Bonn und einem Krankheitsjahr. Die Vorlesungen fanden in den Kramer'schen Hörsälen statt. Meine Sechswochen-Arbeit habe ich in einem Carrel, einem Blechkabäuschen in der Universitäts-Bibliothek, geschrieben. Ich war froh, in den Carrel überwechseln zu können, denn der Aufenthalt in der Juridicum-Bibliothek war fast unerträglich wegen des eigentümlich feuchten Klimaanlagen-Dunstes mit dem fatalen Geruch, der dort herrschte (Abb. 1–2).

Wie haben Sie, als Sie als Kind im Westend aufwuchsen, das Neubaugeschehen auf dem Universitätscampus Bockenheim wahrgenommen?
Als ich Kind war, war der Campus vor dem neubarocken Universitätsgebäude noch ein großes Schrebergartengelände, das von einigen Jugendstilhäusern gesäumt wurde. Als Erstes sind wohl das Studentenwerk und die alte Mensa entstanden; dann verwandelte sich dieser Schrebergarten in eine riesige morastige Erdwüste und es entstanden nach und nach Juridicum und neue Mensa. Dort, wo die neue Mensa heute steht, stand ein kleines hübsches Haus, die „Villa Sorgenfrei“ mit einer kleinen Freitreppe und einer Terrasse im ersten Stock. Dieses Haus, umgeben von wüster Bauerei, behauptete sich noch eine Weile, es waren Büros darin untergebracht – es war ein Anblick wie bei der Sintflut, wenn sich die Wassermassen immer weiter erheben und schließlich den letzten Gipfel verschlucken; und dann war die „Villa Sorgenfrei“ auch verschwunden. Zur Bockenheimer Landstraße hin standen noch zwei größere Jugend-

Between 1952 and 1964 Ferdinand Kramer, the University architect, built scores of science buildings in Frankfurt. Which ones did you study in?
My law studies up to my exams began in 1970 and ended in 1977. At the time I was attending Frankfurt University, with two years off in Bonn and one year off for illness. I went to lectures in the Kramer lecture halls. I wrote my term paper in a booth, a sheet metal cubbyhole in the University library. I was glad to be able to move to the booth, because the *Juridicum* library was almost unbearable as the air-conditioning gave off strange, awful smelling, damp fumes (Figs. 1–2).

As a child growing up in the Frankfurt Westend, what was your impression of the new construction on the University campus in Bockenheim?
When I was a child, the campus in front of the neo-Baroque university building was still a large grounds with allotment gardens framed by a few *Jugendstil* houses. The first buildings to go up were the *Studentenwerk* and the old cafeteria. When the *Juridicum* and the new cafeteria were built, the allotment garden turned into a huge mud hole. There was a pretty little house where the new cafeteria stands today, the *Villa Sorgenfrei*, with a little outside staircase and a terrace on the first floor. It held its own for a while in the midst of the furious construction, housing some offices. The whole process was like a view of the flood, when the waters were rising higher and higher, and when they swallowed the last peak, the *Villa Sorgenfrei* was gone, too. On the Bockenheimer Landstrasse side there were two even larger *Jugendstil* houses. The Louise Pollinger, a very good stationery store, and the bookshop Peter Naacher were located on the ground floors. The Naacher was operated by the famous bookseller, Melusine Huss. One day, in the final phases of these buildings' existence, while I was picking up a volume of Edgar Allan Poe,

2 Juridicum und Juristisches Seminar, 1980
2 *Juridicum* and Law Seminar, 1980

stilhäuser, in denen unten das Geschäft von „Louise Pollinger", ein sehr gutes Papiergeschäft, und die Buchhandlung „Peter Naacher" waren; Naacher wurde von der berühmten Buchhändlerin Melusine Huss geleitet. In der Endphase dieser Häuser, als ich gerade in der Buchhandlung ein Büchlein von Edgar Allan Poe abholte, knallte unmittelbar neben mir ein schmiedeeisernes Balkongitter aus dem dritten Stock auf die Straße. Diese Erinnerung steht für die Atmosphäre von Abbruch und ruinöser Unfertigkeit, in der das ganze Gelände lange verharrte (Abb. 3).

Die Umgestaltung des Hauptportals am Jügelhaus war seinerzeit äußerst umstritten. Wie beurteilen Sie seinen neuen Eingang?
Die fünfziger und sechziger Jahre waren in der Wohnhaus-Architektur das Zeitalter des „Blumenfensters" – die Zimmer bekamen ein möglichst großes rechteckiges Loch, in das das Licht hereinströmen sollte und das mit möglichst vielen Schlingpflanzen zugestellt wurde. Das Kramer'sche Portal für die Universität ist für mich ein solches Blumenfenster – ein Eingangsschacht, kein Portal, das mit seinem schmucklosen Design an das Edel-Industrie-Design dieser Zeit erinnert, an Braun-Plattenspieler und Apfelsinenpressen. In dem Herdentrieb, dem die Kinder sehr häufig verfallen, empfand ich dieses Portal gewiss nicht als „schön", aber ich fühlte, daran erinnere ich mich noch ganz genau, dass dies jetzt etwas „Angesagtes" war. Heute ist das Portal für mich natürlich selbst schon wieder etwas Altmodisches geworden. Die Gefühllosigkeit, mit der es unter Missachtung der Neubarock-Elemente in das Haus hineingeschnitten ist, hat jetzt etwas von dem verzweifelten Versuch, der hochgemuten Gründerzeit zu beweisen, wie wenig man von ihr beeindruckt ist (Abb. 4).

a wrought iron balcony lattice crashed down on the street right next to me. That memory expresses the atmosphere of demolition and hapless incompleteness which reigned for a long time on the allotment garden grounds (Fig. 3).

The re-design of the main portal of the *Jügelhaus* was very controversial at the time. What is your opinion of the new entrance?
The 1950s and '60s was the era of the "flower windows" in residential architecture. The largest possible rectangular opening was cut into the room, supposedly to let in lots of light and be draped with climbing plants. The Kramer portal for the University is a kind of flower window

3 Jügel- und Studentenhaus. Aquarell, ca. 1952
3 *Jügelhaus* and Student Residence. Watercolor, around 1952

4 Jügelhaus, freigelegter Stuck des ursprünglichen Hauptportals, 2015
4 *Jügelhaus*, exposed stucco from the original main entrance, 2015

Die Hörsaalzentren finden bei Ihnen besonders wenig Begeisterung. Was missfällt Ihnen an ihrer Architektur?
Es waren diese Treppenhäuser und Hörsäle für mich der entscheidende Grund, warum ich mich so wenig wie möglich an der Universität aufgehalten habe. Diese Räume waren für mich jedenfalls von einer buchstäblich erstickenden Hässlichkeit. Die Hörsäle ohne Tageslicht unter kalter Neonbeleuchtung gaben mir das Gefühl, dass ich mein Leben in ihnen versäume, die Treppenhäuser sind so niedrig, dass sie auch ohne Menschenmenge einem auf den Kopf zu fallen scheinen. Wenn sich darin aber eine große Menge aufhielt, wurde mir wahrhaft klaustrophobisch zumute. Die Materialien, vor allem die hellgelben glasierten Klinker gemahnten an Räume, die mit dem Wasserschlauch gereinigt werden – an Schlachthöfe und Pissoirs. Die Treppenschächte waren finstere Schluchten, die Betonpfeiler roh wie in einer Tiefgarage. Jetzt müssen Sie sich das Ganze nur noch in dem Zustand vorstellen, in dem es sich in den siebziger Jahren befand, nämlich verdreckt und beschmiert wie in einem asozialen Slum. Und ich habe die Versuchung, diese Gebäude zu bekritzeln, mit Plakaten zu bekleben, zu verschmieren sogar verstanden – es war ein gewiss überwiegend unbewusster Versuch, diese Produktionshallen des Geistes irgendwie zu vermenschlichen (Abb. 5–6).

Können Sie der verglasten Westfassade des Hörsaalzentrums mit den dahinterliegenden gestapelten Treppen etwas abgewinnen?
Diese Fassade ist tagsüber natürlich einfach eine nichtssagende Industriefassade, aber abends oder in der Nacht, wenn sie erleuchtet und als große Laterne erscheint, ist das Treppengerüst hinter ihr, auf dem sich hinter dem Milchglas die Schatten bewegen, durchaus reizvoll. Aber natürlich ist das kein Gebäude im Sinne einer Skulptur – es ist Gerüst und dafür dann wieder sehr massiv (Abb. 7).

– more an entryway than a portal, whose lack of adornment was an echo of the elegant industrial design of the time, the Braun record players and orange juice squeezers. In the herd mentality which frequently takes over children, I certainly did not think of the portal as beautiful, but I sensed, and I can remember this very well, that it was part of a trend. Today, of course, the portal looks old-fashioned to me. The insensitivity to the neo-Baroque elements of the building it passes through has something of the desperate attempt to show how little one should be impressed by the building around it (Fig. 4).

You were particularly unenthusiastic about the lecture halls. What didn't you like about their architecture?
The stairways and lecture halls were the main reasons I stayed away from the university whenever I could. I found those spaces literally suffocatingly ugly. The lecture halls were devoid of daylight and lit with cold neon lighting, which gave me the feeling that my life was wasting away in them. The stairways were so low that even when they weren't crowded they seemed about to fall on my head, and when they were crowded I did actually feel claustrophobic. The materials, especially the light yellow, glazed clinker bore an uncomfortable resemblance to spaces that are hosed down to clean them, slaughterhouses and lavatories. The stairwells were dreary canyons, the concrete pillars as raw as underground garages. Just imagine the whole thing as it was in the 1970s, dirty and besmeared like a slum. I really understood the temptation to scribble things on these buildings, to plaster them with posters, or even to spray something on them. It was almost certainly an unconscious desire to humanize these intellectual factory facilities (Figs. 5–6).

Is there anything you do appreciate about the glazed west façade of the auditorium centre with the stairs stacked behind it?
During the day, of course, the façade is an industrial façade with nothing to say, but at night when it is illuminated and it looks like a huge lantern, then the framework of stairs behind it and the moving shadows behind the frosted glass are really charming. But it's not a building in the sense of a sculpture. It's a frame and a very massive one at that (Fig. 7).

Light yellow clinker, grey painted banisters and square steel balustrades, with blue doors and door jambs. Was Kramer's use of colors and materials simply functional or was there an aesthetic aspect to it?
Colors are particularly subject to fashion, so Kramer can't be blamed for the colors he selected. They were the colors of the time. But they were particularly sad, washed out colors. The pallid yellow, insipid with too much white, the concrete grey, the dead blue one sees on pipes in industrial parks, it all comes together as dreary and sad. They were non-colors, which was apparently the way they were supposed to be. The architecture expressed a notion of what ought to be conveyed in a university. It could be called a determined materialism, a denial of intellect and a reduction of education to technology. Somehow the slogan "den Arbeitern der Stirn und den Arbeitern der Faust" (to the Workers of the Mind and the Workers of the Fist) was still alive. The seminar-as-laboratory seemed to be the idea behind those kinds of buildings.

The university district heating plant, as a kind of industrial building, in your opinion is...
... The district heating plant has something which is totally missing from the other buildings: generous proportions. It has an imposing brick wall, which is usually beautiful when a famous architect hasn't tampered

Hellgelbe Klinker, grau lackierte Treppengeländer und Brüstungen in Vierkantstahl sowie blaue Türen und Türgewände. War Kramers Verwendung von Farben und Material allein nur zweckmäßig oder vielleicht auch ästhetisch gewünscht?

Farben sind in besonderem Maße Moden unterworfen; deshalb sind die Farben, die Kramer ausgewählt hat, ihm nicht ohne weiteres allein zum Vorwurf zu machen, das war Zeitgeschmack. Aber es waren ganz besonders traurige, erloschene Farben. Das mit viel Weiß geschwächte, fahle Gelb, das Betongrau, das tote Blau, wie man es von Röhren auf Industriegeländen kennt, dies alles fügte sich zu einem trüben, freudlosen Akkord. Das waren alles Nicht-Farben und das sollten sie vermutlich auch sein. Diese Architektur entstammt einer Auffassung von dem, was in einer Universität vermittelt werden soll, die man nicht anders als einen entschlossenen Materialismus nennen kann, eine Leugnung des Geistes, eine Reduzierung von Bildung auf Technik. Irgendwie war hier der Slogan von „den Arbeitern der Stirn und den Arbeitern der Faust" noch lebendig. Das Seminar als Labor – das ist vermutlich die Vorstellung gewesen, die hinter solchen Bauwerken stand.

Das Fernheizwerk der Universität – quasi als Industriebau – ist in Ihren Augen ...

... das Fernheizwerk hat etwas, was den anderen Bauwerken vollkommen fehlt: großzügige Proportionen. Es hat eine imponierende Ziegelmauer, die ja auch dann meistens sehr schön ist, wenn sie kein berühmter Architekt entworfen hat, und darüber die hohen atelierhaften Glasfenster – das wäre vielleicht sogar ein sehr eindrucksvolles Hörsaalgebäude geworden (Abb. 8).

Die Komposition des Komplexes des Botanischen Instituts am Palmengarten sowie der Pharmazeutischen Chemie und ihre Einbettung in den Grünraum zeigt Großzügigkeit. Wie empfinden Sie deren Architektur?

Bei beiden Gebäuden wirkt es günstig, dass sie Solitäre sind und nicht auf andere Architektur aus anderen Epochen stoßen. Und das technisch-laborartige, das auch diese Gebäude haben, passt zu ihrem Inhalt. Sie wirken erstaunlich zartgliedrig und bescheiden, sie haben etwas von einer Pavillon-Architektur, die auch wieder auseinandergenommen werden könnte und deshalb etwas Mobiles hat (Abb. 9–10).

Das Philosophicum gilt als Hauptwerk Kramers und wird zurzeit zum Studentenwohnhaus umgebaut. Sie kannten es schon als Student. Wie war Ihr Eindruck damals und wie ist er heute?

Die Raumlösungen Kramers sind wahrlich nicht sehr vielfältig – das hätte wohl auch seinen Prinzipien widersprochen. Das Geklonte, das seine Räume an sich haben, ist natürlich ästhetische Absicht, und so spüre ich denn bei aller technischen Kälte hinter diesen Gebäuden eine unerhörte Aggression: Feindschaft gegen jede Form von überliefertem Bauen, jede Form von gewachsenen Ensembles. Jetzt in der Phase des Abrisses und des Umbaus offenbaren diese Gebäude, da ihre Konstruktionsprinzipien nackt vor dem Betrachter stehen, ihre ganze trotzige Dürftigkeit: das

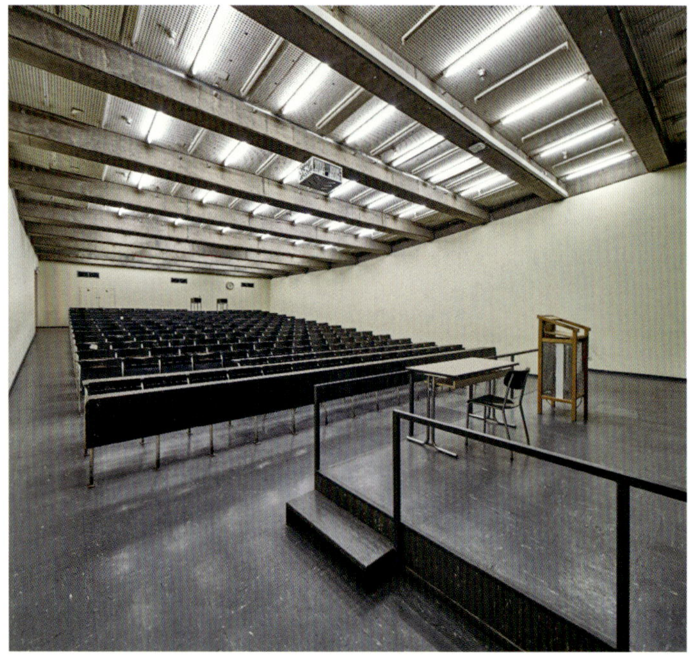

5 Hörsaalgebäude, Hörsaal, 2015
6 Hörsaalgebäude, Flur, 2015
7 Hörsaalgebäude, Treppenhaus, Westfassade, 2015

5 Auditorium, lecture hall, 2015
6 Auditorium, corridor, 2015
7 Auditorium, stairway, west façade, 2015

8 Fernheizwerk, 2015 | 8 District Heating Plant, 2015

Stangengerüst, das mit Platten geschlossen wird. Aus diesem Philosophicum weht mich der pure Nihilismus an, der ja immerhin auch eine philosophische Schule ist, wenngleich vielleicht nicht die erfreulichste.

Ihr Urteil zur Universitätsbibliothek, bei der damals Reformen, die man bislang nur aus dem angelsächsischen Raum kannte, zum ersten Mal in Deutschland realisiert wurden:
Über die praktisch-logistische Seite dieser Bibliothek möchte ich mich nicht aussprechen, sie mag gut funktioniert haben – es wäre ja auch noch schöner, wenn das nicht der Fall gewesen wäre, obwohl es geradezu zum Abzeichen des sogenannten Funktionalismus gehört, dass er nicht funktionstüchtig ist. Immerhin hat diese Bibliothek in Lesesaal und Eingangshalle nicht die gedrückte Enge, das Klaustrophobische vieler Kramer-Räume.

with it, and above it, the high, studio-style windows. It would've made an impressive lecture hall (Fig. 8).

The composition of the Botanical Institute complex in the Palmengarten and the pharmaceutical chemistry building embedded in the green belt display expansiveness. What do you think of their architecture?
It works for both buildings that they are freestanding and don't clash with architecture from other periods. The technical-laboratory touch they have too suits their content. They are astonishingly delicate and modest, with a kind of pavilion architecture that can be taken apart again, so it also has something mobile about it (Figs. 9–10).

The *Philosophicum* is considered Kramer's main work and is currently being rebuilt as a student apartment building. You were familiar with it when you were a student. What was your impression then and what is it today?
Kramer's spatial solutions are truly not too varied, which would have only violated his principles. The cloned quality that his spaces have is of course aesthetically intended, and behind all that technical coolness I sense an incredible aggression: opposition to every form of traditional architecture, every form of evolved ensemble. Now, in this phase of demolition and reconstruction, with their entire construction principles exposed naked for all to see, these buildings show their whole stubborn sparseness: a rod scaffolding encased in slabs. This *Philosophicum* exudes pure nihilism for me — which is at least a philosophical doctrine, although perhaps not the most pleasant one.

What do you think of the University library, where at the time reforms, which one only knew from the Anglo-Saxon realm, were implemented for the first time in Germany?
I don't want to comment on the practical, logistical side of the library. It may be that it was well organized, but it would be strange if that were not the case, although it is almost a sign of so-called functionalism, that it is non-functional. At any rate, the reading room and entry hall of this

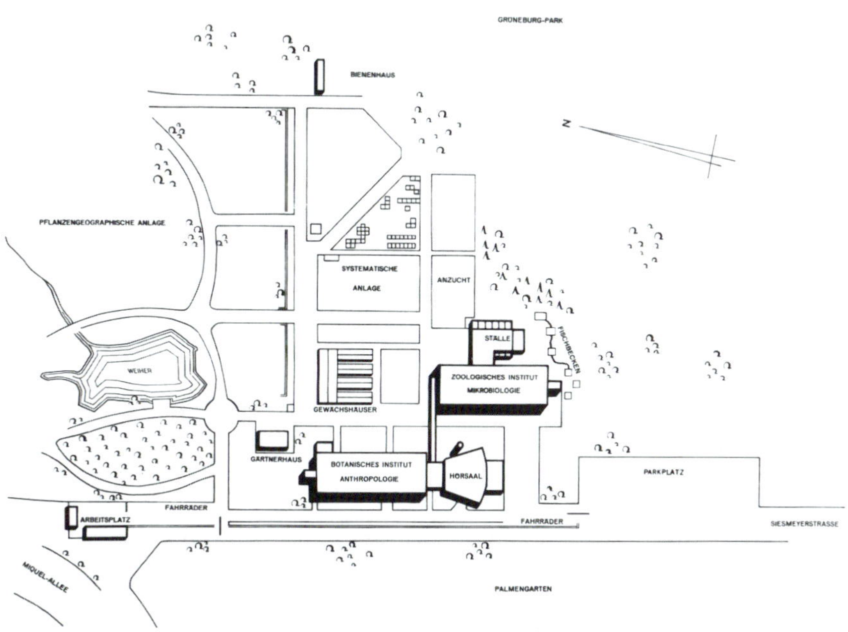

9 Botanisches und Zoologisches Institut. Lageplan, 1956
9 Institutes for Botany and Zoology. Site plan, 1956

10 Botanisches Institut, 1956 | 10 Institute for Botany, 1956

11 Stadt- und Universitätsbibliothek, Lesesaal, 1. Obergeschoss, 2015
11 City and University Library, reading room, 2nd floor, 2015

Aber wenn man an die herrlichen Bibliotheksbauten der europäischen Geschichte denkt, und zwar bis weit ins 20. Jahrhundert hinein: Bauten, in denen die Bücher als Kostbarkeiten gefeiert wurden, die eine Wärme ausstrahlten, die die Konzentration beförderte, die bei aller Größe um den Leser herum eine kleine Schutzglocke entstehen ließen, dann ist diese Bibliothek natürlich die radikale Verweigerung gegenüber allen Ansprüchen, die einmal an eine Bibliothek gestellt worden sind. Für mich war ein Besuch dieser Bibliothek wie ein Aufenthalt im Niemandsland. Die Carrels aus hellgrau-gespritztem Blech waren übrigens besonders absurd. Kleine Gefängnis- um nicht zu sagen Ausnüchterungszellen (Abb. 11).

Von Kramers Universitätsbauten werden nur wenige übrig bleiben. Ist es schade darum oder ein Segen?

Nachdem, was ich bisher gesagt habe, wird man nicht vermuten, dass mich diese Abrisse traurig stimmen. Es spricht vielleicht doch Bände, dass bei aller Wertschätzung, die von vielen den Kramerbauten entgegengebracht werden, der Umzug der Universität in die großen Ensembles rund um den Poelzig-Bau allgemein als ungeheure Verbesserung empfunden wird, die heroisch-asketische Primitivität der Kramer-Bauten ist wahrscheinlich doch nur von wenigen wirklich geliebt worden. Mir fällt auch auf, dass das neue Universitätsensemble von den Studenten offenbar sehr viel mehr respektiert wird – gewiss, die Zeiten haben sich geändert, aber es dürfte immer noch viele junge Leute geben, denen es Spaß macht, Mauern mit Schriften zu bedecken, und dazu laden die großzügigen und eleganten Bauten, die allesamt als eine Hommage à Poelzig aufzufassen sind, offenbar nicht ein. Kramers Architektur gehört in eine geistig und politisch sehr schwierige Übergangszeit, in der etwas anderes vielleicht auch gar nicht möglich gewesen wäre, die aber abgeschlossen ist und keine Sehnsucht nach ihr erweckt (Abb. 12).

Das Gespräch wurde am 8. Juni 2015 geführt.

library don't have that constricted claustrophobia of many Kramer spaces. But if one thinks about the magnificent library buildings in European history, even those from well into the 20th century, where books were celebrated as precious things, radiating a warmth which aided the concentration, where for all their size the spaces surrounded the reader like a small, protective bell jar, then of course this library is the radical rejection of all the demands which have ever been placed on a library. For me, a visit to this library was like a stay in no-man's land. By the way, the booths made of light grey painted sheet metal were especially absurd. Little jail cells, or, better yet, sobering up tanks (Fig. 11).

Only a few of Kramer's university buildings are going to survive. Is that a shame or a blessing?

After what I've said so far, you wouldn't guess that I was going to be sad about their demolition. It probably speaks volumes that with all the esteem granted to the Kramer buildings, the move of the university into the large ensembles around the Poelzig building is generally considered a significant upgrading, but the heroic-ascetic primitivism of the Kramer buildings is only really appreciated by the few. It occurs to me now that the students apparently appreciate the new university ensemble much more – sure, times have changed, but there are still lots of young people who have fun writing on walls, yet the expansive and elegant new buildings which as a totality comprise a tribute to Poelzig, don't inspire them to reach for their spray paint cans. Kramer's architecture belongs to an intellectually and politically very difficult period of transition, a time when something else wouldn't have been possible at all, one which is now over and that we won't miss (Fig. 12).

The conversation was held on June 8, 2015.

12 Hörsaalgebäude, 1968 | 12 Auditorium, 1968

1 Lore und Ferdinand Kramer auf Hydra in Griechenland, 1963 | 1 Lore and Ferdinand Kramer at Hydra in Greece, 1963

Biografische Chronik

Biographical Timeline

1898
Am 22. Januar 1898 wird Carl August Friedrich Ferdinand Kramer in Frankfurt geboren, als Sohn des Gustav Kramer und der Anna Maria Kramer, geb. Leux. Der Vater betreibt ein angesehenes Hutgeschäft in der Innenstadt.

ab 1908
Besuch der Oberrealschule im Stadtteil Sachsenhausen.

2 Ferdinand Kramer (rechts) mit Kaninchen Mucki Schnuppernäs, ca. 1907
2 Ferdinand Kramer (on the right) with the rabbit Mucki Schnuppernäs, around 1907

1898
Carl August Friedrich Ferdinand Kramer is born in Frankfurt on January 22, 1898, the son of Gustav Kramer and Anna Maria Kramer, née Leux. His father runs a distinguished millinery in downtown Frankfurt.

ab 1908
Attends the *Oberrealschule* in the Sachsenhausen district.

1916–1918
After matriculation he does military service on the Russian and French fronts.

1919
Begins studying architecture at the TH Munich under Theodor Fischer. After a disappointing visit to the Weimar Bauhaus in the summer of 1919 he returns to the TH Munich.

1922
Finishes his studies with a diploma degree. Receive his first contract to reconstruct and furnish the residence of Baron von Waldthausen on Lake Starnberg.

1923
At the highpoint of the inflation he returns to Frankfurt where there is no works as an architect. Kramer designs household devices. Designs the Kramer Oven, which goes into production two years later.

1916–1918
Nach Notabitur Kriegsdienst an den Fronten in Russland und Frankreich.

1919
Aufnahme des Architekturstudiums an der TH München, Kramer wird Schüler von Theodor Fischer. Unterbrechung durch Aufenthalt am Weimarer Bauhaus im Sommer 1919, der ihn nicht befriedigt; er geht zurück an die Technische Hochschule.

1922
Beendigung des Studiums mit Diplom-Zeugnis. Erster Auftrag, Umbau und Einrichtung eines Wohnhauses für Baron von Waldthausen am Starnberger See.

1923
Auf dem Höhepunkt der Inflation Rückkehr nach Frankfurt; keine Arbeitsmöglichkeit als Architekt. Kramer entwirft Hausgerät. Entwurf des „Kramer-Ofens", der zwei Jahre später in Serie geht.

1924
Mitarbeit an der Wanderausstellung *Die Form* des Deutschen Werkbundes, in der auch seine Objekte ausgestellt werden. Studienreise nach Holland und England.

1925
Kramer gewinnt mit kostengünstigen Typenmöbeln beim Wettbewerb der Hausrat GmbH den ersten Preis. Angebot einer Stelle bei der Deutschen Werkstätten GmbH in Hellerau. Stattdessen Eintritt in das Team des Neuen Frankfurts unter Baudirektor Ernst May, Mitarbeiter im Hochbauamt, Abteilung Typisierung.

1926
Mitglied des Deutschen Werkbundes. Bis 1928 Dozent für „funktionelle Architektur" an der Kunstgewerbeschule in Frankfurt. Reise nach Frankreich.

1927
In der Ausstellung *Die Wohnung* in Stuttgart Montage und Einrichtung eines Musterhauses in der Frankfurter Plattenbauweise durch Kramer. Von ihm auch Einrichtung eines Reihenhauses von J. J. P. Oud in der Weißenhofsiedlung.

1928
In Wien Begegnung mit Adolf Loos. In *Das Neue Frankfurt* (1/1928) erscheint Kramers Plädoyer für typisierte Möbel.

1929
Mitarbeit an der Organisation der zweiten Tagung des CIAM (Congrès international de l'architecture moderne) in Frankfurt. Kramer veranlasst den Nachdruck von Loos' Text „Ornament und Verbrechen" in der *Frankfurter Zeitung.*

1930
Heirat mit der Modedesignerin Beate, geb. Feith. Auf Einladung Kramers besucht Adolf Loos Frankfurt. Fertigstellung der Zeilenbau-Siedlung Westhausen. Kramer verlässt das Hochbauamt der Stadt Frankfurt und arbeitet als selbständiger Architekt. In den folgenden Jahren Bau einiger Wohnhäuser, zahlreiche Umbauten, ein Fabrikgebäude.

3 Ferdinand Kramer, 1918
3 Ferdinand Kramer, 1918

1924
Collaborates in the touring exhibition *Die Form* with the *Deutscher Werkbund* (German Work Federation), where his work is also exhibited. Goes on a study trip to Holland and England.

1925
With his economical furniture design types he wins first prize of the *Hausrat GmbH* competition. Receives an offer for a position in the *Deutsche Werkstätten GmbH* in Hellerau. Joins up instead with the New Frankfurt building director Ernst May as his employee in the Building Authority, Department of Standardization.

1926
Becomes a member of the *Deutscher Werkbund.* Lectures until 1928 on "functional architecture" at the *Kunstgewerbeschule* (School for Applied Arts) in Frankfurt. Travels to France.

1927
Assembles and furnishes a model home in the Frankfurt method of prefabricated construction for the exhibition *Die Wohnung* in Stuttgart. Also furnishes a row house designed by J. J. P. Oud in the Weissenhof Settlement.

1928
Meets Adolf Loos in Vienna. *Das Neue Frankfurt* (1/1928) publishes Kramer's plea for standardized furniture.

1929
Helps in setting up the second congress of CIAM *(Congrès international de l'architecture moderne)* in Frankfurt. Kramer organizes a reprint of Loos' Text "Ornament und Verbrechen" (Ornament and Crime) in the *Frankfurter Zeitung.*

1933
Austritt aus dem Deutschen Werkbund nach dem Ausschluss der jüdischen Mitglieder. Um im „Dritten Reich" als Architekt arbeiten zu dürfen, Eintritt in die Reichskammer der bildenden Künste.

1937
Im Mai 1937 Reise in die USA zur Sondierung von Arbeitsmöglichkeiten. Im Herbst Berufsverbot durch Ausschluss aus der Reichskammer, weil er wegen seiner aus einer jüdischen Familie stammenden Frau „die für die Ausübung des Berufes als Architekt erforderliche Zuverlässigkeit" nicht besitze. Beate Kramer verlässt Deutschland und lässt sich in New York nieder.

1938
Im März 1938 folgt Ferdinand Kramer seiner Frau ins Exil nach New York.

1939
Arbeit im Büro von Norman Bel Geddes. Auftrag zum Bau der Einfamilienhaus-Siedlungen Alden Estates und Greyrock Park in Port Chester (NY).

4 Ferdinand und Beate Kramer, 1935 | 4 Ferdinand and Beate Kramer, 1935

1940
Eintragung ins Berufsregister, Kramer darf in den USA als Architekt tätig werden.

1943
Mit Fred Gerstel und Paul Mazur Gründung eines Design-Büros in New York (Products Marketing Corporation). Erwerb eines alten Landhauses in Greyrock Park, Umzug nach dort.

1944
Mit dem Architekten Calvert Coggeshall Entwurf von Typenhäusern für *Ladies' Home Journal*.

1945
Ferdinand Kramer wird amerikanischer Staatsbürger.

1930
Marries the fashion designer Beate, née Feith. Kramer invites Adolf Loos to Frankfurt. Completes the Westhausen row house settlement. Kramer leaves the Frankfurt Building Authority and works as a free-lance architect. Builds in the next years several residences, many conversions, and a factory building.

1933
Leaves the *Deutscher Werkbund* after they excluded Jewish members. In order to work as an architect in the "Third Reich" he must join the *Reichskammer der bildenden Künste* (Reich Chamber of Fine Arts).

1937
Travels to the USA in May, 1937 to investigate possibilities for work. Expelled from the Reich Chamber in the fall, because with a wife coming from a Jewish family he no longer possessed "the necessary trustworthiness for the profession of architect". Beate Kramer leaves Germany and settles in New York.

1938
Ferdinand Kramer follows his wife in exile to New York in March, 1938.

1939
Works in the office of Norman Bel Geddes. Is commissioned to build one-family house settlements on the Alden Estates and Greyrock Park in Port Chester (NY).

1940
Is allowed to register as architect and work in the USA.

1943
Founds an office for design in New York (Products Marketing Corporation) with Fred Gerstel and Paul Mazur. Purchases an old country house in Greyrock Park and moves there.

1944
Designs standardized homes with the architect Calvert Coggeshall for *Ladies' Home Journal*.

1945
Ferdinand Kramer becomes an American citizen.

1945–1951
Kramer works until the early 1950s on knockdown and combinable furniture and store fixtures for department stores. Design and production of the single use Rainbelle one-way umbrella.

1946
Member of the American Institute of Architects (AIA).

1947
Travels to Germany to visit his mother, who dies before he can arrive. Gathers information in Frankfurt and elsewhere in Germany about issues of reconstruction.

1945–1951
Kramer arbeitet bis Anfang der 1950er Jahre an zerlegbaren und kombinierbaren Möbeln und Ladeneinrichtungen für Kaufhäuser; Entwurf und Produktion des Rainbelle-Regenschirms zum einmaligen Gebrauch.

1946
Mitglied des American Institute of Architects (AIA).

1947
Deutschlandreise zum Besuch der Mutter Kramer, die vor seiner Ankunft stirbt. In Frankfurt und anderen Orten Sondierung zu Fragen des Wiederaufbaus.

1952
Durch Max Horkheimer Einladung nach Frankfurt, Rückkehr nach Deutschland. Kramer wird Baudirektor und Leiter des Bauamts der Universität Frankfurt. Beate Kramer bleibt in New York und zieht später in die Schweiz.

1953
Generalbebauungsplan für die Universität. Baubeginn der ersten Institute.

1955
Verlust der US-Staatsbürgerschaft, weil Kramer sich in Deutschland niedergelassen hat; bevor er den ersten BRD-Pass erhält, ist er für einige Monate staatenlos.

1957
Angebot aus Hamburg für die Direktorenstelle der Landeskunstschule; er bleibt jedoch in Frankfurt.

1960
Fertigstellung des „Philosophicums".

1961
Nach der Trennung von Beate Kramer Heirat mit Lore, geb. Koehn, Dozentin für Keramik an der Werkkunstschule in Offenbach. Mit ihr bekommt er drei Töchter: Barbara, Anna-Alexandra, Katharina.

1964
Abschied aus dem Universitätsbauamt, Pensionierung. Kramer wird wieder selbstständiger Architekt. Bau einiger Landhäuser in Rhein-Main und im Tessin. Bis in die 1980er Jahre Vorträge und Publikationen im In- und Ausland.
Fertigstellung der Universitätsbibliothek.

1969
Umzug aus der Dienstwohnung im Hauptgebäude der Universität ins eigene Haus im Stadtteil Sachsenhausen.

1971
Kramer hat wieder einen US-Pass und besitzt zwei Staatsbürgerschaften.

1974
Die Hessische Architektenkammer publiziert den *Ferdinand Kramer Werkkatalog*, bearbeitet durch Jochem Jourdan.

1952
Is invited by Max Horkheimer to Frankfurt, returns to Germany. Kramer becomes Director of Construction for Frankfurt University. Beate Kramer stays in New York and later moves to Switzerland.

1953
Master plan for the university. Starts construction on the first institutes.

1955
Loses US citizenship because he settled in Germany. Kramer is a stateless person for a few months until he receives his FRG passport.

1957
Offer from Hamburg for the director's post in the *Landeskunstschule* (State School for Art) but decides to stay in Frankfurt.

1960
Completes the *Philosophicum*.

5 Ferdinand Kramer im Baubüro im Philosophicum, 1960
5 Ferdinand Kramer in the construction office located in the *Philosophicum*, 1960

1961
After divorce from Beate Kramer marries Lore, née Koehn, lecturer for ceramics in the *Werkkunstschule* (Crafts School) in Offenbach. The couple has three daughters: Barbara, Anna-Alexandra and Katharina.

1964
Leaves the University Building Authority, receives his pension. Kramer becomes a free-lance architect again. Builds several country houses in the Rhine-Main area and Ticino. Gives lectures and publishes until the 1980s in Germany and abroad.
Completion of the University Library.

1969
Moves from the service residence in the main building of the university into his own home in the Sachsenhausen district of Frankfurt.

1971
Kramer reacquires a US passport and now has two citizenships.

1974
The Hesse Chamber of Architects publishes the *Ferdinand Kramer Werkkatalog*, edited by Jochem Jourdan.

1982
Ausstellung zum Werk Ferdinand Kramers im Bauhaus-Archiv/Museum für Gestaltung in Berlin (West). Die Ausstellung wandert auch nach Stuttgart, Frankfurt und Amsterdam.

1985
Ferdinand Kramer stirbt im Alter von 87 Jahren am 4. November in Frankfurt.

Ehrungen

1958
Goethe-Plakette des Hessischen Kultusministeriums

1963
Ehrenplakette der Stadt Frankfurt

1965
Ehrenbürgerschaft der Universität Frankfurt

1975
Ehrenpreis der Architektenkammer Hessen

1981
Ehrendoktor der Universität Stuttgart und der Technischen Universität München

1981
Wilhelm-Leuschner-Medaille des Landes Hessen

1982
Exhibition of Ferdinand Kramer's work in the Bauhaus Archive's *Museum für Gestaltung* (Museum for Design) in Berlin (West). The exhibition goes on tour to Stuttgart, Frankfurt and Amsterdam.

1985
Ferdinand Kramer dies at the age of 87 on November 4 in Frankfurt.

Tributes

1958
Goethe Award of the Hesse Ministry of Art and Education

1963
Honorary Award of the City of Frankfurt

1965
Honorary citizenship of Frankfurt University

1975
Honorary Prize of the Hesse Chamber of Architects

1981
Honorary doctorate from the University of Stuttgart and the Technical University of Munich

1981
Wilhelm Leuschner Medal of the State of Hesse

1 Automobildroschkengesellschaft, Tankstelle, 1927 | 1 *Automobildroschkengesellschaft*, filling station, 1927

Werkverzeichnis

List of Works

Frankfurt am Main 1923–1937

Umbau und Einrichtung Wohnhaus Waldthausen | Reconstruction and furnishing Waldthausen residence
Niederpöcking (Starnberger See | Lake Starnberg)
1922/23
nicht erhalten | not preserved
Bauherr | Client: Baron von Waldthausen

Arch. PA Kramer, Auftragsliste | Order list for 1923–1937.
Lit. Jourdan 1982, 30; Lichtenstein 1991, 280; R. Brüderlin, Geplant und gebaut für das „Existenzminimum", in: Basler Magazin, 14.01.1978, 3.

Reisebüro der Hamburg-Amerika Linie (HAPAG) | Hamburg-Amerika line travel agency (HAPAG)
Frankfurt am Main, Kaiserstraße 14
1924/25
nicht erhalten | not preserved
Bauherr | Client: HAPAG und Messegesellschaft | HAPAG and Trade Fair Society

Die Einrichtung der Hamburg-Amerika-Linie stellt die erste innenarchitektonische Arbeit Kramers dar. Wandanstrich, Beleuchtung und Möblierung zeigen gerade Linien und harte Kontraste: profillose Theken, Bänke mit schwarzem Rosshaarüberzug, aneinandergefügte Soffittenlampen, rein-weißer Anstrich und eine Uhr ohne Ziffern. Die Gestaltung löste eine Diskussion in der Presse aus, durch die auch Ernst May auf Kramer aufmerksam wurde. (CQ)

The furnishing of the Hamburg-America Line travel agency was Kramer's first interior design assignment. Wall color, lighting and furniture display straight lines and hard contrasts: counters without profiles, black horsehair covered benches, overlapping tubular lamps, pure white paint and a clock without numerals. The design became a hot topic of discussion in the press, which brought Kramer to Ernst May's attention. (CQ)

2 Reisebüro HAPAG, 1925
2 HAPAG Travel agency, 1925

Arch. PA Kramer, Auftragsliste | Order list for 1923–1937.
Lit. Jourdan 1982, 30; Lichtenstein 1991, 155, 280; F. Kramer, 50 Jahre Architektur – Bericht aus meinem Leben, in: Der neue Egoist, Bd. 2, Hannover 1976, 84; H. Hirdina, Neues Bauen, Neues Gestalten, Dresden 1984, 28.

Ausbau und Einrichtung Städtischer Kindergarten | Municipal kindergarten extension and furnishings
(Kindertisch, Kinderstuhl, Spielzeugschrank, Geschirrschrank, Wäscheschrank | Writing desk and chair for children, toy chest, cupboard, linen closet)
Frankfurt am Main, Siedlung Hallgartenstraße | Hallgartenstrasse Settlement
1925/26
nicht erhalten | not preserved
Ausführung | Implementation: Erwerbslosenzentrale der Stadt Frankfurt am Main, Möbelklasse der Kunstgewerbeschule Frankfurt | Frankfurt/Main Unemployment Office, Furniture Class of the Arts and Crafts School Frankfurt

3 Kindergarten, 1926 | 3 Kindergarten, 1926

Arch. PA Kramer, Auftragsliste | Order list for 1923–1937.
Lit. Jourdan 1982, 36; Lichtenstein 1991, 161, 280; F. Wichert, Ein städtischer Kindergarten, in: DNF 4/1926–27 (Febr.–März 1927), 88–90; P. Renner, Möbel von Dipl. Ing. Ferdinand Kramer, Frankfurt a.M., in: Stein, Holz, Eisen 16/1927, 438–441.

Großgarage der Frankfurter Automobildroschkengesellschaft | Frankfurt Automobildroschkengesellschaft large garage
Frankfurt am Main, Gutleutstraße 276–278
1926/27
nicht erhalten | not preserved
Bauherr | Client: Städt. Hochbauamt Frankfurt | Frankfurt Municipal Building Authority

Im Oktober 1926 stufte das städtische Verkehrsamt die Errichtung einer Sammelgarage für die städtischen Automobile als „dringend erforderlich" ein. Als Bauplatz wurde aufgrund seiner zentralen Lage der alte Straßenbahnhof in der Gneisenaustraße vorgeschlagen. Die Abteilung Typisierung des Hochbauamtes, der damals auch Ferdinand Kramer angehörte, wurde mit der Bearbeitung vorhandener Pläne beauftragt. Diese sahen einen zweistöckigen Bau vor und trugen eine formal veraltete Handschrift. Mitarbeiter Heil bearbeitete die Pläne und im Oktober 1927 lag auch die Kostenermittlung vor. Aus nicht mehr zu klärenden Umständen wurden diese Vorentwürfe fallengelassen und ein von Ferdinand Kramer entworfener Bau in der Gutleutstraße realisiert. Er bestand aus zwei parallel zueinander und senkrecht zur Straße angeordneten einstöckigen Gebäudeteilen, die sich nördlich an das Elektrizitätswerk von Adolf Meyer anschlossen. Zwischen den unterkellerten und daher in der Höhe leicht verspringenden Kopfbauten war, mittig zwischen der Ein- und Ausfahrt, ein Pförtnerhaus mit Fernsprechzentrale platziert. (Auf den noch vor Bauende aufgenommenen Fotos ist es noch nicht realisiert.)
Kramer betonte die konstruktiven Teile des Betonskelettbaus dadurch, dass er sie schalungsrau und ohne Anstrich beließ, die Wand- und Trennflächen dagegen teilweise farbig behandelte. Die großflächigen Fenster bestanden aus breitgelagerten Formaten mit dünnen Stahlrahmen und Kippvorrichtungen im oberen Drittel. Die Durchfahrten sowie die Abstell- und Werkstattbereiche wurden durch schräg zulaufende Betonstützen getragen.
Eine Baubeschreibung von 1927 spiegelt die Material- und Formenbegeisterung wider: „Beton, Eisen, Glas mit knappster Erscheinung des Technischen, ohne Verschönerungsabsicht, doch durch kräftige, großlinige Konstruktionseinfachheit einem modernen Zeitgefühl für klare Gelenke und schnittige Eindeutigkeit entsprechend. Dabei trotz der Betonform von guten Verhältnissen, für die das breitgelagerte Rechteckformat der Scheiben, Verhältniseinheit ist" *(Deutsche Bauhütte* 11/1927).
Die Bauten enthielten Werkstätten, eine Lackiererei, Waschhallen, Büros, Lager und einen Mannschaftsraum. Im Hof befand sich eine Tankstelle mit mehreren Zapfsäulen hinter vertikalen Schiebetüren und mit Direktstrahlern von Walter Dexel. An ihrem Kopf schob sich eine ziffernlose Uhr, eingespannt in Flachprofilträger, über das Tankstellenhäuschen hinaus in die Höhe. In seiner Formensprache zeigt der Bau die Vorliebe Kramers für die Künstler der De-Stijl-Gruppe. (CQ)

4 Großgarage der Frankfurter Automobildroschkengesellschaft, Zufahrt, 1927
4 Frankfurt *Automobildroschkengesellschaft* large garage, drive, 1927

In October, 1926 the municipal traffic department classified the building of a multi-car garage for city vehicles as "urgently needed". Because of its central location, the old Gneisenaustrasse streetcar station was suggested. The standardization department of the building authority, where Ferdinand Kramer was also working, was contracted with the reworking of the existing plans. These concerned to a two-story building and bore an antiquated signature. An employee named Heil reworked the plans and presented a cost estimate in October, 1927.
For reasons which are no longer clear these preliminary plans were dropped and the building designed by Ferdinand Kramer in Gutleutstrasse was realized. It consisted of two single-story structures parallel to each other and perpendicular to the street, connected in the north to the electricity plant built by Adolf Meyer. A gatehouse with a telephone exchange was located between the two slightly projecting cellared end buildings, halfway between the entrance and exit. (It can not be seen in the photos taken before the completion of construction.)
Kramer emphasized the structural parts of the frame by leaving them in formwork grey, in contrast to the wall and dividing surfaces which were partially painted. The large surface windows were assembled in wide formats with thin steel frames and could be tilted in the upper third. The lanes, storage and workshop areas were supported by obliquely running concrete pillars.
A building specification from 1927 conveys the enthusiasm for the form and material: "concrete, iron and glass with technical precisely displayed, with no intention to beautify. Instead, forceful, clear construction lines reflect a contemporary feeling for well-defined articulation and sleek unambiguous-

ness. In spite of the concrete form, good proportions prevail, for which the rectangular wide format of the windows create a unity of proportion" *(Deutsche Bauhütte*, 11/1927).
The buildings included workshops, a paint shop, wash bays, offices, a warehouse and a locker room. There was a filling station with several fuel pumps in the courtyard behind vertical sliding doors with direct lighting by Walter Dexel. A clock without numerals, framed by flat sectional beams, rose up from the filling station. The form language of the building showed Kramer's fondness for the De Stijl group artists. (CQ)

5 Elektrizitätswerk von Adolf Meyer mit der angrenzenden Großgarage (rechts), 1927
5 Electricity plant by Adolf Meyer with the neighboring large garage (right), 1927

Arch. ISG R 1.089; PA Kramer, Auftragsliste | Order list for 1923–1937.
Lit. Jourdan 1982, 40; Lichtenstein 1991, 166/167; C. Z., Garage in Frankfurt a.M., in: BH 11/1927, 318; Abb., Leg. (nur Tankstelle!) | (only the filling station!) in DNF 4/1928, 57.

Umbau und Einrichtung Fotolabor Dr. Paul Wolff | Photography studio reconstruction and furnishings for Dr. Paul Wolff
Frankfurt am Main
1928
nicht erhalten | not preserved

Arch. PA Kramer, Auftragsliste | Order list for 1923–1937.
Lit. Jourdan 1982, 49; Lichtenstein 1991, 281.

Projekt Wohnhaus Bankier Merzbach | Apartment project for financier Merzbach
1928
nicht ausgeführt, Pläne nicht erhalten | not implemented, plans no longer available

Arch. PA Kramer, Auftragsliste | Order list for 1923–1937.
Lit. Jourdan 1982, 47; Lichtenstein 1991, 281.

Ausbau und Einrichtung Städtischer Kindergarten und Kinderkrippe | Municipal kindergarten and nursery extension and furnishings
(Kindertisch, Kinderstuhl, Spielzeugschrank, Geschirrschrank, Wäscheschrank, Speisetische für Kleinkinder, Kinderliege, Garderobe | Table and chair for children, toy chest, cupboard, linen closet, dining table for small children, couch for children, wardrobe)
Frankfurt am Main, Breubergstraße 6a
1928
nicht erhalten | not preserved

6 Kindergarten, 1928 | 6 Kindergarten, 1928

7 Kindergarten, 1928 | 7 Kindergarten, 1928

Arch. PA Kramer, Auftragsliste | Order list for 1923–1937.
Lit. Jourdan 1982, 47; Lichtenstein 1991, 179, 281; Kindergarten und Kinderkrippe des Gemeinschaftshauses in der städtischen Siedlung Bruchfeldstraße, Frankfurt a.M.-Niederrad, in: DNF 5/1928, 80/81; Abb. in: DNF 7–8/1928, 140; W. Lotz, Möbelentwicklung und Typenmöbel, in: DF 6/1928, 166–169.

Projekt Montessori-Kinderhaus | Montessori house for children project
Frankfurt am Main, Nussallee (heute | today: Kettelerallee)
1928
nicht ausgeführt | not implemented

Das Bauprojekt in Bornheim war ein wichtiges Element der Infrastruktur der Siedlung Bornheimer Hang und stellt gleichzeitig den Versuch dar, den in der Altstadt lebenden Kindern ein Entkommen aus den dortigen schwierigen Lebensbedingungen zu ermöglichen. Diese Kinder sollten mit Bussen nach Bornheim gebracht werden und dort im geplanten Kinderhaus einen eigenen Aufenthaltsbereich erhalten.
Ein hakenförmiger Bau in Stahlbetonskelettbauweise mit Flachdach nahm in seinem kurzen Flügel primär Büros und Versorgungsräume auf, im langen die Aufenthaltsräume für die Kinder. Betonstützen teilten die Außenflächen streng regelmäßig in große Quadrate und Rechtecke. Im Erdgeschoss ließ sich der Gang durch Jalousientüren komplett zum abgesenkten Hof öffnen und übernahm so auch die Funktion einer überdachten Terrasse. Im Obergeschoss ist die Wand bis auf einen Sockelbereich vollständig durch Fenster dem Licht geöffnet. Die leicht gegenüber den Stützen zurückversetzten Glasflächen erzeugten eine dezente Gestaltungsschicht.
In der Objektbeschreibung spiegelt sich die geplante Nutzung durch Kinder der neuen Siedlung Bornheimer Hang und der Altstadt in einer „vollständigen Trennung" wider. Die Siedlungskinder sollten im Erdgeschoss untergebracht werden, wo ihnen Rasenflächen mit Planschbecken und ein Gymnastik- und Schlafsaal zur Verfügung standen. Sie wurden in drei selbständig organisierten „Zellen" mit Montessori-Spielmaterial unterteilt, zu denen jeweils ein Gruppenzimmer von 7 × 7 m in offenen Regalen gehörte, ein kleineres Zimmer zur Kleingruppen- oder Einzelarbeit und ein Waschraum. Für die Altstadtkinder war das über einen Extra-Aufgang erreichbare Obergeschoss mit einer teilüberdachten Dachterrasse vorbehalten. Hier befanden sich der Tagesraum sowie Waschraum und Garderobe. (CQ)

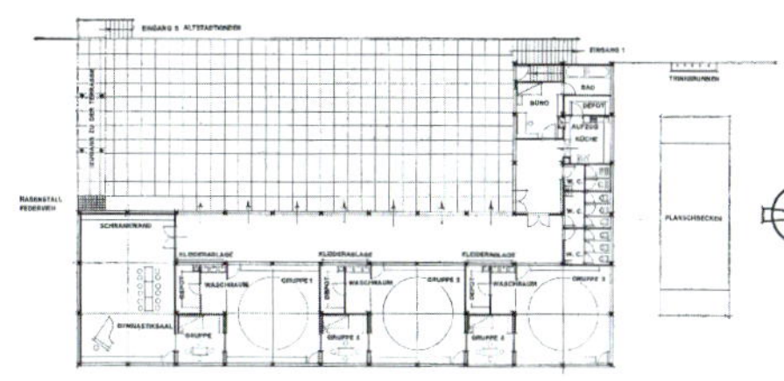

8 Montessori-Kinderhaus. Grundriss Erdgeschoss, 1928
8 Montessori house for children. Ground floor plan, 1928

The Bornheim daycare project was an important element of the Bornheimer Hang settlement infrastructure and at the same time was an attempt to give the children living in the downtown area an opportunity to escape their difficult living situation. The children were to be transported by bus to Bornheim and have their own communal area in the daycare.
In a hook-shaped building with a steel concrete frame and a flat roof, the short wing was reserved for offices and supply rooms, while the longer wing was set up for the children's rooms. Concrete pillars rigorously divided the outside areas in large-scale squares and rectangles. The hall on the ground floor opened up completely through shuttered doors to the sunken courtyard, becoming a kind of covered terrace. The wall of the upper floor is opened to the light by a window running down to the plinth. The glass panes slightly recessed from the supports generate a discreet layer of design.
The building description specifies the "complete separation" of the children from the Bornheimer Hang settlement and the children from the downtown area. The settlement children were to be housed on the ground floor, where they would have access to lawns with wading pools and a gymnastics and dorm room. They were to be divided in three independent "cells" furnished with Montessori game material. Each cell had a 7 × 7 m group room with open shelving, a smaller room for smaller groups and individual instruction and a laundry room. The downtown children had their own entrance to the upper floor with a partially covered roof terrace where the dayroom, laundry and wardrobe were located. (CQ)

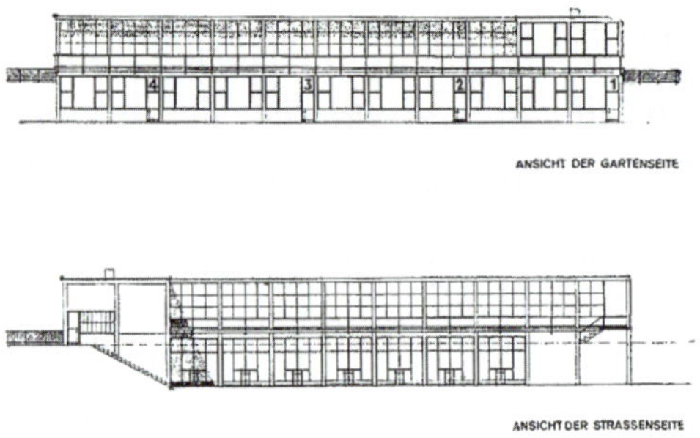

9 Montessori-Kinderhaus. Ansichten
9 Montessori house for children. Views

Lit. Jourdan 1982, 48; Mohr/Müller 1984, 222/223; Lichtenstein 1991, 178, 281; Projekt für ein Montessori Kinderhaus an der Nussallee, in: DNF 11–12/1928, 221–223.

Zeitungskiosk | Newspaper stand
Frankfurt am Main
1928
nicht erhalten | not preserved
Bauherr | Client: Städt. Hochbauamt Frankfurt | Frankfurt Municipal Building Authority

10 Zeitungskiosk, 1928 | 10 Newspaper stand, 1928

Lit. DF 7/1928, 223.

Altersheim der Henry- und Emma-Budge-Stiftung | Henry and Emma Budge Foundation Retirement Home
Frankfurt am Main, Edinger Weg 9
1928–1930
Wettbewerbsentwurf | Competition design: Erika Habermann, Ferdinand Kramer, Werner Moser, Mart Stam
Ausführung | Implementation: Werner Moser, Mart Stam

Die Henry und Emma Budge-Stiftung schrieb im Juli 1928 für Frankfurter Architekten einen Wettbewerb aus, an dem sich Kramer zusammen mit dem Holländer Mart Stam, dem Schweizer Werner Moser und Erika Habermann beteiligte. Ihr Entwurf erhielt zunächst den ersten Preis, der ihnen jedoch nach Protesten wieder aberkannt wurde, da nicht alle in Frankfurt ansässig waren. Die nachplatzierten Entwürfe rückten daraufhin nach. Doch da keiner dieser Nachrücker zur Ausführung empfohlen wurde, gelang es May, den zuvor favorisierten Entwurf realisieren zu lassen.
Der Entwurf für das Altersheim basierte, auch aufgrund großen Zeitdrucks, zu einem großen Teil auf Vorplanungen von Moser für ein Altersheim in Zürich-Höngg. Als die Pläne für die Ausführung insbesondere von Stam überarbeitet wurden, kam es zum Zerwürfnis zwischen Kramer und Stam, da dieser ihn bewusst nicht in die Arbeit einbinden wollte. Der über mehrere Monate schwelende Konflikt konnte erst im Oktober 1930 mit einer vertraglichen Regelung beigelegt werden. Man einigte sich, das Projekt zukünftig als Arbeit von „Stam, Kramer, Moser" zu benennen und bei der Bauausführung „Büro Stam-Moser" anzugeben. Kramer wurde ausbezahlt und bei der Möblierung besonders berücksichtigt. (CQ)

11 Altersheim, Eingang, 1930
11 Retirement home, entrance, 1930

In July, 1928 the Henry and Emma Budge Foundation sponsored a competition for Frankfurt architects in which Kramer along with Mart Stam from Holland, Werner Moser from Switzerland and Erika Habermann took part. Although their design was awarded the first prize it was withdrawn because of protests that not all of the participants were based in Frankfurt. The runner-up designs were then considered but when none of them were accepted, Ernst May was able to allow the design of Kramer et al. to go through.
Because of time pressure the Budge Foundation design was based to a great extent on existing plans for a retirement home in Zurich-Höngg by Moser. Since the implementation plans were worked over primarily by Stam, conflict arose between Kramer and Stam, who did not want to include Kramer in the work. The conflict went on for several months and was finally resolved in October, 1930 with a contractual agreement. It was agreed to designate the project as work by "Stam, Kramer, Moser" and to indicate "Büro Stam-Moser" as responsible for the implementation. Kramer was paid a settlement and given extra consideration in the furnishings for the project. (CQ)

12 Altersheim, Speisesaal, 1930
12 Retirement home, dining room, 1930

Arch. GTA Zürich 4-K-Moser/Stam/Kramer-Budgeheim. Lit. Jourdan 1982, 49; Lichtenstein 1991, 180/181; Projekt zum Altersheim in Frankfurt a.M., in: DF 14/1928, 406–408; Frankfurter Architekten/Wettbewerbserfolge, in: DNF 9/1928, 175; M. Stam, Das Projekt Habermann-Kramer-Moser-Stam für das neue Altersheim in Frankfurt am Main, in: DNF 10/1928, 177, 191–194; Altersheim, in: DNF 4–5/1930, 94/95; Das Altersheim der Henry und Emma Budge Stiftung in Frankfurt a.M., in: DNF 7/1930, 157–176, Titelblatt | title page; S. Fink, Zur Eröffnung des Altersheims der Henry und Emma Budge Stiftung Frankfurt/Main, in: DF 17/1930, 462–465; O. Völkers, Altersheim der Budge Stiftung in Frankfurt, in: Stein, Holz, Eisen 23/1930, 511–518; S. Giedion, Une Maison de Retrait pour Vieillards à Francfort s.M., in: Cahiers d'Art 6/1930, 321–329; F. & L. Kramer, Kollektiv – Die Entstehung des Budgeheims, in: Archithese 2/1980, 13–15.

Umbau und Einrichtung Café Goldschmidt | Café Goldschmidt reconstruction and furnishings
Frankfurt am Main, Allerheiligenstraße 85
1929
nicht erhalten | not preserved
Bauherr | Client: Firmen Schloss & Michel und Witwe Hassan | Schloss & Michel Companies and Widow Hassan

Arch. PA Kramer, Auftragsliste | Order list for 1923–1937.
Lit. Jourdan 1982, 50; Lichtenstein 1991, 282.

Wettbewerbsentwurf Opelschule | Opel School competition design
Rüsselsheim
1929
Pläne nicht erhalten | Plans no longer available

In Rüsselsheim entstanden 1931 die erste Kundendienst-Schule „Opel Service Schule" und die Werkhochschule. Für beide ist jedoch kein Architektur-Wettbewerb nachweisbar. (CQ)

The first Opel customer service school, the "Opel Service School" and the plant academy were created in Rüsselsheim in 1931. There is no architecture competition that is verifiable for either of them. (CQ)

Arch. PA Kramer, Auftragsliste | Order list for 1923–1937.
Lit. Jourdan 1982, 52; Lichtenstein 1991, 282.

Verkaufsstelle der Firma Thonet | Thonet sales outlet
Umbau und Einrichtung | Reconstruction and furnishings
Frankfurt am Main, Kaiserstraße 77
1929
nicht erhalten | not preserved
Mitarbeit | Collaboration: vermutlich | probably Mart Stam

13 Altersheim, 2015
13 Retirement home, 2015

14 Siedlung Westhausen, Laubenganghäuser, 1930
14 Westhausen Settlement, balcon access blocks, 1930

Arch. PA Kramer, Auftragsliste | Order list for 1923–1937.
Lit. Jourdan 1982, 53; Lichtenstein 1991, 282.

Ausstellungsräume Gaspassage der Burger Eisenwerke | Burger Eisenwerke Gaspassage exhibition rooms
Umbau und Einrichtung | Reconstruction and furnishings
Frankfurt am Main, Kaiserstraße 14
1930

15 Ausstellungsräume Gaspassage, 1930
15 Gaspassage exhibition rooms, 1930

Arch. PA Kramer, Auftragsliste | Order list for 1923–1937.
Lit. Jourdan 1982, 52; Lichtenstein 1991, 282.

Clubhaus des Frankfurter Kanu-Clubs | Frankfurt Kanu Club clubhouse
Frankfurt am Main, Obermainbrücke/Tiefkai Deutschherrenufer | Deutschherrenufer quay
1930
nicht erhalten | not preserved

Im Mai 1930 mietete der Frankfurter Kanu-Club ein Grundstück auf dem Tiefkai am Deutschherrenufer, für das Kramer ein Clubhaus entwarf. Angespornt durch einen Aufruf Hitlers zur Arbeitsbeschaffung ließ er im Sommer 1933 das Clubhaus noch aufstocken. Der zuvor eingeschossige, parallel zum Ufer verlaufende Bau erhielt nun einen quer hierzu und aufgeständert über ihn hinausragenden flach gedeckten Aufbau. Die Räume wurden durch eine überdachte Treppe seitlich erschlossen und öffneten sich zum Wasser hin in drei großen Fenstern. (CQ)

In May, 1930 the Frankfurt Kanu Club leased a plot on the Tiefkai on the Deutschherrenufer. Kramer provided the plans for a clubhouse to have been built there. In response to a call by Hitler for job creation measures, he upgraded the clubhouse in the summer of 1933. To the one floor running parallel to the bank of the main, an elevated flat roof on top and jutting over it was added. The rooms opened to the water with three large, square windows and were accessed on the side by a covered stairway. (CQ)

Arch. PA Kramer, Auftragsliste | Order list for 1923–1937; ISG Brückenbauamt 47.
Lit. Jourdan 1982, 57; Lichtenstein 1991, 282; Risse 1984, 89.

Siedlung Westhausen | Westhausen Settlement
Laubenganghäuser, Fernheizwerk, Zentralwäscherei | Balcony access houses, district heating plant, central laundry
Frankfurt am Main, Ludwig-Landmann-Straße (ehem. | formerly Hindenburgstraße)
1929–1931
Bauherr | Client: ABG, Nassauische Heimstätte
Gesamtplan | Overall plan: Ernst May, Herbert Boehm, Wolfgang Bangert
Ausführung | Implementation: Eugen Blanck, Ferdinand Kramer

Mit der Siedlung Westhausen wurde 1929 bis 1931 südlich der Siedlung Praunheim der letzte Teil der Niddatalbebauung realisiert. Die Gesamtplanung stammte von Ernst May, Herbert Boehm und Wolfgang Bangert und sah vorwiegend reine Nord-Süd-Zeilenbebauung vor – eine Bebauungsform, die damals aufgrund der Belichtungsmöglichkeiten als optimal angesehen wurde.
In Westhausen folgten 450 zweistöckige Reihenhäuser mit jeweils zwei Kleinstwohnungen der strengen Nord-Süd-Ausrichtung, neun vierstöckige Bauten wurden im rechten Winkel dazu an der Hindenburgstraße entlang aufgereiht. Für den Südrand der Siedlung geplante viergeschossige Stockwerksbauten mit dreistöckigen Flügelbauten wurden erst nach 1945 verändert realisiert. Die architektonische Bearbeitung der niedrigeren Reihenhäuser übernahmen die Privatarchitekten Otto Fucker und Franz Schuster. Sie wurden teilweise im Frankfurter Montagesystem, also als vorfabrizierter Plattenbau ausgeführt.
Kramer wurde zusammen mit Eugen Blanck mit der Planung der als Außenganghäuser vorgesehenen höheren Bauten betraut, die ab 1930 realisiert wurden. Die Bauten des Typs MEFAGANG (Mehrfamilienganghaus) waren hauptsächlich für kinderreiche Familien gedacht. Den Außenbau gliederten Kramer und Blanck streng gleichartig: auf der Straßenseite durch die Außengänge und das zentrale offene Treppenhaus, auf der Gartenseite durch balkonbreite Fenster.
Die Bauten beinhalten 3-Zimmer-Wohnungen von 50 qm, deren Einzelzimmer zugunsten des Wohnraums auf ein Minimum reduziert wurden. Die Küche schrumpfte zur Kleinstküche von 2 bis 3 qm. Das Bad (2 qm) erhielt jeweils eine von Kramer entwickelte Sitzbadewanne.
Ein zentrales Wäschereigebäude versorgte die Außenganghäuser mit Fernwärme und Warmwasser. Es bestand aus einem längsrechteckigen Bau mit der Fernheizung im Untergeschoss und der Zentralwäscherei im Erdgeschoss und besaß einen separierten Schornstein. Die angewandte Skelettkonstruktion wird vor allem im Inneren durch die freistehenden Stützen deutlich, die Außenwände und der Schornstein bestehen aus unverputzten Backsteinen. Großformatige Fenster erhellen den zentralen Waschraum. Hier befanden sich an den Längsseiten Einzelkabinen und in der Mitte weitere offen stehende Maschinen. Im Querflügel waren der Trockenraum und das Mangelzimmer untergebracht. (CQ)

The Westhausen Settlement, realized from 1929 to 1931 to the south of the Praunheim Settlement, was the last phase of the Niddatal project. Ernst May, Herbert Boehm and Wolfgang Bangert were responsible for the overall plan, which envisioned a primarily north-south row construction, considered optimal at the time because of the lighting.
In Westhausen 450 two-story row houses each with two small apartments were placed on the north-south axis, with nine four story buildings at a right angle along Hindenburgstrasse. The four story buildings with three story wings planned for the southern boundary of the settlement were realized after 1945 in a different form. The private architects Otto Fucker and Franz Schuster architecturally reworked the row houses. They were partially implemented as a prefabricated slab building using the Frankfurt Assembly System.
Together with Eugen Blanck Kramer was commissioned with the planning of multi-story buildings conceived as balcony access houses. They were realized in 1930. The MEFAGANG (*Mehrfamiliengang-haus*, or multi-family access house) buildings were primarily for families with many children. Kramer and Blanck organized strictly uniform exteriors: on the street side the exterior corridors and the central, open staircase set the tone, and on the garden side it was the balcony wide windows.
The buildings contained three 50 m^2 room apartments whose individual rooms were kept to a minimum in the interest of living space. The kitchen was reduced to a kitchenette with 2 to 3 m^2. The baths (2 m^2) were each equipped with a hip-bath developed by Kramer. The balcony access houses were serviced by a central laundry facility with district heating and hot water. The laundry was housed in an elongated building, with the heating plant in the cellar and the laundry facility on the ground floor. It had a separate chimney. The freestanding supports emphasized the skeleton construction in the interior. The outside walls and chimney were built with unplastered brick. Large format windows let light into the central wash room. Single booths were located on the long side, with machines standing in the open in the middle of the room. The drying and flatwork ironing rooms were located in the transverse wing. (CQ)

16 Siedlung Westhausen, Laubenganghaus, 1930
16 Westhausen Settlement, balcon access house, 1930

17 Siedlung Westhausen, Laubenganghaus, 2015
17 Westhausen Settlement, balcon access house, 2015

18 Siedlung Westhausen, Fernheizwerk und Zentralwäscherei, 2015
18 Westhausen Settlement, district heating plan and central laundry, 2015

Lit. Jourdan 1982, 51/52; Lichtenstein 1991, 184/185, 282; Siedlung Westhausen, in: DNF 2–3/1930, bes. | esp. 56–59; Abb. in: DNF 1/1931, 18; Siedlung Westhausen in Frankfurt a.M., in: WMfB, Jan. 1932, 11–14.

Wohnhaus Ella Erlenbach | Ella Erlenbach residence
Frankfurt am Main, Hans-Sachs-Straße 6
1929/30

Kramer entwarf für Ella Erlenbach ein dreigeschossiges Zweifamilienhaus auf fast quadratischer Grundfläche. Die Geschosswohnungen mit Küche und Badezimmer an der Straßenseite und Wohn- und Schlafzimmer zum Garten hin sind jeweils ca. 80 qm groß. Eine Schiebetür verband Wohn- und Speisezimmer. Im Dachgeschoss befanden sich zwei Mädchenzimmer und zum Garten hin ein weiteres Zimmer für die Tochter der Eigentümerin mit Gartenterrasse.
Das flach gedeckte Haus weist auf der Straßenseite eine betont flächig erscheinende dreiachsige Gliederung mit breitlagernden Stahlrahmenfenstern auf. Die rechte Achse durchbricht die Strenge durch versetzte liegende Treppenhausfenster, eine auffällig schmale Eingangstür mit Flugdach und kleine quadratische Speisekammerfenster, die durch ihre exakte Platzierung optisch vermitteln. Rückseitig setzt sich das Spiel der Formate verändert fort. Hier vermitteln auf der linken Seite kleine Balkone zum großen Dachterrassenausschnitt.
Die Baupolizei hatte das Baugesuch 1929 zunächst aufgrund der grenznahen Bebauung und der Proteste von Nachbarn aus ästhetischen Gründen nicht genehmigt. Zudem wurde bemängelt, dass ein „einheitliches Straßenbild mit dem Neubau nicht geschaffen" werde. Erst 1930 wurde der Bau genehmigt. (CQ)

Kramer designed a three-story, two family house for Ella Erlenbach on an almost square lot. The apartments with kitchen and bath on the street side and the living room and bedroom on the garden side are each approx. 80 m^2. A sliding door connected the living room with the dining area. There were two maid's rooms in the attic and another room with garden terrace for the owner's daughter.
On the street side the flat roof house is discreetly di-

19 Wohnhaus Ella Erlenbach, Straßenansicht, 2015
19 Ella Erlenbach residence, street view, 2015

vided in three two-dimensional seeming sections with broad steel frame windows. The right hand section breaks up the rigor with offset stairway windows, a conspicuously narrow entryway door and small square dining room windows whose precise placement mediates the view. On the other side the play with the formats continues, with the small balconies mediating the view of the large roof terrace section.
The building inspectors rejected the application in 1929 because of the proximity to the property boundary and the protests of the neighbors concerning the aesthetics. In addition there was a complaint that the building "would not contribute to a unified image of the street". The permit was issued in 1930. (CQ)

20 Wohnhaus Ella Erlenbach, Gartenansicht, 1930
20 Ella Erlenbach residence, garden view, 1930

Arch. PA Kramer, Auftragsliste | Order list for 1923–1937; Brief von der Fa. Philipp Holzmann AG an F. Kramer, 05.11.1937 | Letter from Philipp Holzmann AG to F. Kramer, Nov. 5, 1937.
Lit. Jourdan 1982, 53; Lichtenstein 1991, 186/187, 282.

Café Bauer
Umbau und Neueinrichtung | Reconstruction and new furnishings
Frankfurt am Main, Schillerstraße 2
1929/30
nicht erhalten | not preserved
Bauherr | Client: Max Abeles

21 Café Bauer, 1930 | 21 Café Bauer, 1930

Arch. PA Kramer, Auftragsliste | Order list for 1923–1937.
Lit. Jourdan 1982, 54; Lichtenstein 1991, 188/189, 282; Das neue Café Bauer, in: DNF 1/1931, 18.

Umbau und Einrichtung Röntgeninstitut | Röntgen Institute reconstruction and furnishings
Frankfurt am Main, Paul-Ehrlich-Straße 57
1931
Bauherr | Client: Landesversicherungsanstalt Hessen-Nassau | State Insurance Office Hesse-Nassau

Arch. PA Kramer, Auftragsliste | Order list for 1923–1937.
Lit. Jourdan 1982, 55; Lichtenstein 1991, 282.

Umbau und Einrichtung Spielsäle | Gambling halls reconstruction and furnishings
Frankfurt am Main, Schillerstraße 2
1931
nicht erhalten | not preserved
Bauherr | Client: Cabeg

Arch. PA Kramer, Auftragsliste | Order list for 1923–1937.
Lit. Jourdan 1982, 55; Lichtenstein 1991, 282.

Projekt Wohnhaus Hoffmann | Hoffmann residence project
Frankfurt am Main, Gemündener Straße 38
1931
nicht ausgeführt, Pläne nicht erhalten | not implemented, plans no longer available

Arch. PA Kramer, Auftragsliste | Order list for 1923–1937.
Lit. Jourdan 1982, 55; Lichtenstein 1991, 282.

Umbau und Einrichtung Dr. Meyer | Reconstruction and furnishings for Dr. Meyer
1931
Frankfurt am Main, Liebigstraße 1

Arch. PA Kramer, Auftragsliste | Order list for 1923–1937.
Lit. Jourdan 1982, 55; Lichtenstein 1991, 282.

Aluminiumfassade, Umbau und Einrichtung Bender Tabakgeschäft | Bender Tobacco Shop aluminum façade, reconstruction and furnishings
1931
Frankfurt am Main, Schillerstraße 8
nicht erhalten | not preserved
Bauherr | Client: Max Abeles

Arch. PA Kramer, Auftragsliste | Order list for 1923–1937.
Lit. Lichtenstein 1991, 282.

Wäschegeschäft Epstein | Lingerie shop Epstein
Umbau des Café Bauer in Ladengeschäft | Reconstruction of Café Bauer into shop
Frankfurt am Main, Schillerstraße 2
1932
nicht erhalten | not preserved
Bauherr | Client: Max Abeles

22 Wäschegeschäft Epstein, 1932
22 Lingerie shop Epstein, 1932

Arch. PA Kramer, Auftragsliste | Order list for 1923–1937; Brief von Generalkonsul Max Abeles, Schillerstraße 4, Frankfurt am Main, an F. Kramer, 27.06.1932 | Letter from Consulate General Max Abeles, Schillerstrasse 4, Frankfurt am Main, to F. Kramer, June 27, 1932.
Lit. Jourdan 1982, 55/56; Lichtenstein 1991, 188/189, 282.

Projekt Stadtrandsiedlung Goldstein | Goldstein suburban settlement project
Frankfurt am Main, Siedlung Goldstein | Goldstein Settlement
1932
Wettbewerb | Competition
Pläne nicht erhalten | Plans no longer available

1929 war unter Ernst May als Städtebaudezernenten eine Großsiedlung für Arbeiter in strenger Zeilenbebauung mit gut ausgestatteten Flach- und Stockwerksbauten, öffentlichen Einrichtungen wie einer Zentral-Waschküche und großzügigen Grünanlagen geplant worden. Es handelte sich dabei um eine Art vergrößertes Westhausen. Dieses Projekt konnte jedoch aus finanziellen Gründen nicht realisiert werden.
Ab 1931 wurde wegen der schwierigen wirtschaftlichen Situation mit hoher Arbeitslosigkeit dann immer stärker die Schaffung von Kleinsiedlerstellen gefordert. Die Stadt Frankfurt musste damals bei 536.000 Einwohnern 23.299 „Wohlfahrtsempfänger" versorgen. Es wurde daher ein Wettbewerb für eine Stadtrandsiedlung für Erwerbslose ausgeschrieben, an dem sich auch Kramer beteiligte, jedoch keinen Preis erhielt (1. Preis: Joh. Schmidt mit Wilh. Maurer, 2. Preis: Steinbrenner, 3. Preis: Ferd. und Philipp Eith). Eingegangen waren mehr als 200 Entwürfe, die aber zumeist zu teure Konstruktionen, durchlaufende Fensterreihen und ineinandergeschachtelte Räume vorsahen, die für die geplante Ausführung in Eigenregie untauglich waren. Die Stadtrandsiedlung wurde 1932 bis 1936 gebaut. (CQ)

In 1929 under urban development head Ernst May a larger well-provided row construction settlement with flat roofs and multiple story buildings for workers was planned, with public facilities like a central laundry and spacious green areas. It was to be a kind of large scale Westhausen but was never realized for financial reasons.
Because of the difficult economic situation and high unemployment, beginning in 1931, the demand for small housing estates was increasing. From a total of 536,000 inhabitants the city of Frankfurt had to take care of 23,299 welfare recipients. The city sponsored a competition for a suburban settlement for the unemployed. Kramer also took part but did not win a prize (1st prize went to Joh. Schmidt and Wilh. Maurer, 2nd prize to Steinbrenner and 3rd prize went to Ferd. and Philipp Eith). More than 200 designs were submitted, most of which were too expensive, with ribbon windows and nested rooms which could not be implemented with resident labor. The suburban settlement was built from 1932 to 1936. (CQ)

Arch. PA Kramer, Auftragsliste | Order list for 1923–1937.
Lit. DNS 2/1932, 40/41; BM 4/1932, Beil. B53; Lichtenstein 1991, 282.

Umbau Dr. Freibusch | Reconstruction for Dr. Freibusch
Frankfurt am Main, Staufenstraße 46
1932

Arch. PA Kramer, Auftragsliste | Order list for 1923–1937.
Lit. Jourdan 1982, 55; Lichtenstein 1991, 282.

Umbau Schloss Dr. Gottschalk | Mansion reconstruction for Dr. Gottschalk
Frankfurt am Main, Böhmerstraße 3
1932

Arch. PA Kramer, Auftragsliste | Order list for 1923–1937.
Lit. Jourdan 1982, 55; Lichtenstein 1991, 282.

Umbau Bankhaus Paul Strasburger & Co. | Bankhaus Paul Strasburger & Co. reconstruction
Frankfurt am Main, Bockenheimer Anlage 32
1932

Arch. PA Kramer, Auftragsliste | Order list for 1923–1937.
Lit. Jourdan 1982, 55; Lichtenstein 1991, 282.

Umbau C. F. Auerbach | Reconstruction for C. F. Auerbach
Frankfurt am Main, Palmengartenstraße 6
1932

Arch. PA Kramer, Auftragsliste | Order list for 1923–1937.
Lit. Jourdan 1982, 56; Lichtenstein 1991, 282.

Umbau Dr. Ing. Kaiser und Dr. Ing. Salzer | Reconstruction for Dr. Ing. Kaiser and Dr. Ing. Salzer
Frankfurt am Main, Holzhausenstraße 21
1932

Arch. PA Kramer, Auftragsliste | Order list for 1923–1937.
Lit. Jourdan 1982, 56; Lichtenstein 1991, 282.

Umbau Fr. Dr. Haas | Reconstruction for Fr. Dr. Haas
Frankfurt am Main, Friedberger Anlage 9
1932

Arch. PA Kramer, Auftragsliste | Order list for 1923–1937.
Lit. Jourdan 1982, 56; Lichtenstein 1991, 282.

Umbau Dr. M. Traube, Eiermann und Dr. v. Liers | Reconstruction for Dr. M. Traube, Eiermann and Dr. v. Liers
Frankfurt am Main, Brentanoplatz 4
1932

Arch. PA Kramer, Auftragsliste | Order list for 1923–1937.
Lit. Jourdan 1982, 56; Lichtenstein 1991, 282.

Eingang und Renovierung Firma Zeimann | Zeimann Co. entrance and renovation
Frankfurt am Main, Zeil 67–69
1932
Bauherr | Client: Hausverwaltung Konstablerwache | Building management of Konstablerwache

Arch. PA Kramer, Auftragsliste | Order list for 1923–1937.
Lit. Jourdan 1982, 56; Lichtenstein 1991, 282.

Umbau und Einrichtung Stempel- und Schildergeschäft Mosthaf | Mosthaf Stamp and Sign Business reconstruction and furnishings
Frankfurt am Main, Biebergasse 2
1932
nicht erhalten | not preserved
Bauherr | Client: Max Abeles

23 Geschäfte Mosthaf und Rosenblum, 1932
23 Mosthaf and Rosenblum Business, 1932

Arch. PA Kramer, Auftragsliste | Order list for 1923–1937.
Lit. Jourdan 1982, 55; Lichtenstein 1991, 192, 282.

Umbau und Einrichtung Pelzgeschäft Rosenblum | Reconstruction and furnishings for Business Rosenblum
Frankfurt am Main, Biebergasse 2
1932
nicht erhalten | not preserved
Bauherr | Client: Max Abeles

Arch. PA Kramer, Auftragsliste | Order list for 1923–1937.
Lit. Jourdan 1982, 55; Lichtenstein 1991, 192, 282.

Umbau Max Cramer | Reconstruction for Max Cramer
Frankfurt am Main, Beethovenstraße 11
1932
Bauherr | Client: Immobilienfirma | Real Estate Co. J. S. Hess/Max Cramer

Arch. PA Kramer, Auftragsliste | Order list for 1923–1937; Empfehlungsbrief für F. Kramer von Freiherr Albert v. Goldschmidt-Rothschild, 04.02.1938 | Letter of recommendation for F. Kramer from Freiherr Albert v. Goldschmidt-Rothschild, Feb. 4, 1938.
Lit. Jourdan 1982, 57; Lichtenstein 1991, 282.

Umbau Dr. Simon | Reconstruction for Dr. Simon
Frankfurt am Main, Fellnerstraße 11
1932

Arch. PA Kramer, Auftragsliste | Order list for 1923–1937.
Lit. Jourdan 1982, 56; Lichtenstein 1991, 282.

Umbau Fr. Beermann | Reconstruction for Fr. Beermann
Frankfurt am Main, Westendstraße 78
1932

Arch. PA Kramer, Auftragsliste | Order list for 1923–1937.
Lit. Jourdan 1982, 56; Lichtenstein 1991, 283.

Wohnungsteilung Dr. Frank/Dr. Golo | Apartment division for Dr. Frank/Dr. Golo
Frankfurt am Main, Beethovenplatz 9
1932

Arch. PA Kramer, Auftragsliste | Order list for 1923–1937.
Lit. Jourdan 1982, 56; Lichtenstein 1991, 283.

Renovierung Dr. Schotthöfer | Renovation for Dr. Schotthöfer
Frankfurt am Main, Feldbergstraße 35
1932

Arch. PA Kramer, Auftragsliste | Order list for 1923–1937.
Lit. Jourdan 1982, 56; Lichtenstein 1991, 283.

Wohnungsteilung C. M. Oppenheimer | Apartment division for C. M. Oppenheimer
Frankfurt am Main, Niedenau 56-II
1932

Arch. PA Kramer, Auftragsliste | Order list for 1923–1937.
Lit. Jourdan 1982, 56; Lichtenstein 1991, 283.

Umbau Dr. Wilhelmi | Reconstruction for Dr. Wilhelmi
Laden und Büro | Shop and office
Frankfurt am Main, Kaiserstraße 2
1933
Bauherr | Client: Cronstett Damenstift/Immobilienfirma J. S. Hess | Convent of Cronstett/Real Estate Co. J. S. Hess

Arch. PA Kramer, Auftragsliste | Order list for 1923–1937.
Lit. Jourdan 1982, 56; Lichtenstein 1991, 282.

Umbau Allgemeine Krankenversicherung | Reconstruction for General Health Insurance Fund
Büro | Office
Frankfurt am Main, Neue Mainzer Straße 25
1933
Bauherr | Client: Immobilienfirma | Real Estate Co. J. S. Hess/Max Cramer

Arch. PA Kramer, Auftragsliste | Order list for 1923–1937.
Lit. Jourdan 1982, 56; Lichtenstein 1991, 283.

Umbau Max Cramer | Reconstruction for Max Cramer
Wohnung | Apartment
Frankfurt am Main, Friedenstraße 8
1933
Bauherr | Client: Immobilienfirma | Real Estate Co. J. S. Hess/Max Cramer

Arch. PA Kramer, Auftragsliste | Order list for 1923–1937.
Lit. Jourdan 1982, 56; Lichtenstein 1991, 283.

Umbau Max Cramer | Reconstruction for Max Cramer
Frankfurt am Main, Hans-Thoma-Straße 11
1933
Bauherr | Client: Immobilienfirma | Real Estate Co. J. S. Hess/Max Cramer

Arch. PA Kramer, Auftragsliste | Order list for 1923–1937.
Lit. Jourdan 1982, 56; Lichtenstein 1991, 283.

Umbau Max Cramer | Reconstruction for Max Cramer
Büro | Office
Frankfurt am Main, Kaiserstraße 35
1933
Bauherr | Client: Immobilienfirma | Real Estate Co. J. S. Hess/Max Cramer

Arch. PA Kramer, Auftragsliste | Order list for 1923–1937.
Lit. Jourdan 1982, 56; Lichtenstein 1991, 283.

Umbau und Einrichtung Prof. Oskar David | Reconstruction and furnishings for Prof. Oskar David
Röntgeninstitut | Röntgen Institute
Frankfurt am Main, Bleichstraße 72
1933

Arch. PA Kramer, Auftragsliste | Order list for 1923–1937.
Lit. Jourdan 1982, 56; Lichtenstein 1991, 283.

Umbau Dr. Rosenmeyer | Reconstruction for Dr. Rosenmeyer
Wohnung | Apartment
Frankfurt am Main, Bockenheimer Landstraße 95
1933

Arch. PA Kramer, Auftragsliste | Order list for 1923–1937.
Lit. Jourdan 1982, 56; Lichtenstein 1991, 283.

Umbau Dr. Rosenmeyer | Reconstruction for Dr. Rosenmeyer
Frankfurt am Main, Bockenheimer Landstraße 79
1933

Arch. PA Kramer, Auftragsliste | Order list for 1923–1937.
Lit. Jourdan 1982, 56; Lichtenstein 1991, 283.

Umbau Israelischer Kinderhort | Reconstruction for Jewish nursery
Schulräume | School rooms
Frankfurt am Main, Bleichstraße 8
1933

Arch. PA Kramer, Auftragsliste | Order list for 1923–1937; Brief von Ida Metzger an F. Kramer, 05.05.1933 | Letter from Ida Metzger to F. Kramer, May 5, 1933.
Lit. Jourdan 1982, 56; Lichtenstein 1991, 283.

Umbau einer Fabrik in vier 2-Zimmer-Wohnungen | Reconstruction for a factory into four 2-room apartments
Frankfurt am Main, Kuhwaldstraße 66
1933
nicht erhalten | not preserved
Bauherr | Client: Mimi Wolf

Arch. PA Kramer, Auftragsliste | Order list for 1923–1937.
Lit. Jourdan 1982, 56; Lichtenstein 1991, 283.

Wohnungsteilung Max Abeles | Apartment division for Max Abeles
Frankfurt am Main, Schillerstraße 1
1933

Arch. PA Kramer, Auftragsliste | Order list for 1923–1937.
Lit. Jourdan 1982, 56; Lichtenstein 1991, 283.

Umbau Reinigungsbetrieb Röver | Reconstruction for Röver Cleaning Firm
Frankfurt am Main, Biebergasse 2
1933
Bauherr | Client: Max Abeles

Arch. PA Kramer, Auftragsliste | Order list for 1923–1937.
Lit. Jourdan 1982, 56; Lichtenstein 1991, 283.

Umbau Schillerstraße 2 | Reconstruction for Schillerstrasse 2
Zwischengeschoss und Schaukästen | Mezzanine and show windows
Frankfurt am Main, Schillerstraße 2
1933
Bauherr| Client: Max Abeles

Arch. PA Kramer, Auftragsliste | Order list for 1923–1937.
Lit. Jourdan 1982, 56; Lichtenstein 1991, 283.

Umbau Levi Michel | Reconstruction for Levi Michel
Büro | Office
Frankfurt am Main, Reuterweg 40
1933

Arch. PA Kramer, Auftragsliste | Order list for 1923–1937.
Lit. Jourdan 1982, 56; Lichtenstein 1991, 283.

Umbau Paula Sinsheimer | Reconstruction for Paula Sinsheimer
Wohnung | Apartment
Frankfurt am Main, Mertonstraße 3
1933

Arch. PA Kramer, Auftragsliste | Order list for 1923–1937.
Lit. Jourdan 1982, 56; Lichtenstein 1991, 283.

Umbau Dr. Nathan Rosenthal | Reconstruction for Dr. Nathan Rosenthal
Wohnung | Apartment
Frankfurt am Main, Paul-Ehrlich-Straße 28
1933

Arch. PA Kramer, Auftragsliste | Order list for 1923–1937.
Lit. Jourdan 1982, 56; Lichtenstein 1991, 283.

Umbau Leo Wreschner | Reconstruction for Leo Wreschner
Wohnung | Apartment
Frankfurt am Main, Im Trutz Frankfurt 13
1933

Arch. PA Kramer, Auftragsliste | Order list for 1923–1937.
Lit. Jourdan 1982, 56; Lichtenstein 1991, 283.

Umbau und Einrichtung Ludwig Baer | Reconstruction and furnishings for Ludwig Baer
Wohnung | Apartment
Frankfurt am Main, Viktoria-Allee 26
1933

Arch. PA Kramer, Auftragsliste | Order list for 1923–1937.
Lit. Jourdan 1982, 56; Lichtenstein 1991, 283.

Umbau Stadtrat Jean Franck | Reconstruction for Town Councilor Jean Franck
Büro | Office
Frankfurt am Main, Holzhausenstraße 65
1933

Arch. PA Kramer, Auftragsliste | Order list for 1923–1937.
Lit. Jourdan 1982, 56; Lichtenstein 1991, 283.

Umbau J. J. Weiller | Reconstruction for J. J. Weiller
Wohnung | Apartment
Frankfurt am Main, Bockenheimer Anlage 40
1933

Arch. PA Kramer, Auftragsliste | Order list for 1923–1937.
Lit. Jourdan 1982, 56; Lichtenstein 1991, 283.

Umbau Villa Celia | Reconstruction of Villa Celia
Bad Homburg, Kaiser-Friedrich-Allee 107
1933
Bauherr | Client: Regierungspräsident (Hessen-Nassau) | District President (Hesse-Nassau) Dr. Wilhelm v. Meister

Arch. PA Kramer, Auftragsliste | Order list for 1923–1937.
Lit. Jourdan 1982, 57; Lichtenstein 1991, 283.

Parzellierungsbearbeitung des Homburger Geländes | Sub-division of the Homburg Grounds
Bad Homburg
1933
Bauherr | Client: Regierungspräsident (Hessen-Nassau) | District President (Hesse-Nassau) Dr. Wilhelm v. Meister

Arch. PA Kramer, Auftragsliste | Order list for 1923–1937.
Lit. Jourdan 1982, 57; Lichtenstein 1991, 283.

Neubauprojekt H. Reis | New building for H. Reis
Frankfurt am Main, Eysseneckstraße 22
1933
Pläne nicht erhalten | Plans no longer available

Arch. PA Kramer, Auftragsliste | Order list for 1923–1937.
Lit. Jourdan 1982, 57; Lichtenstein 1991, 283.

Parzellierung der Ginnheimer Höhe, neue Straßenanlage | Sub-division of the Ginnheimer Höhe, new street
Frankfurt am Main, Ginnheimer Höhe
1933
Bauherr | Client: Freiherr Max von Goldschmidt-Rothschild

Arch. PA Kramer, Auftragsliste | Order list for 1923–1937; Empfehlungsbrief für F. Kramer von Freiherr Max von Goldschmidt-Rothschild, 18.01.1938 | Letter of recommendation for F. Kramer from Freiherr Max von Goldschmidt-Rothschild, Jan. 18, 1938.
Lit. Jourdan 1982, 57; Lichtenstein 1991, 283.

Clubhaus des Frankfurter Kanu-Clubs | Frankfurt Kanu Club clubhouse
Aufstockung (2. Geschoss) | Addition of a third floor
Frankfurt am Main, Obermainbrücke/Tiefkai Deutschherrenufer | Deutschherrenufer quay
1933
nicht erhalten | not preserved

Arch. PA Kramer, Auftragsliste | Order list for 1923–1937; ISG Brückenbauamt 47.
Lit. Jourdan 1982, 57; Lichtenstein 1991, 282/283; Risse 1984, 89.

Umbau Baron von Mayer | Reconstruction for Baron von Mayer
Wohnung | Apartment
Frankfurt am Main, Rüsterstraße 15
1934

Arch. PA Kramer, Auftragsliste | Order list for 1923–1937.
Lit. Jourdan 1982, 57; Lichtenstein 1991, 283.

Umbau Carl Kaufmann | Reconstruction for Carl Kaufmann
Wohnung | Apartment
Frankfurt am Main, Beethovenstraße 3a
1934

Arch. PA Kramer, Auftragsliste | Order list for 1923–1937.
Lit. Jourdan 1982, 57; Lichtenstein 1991, 283.

Umbau Victor Schüler | Reconstruction for Victor Schüler
Wohnung | Apartment
Frankfurt am Main, Schumannstraße 11
1934

Arch. PA Kramer, Auftragsliste | Order list for 1923–1937.
Lit. Jourdan 1982, 57; Lichtenstein 1991, 283.

Umbau Max Cramer | Reconstruction for Max Cramer
Frankfurt am Main, Beethovenstraße 11
1934
Bauherr | Client: Immobilienfirma | Real Estate Co. J. S. Hess/Max Cramer

Arch. PA Kramer, Auftragsliste | Order list for 1923–1937.
Lit. Jourdan 1982, 57; Lichtenstein 1991, 283.

Umbau Geschäftsstelle Immobilienfirma J. S. Hess | Reconstruction for Real Estate Co. J. S. Hess office
Frankfurt am Main, Schillerstraße 4
1934
Bauherr | Client: Max Abeles

Arch. PA Kramer, Auftragsliste | Order list for 1923–1937.
Lit. Jourdan 1982, 57; Lichtenstein 1991, 283

Umbau Fa. Haake & Albers | Haake & Albers Reconstruction
Büro | Office
Frankfurt am Main, Schillerstraße 1
1934
Bauherr | Client: Max Abeles

Arch. PA Kramer, Auftragsliste | Order list for 1923–1937.
Lit. Jourdan 1982, 57; Lichtenstein 1991, 283.

Umbau Leo Wreschner | Reconstruction for Leo Wreschner
Wohnung | Apartment
Frankfurt am Main, Reinganumstraße 26
1934

Arch. PA Kramer, Auftragsliste | Order list for 1923–1937.
Lit. Jourdan 1982, 57; Lichtenstein 1991, 283

Umbau Max Kass | Reconstruction for Max Kas
Wohnung | Apartment
Frankfurt am Main, Arndtstraße 7
1934

Arch. PA Kramer, Auftragsliste | Order list for 1923–1937.
Lit. Jourdan 1982, 57; Lichtenstein 1991, 283.

Umbau Hertha Jay | Reconstruction for Hertha Jay
Frankfurt am Main, Niddastraße 32
1934

Arch. PA Kramer, Auftragsliste | Order list for 1923–1937.
Lit. Jourdan 1982, 57; Lichtenstein 1991, 283.

Umbau Baron von Wendland | Reconstruction for Baron von Wendland
Wohnung | Apartment
Frankfurt am Main, Eppsteiner Straße 4
1934

Arch. PA Kramer, Auftragsliste | Order list for 1923–1937.
Lit. Jourdan 1982, 57; Lichtenstein 1991, 283.

Umbau Erben Adolf E. Cahn | Reconstruction for the heirs of Adolf E. Cahn
Wohnung | Apartment
Frankfurt am Main, Niedenau 55
1934

Arch. PA Kramer, Auftragsliste | Order list for 1923–1937.
Lit. Jourdan 1982, 57; Lichtenstein 1991, 283.

Umbau David | Reconstruction for David
Wohnung | Apartment
Frankfurt am Main, Neue Mainzer Straße 39
1934

Arch. PA Kramer, Auftragsliste | Order list for 1923–1937.
Lit. Jourdan 1982, 57; Lichtenstein 1991, 283.

Umbau, Aufstockung und neue Wohnungen | Reconstruction, addition of a floor and new apartments
Frankfurt am Main, Kaiserstraße 1
1934
Bauherr | Client: Cronstett Damenstift/Immobilienfirma J. S. Hess | Convent of Cronstett/Real Estate Co. J. S. Hess

Arch. PA Kramer, Auftragsliste | Order list for 1923–1937.
Lit. Jourdan 1982, 57; Lichtenstein 1991, 283.

Wohnhaus Max Neuhöfer | Max Neuhöfer residence
Frankfurt am Main, Leerbachstraße 9
1934
nicht vollendet, Pläne nicht erhalten | Not completed, plans no longer available

Arch. PA Kramer, Auftragsliste | Order list for 1923–1937.
Lit. Jourdan 1982, 57; Lichtenstein 1991, 283.

Wohnhaus Dr. Cramer | Dr. Cramer residence
Frankfurt am Main, Hans-Sachs-Straße 12
1934
nicht erhalten | not preserved

Arch. PA Kramer, Auftragsliste | Order list for 1923–1937.
Lit. Jourdan 1982, 57; Lichtenstein 1991, 283.

Umbau Zeil | Reconstruction for Zeil
Frankfurt am Main, Zeil 65
1934
Bauherr | Client: Hausverwaltung Konstablerwache | Building management of Konstablerwache

Arch. PA Kramer, Auftragsliste | Order list for 1923–1937.
Lit. Jourdan 1982, 57; Lichtenstein 1991, 284.

Umbau Fahrgasse | Reconstruction in Fahrgasse
Frankfurt am Main, Fahrgasse 119
1934
Bauherr | Client: Hausverwaltung Konstablerwache | Building management of Konstablerwache

Arch. PA Kramer, Auftragsliste | Order list for 1923–1937.
Lit. Jourdan 1982, 57; Lichtenstein 1991, 284.

Umbau Dr. Jo Oppenheimer | Reconstruction for Dr. Jo Oppenheimer
Wohnung | Apartment
Frankfurt am Main, Beethovenstraße 44
1935

Arch. PA Kramer, Auftragsliste | Order list for 1923–1937.
Lit. Jourdan 1982, 57; Lichtenstein 1991, 284.

Umbau Familie v. Metzler | Reconstruction for the v. Metzler family
Umstellung in Stockwerkwohnungen | Reconstruction into single floor apartments
Frankfurt am Main, Schaumainkai 61
1935

Arch. PA Kramer, Auftragsliste | Order list for 1923–1937; Brief von Moritz v. Metzler an F. Kramer, 03.08.1935 | Letter from Moritz v. Metzler to F. Kramer, Aug. 8, 1935; Brief von Mia v. Metzler an F. Kramer, Ostermontag 1935 | Letter from Mia v. Metzler to F. Kramer, Easter Monday 1935.
Lit. Jourdan 1982, 57; Lichtenstein 1991, 284.

Umbau Hugo v. Metzler | Reconstruction for Hugo v. Metzler
Wohnung | Apartment
Frankfurt am Main, Savignystraße 16
1935

Arch. PA Kramer, Auftragsliste | Order list for 1923–1937.
Lit. Jourdan 1982, 58; Lichtenstein 1991, 284.

Umbau Villa August Ravenstein | Reconstruction Villa August Ravenstein
Wohnung | Apartment
Frankfurt am Main, Ludolfusstraße 9
1935

Arch. ISG S8-1/3.801.

Umbau und Einrichtung Dr. Jutta v. Marx | Reconstruction and furnishings for Dr. Jutta v. Marx
Wohnung | Apartment
Frankfurt am Main, Forsthausstraße 53
1935

Arch. PA Kramer, Auftragsliste | Order list for 1923–1937.
Lit. Jourdan 1982, 58; Lichtenstein 1991, 284.

Umbau Mendel | Reconstruction for Mendel
Büro | Office
Frankfurt am Main, Fürstenbergerstraße 141
1935

Arch. PA Kramer, Auftragsliste | Order list for 1923–1937.
Lit. Jourdan 1982, 58; Lichtenstein 1991, 284.

Umbau Rössle | Reconstruction for Rössle
Büro | Office
Frankfurt am Main, Annastraße 7
1935

Arch. PA Kramer, Auftragsliste | Order list for 1923–1937.
Lit. Jourdan 1982, 58; Lichtenstein 1991, 284.

Umbau Landrat Dr. Alexander v. Bernus | Reconstruction for District Administrator Dr. Alexander v. Bernus
Büro | Office
Frankfurt am Main, Schlossstraße 20
1935

Arch. PA Kramer, Auftragsliste | Order list for 1923–1937.
Lit. Jourdan 1982, 58; Lichtenstein 1991, 284.

Umbau Fabian | Reconstruction for Fabian
Büro | Office
Frankfurt am Main, Reuterweg 36
1935

Arch. PA Kramer, Auftragsliste | Order list for 1923–1937.
Lit. Jourdan 1982, 58; Lichtenstein 1991, 284.

Umbau Paul Reinemann | Reconstruction for Paul Reinemann
Wohnung | Apartment
Frankfurt am Main, Bockenheimer Landstraße 75
1935

Arch. PA Kramer, Auftragsliste | Order list for 1923–1937.
Lit. Jourdan 1982, 58; Lichtenstein 1991, 284.

Umbau S. und M. Strauss | Reconstruction for S. and M. Strauss
Wohnung | Apartment
Frankfurt am Main, Liebigstraße 33
1935

Arch. PA Kramer, Auftragsliste | Order list for 1923–1937.
Lit. Jourdan 1982, 58; Lichtenstein 1991, 284.

Umbau und Einrichtung Dr. Paul Wolff |
Reconstruction and furnishings for Dr. Paul Wolff
Fotolabor | Photo lab
Frankfurt am Main, Adresse unbekannt |
address unknown
1935

Arch. PA Kramer, Auftragsliste | Order list for 1923–1937.
Lit. Jourdan 1982, 58; Lichtenstein 1991, 284.

Parzellierung des Grüneburggeländes |
Sub-division of the Grüneburg Grounds
Frankfurt am Main, August-Siebert-Straße
1935
Bauherr | Client: Freiherr Albert von Goldschmidt-Rothschild

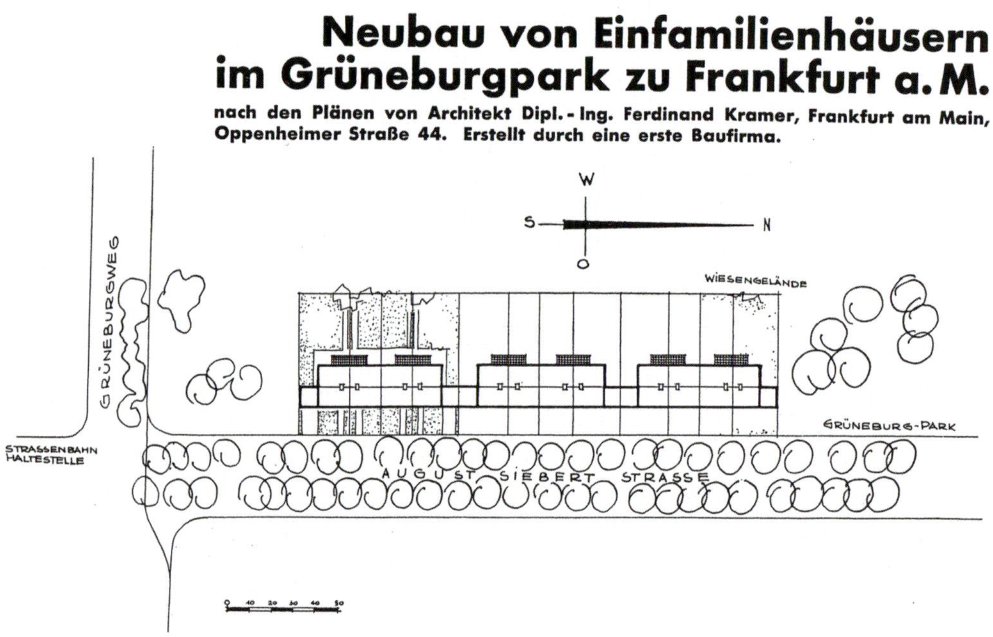

24 Parzellierung des Grüneburggeländes, 1935 | 24 Sub-division of the Grüneburg Grounds, 1935

Arch. PA Kramer, Auftragsliste | Order list for 1923–1937; Empfehlungsbrief für F. Kramer von Freiherr A. v. Goldschmidt-Rothschild, 04.02.1938 | Letter of recommendation for F. Kramer from Freiherr A. v. Goldschmidt-Rothschild, Feb. 4, 1938; ISG S8–9/285-1, -2.
Lit. Lichtenstein 1991, 284.

Umbau Erben Frl. Dondorf |
Reconstruction for the heirs of Miss Dondorf
Frankfurt am Main, Myliusstraße 34
1935

Arch. PA Kramer, Auftragsliste | Order list for 1923–1937.
Lit. Jourdan 1982, 58; Lichtenstein 1991, 284.

Doppelwohnhaus für Friedrich Sommerlad/Schneider |
Duplex house for Friedrich Sommerlad/Schneider
Frankfurt am Main, Ludolfusstraße 6–8
1935

Arch. PA Kramer, Auftragsliste | Order list for 1923–1937; Brief von Hans Claude an L. Kramer, 06.12.1985 | Letter from Hans Claude to L. Kramer,

25 Doppelwohnhaus Sommerlad/Schneider, 2015
25 Duplex house Sommerlad/Schneider, 2015

Dec. 12, 1985; Grundriss und Fotos | Floor plan and photos.
Lit. Jourdan 1982, 57; Lichtenstein 1991, 284.

Wohnhaus Carl Niemeyer | Carl Niemeyer residence
Frankfurt am Main, Frauenlobstraße 20
1935

26 Wohnhaus Niemeyer, ca. 1970
26 Niemeyer residence, around 1970

Arch. PA Kramer, Auftragsliste | Order list for 1923–1937.
Lit. Jourdan 1982, 57; Lichtenstein 1991, 284.

27 Wohnhaus Niemeyer, 2015
27 Niemeyer residence, 2015

Umbau Anna David/Dr. Ulitzka |
Reconstruction for Anna David/Dr. Ulitzka
Wohnung | Apartment
Frankfurt am Main, Neue Mainzer Straße 39
1936

Arch. PA Kramer, Auftragsliste | Order list for 1923–1937.
Lit. Jourdan 1982, 58; Lichtenstein 1991, 284.

Umbau D'Orville | Reconstruction for D'Orville
Büro | Office
Frankfurt am Main, Lindenstraße 5
1936

Arch. PA Kramer, Auftragsliste | Order list for 1923–1937.
Lit. Jourdan 1982, 58; Lichtenstein 1991, 284.

Umbau und Einrichtung Harlacher |
Harlacher reconstruction and furnishings
Wohnung | Apartment
Frankfurt am Main, Beethovenstraße 110
1936

Arch. PA Kramer, Auftragsliste | Order list for 1923–1937.
Lit. Jourdan 1982, 58; Lichtenstein 1991, 284.

Projekt Umbau v. Neuville |
v. Neuville reconstruction project
Wohnung | Apartment
Frankfurt am Main, Schaumainkai
1936
Pläne nicht erhalten | Plans no longer available

Arch. PA Kramer, Auftragsliste | Order list for 1923–1937.
Lit. Jourdan 1982, 58; Lichtenstein 1991, 284.

Verwaltungsgebäude Deutsche Vereinigte Schuhmaschinen Gesellschaft |
Deutsche Vereinigte Schuhmaschinen Gesellschaft Administrative Building
Frankfurt am Main, Friedrich-Ebert-Anlage 35
(ehem. | formerly Hohenzollernstraße 103)
1936
umgestaltet | Redesign

Die Deutsche Vereinigte Schuhmaschinen Gesellschaft (DVSG) wurde 1900 als Tochtergesellschaft der United Shoe Maschinery Company (USM) gegründet und besaß seit 1903 in Rödelheim eine im-

28 Verwaltungsgebäude Deutsche Vereinigte Schuhmaschinen Gesellschaft, Straßenansicht, 1936
28 *Deutsche Vereinigte Schuhmaschinen Gesellschaft* Administrative Building, street view, 1936

mer wieder erweiterte Fabrikationsanlage. Die Verwaltung mit über 300 Angestellten und über 60 Monteuren befand sich bis 1935 in der Mainzer Landstraße 147. Die Ausbaukapazitäten waren hier jedoch erschöpft, so dass ab 1936 ein Neubau an der Hohenzollernstraße begonnen wurde.
Kramer errichtete – gegen viele Widerstände aufgrund der militärisch begründeten Stahlkontingentierung – eine Stahlskelettkonstruktion. Sie tritt jedoch optisch nicht in Erscheinung, denn der vierstöckige Bau mit Walmdachabschluss wurde mit großformatigen Natursteinplatten verkleidet. Die Fassadengliederung erfolgt durch große quadratische Vertikal-Schiebe-Fenster, deren Raster nur durch den schmalen Eingang mit knappem Flachdach unterbrochen wird. Das oberste Stockwerk springt um eine Achse zurück, so dass ein durchgehender Balkon in der Art eines Außengangs entsteht. Er erinnert, trotz geschlossener Balkonbrüstung, an die von Kramer gestalteten Siedlungshäuser in Westhausen. Hofseitig schloss sich ein einstöckiger Bau an das Hauptgebäude an, neben dem ein offener Aufzugsturm eine zusätzliche Erschließung bot.
Vermutlich noch vor dem Krieg wurde die Fassade einer ästhetischen Ummodellierung unterworfen, die zur Auslöschung der modernen Formensprache führte: Die Fassadenplatten wurde aufgedoppelt, die zuvor scharf in die Fassade eingeschnittenen quadratischen Fenster erhielten vorspringende steinerne Fensterrahmen mit vortretenden Sohlbänken und vertikalen Fensterstöcken. Im Mai 1942 wurde die DVSG nach der Kriegserklärung an die USA der Verwaltung eines Treuhänders unterstellt, im Juni 1942 musste das Verwaltungsgebäude aufgrund des Reichsleistungsgesetzes für die Hauptverwaltung der Vereinigten Deutschen Metallwerke AG (VDM), einen Luftfahrtbetrieb, geräumt werden. Es wurde bei Luftangriffen schwer beschädigt. (CQ)

The *Deutsche Vereinigte Schuhmaschinen Gesellschaft* (DVSG) was founded in 1900 as a subsidiary of the United Shoe Maschinery Company (USM). Since 1903 the company was constantly expanding their facility in Rödelheim. The administrative building with more than 300 employees and more than 60 technicians had been located until 1935 in Mainzer Landstrasse 147. But expansion at that location was exhausted and new construction was begun in 1936 at the Hohenzollernstrasse site.
In the face of much resistance caused by the military rationing of steel, Kramer built a steel frame construction. It was not visible because the four-story building was covered with a hipped roof and clad with large format natural stone slabs. The façade was organized by large quadratic vertical sliding windows whose grid was interrupted only by a small entrance with a minimal flat roof. The top floor was set back, creating a running balcony in the form of an external walkway. In spite of the closed balcony parapet it resembled the settlement houses Kramer designed in Westhausen. On the courtyard side a single story building was attached to the main building. An adjacent open elevator tower provided additional access.
The façade was subjected to an aesthetic remodeling, which erased the modern form language, probably before the war: the façade slabs were doubled, the square windows which had previously been deeply recessed in the façade were furnished with projecting stone sashes, projecting window sills and vertical window frames. After the USA declared war on Germany, in May of 1942 the DVSG was placed under the administration of a trustee. In June of 1942 the administrative building had to be cleared per order of the Reich to make way for the administrative building of the *Vereinigte Deutsche Metallwerke* AG (VDM), an aviation firm. It was heavily damaged later during bombing raids. (CQ)

29 Verwaltungsgebäude Deutsche Vereinigte Schuhmaschinen Gesellschaft, Hofansicht, 1936
29 *Deutsche Vereinigte Schuhmaschinen Gesellschaft* Administrative Building, court view, 1936

30 Verwaltungsgebäude Deutsche Vereinigte Schuhmaschinen Gesellschaft, Stahlskelett, 1935
30 *Deutsche Vereinigte Schuhmaschinen Gesellschaft* Administrative Building, steel frame construction, 1935

Arch. PA Kramer, Auftragsliste | Order list for 1923–1937; Empfehlungsbrief für F. Kramer von der Fa. Philipp Holzmann AG, Taunus Anlage 1, 05.11.1937 | Letter of recommendation for F. Kramer from the Philipp Holzmann AG, Taunus Anlage 1, Nov. 5, 1937.
Lit. Jourdan 1982, 58; Lichtenstein 1991, 192/193, 284.

Garagen Prof. Dr. Gramberg |
Garages for Prof. Dr. Gramberg
Neubau und Umbau |
New construction and reconstruction
Frankfurt am Main, Arndtstraße 7
1936

Arch. PA Kramer, Auftragsliste | Order list for 1923–1937.
Lit. Jourdan 1982, 58; Lichtenstein 1991, 284.

Wohnhaus Dipl. Ing. Nagel |
Residence for lic. eng. Nagel
Frankfurt am Main, Frauenlobstraße 48
1936

31 Wohnhaus Nagel, 2015 | 31 Nagel residence, 2015

Arch. PA Kramer, Auftragsliste | Order list for 1923–1937.
Lit. Jourdan 1982, 58; Lichtenstein 1991, 284.

Umbau Hahn/Dr. Hildebrandt-Goetz |
Reconstruction for Hahn/Dr. Hildebrandt-Goetz
Wohnung | Apartment
Frankfurt am Main, Lindestraße 24
1937

Arch. PA Kramer, Auftragsliste | Order list for 1923–1937.
Lit. Jourdan 1982, 58; Lichtenstein 1991, 284.

Umbau Morell | Reconstruction for Morell
Wohnung | Apartment
Frankfurt am Main, Lindenstraße 3
1937

Arch. PA Kramer, Auftragsliste | Order list for 1923–1937.
Lit. Jourdan 1982, 58; Lichtenstein 1991, 284.

Umbau v. Heyden | Reconstruction for v. Heyden
Wohnung | Apartment
Frankfurt am Main, Westendstraße 8
1937

Arch. PA Kramer, Auftragsliste | Order list for 1923–1937.
Lit. Jourdan 1982, 58; Lichtenstein 1991, 284.

Umbau E. Stern/Schiff | Reconstruction for E. Stern/Schiff
Frankfurt am Main, Dantestraße 5
1937

Arch. PA Kramer, Auftragsliste | Order list for 1923–1937.
Lit. Jourdan 1982, 58; Lichtenstein 1991, 284.

Umbau Münstermann | Reconstruction for Münstermann
Wohnung | Apartment
Frankfurt am Main, Landgrafenstraße 12
1937

Arch. PA Kramer, Auftragsliste | Order list for 1923–1937.
Lit. Jourdan 1982, 58; Lichtenstein 1991, 284.

Wohnhaus Bräutigam | Bräutigam residence
Frankfurt am Main, Lilienthalallee 23
1937

32 Wohnhaus Bräutigam, 2015
32 Bräutigam residence, 2015

Arch. PA Kramer, Auftragsliste | Order list for 1923–1937.
Lit. Jourdan 1982, 58; Lichtenstein 1991, 284.

Doppelwohnhaus Ceelen/Bütow | Duplex house for Ceelen/Bütow
Frankfurt am Main, August-Siebert-Straße 15–17
1937

Arch. PA Kramer, Auftragsliste | Order list for 1923–1937.
Lit. Jourdan 1982, 58; Lichtenstein 1991, 284

33 Doppelwohnhaus Ceelen/Bütow, 2015
33 Duplex house for Ceelen/Bütow, 2015

USA 1938–1952

Planung Trailer Camp | Planning for Trailer Camp
vermutl. Parzellierungsbearbeitung im Büro Kahn & Jacobs | Probably sub-division in the office of Kahn & Jacobs
White Stone Bridge (NY)
1938

Arch. PA Kramer, Curriculum Vitae.
Lit. Lichtenstein 1991, 284; F. Kramer, 50 Jahre Architektur – Bericht aus meinem Leben, in: Der neue Egoist, Bd. 2, Hannover 1976, 85.

Projekt Ausstellungspavillon „Freedom Pavilion" | "Freedom Pavilion" exhibition pavilion project
Ausstellungsvorhaben deutscher Emigranten für die New Yorker Weltausstellung | Exhibition project for German emigrants for the New York World's Fair
New York (NY)
1938/39
nicht ausgeführt, Pläne nicht erhalten | not implemented, plans no longer available

Im ersten Jahr der Emigration arbeitete Kramer zeitweise im Büro des Architekten Norman Bel Geddes, der ihn mit Teilen des gigantischen Modells einer ganz auf das Auto zugeschnittenen Zukunftsstadt beschäftigte. Es wurde nachher auf der New York World Fair 1939 gezeigt. Für dieselbe Ausstellung war auch der politisch brisante „Freedom Pavilion – Germany Yesterday – Germany Tomorrow" geplant, den ein Komitee aus prominenten Amerikanern und aus Deutschland geflohenen Emigranten errichten wollte, um die US-Öffentlichkeit über die Wirklichkeit der NS-Diktatur aufzuklären. Als Standort war das Community Center der Ausstellung geplant. Mit der Planung von Pavillon und Ausstellung war Kramer betraut, allerdings ohne Nennung seines Namens, weil er seine in Frankfurt zurückgebliebene Mutter nicht gefährden wollte. Befürchtungen von amerikanischer Seite, durch den Pavillon könnte die USA in einen ernsten Konflikt mit Deutschland geraten, das an der World Fair nicht teilnahm, führten im März 1939 zur Aufgabe des Projekts. Ausschlaggebend war möglicherweise eine von Berlin veranlasste Drohung Mussolinis, im Falle einer Realisierung des Freedom Pavilion den italienischen Beitrag zurückzuziehen. (WV)

During his first year of emigration Kramer worked occasionally in the office of the architect Norman Bel Geddes on a gigantic model of a futuristic city based on the automobile. It was later shown in the New York World Fair in 1939. The politically explosive "Freedom Pavilion – Germany Yesterday – Germany Tomorrow" was also planned for the fair by a committee of prominent Americans and emigrants from Germany. It aimed to inform the US public about the reality of the Nazi dictatorship. The location was to be the Community Center of the exhibition. Kramer was involved with the planning of the pavilion, although not by name, for fear of reprisals against his mother back in Frankfurt. American apprehensions that the pavilion could become a point of conflict with Germany, which was not represented at the fair, led to dropping the project in March, 1939. A threat issued by Mussolini and initiated by Berlin that Italy would withdraw from the fair in the event that the Freedom Pavilion was realized could have been a reason that it was abandoned. (WV)

1 Freedom Pavilion. Broschüre, 1938
1 Freedom Pavilion. Booklet, 1938

Lit. Jourdan 1982, 59; Lichtenstein 1991, 284; „Freedom Pavilion: Germany Yesterday – Germany Tomorrow", Broschüre des | booklet by Provisional Organizing Committee, NY; "Freedom Pavilion" at Fair Planned to Celebrate the Pre-Nazi Culture, in: The New York Times, 13.01.1939, 1/16.

Wohnhaussiedlungen in Greyrock Park on Sound und Alden Estates | Residential buildings for settlements in Greyrock Park on Sound and Alden Estates
Parzellierung des Geländes, Erstellung von Typengrundrissen, Entwürfe und Ausführungen verschiedener Einfamilienhäuser | Sub-division of grounds, creation of standardized floor plans, designs and implementations of different one-family houses
Port Chester, Westchester County (NY)
ab 1939/40 bis etwa 1945 | from 1939/40 to approx. 1945

Das in die USA emigrierte Institut für Sozialforschung befand sich Ende der 1930er Jahre in finanziellen Schwierigkeiten, so dass beschlossen wurde, den in Port Chester (NY) gelegenen institutseigenen Grundbesitz abzustoßen. Ferdinand Kramer – für die Abwicklung vorgesehen – machte den Vorschlag, stattdessen das Gelände zu parzellieren und nach

seinen Entwürfen mit zum Verkauf bestimmten Häusern zu bebauen. So geschah es: Das direkt am Long Island Sound gelegene Gelände Greyrock Park wurde mit ca. 30 geräumigen freistehenden Wohnhäusern für die *Upper Middle Class* bebaut, das Gebiet Alden Estate mit ca. 150 kleineren Häusern (Quintard Drive und nördlich davon). Zur Vorbereitung studierte Kramer regionale Haustypen auf der Insel Nantucket und machte sich mit der traditionellen amerikanischen Holzbauweise vertraut, die er wegen ihrer Verwandtschaft mit den schon in den 1920er Jahren in Deutschland verfolgten Ideen zur Vorfertigung schätzte.
Für beide Gelände entwarf er jeweils einen Haustyp mit traufständigem Satteldach in Holzbauweise und mit Möglichkeiten vielfältiger Variation, um den Eindruck von Monotonie gar nicht erst aufkommen zu lassen. Die Anordnung der Schlafräume zeigt Ähnlichkeit mit den Grundrissen in Kramers Zeilenbauten in der Siedlung Westhausen. Amerikanisch waren die großzügigen Wohnzimmer mit offenem Kamin, die tiefen Wandschränke, die angebaute Garage und eine überdachte Veranda sowie außen die Schiebefenster mit Klappläden und die horizontale Verbretterung der Fassaden. Die Siedlung Greyrock Park wird heute vom New England Parkway durchschnitten, für dessen Bau auch das eigene Haus der Kramers weichen musste. (WV)

2 Greyrock Park, Siedlung, ca. 1945
2 Greyrock Park settlement, around 1945

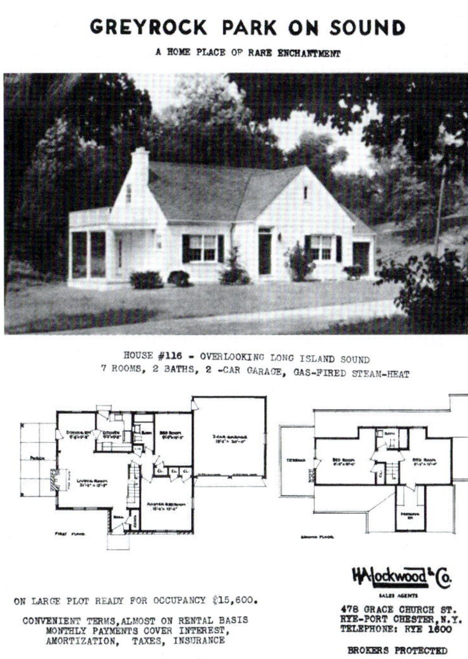

3 Greyrock Park. Verkaufsanzeige, ca. 1940
3 Greyrock Park. Advertisement, around 1940

4 Greyrock Park, Wohnhaus von Ferdinand Kramer, ca. 1945
4 Greyrock Park, Kramer residence, around 1945

When the Institute for Social Research, which had relocated to the USA, ran into financial difficulties at the end of the 1930s, it was decided to sell off the Institute property in the vicinity of Port Chester (NY). Ferdinand Kramer, who was designated to oversee the measure, suggested instead breaking up the land in lots and building houses of his own design for sale. And that is what happened: in Greyrock Park, located directly on Long Island Sound, approximately 30 spacious free standing homes were built for the „upper middle class", with approximately 150 smaller houses on Quintard Drive and north on the Alden Estate. Kramer prepared himself by studying regional house types on Nantucket and familiarizing himself with traditional American wood building, which he already appreciated because of its kinship with ideas for prefabrication he had developed in the 1920s in Germany.
He designed a lengthwise saddle roof made of wood for both settlements, with many possibilities for variation in order to avoid monotony. The location of the bedrooms showed a resemblance to the floor plans of Kramer's row houses in the Westhausen Settlement. The spacious living rooms were very American, with open fireplaces, recessed closets, a built-in garage and a veranda with a roof. Outside were the sliding windows with shutters and the horizontally boarded façades. Today Greyrock Park is cut through by the New England Parkway, to which Kramer's own house also fell victim. (WV)

Arch. PA Kramer.
Lit. Jourdan 1982, 59; Lichtenstein 1991, 196/197, 284; Ferdinand Kramer, German Housing Expert, Takes Over Direction of Alden Estates Here, in: Daily Item (Port Chester, NY), 06.04.1939; Old American Homes Lauded by Modernist, in: American Journal, 25.06.1939; Werbebroschüre des Immobilienhändlers | brochure by Real Estate Co. H. A. Lockwood & Co. (Port Chester, NY).

Projekt Wochenendhäuser | Weekend house project
3 Entwürfe für das Konstruktionssystem | 3 designs for the construction system Panel Corp Nr. 7 für | for Konrad Wachsmann, General Panel Corporation
New York (NY)
1944
nicht ausgeführt | not implemented

Nach dem aktiven Eintritt der USA in den Zweiten Weltkrieg (1941) und der anschließenden Ausweitung der Rüstungsproduktion entstand überall im Land Bedarf an Wohnhäusern für Industriearbeiter. In diesem Zusammenhang entwickelte der aus Deutschland geflüchtete Konrad Wachsmann in Kooperation mit Walter Gropius ein 1942 patentiertes Holzbausystem mit hundertprozentiger Vorfertigung, das es erlaubte, ein zerlegtes Typenhaus auf einem oder zwei Lastwagen an den Bauplatz zu bringen und dort in kürzester Frist zusammenzusetzen (*Packaged House*). Das System beruhte auf deckenhohen schmalen Wandtafeln, die zu Außen- und Innenwänden kombiniert werden konnten und mit intelligenten Metallklammern fest verbunden wurden. Die hierfür gegründete General Panel Corporation konnte allerdings nur eine geringe Zahl an Häusern absetzen, bevor sie 1951 liquidiert wurde. Im gleichen Haus wie Wachsmanns Firma befand sich die Product Marketing Corporaration von Ferdinand Kramer und Fred V. Gerstel (103 Park Avenue, New York City). Nicht nur Walter Gropius und Richard Neutra, auch Ferdinand Kramer entwarf einen auf Vorfertigung basierenden Haustyp, der dafür gedacht war, von General Panel auf den Markt gebracht zu werden. Kramers Wochenendhaus aus dem Jahr 1944, das als Dauerwohnung für Industriearbeiter nicht geeignet war, berücksichtigte bereits die nach Kriegsende zu erwartende Umorientierung auf Friedensproduktion. Auf einem modularen Raster von 3,4 Fuß Länge (ca. 1 m) entwarf Kramer einen linearen schmalen Wohncontainer von additiver Struktur, der durch Einfügen von Raumachsen bis auf 60 Fuß verlängert werden konnte. Die Abschlüsse an den Enden sollten ein Car Port und ein überdachter, mit Glaswänden verkleideter Vorplatz bilden. Das Projekt blieb auf dem Papier, zum Bau eines Prototypen kam es nicht. (WV)

After the USA actively entered World War II in 1941, with a concomitant increase of arms production there was a national need for accommodations for industrial workers. In this context in 1942 the German refugee Konrad Wachsmann together with Walter Gropius developed a patented completely prefabricated wood construction system. This made it possible to transport a disassembled standardized house on one or two trucks to the building site and erect the so-called Packaged House in a short period

5 Projekt Wochenendhäuser. Isometrie, 1944 | 5 Weekend house project. Isometric drawing, 1944

mutlich ebenfalls im Auftrag der Zeitschrift entwarf Ferdinand Kramer zusammen mit dem Architekten Calvert Coggeshall ein Typenhaus mit flachem Dach für die *Upper Middle Class*, das 1945 veröffentlicht wurde. Zwischen zwei massiven Stirnwänden zur Windaussteifung war eine zweigeschossige, auf einem Achsmaß von 9 Fuß beruhende Konstruktion aus Fertigteilen vorgesehen. Durch Hinzufügung von Raumachsen in Längsrichtung konnte der Grundtyp vergrößert werden.
Charakteristisch ist die Öffnung des Hauses zum Garten. Keine Wand, sondern große verschiebbare Glasfenster trennen den Wohnraum im Erdgeschoss von der Terrasse. Vor den Schlafräumen im Obergeschoss erstrecken sich ein Fensterband und ein über die gesamte Front reichender Balkon mit leichter Brüstung aus schlankem Stahl und mattem Glas. Der öffentliche Laubengang, der an Kramers Häusern in der Siedlung Westhausen der Erschließung diente, ist hier auf die private Seite gewechselt. Im Unterschied zu den Häusern in Port Chester fehlten diesem für die Friedenszeit gedachten Haus abgesehen vom Kaminplatz im Wohnzimmer alle Attribute des üblichen amerikanischen *family home*. Die Leserinnen der Zeitschrift sollten durch ein beispielhaftes Haus an die Moderne herangeführt werden.

of time. The system was based on ceiling-high narrow wall panels which could be combined as exterior and interior walls and connected with intelligent metal fasteners. However the company founded to produce the housing, General Panel Corporation, could only manufacture a limited number of units and was liquidated in 1951.
Ferdinand Kramer's and Fred V. Gerstel's Product Marketing Corporation was located in the same building (103 Park Avenue, New York City) as the Wachsmann company. In addition to Walter Gropius and Richard Neutra, Ferdinand Kramer also designed a prefabricated house which General Panel was supposed to market. Kramer's weekend house, designed in 1944, was not suitable as a permanent residence for industrial workers, anticipating instead the peace market after the war. Kramer designed a narrow linear living container with an additive construction based on a modular grid measuring 3.4 feet on a side (approx. 1 m). The basic unit could be extended up to 60 feet in length by inserting spatial axes. The structure was to include a carport on one end and a vestibule with glass walls and a roof on the other end. The project remained on the drawing board and a prototype was never built. (WV)

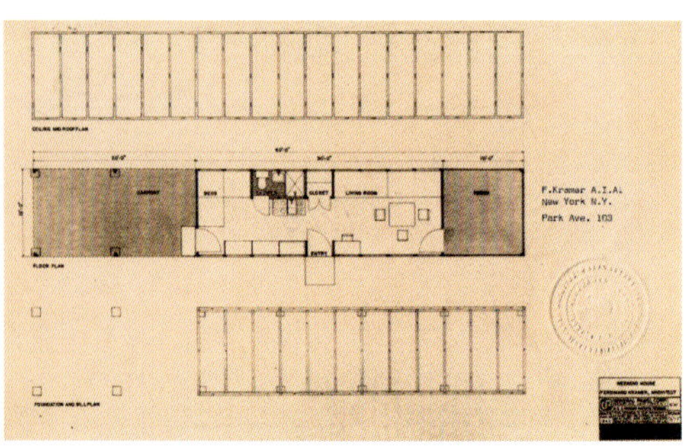

6 Projekt Wochenendhäuser.
Grundriss mit Fundament und Deckenplan, 1944
6 Weekend house project.
Ground plan with foundation and ceiling plan, 1944

Arch. PA Kramer, Planzeichnungen | Plans.
Lit. Jourdan 1982, 59; Lichtenstein 1991, 202/203, 285; General Panel Corp. (The Industrialized House, II), in: The Architectural Forum, Febr. 1947, 115–120.

Projekt Typenhäuser | Standardized housing project
Zeichnungen für Grundrisse, Ansichten und Fotos eines Modells | Drawings for floor plans, views and photos of a model
1944
nicht ausgeführt | not implemented
vermutlich im Auftrag der Zeitschrift | probably contracted by *Ladies' Home Journal*
Mitarbeit | Collaboration: Calvert Coggeshall

Zur Tradition des *Ladies Home Journal* gehörte seit langem die Präsentation zeitgemäßer Wohnhausentwürfe, die die Zeitschrift bei Architekten in Auftrag gab. Schon Anfang des 20. Jahrhunderts hatte man 1901 von Frank Lloyd Wright „A home in a Prairie Town" publiziert, wodurch der Prärie-Stil seinen Namen bekam und Popularität erlangte. Ver-

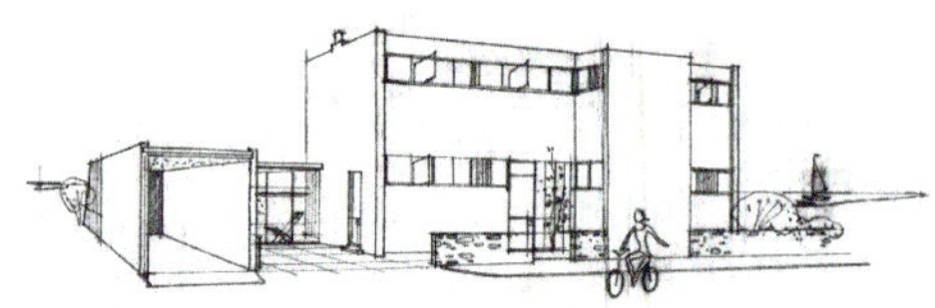

8 Projekt Typenhäuser, vierachsiger Haustyp. Perspektive, 1944
8 Standardized housing project, four-axle model. Perspective drawing, 1944

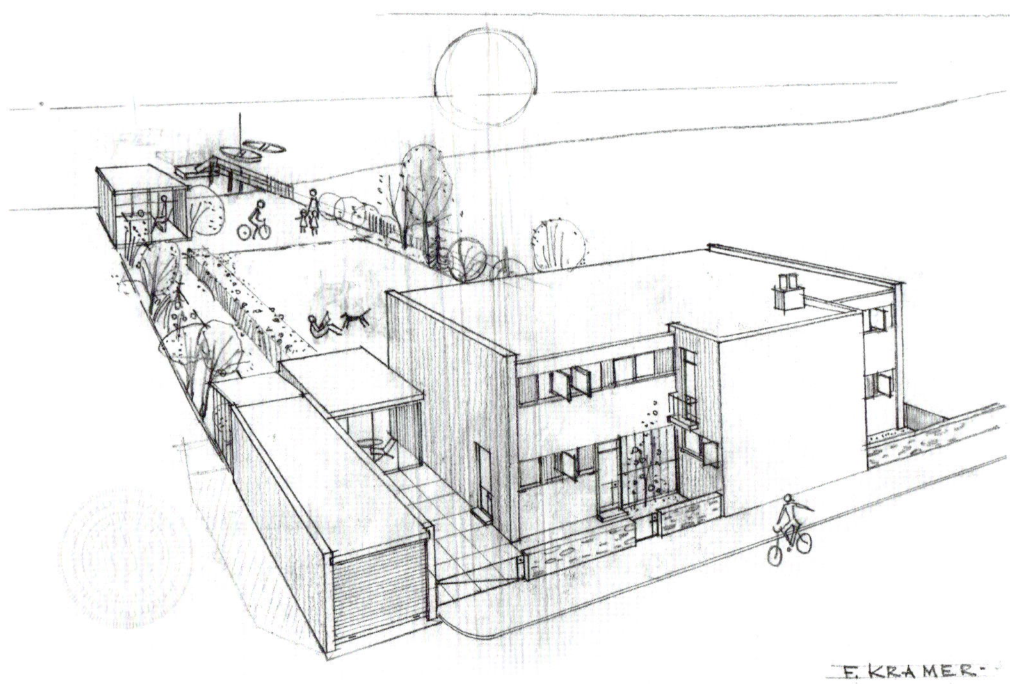

7 Projekt Typenhäuser, fünfachsiger Haustyp. Perspektive, 1944
7 Standardized housing project, five-axle model. Perspective drawing, 1944

Upstairs and Down

BY RICHARD PRATT
Architectural Editor of the Journal

GOOD architects and wise clients generally agree that in many ways the work space is the most important part of the house, like the commander's bridge of a ship. So here it is given a generous size, with a broad garden outlook for the kitchen, a separated laundry with drying yard right outside, and immediate access to front door and dining room, to street, garden, garage and greenhouse. Compact, yet with plenty of elbow room, and well organized for ease of operation, it has brightness, airiness and view, making it as practical and pleasant as the housewife could want it. It gives the cue for livability to the house as a whole, upstairs and down. For you will see that the same kind of skillful planning makes possible within the limited space of the first floor a larger living room than usual and a separated dining room that could also be used as a study. The entry, open yet protected, emerges freely into the living room, while leading also past the lavatory to the laundry. By placing the stairs in a protruding stair well, the two floors are connected without cutting awkwardly into either plan, a common fault of traditional designs. As far as cost is concerned, here again we have a house composed of a relatively few and greatly simplified mass-produced parts—the only way that building costs can be radically reduced, after prices have returned to normal.

The upstairs balcony, onto which all bedrooms open, shades the downstairs windows in the summertime, while the little prebuilt greenhouse catches full sunlight all the year round.

The house, set as close to the street as you care to build, is entered through a low-walled court. Notice the size of the living room; the isolated dining or study; commodious kitchen-laundry, and covered court to greenhouse and garage.

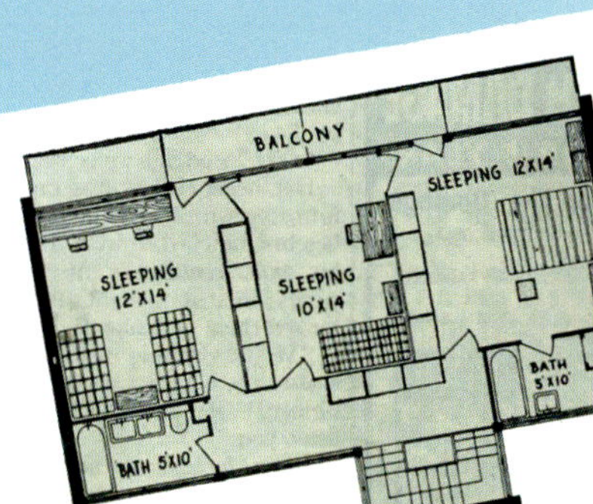

On the floor above, three large bedrooms with two separated baths are themselves separated by prebuilt closet-partitions which, being movable, can be rearranged to make still another room if desired, all of them looking onto the balcony.

FERDINAND KRAMER, ARCHITECT; CALVERT COGGESHALL, DESIGNER;
HOUSE MODEL BY RAYMOND BARGER STUDIOS; SETTING AND PHOTOGRAPH BY PRATT.

190

9 Projekt Typenhäuser in der Zeitschrift *Ladies' Home Journal* 10/1945 | 9 Standardized housing project in *Ladies' Home Journal*, 10/1945

Für die Publikation wurde ein aufwendiges Modell erstellt und farbig fotografiert. (WV)

The *Ladies Home Journal* traditionally commissioned architects to present contemporary designs for residential homes. At the beginning of the 20th century in 1901 the magazine published Frank Lloyd Wright's "A home in a Prairie Town", which gave the prairie style its name and popularity. Together with the architect Calvert Coggeshall, Ferdinand Kramer designed an upscale standardized house with a flat roof which was published in 1945, also probably as a magazine commission. A two-story prefabricated construction resting on a foot with an axial dimension of 9 feet was positioned between two massive front walls erected for wind resistance. By adding spatial axes in the longitudinal direction the basic type could be extended.
The opening of the house to the garden is typical. Instead of a wall, large sliding glass windows separate the living room on the ground floor from the terrace. The bedrooms on the second floor are lined with windows, with a balcony running along the entire front and a light parapet made of slender steel elements and matted glass. The public pergola, which provided access for Kramer's Westhausen Settlement houses, is on the private side here. In contrast to Kramer's Port Chester houses, this one was designed with the post-war period in mind, apart from the fireplace in the living room with none of the attributes of the usual American family home. The purpose of the article was to acquaint the readers with an exemplary house in the spirit of the Modern. An elaborate model was constructed and photographed in color for the magazine. (WV)

Arch. PA Kramer, Planzeichnungen und Fotos | Plans and photos.
Lit. Jourdan 1982, 65; Lichtenstein 1991, 204–206, 285; R. Pratt, Upstairs and Down, in: Ladies' Home Journal 10/1945, 190.

Räucherhaus | Smokehouse
Gebäude und Geräte | Building and equipment
Trenton (New Jersey)
1945
Bauherr | Client: Paul M. Mazur

Arch. PA Kramer, Curriculum Vitae.
Lit. Lichtenstein 1991, 285.

Umbau und Einrichtung Warenhaus Aldens | Aldens Department Store reconstruction and furnishings
200 South Schuyler Ave., Kankakee (Illinois)
1946/47
abgerissen | demolished in 1991

Arch. PA Kramer, Brief von Aldens Präsident Robert W. Jackson an F. Kramer, 17.07.1946 | Letter from Aldens president Robert W. Jackson to F. Kramer, July, 17, 1946; Brief von L. Soucie/Kankakee County Historical Society an B. Hauß, 20.12.1990 | Letter from L. Soucie/Kankakee County Historical Society to B. Hauss, Dec. 20, 1990.
Lit. Jourdan 1982, 71; Lichtenstein 1991, 224/225, 286; Develops Merchandise Trays For Display and Forward Stock, in: Womens' Wear Daily, 23.12.1947; Schuyler Avenue Named ..., in: Kankakee Sunday Journal, 21.06.1953; Abb., Leg. in Kankakee Daily Journal, 17.11.1989.

Projekt Warenhaus und Ladeneinrichtung Aldens X-Store | Aldens X-Store Department Store and store furnishings project
(Modell und Miniaturmöbel | Model and miniature furniture)
200 South Schuyler Ave., Kankakee (Illinois)
1946/47

Vom Versandhauskonzern Aldens hatte Kramer den Auftrag, eine Kaufhausfiliale im mittleren Westen der USA (Kankakee, Illinois) im Sinne neuer Verkaufskonzepte mittels eigens entworfener Ladenmöbel umzugestalten. Diese hatte Kramer zuerst für das Kaufhaus Bloomingdale in New York entwickelt. Seine *Vizual Fixtures* boten eine verkaufspsychologische Optimierung durch verbesserte Präsentation. Als weitere Aufgabe auf diesem Feld entwarf Kramer eine mehrgeschossige Muster-Kaufhausfiliale unter der Bezeichnung „Aldens X-Store". Die Verkaufsebenen sollten nach außen geschlossen sein, nur im Erdgeschoss gab es verglaste Schaufensterfronten. Für den an der Fassade anzubringenden Namen des Kaufhauses sah Kramer einen Schriftzug mit verdoppelt vorragenden Buchstaben vor, der aus entgegengesetzten Richtungen gelesen werden konnte. (WV)

The Aldens mail order house commissioned Kramer to build a branch store in Kankakee, Illinois, in the mid-west of the USA with a new sales concept using store furniture of his own design. Kramer had initially developed the furniture for Bloomingdales in New York. His "Vizual Fixtures" offered sales psychology optimization with an enhanced presentation. The design of a multi-story model branch store designated the "Aldens X-Store" was also part of the task. The upper sales floors were to be closed to the outside, with glass showroom windows on the ground floor. Kramer planned façade lettering for the name of the store with doubly protruding script which could be read from opposing directions. (WV)

Arch. PA Kramer, F. Kramer, A System of Visual Store Planning for Aldens Inc., Typoskript, 01.05.1947 | typescript, May 5, 1947; Grundrisse, Diagrammzeichnungen | Floor plans, diagrams.
Lit. Jourdan 1982, 71; Lichtenstein 1991, 226/227, 286; F. Kramer, Visual Planning, Equipment Selection and Arrangement for Small Department Stores, in: Progressive Architecture, Mai 1948, 82–87; E. Zietzschmann, Bauten des Verkaufs. Das Warenhaus, in: BuWo 8/1954, 406–408.

10 Projekt Warenhaus Aldens X-Store. Modell, 1946 | 10 Aldens X-Store Department Store project. Model, 1946

11 Projekt Warenhaus Aldens X-Store. Modell, 1946
11 Aldens X-Store Department Store project. Model, 1946

Projekt Versandhaus für Aldens Inc. | Aldens Inc. mail order house project
1947
nicht ausgeführt | not implemented

Arch. PA Kramer, Zeichnungen: Isometrie der Gesamtanlage, perspektivische Ansicht | Drawings: isometry of the overall facility, perspective view.
Lit. Jourdan 1982, 71; Lichtenstein 1991, 286.

Umbau und Einrichtung Stadthaus Gardener Cowles | Gardener Cowles' Townhouse reconstruction and furnishings
New York (NY), Adresse unbekannt | address unknown
1950
Mitarbeit | Collaboration: Calvert Coggeshall
Pläne/Abbildungen nicht erhalten | Plans/illustrations no longer available

Arch. PA Kramer, Curriculum Vitae.
Lit. Lichtenstein 1991, 286.

Umbau und Einrichtung Dr. Kwok-Sung | Reconstruction and furnishings Dr. Kwok-Sung
Greyrock Park, Port Chester (NY)
1951

Arch. PA Kramer, Curriculum Vitae.
Lit. Lichtenstein 1991, 286.

12 Projekt Versandhaus für Aldens. Perspektive, 1947 | 12 Aldens mail order house project. Perspective drawing, 1947

Umbau und Einrichtung Arpels und van Cleef |
Arpels and van Cleef reconstruction and furnishings
Greyrock Park, Port Chester (NY)
1951

Arch. PA Kramer, Curriculum Vitae.
Lit. Lichtenstein 1991, 286.

Frankfurt am Main 1952–1974

Generalbebauungsplan, Johann Wolfgang Goethe-Universität |
Johann Wolfgang Goethe University Master Plan
Frankfurt am Main
1952/53

Ferdinand Kramers erste Aufgabe im Universitätsbauamt war die Aufstellung eines Generalbebauungsplans für das teils erheblich zerstörte Gelände in Bockenheim westlich der Senckenberganlage, auf dem sich schon vor dem Zweiten Weltkrieg die Kernbauten der Universität befunden hatten. Im Frühjahr 1953 legte er einen Plan vor, der das Areal in drei Abschnitte – getrennt durch die Merton- und Robert-Mayer-Straße – gliederte. Miteinander verwandte Wissenschaften wurden dabei gruppiert angeordnet, außerdem waren Reserveflächen für Erweiterungen vorgesehen. Im nördlichen Abschnitt sollten zentrale Einrichtungen wie Mensa, Studentenhaus, Auditorium Maximum und Bibliothek einen grünen Campus und einen forumartigen Platz locker umschließen.
Veränderte Raumprogramme der Institute sowie Umplanungen von Seiten der Stadtverwaltung hielten die Entwicklung im Fluss, so dass der städtebauliche Grundriss der Universität stetem Wandel unterworfen war. Umzugsplanungen ganzer Wissenschaftsbereiche auf die Ginnheimer Höhe oder später an den Niederurseler Hang sorgten über Jahre hinweg für Änderungsbedarf im Generalbebauungsplan.
Nachdem 1959 der Universitätsbibliothek ein Standort nördlich der Bockenheimer Landstraße zugewiesen wurde, erfuhr die Gesamtplanung noch einmal eine bedeutsame Überarbeitung. Am frei gewordenen Standort erhielten daraufhin Administration, Juridicum und Mensa ihren Platz. (PS)

Ferdinand Kramer's first task in the University Building Authority was to create a master plan for the in part heavily destroyed campus grounds in Bockenheim, west of the Senckenberganlage, where the core buildings of the university were located before World War II. In the spring of 1953 he presented a plan which foresaw the division of the area in three sections separated by Mertonstrasse and Robert-Mayer-Strasse. Related scientific disciplines were organized in groups, with areas reserved for future expansions. In the northern section central facilities like the cafeteria, student dormitory, the *Auditorium Maximum* and library were intended to surround a green campus and a forum-like square. Changes in spatial allocations by the institutes as well as by the municipal administration kept developments in flux, with the result that urban developmental layout of the university was subject to continuous change. Plans to move entire scientific disciplines to the Ginnheimer Höhe or later to the Niederurseler Hang led to continuing modifications in the master plan for years to come.
After the university library was assigned a location north of Bockenheimer Landstrasse in 1959, the plan was once again thoroughly revamped. The administration, *Juridicum* and cafeteria now occupied the area formerly reserved for the library. (PS)

Arch. PA Kramer, F. Rau, Universität im Wiederaufbau, Typoskript, 18.07.1957 | typescript, July 18, 1957; Universitätsarchiv Frankfurt | University Archive, Frankfurt.
Lit. Jourdan 1982, 73; Lichtenstein 1991, 286; Das neue Gesicht der Universität, in: NP, 12.02.1953; Die Universitätsstadt, in: Diskus, April 1953; Die Universitätsstadt, in: NP, 24.04.1953; Die Baupolitik der Universität, in: Diskus, Juli 1953; Generalplan für die Universität, in: NP, 11.01.1954; Der kulturelle und geistige Wiederaufbau, in: NP, 06.02.1954, Sonderbeilage S. | special supplement p. 4; F. Rau, Johann Wolfgang Goethe Universität, in: Adressbuch 1954; H. Wingler, Vollendung der Universitätsstadt gefährdet?, in: NP, 29.12.1956, 8; Bauen für die Wissenschaft, in: Die deutsche Universitätszeitung 6/1960, 15–21; F. Kramer, Hochschulplanung gestern und heute, in: BuWo 8/1962, 315 317; Nur „Flickwerk" an der Universität, in: NP, 10.10.1964, 7.

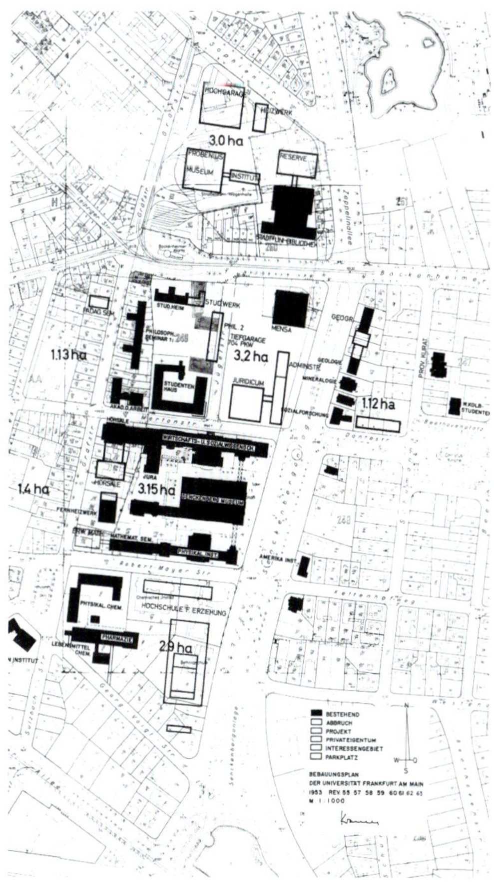

1 Generalbebauungsplan, 1963 | 1 Master plan, 1963

Wiederaufbau Hauptgebäude und Portal | Main Building reconstruction and entryway

Neugestaltung Haupt- und Nebeneingang, Um- und Anbau Rektorat Prof. Dr. Max Horkheimer | Conversion of the main and side entrance, reconstruction and annex for the Vice Chancellor's office of Prof. Dr. Max Horkheimer
Frankfurt am Main, Jügelhaus, Mertonstraße 17–21
1952/53

Bereits bei seinem ersten Projekt als Universitätsbaudirektor demonstrierte Kramer, wie funktionales Bauen aussehen soll. Er ließ den 1949 gerade instandgesetzten, neobarocken und zu schmalen Eingang des Jügelhauses abreißen und die Vorhalle von allem „überflüssigen Zierrat" befreien. Das neue, transparente Portal mit seinen hintereinander gestaffelten Glastüren in schlichten Metallprofilen ist ein 7 m breiter und 3,75 m hoher Schnitt in die historische Fassade. Über dem für 7.000 Studierende konzipierten Eingang steht auf rotem Sandstein in der Futura von Paul Renner „Johann Wolfgang Goethe Universität".
Die sich anschließende nüchterne Halle diente als Verteiler zu den Seminarräumen sowie zum Rektoratsbereich, der hinter einer markanten schwarzen Doppeltür in einer Wand aus Glasbausteinen lag. Das elegante, schlichte Mobiliar des Rektorats wurde ebenfalls von Kramer gestaltet, aber bald von Rektor Max Horkheimer durch repräsentativere neobarocke Möbel ersetzt. (PS)

2 Haupteingang, 1953 | 2 Main entrance, 1953

3 Haupteingang, 1953 | 3 Main entrance, 1953

With his first project as university building director Kramer demonstrated what functional building should look like. He tore down the neo-Baroque, narrow entrance of the *Jügelhaus* which had been renovated in 1949 and liberated the lobby from all "excess decoration". The newly transparent entryway with its staggered array of glass doors in simple metal frames cuts a swath 7 m wide and approximately 3.75 m high in the historical façade. Above the entrance Kramer conceived for 7,000 students, "Johann Wolfgang Goethe Universität" is etched in red sandstone in Paul Renner's Futura typeface. The adjoining sober hall served as an access to the seminar rooms and to the vice chancellor's rooms, which were located behind a striking black double door in a wall of glass bricks. Kramer also designed the elegant, simple furniture of the vice chancellor's office, which however was soon thereafter replaced by Vice Chancellor Max Horkheimer with more imposing neo-Baroque furnishings. (PS)

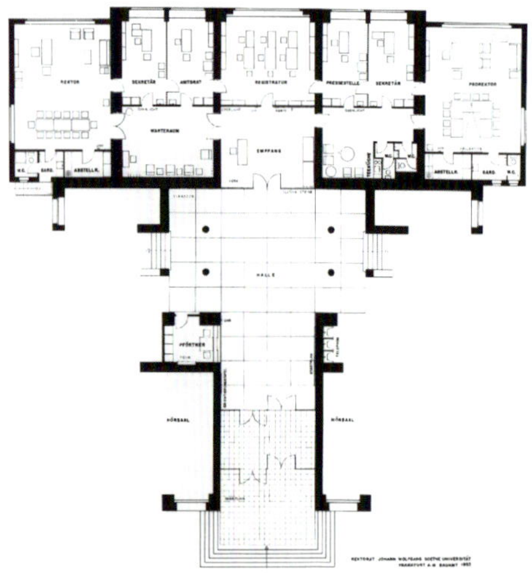

4 Haupteingang. Grundriss, 1953
4 Main entrance. Ground plan, 1953

Arch. PA Kramer, F. Kramer, Umbau des Haupteingangs und des Rektorats, Typoskript | typescript; Universitätsarchiv Frankfurt | University Archive, Frankfurt.
Lit. Jourdan 1982, 73; Lichtenstein 1991, 234/235, 286; Der Sandsteinschmuck, in: NP, 11./12.03.1953; Hauptgebäude fertig bis April, in: NP, 17.03.1953; Umbau der Universität Frankfurt a.M., in: BuWo 9/1954, 481/482.

Umbau und Einrichtung Versuchsbühne und Vorlesungsraum des Instituts für Deutsche Sprechkunde | Reconstruction and furnishings for experimental stage and lecture room of the Institut für Deutsche Sprechkunde

Versuchsbühne des Studententheaters, Vorlesungsraum im | Experimental stage for the student theater, lecture room of the Institut für Deutsche Sprechkunde
Frankfurt am Main, Senckenberganlage 27
1953

Arch. PA Kramer, F. Kramer, Versuchsbühne und Vorlesungsraum des Instituts für Sprechkunde, Typoskript, 06.08.1954 | typescript, June 8, 1954.
Lit. Jourdan 1982, 73/74; Lichtenstein 1991, 235; Konstruktionsblatt, Beil. in: BuWo 9/1954.

5 Versuchsbühne, 1953
5 Experimental stage, 1953

Umbau und Einrichtung Wohnung Ferdinand Kramer | Apartment reconstruction and furnishings for Ferdinand Kramer

Ostflügel Hauptgebäude, Dachgeschoss | East wing, main building, attic
Frankfurt am Main, Senckenberganlage 27
1953

6 Wohnung Ferdinand Kramer, 1953
6 Apartment of Ferdinand Kramer, 1953

Lit. Jourdan 1982, 74; Lichtenstein 1991, 236, 287.

Fernheizwerk | District Heating Plant

Heizkraftwerk für die Fernheizung der Johann Wolfgang Goethe Universität | Cogeneration plant for the district heating of the Johann Wolfgang Goethe University
Frankfurt am Main, Gräfstraße 46
1953
Mitarbeit | Collaboration: Walther Dunkl

Eine der grundlegenden Entscheidungen in Ferdinand Kramers Masterplan für den Bockenheimer Campus bestand in der zentralen Versorgung der Bauten mit selbst erzeugter Fernwärme. Das Fernheizwerk gehörte deshalb zu den ersten Bauten. Der Stahlskelettbau beruht im Grundriss auf einem Rechteckraster, das wie bei Kramers Institutsbauten auch die Fassaden bestimmt. Dass es sich um einen Industriebau handelt, zeigen die größeren Abmessungen der Module, die den Kesselraum belichtenden großen Stahlfenster und der mächtige Schornstein. Die ungewöhnlich lebendige Ausfachung der geschlossenen Wände besteht aus einer Durchmischung gelber Klinker in den verschiedensten Tönen von hellem Blassgelb bis zum dunklen Ocker-Rot und Braun. Das leichte Dach liegt auf dünnen Stahlbindern. Der ursprüngliche Schornstein war in denselben Klinkern gemauert wie die Außenwände. Das der Wärmeerzeugung anfangs zugrunde liegende Prinzip war die Kohleverfeuerung. In einem Tiefbunker unterhalb des Erdgeschosses wurde die

Kohle gelagert und mithilfe eines Becherwerks und eines Laufbands auf die einzelnen Hochbunker verteilt, die im hochgezogenen Bauteil an der Westseite untergebracht sind. Von dort gelangte die Kohle zur Verbrennung auf den Wanderrost. Ursprünglich für drei Kessel geplant, wurde der Bau später ebenfalls durch Kramer um eine zusätzliche Achse im Norden erweitert. Später fand eine Umstellung auf Heizölverbrennung statt, bis das Werk 2014 außer Betrieb genommen wurde. (JB)

7 Fernheizwerk, 1954 | 7 District heating plant, 1954

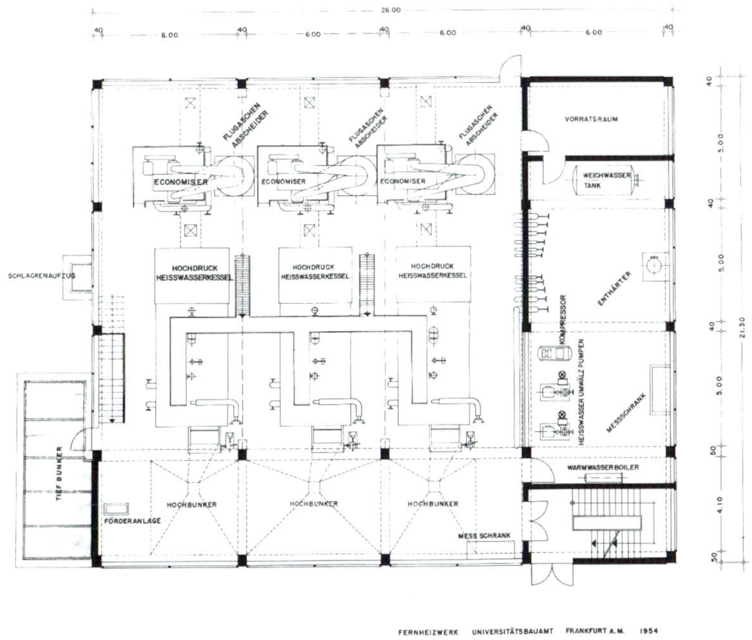

8 Fernheizwerk. Grundriss, 1954
8 District heating plant. Ground plan, 1954

One of the basic requirements in Ferdinand Kramer's master plan for the Bockenheim Campus was the self-sufficient supply of the buildings with district heat. That meant the district heating plant was one of the first buildings to be built. The floor plan of the steel frame structure was based on a rectangular grid, which as it did in Kramer's institute buildings, also determined the façade. The fact that this was an industrial building can be seen in the larger dimensions of the modules, like the great steel windows illuminating the boiler room and the stupendous smokestack. The uncharacteristically lively brick filler for the walls consists of a yellow clinker spectrum, ranging from pale yellow to dark ochrered and brown. The light roof is mounted on thin steel girders. The original smokestack was bricked in with the same clinkers as the outer walls.
Heat was generated by coal-fired furnaces. The coal was stored in a subterranean bunker beneath the ground floor and distributed to the individual furnaces with a bucket elevator and conveyer belt located in the raised section of the building on the west side. The coal was transported via a travelling gate from there to the furnaces. Three boilers were originally planned for the building, which was later expanded by Kramer by one axis to the north. The system was later converted to heating oil. The building was shut down in 2014. (JB)

Arch. PA Kramer; Universitätsarchiv Frankfurt | University Archive, Frankfurt.
Lit. Jourdan 1982, 75; Lichtenstein 1991, 238/239, 287; Bauten der Johann-Wolfgang-Goethe Universität, Frankfurt a.M., in: BuWo 2/1955, 70–72; F. Kramer, Das Fernheizwerk der Johann-Wolfgang-Goethe Universität, in: G.I. 15–16/1955, 242–245; Technik mit musischem Moment, in: NP, 22.05.1956.

9 Fernheizwerk, 2015 | 9 District heating plant, 2015

Wettbewerbsentwurf Deutsche Bibliothek |
Deutsche Bibliothek competition design
Frankfurt am Main, Zeppelinallee 8
1953

Die als nationale Bibliothek geführte Deutsche Bücherei hatte seit der Gründung ihren Standort in Leipzig, wo auch die einst führende Buchmesse ihren Platz hatte. Aufgrund der schon 1946 wirksamen deutschen Teilung kam es in den Nachkriegsjahren zu zwei folgenreichen Neugründungen in Frankfurt – der Deutschen Bibliothek und der Frankfurter Buchmesse. Für den erforderlichen Neubau auf einem Grundstück östlich der Zeppelinallee wurde 1953 ein Wettbewerb ausgeschrieben, aus dem das Büro von Alois Giefer und Hermann Mäckler siegreich hervorging.
Der Wettbewerbsentwurf Kramers sah einen 46 m hohen Bücherspeicher in Stahlskelettbauweise vor, der konstruktiv aus drei Primärgeschossen mit jeweils fünf Speichergeschossen besteht. Die vollverglaste Ost- und Westfassade des Turmes sollte dabei durch Brise Soleils geschützt werden. Lesesäle, Büros und Foyer hätten in einem Sockelbau mit nördlich und südlich gelegenen Annexen ihren Platz gefunden. (PS)

Since its inception, the *Deutsche Bücherei*, which was established as a national library, was located in Leipzig, where the book fair, which has taken second place to that in Frankfurt, is still held. Because of the division of Germany beginning effectively in 1946, two significant new institutions were founded in Frankfurt – the *Deutsche Bibliothek* and the Frankfurt Book Fair. A call for competition was issued in 1953 for the new national library on a lot east of Zeppelinallee. The architectural studio of Alois Giefer and Hermann Mäckler won the competition.

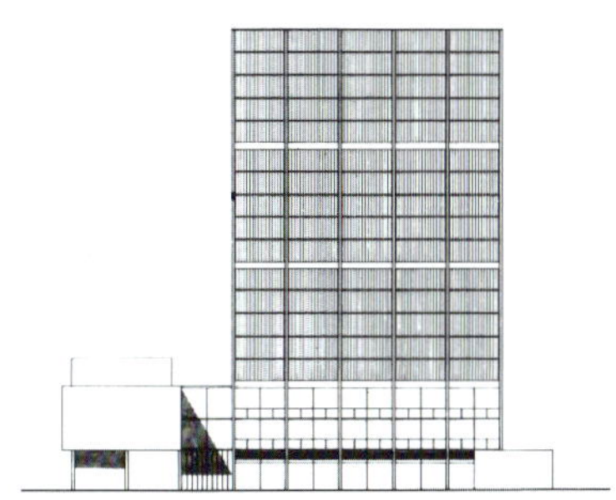

10 Deutsche Bibliothek. Ostansicht, 1953
10 *Deutsche Bibliothek*. East elevation, 1953

Kramer's competition design envisioned a 46 m high steel frame book storage facility consisting of three main floors each with five storage floors. The fully glazed east and west tower façades were to have been protected by *brise soleils*. The reading room, offices and lobby were located in the plinth with north and south oriented annexes. (PS)

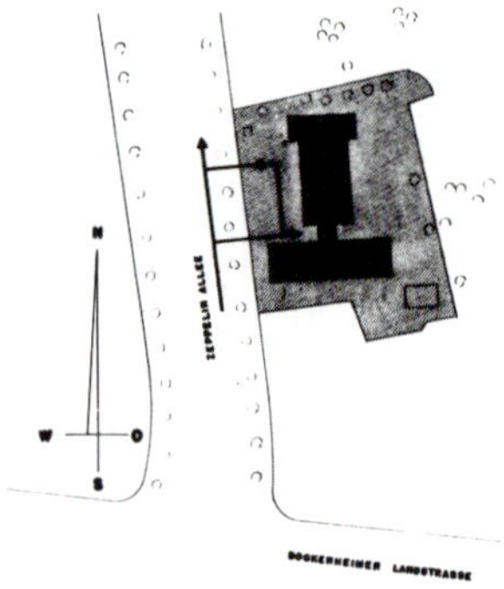

11 Deutsche Bibliothek. Lageplan, 1953
11 Deutsche Bibliothek. Site plan, 1953

Arch. PA Kramer, Planzeichnungen | Plans.
Lit. Jourdan 1982, 74; Lichtenstein 1991, 287.

Englisches Seminar und Amerika-Institut | English Seminar and Amerika-Institut

Frankfurt am Main, Kettenhofweg 130
1953/54
Mitarbeit | Collaboration: Helmut Alder

Bereits 1950 plante Hubert Lütcke, Kramers Vorgänger im Universitätsbauamt, den Bau des Englischen Seminars und Amerika-Instituts. Im Dezember 1951 wurde das Vorhaben im Rohbau gestoppt, da keine Baugenehmigung der Stadt vorlag. Als Kramer 1952 die Leitung übernahm, entschied er sich für eine Neuplanung, die sparsamer, effektiver und zugleich gestalterisch moderner sein sollte. Der Institutsbau zog sich jedoch weiter in die Länge, da es Auseinandersetzungen zwischen der Stadt und dem Universitätsbauamt gab, die erst 1953 beigelegt werden konnten. Das Gebäude ist als Stahlbetonskelett konstruiert, seine Fassade ist mit blassgelben Klinkern und Fensterbändern ausgefacht. Glasbausteine im Erdgeschoss verweisen auf den dahinter liegenden Hörsaal. Im 1. Obergeschoss befand sich das Englische Seminar mit Bibliothek, Seminarräumen und Dozentenzimmer, im 2. Geschoss war das Amerika-Institut ansässig. Gastzimmer für Professoren und Mitarbeiter lagen zurückgesetzt hinter einer unter der Traufkante eingeschnittenen Loggia im 3. Geschoss. Den an der Seite liegenden Eingang markierte Kramer mit einem an dünnen Stahlseilen abhängenden leichten Vordach aus einem Stahlrahmen mit eingelegtem Glas.

12 Englisches Seminar und Amerika-Institut, 1954
12 English Seminar and *Amerika-Institut*, 1954

Seit 2001 befindet sich das Institut auf dem neuen Westend-Campus. Der Kramer-Bau soll nach seiner temporären Besetzung (2003–2013) durch das Institut für vergleichende Irrelevanz (IvI) nun für neue Nutzer umgewandelt werden. (JB)

Hubert Lütcke, Kramer's predecessor in the University Building Authority had already planned the English Seminar and *Amerika-Institut* in 1950. In December of 1951 the project was stopped in the shell construction phase because the city had not issued a building permit. When Kramer took over as director in 1952 he decided on a new plan which was to be more economical, effective and more modern. But construction dragged on because of conflicts between the University Building Authority and the city, which were finally resolved in 1953. The building is constructed as a reinforced concrete frame whose façade is filled out with pale yellow clinkers and ribbon windows. Glass blocks on the ground floor give a hint of the auditorium behind them. The English Seminar, with library, seminar

13 Englisches Seminar und Amerika-Institut, Eingang, 1954
13 English Seminar and *Amerika-Institut*, entrance, 1954

rooms and faculty rooms, was located on the 2nd floor and the *Amerika-Institut* occupied the 3rd floor. Guest rooms for professors and colleagues were set back behind a loggia nestled into the eaves on the 4th floor. Kramer marked the entrance on the side with a light canopy consisting of a steel frame with glass hung from thin steel cables.
The institute has been relocated in the new Westend Campus since 2001. After its temporary occupation (2003–2013) by the Institute for Comparative Irrelevance, or IvI, the Kramer building will be refurbished for a new user. (JB)

14 Englisches Seminar und Amerika-Institut, 2015
14 English Seminar and *Amerika-Institut*, 2015

Arch. PA Kramer; Universitätsarchiv Frankfurt | University Archive, Frankfurt.
Lit. Jourdan 1982, 75; Lichtenstein 1991, 240, 287; Amerika Institut der Johann-Wolfgang-Goethe Universität Frankfurt, a.M., in: BuW, Sh. 1, 1955, 18/19; Bauten der Johann-Wolfgang-Goethe Universität Frankfurt a.M., in: BuWo 2/1955, 68–70, Konstruktionsblatt | construction sheet.

Geologisch-Paläontologisches Institut | Institute for Geology and Paleontology

Frankfurt am Main, Senckenberganlage 32
1953/54
abgerissen | demolished in 2007
Mitarbeit | Collaboration: Helmut Alder

In Kramers Generalbebauungsplan war für die Institute der Geowissenschaften ein Standort östlich der Senckenberganlage bestimmt. Direkt neben dem fachverwandten Mineralogischen Institut, das hier in einem neobarocken Altbau untergebracht war, entstand als Neubau das Geologisch-Paläontologische Institut.
Der viergeschossige Institutsbau wurde in Stahlskelettbauweise mit einem Fassadenraster von 2,75 m errichtet. Gleichmäßig durchlaufende Fensterbänder und mit Klinker ausgefachte Fensterbrüstungen gliederten die Fassade des Gebäudes, das mit einem zurückversetzten Dachgeschoss und einer Dachterrasse abschloss. Das Treppenhaus wurde durch Fenster und Glasbausteine belichtet. Im Erdgeschoss befand sich an der Hofseite der Hörsaal, zur Straße hin die Lehrsammlung und ein Seminarraum. In den Obergeschossen waren Dozentenräume, Bibliothek und weitere Arbeitsräume für Studierende und

15 Geologisch-Paläontologisches Institut, 1954
15 Institute for Geology and Paleontology, 1954

Doktoranden untergebracht. Laborräume und Werkstätten lagen im Untergeschoss.
In Kramers Plan war auch bereits das Geographische Institut (1964) vorgesehen, das durch einen gemeinsamen Hörsaalbau der Geowissenschaften an die Geologie angeschlossen werden sollte. Dieser wurde jedoch erst 1966/67 nach Plänen von Heinrich Nitschke realisiert. Nach dem Umzug der Institute auf die Campus Riedberg und Westend wurde der gesamte Gebäudekomplex 2007 abgebrochen und durch einen Neubau der Kreditanstalt für Wiederaufbau (Jürgen Engel Architekten) ersetzt. (PS)

Kramer's master plan stipulated a location east of the Senckenberganlage for the Institutes for Earth Sciences. The new building for the Institute for Geology and Paleontology was built adjacent to the related Mineralogy Institute, located in an old neo-Baroque building.

16 Institute der Geowissenschaften. Modell | 16 Institutes for Earth Sciences. Model

19 Gärtnerhaus, 1956 | 19 Gardener's house, 1956

The four-story institute was built as a steel frame with a façade grid of 2.75 m. The façade is structured by window parapets filled in with clinkers and uniform window ribbons running throughout. The building was finished off with a recessed attic and a roof terrace, the stairwell lit by windows and glass blocks. The auditorium was located on the courtyard side on the ground floor, while on the street side the institute collection and a seminar room were located. Lecturers' rooms, the library and more work rooms for students and PhD candidates were located on the upper floors. Laboratory rooms and workshops were in the cellar.
The Institute for Geography (1964) was part of Kramer's master plan. It was to be accessed by a joint auditorium for earth sciences and geology, but the auditorium was completed later in 1966/67 according to plans drawn up by Heinrich Nitschke. After the institute moved to Campus Riedberg and Westend, the entire complex was demolished in 2007 and replaced by a new building belonging to the *Kreditanstalt für Wiederaufbau* (Reconstruction Loan Corporation) built by Jürgen Engel Architekten. (PS)

Arch. PA Kramer; Universitätsarchiv Frankfurt | University Archive, Frankfurt.
Lit. Jourdan 1982, 75; Lichtenstein 1991, 241, 287; C. Langhagen-Rohrbach, Senckenberganlage 36, Frankfurt a. M. 2006; Das Reich der Geologie, in: NP, 11.12.1954; Partner Erde, in: FAZ, 11.12.1954.

Das Biologische Camp | The Biology Camp
Institutsgebäude für Anthropologie, Botanik, Zoologie, Mikrobiologie; Hörsaalgebäude, Verbindungsgang, Gärtnerhaus, Gewächshäuser; Laborgebäude und Wirtschaftsgebäude (1966) | Institute buildings for anthropology, botany, zoology and microbiology; auditorium, connecting passage, gardener's house, greenhouses; lab building and farm building (1966)
Frankfurt am Main, Siesmayerstraße 70–72
1954–1956, 1966
Mitarbeit| Collaboration: Walther Dunkl (Institute | Institutes), Helmut Alder (Hörsaalgebäude, Gärtnerhaus | Auditorium, gardener's house)

Bereits im Juli 1952, noch vor seiner Berufung als Baudirektor der Universität, wurde Kramer von Friedrich Rau, dem Kurator der Universität, der Bau des Botanischen Instituts angetragen. Kramer entwickelte das Konzept eines „Biologischen Camps" in der Siesmayerstraße zwischen Grüneburgpark und Palmengarten, in dem die Institute der Botanik, Anthropologie, Zoologie sowie der Mikrobiologie gemeinsam untergebracht werden sollten. Sein erster Neubau-Entwurf für die Universität stimmte den Architekten euphorisch: „Es wird das interessanteste Biologie-Institut der Welt" (Brief an Beate Kramer, 14.12.1952). Nach zweijährigen Bauarbeiten konnte der Komplex 1956 eingeweiht werden. Ein zweiter Bauabschnitt folgte ab 1964 auf Empfehlung des Wissenschaftsrates: Ein Wirtschaftsgebäude, Gewächshäuser und ein Laborgebäude für das Botanische Institut wurden 1966 eingeweiht. Kramer teilte die Institute in zwei Gebäude auf: einen Bau für die Botanik und die Anthropologie und einen zweiten für die Zoologie und die Mikrobiologie. Ein großer Hörsaal für 300 Personen komplettierte das Ensemble. Die Gebäude sind wechselseitig an einem offenen, durch die grüne Umgebung gelegten Verbindungsgang angeordnet. Als Ergänzung zum Zoologischen Institut entstand ein Anbau mit Ställen für Versuchstiere.

17 Biologische Institute, 1956
17 Biological institutes, 1956

18 Biologische Institute, 1956
18 Biological institutes, 1956

Beide Institutsgebäude sind als Stahlbetonskelette mit Sichtbetonpfeilern konstruiert. Für die Ausfachung des Fassadenrasters wurden gelb-braune Klinker in unterschiedlichen Tönen gewählt. Dort wo es die Nutzung der dahinter liegenden Räume erfordert, sind kleine Loggien zur Durchführung von Experimenten in die Fassade eingeschnitten. So lassen sich bereits an ihr die verschiedenen Funktionsbereiche der Gebäude erkennen. Die unregelmäßig verteilten Loggien sorgen für eine angenehme Auflockerung der Fassaden. An beiden Instituten sind an den Schmalseiten Feuertreppen in selbsttragender Betonkonstruktion angebracht, deren Diagonalen zudem einen bewussten Kontrast zum Rechteckraster der Fassaden bilden.

20 Gewächshäuser und Laborgebäude, 1966
20 Greenhouses and lab building, 1966

Der große Hörsaal wird durch das Grau des Betons und die Wand aus Glasbausteinen bestimmt, mit welcher der Raum nach Westen abschließt. Die Zwischenräume der Betonstützen, auf denen die Decke lastet, sind stufenförmig mit Gipsplatten ausgehängt, um so die Raumakustik und die Lichtverhältnisse zu verbessern. Der Schornstein neben dem Hörsaalgebäude gehört zur Heizungsanlage und war in der Öffentlichkeit wegen seines industriellen Charakters am Rande des bürgerlichen Grüneburgparks umstritten.
Im Jahr 2011 bezogen die Biowissenschaften neue Gebäude auf dem Campus Riedberg. Seitdem stehen die Bauten im Botanischen Garten größtenteils leer. (JB)

In July, 1952 before Kramer had been appointed university construction director, Friedrich Rau, the university curator, offered him the task of building a Botanical Institute. Kramer developed the concept

21 Gewächshäuser und Laborgebäude, 2015
21 Greenhouses and lab building, 2015

22 Biologische Institute, Hörsaal, 1956
22 Biological institutes, auditorium, 1956

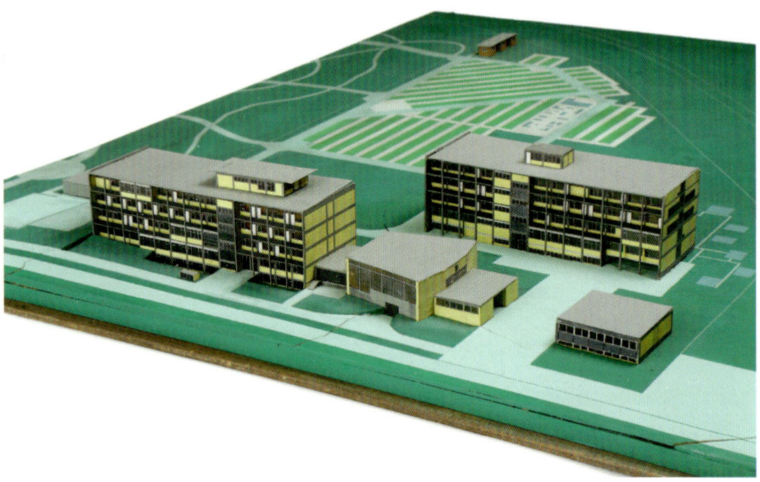

23 Biologische Institute. Modell
23 Biological institutes. Model

of a "Biology Camp" on Siesmayerstrasse between Grüneburgpark and the Palmengarten, where the Institutes for Botany, Anthropology, Zoology and Microbiology were to be located. He was ecstatic about his first design for a new university building: "It will be the most interesting Institute of Biology in the world" (letter to Beate Kramer, Dec. 14, 1952). After two years of construction the complex was inaugurated in 1956. A second section was added on the recommendation of the Science Council: a farm building, green houses and a laboratory building for the Botanical Institute were inaugurated in 1966. Kramer divided the Institute in two buildings: one for botany and anthropology and a second for zoology and microbiology. The ensemble was completed by a large auditorium for 300. The buildings stand opposite each other on an open passageway leading through the green surroundings. The Zoological Institute was augmented with stalls for laboratory animals.

Both institutes are built as reinforced concrete frames with exposed concrete pillars. Yellow-brown clinkers in different tones were used to fill out the façade grid. Small loggias were cut into the façade for carrying out experiments in the rooms behind it, the façade thereby indicating the various functional areas in the building. The irregular series of loggias also agreeably break up the façades. Self-supporting concrete emergency stairs are located on the narrow sides of both institutes. Their diagonals provide a deliberate contrast to the rectangular grid of the façades.

The large auditorium is defined by the grey of the concrete and glass blocks of the walls, which finish off the room to the west. The intervals between the concrete supports holding up the roof are hung in tiers with plasterboard to improve room acoustics and light conditions. The chimney next to the auditorium is for the heating unit and was a subject of public controversy because of its industrial character at the border of the recreational Grüneburgpark. The life sciences moved to new quarters on Campus Riedberg in 2011. The buildings in the Botanical Garden are now almost empty. (JB)

24 Biologische Institute, Hörsaal, 2015
24 Biological institutes, auditorium, 2015

Arch. PA Kramer; Universitätsarchiv Frankfurt | University Archive, Frankfurt.
Lit. Jourdan 1982, 76/77; Lichtenstein 1991, 242–247, 287; Generalplan für die Universität, in: NP, 11.01.1954; Abb., Leg. in NP, 16.06.1956; Gärtnerhaus im botanischen Garten Frankfurt a.M., in: BuW, Sh. 1, 1955, 55/56; Das Biologische Camp der Universität Frankfurt/M, in: BW 48/1957, 1262–1267; Die biologischen Institute der Universität in Frankfurt am Main, in: BW 33/1966, 936–941; Die liebenswerte Wissenschaft. Botaniker feiern den Ausbau des Frankfurter Institutes, in: NP, 08.09.1966.

Studentenwohnheim an der Bockenheimer Warte | Student Dormitory at Bockenheimer Warte
Frankfurt am Main, Bockenheimer Landstraße 135
1956
Mitarbeit | Collaboration: Helmut Alder

Das fünfstöckige Wohnheim für 127 Studenten besteht aus einem Stahlbetonskelett, das mit hellgelben Klinkern ausgefacht ist. In jedem Geschoss befinden sich Einzel- und Doppelzimmer, zentral hinter großzügigen Fenstern liegen Küche und Besucherraum und an den beiden Flügelenden Waschräume sowie Toiletten. Das offene Erdgeschoss mit einem vollverglasten Aufenthaltsraum dient als Durchgang zum Garten.
Mit dem Studentenwohnheim versuchte Kramer

25 Studentenwohnheim Bockenheimer Warte, 2015
25 Student Dormitory at Bockenheimer Warte, 2015

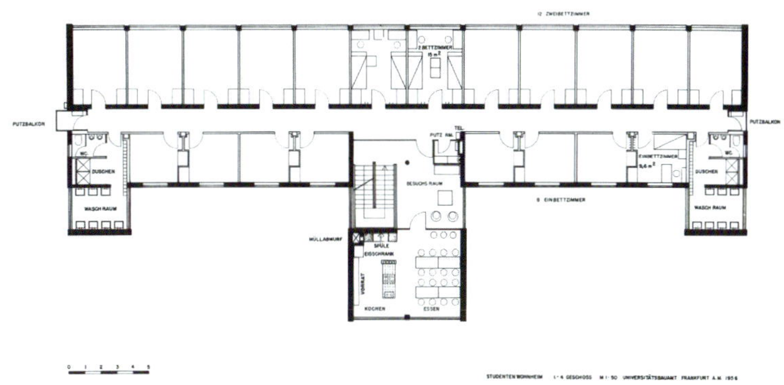

28 Studentenwohnheim Bockenheimer Warte. Grundriss 1. Obergeschoss
28 Student Dormitory at Bockenheimer Warte, 2nd floor plan

eine neue Art des Wohnens zu etablieren, welche die gewohnten Anzeichen von Gemütlichkeit, wie „antiquierte Möbel" oder „lauschige Winkel", ausdrücklich und absichtsvoll hinter sich ließ. Das schlichte Weiß der Wände, die rauen ungeschliffenen Betonstützen sowie die geringe Wohnfläche bei wohl überlegter Funktionalität erfüllten für Kramer einen Bildungsauftrag: Die Studenten sollten sich nicht nur daran gewöhnen, zweckmäßig zu wohnen – sie sollten dies bewusst tun und das Gelernte anschließend in der Gesellschaft verbreiten. (JB)

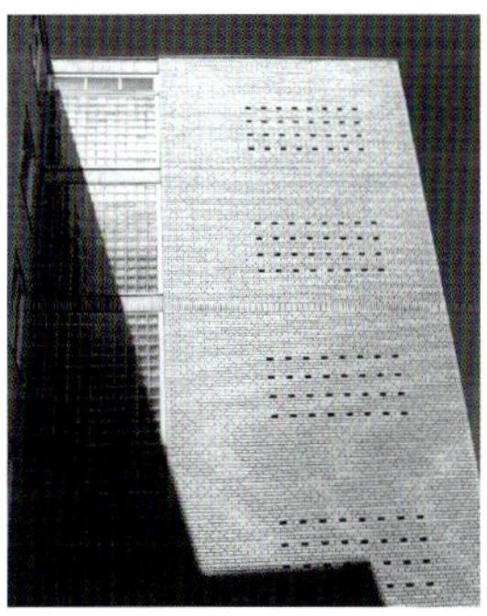

26 Studentenwohnheim Bockenheimer Warte, Fassade, 1956
26 Student Dormitory at Bockenheimer Warte, façade, 1956

The five story dormitory for 127 students consists of a reinforced concrete frame filled in with light yellow clinkers. Each floor has single and double rooms, while the kitchen and visitors' rooms are centrally located behind large-scale windows, with washrooms and toilets at each end of the wing. The open ground floor with a completely glazed relaxation room serves as a passage to the garden.
Kramer tried to create a new kind student dormitory living which explicitly rejected the usual touches of comfort like "antiquated furniture" or "cozy corners". The simple white walls, the raw, unfinished concrete supports and deliberate functionality of the minimal living space were the fulfillment of an educational task for Kramer: instead of just living expediently, the students should live consciously in their quarters and convey what they have learned to the society at large. (JB)

27 Studentenwohnheim Bockenheimer Warte, Treppenhaus, 1956
27 Student Dormitory at Bockenheimer Warte, staircase, 1956

Arch. PA Kramer; Universitätsarchiv Frankfurt | University Archive, Frankfurt.
Lit. Jourdan 1982, 78; Lichtenstein 1991, 248/249, 287; F. Kramer, Wohnen im Studentenheim/Studentenwohnheim der Universität Frankfurt/Main, in: Werk und Zeit 8/1956, 5 und | and in: BW 17/1959, 519–523.

Wiederaufbau Physikalischer Verein | Reconstruction of the Physics Society
Frankfurt am Main, Robert-Mayer-Straße 2–4
1957

Arch. PA Kramer
Lit. Jourdan 1982, 79.

Institute für Pharmazie und Lebensmittelchemie, Städtisches Nahrungsmitteluntersuchungsamt | Institutes for Pharmacy and Food Chemistry, the Municipal Statistical Food Testing Office
Institutsgebäude, Hörsaal und Verbindungsgang | Institute building, auditorium and connecting passageway
Frankfurt am Main, Georg-Voigt-Straße 14–16
1954–1957
Mitarbeit | Collaboration: Klaus Peter Heinrici
2009–2012
Revitalisierung | Revitalization: Schürmann Spannel AG, Bochum

Das Institutsgebäude besteht aus einem langgezogenen Baukörper mit fünf Geschossen, in dem Labore, kleine Hörsäle, Bibliothek und Chemielager untergebracht waren. Beide Institute besaßen getrennte Eingänge. Die Konstruktion besteht aus einem unverkleideten Stahlbetonskelett mit einer Ausfachung mit durchlaufenden Fensterbändern sowie Klinkern in kräftigem Gelbton. Der hohe Tageslichtbedarf in den Arbeitsräumen führt zu einem Fassadenbild, das mehr Offenheit zeigt als die vorangegangenen Seminarbauten Kramers. Der Fensteranteil bedeckt hier deutlich mehr Fläche als die Klinkerbrüstungen. Die Notwendigkeit des Sonnenschutzes auf der Südwestseite nutzte Kramer, um in Frankfurt ein in klimatisch wärmeren Zonen bereits erprobtes Element der Moderne einzuführen: Die „Brise Soleil" genannten doppelten Betonstreifen, die an diesem Bau die Form eines die gesamte Fassade bedeckenden, von dieser um einen halben Meter abgerückten Rasters bekamen.
Das vorgelagerte separate Hörsaalgebäude bietet Platz für größere Lehrveranstaltungen. Es wird von

29 Institute für Pharmazie und Lebensmittelchemie, 1957
29 Institutes for Pharmacy and Food Chemistry, 1957

30 Forschungszentrum für Biodiversität und Klima, 2015
30 Biodiversity and Climate Research Center, 2015

vier scheibenförmigen Betonbügeln getragen, die den quaderförmigen Baukörper überspannen und auf diese Weise die Aufhängung des Hörsaaldachs erlauben. Kramer ließ die Mulde, die sich auf dem Grundstück befindet, nicht aufschütten, sondern setzte die Gebäude hinein und hielt dabei die Erdgeschosse auf dem Niveau der Straße. Beide Bauteile werden über einen überdachten, auf Stahlstützen stehenden Verbindungssteg erschlossen. Der offene Raum unter dem Hörsaalgebäude wird als Fahrradparkplatz genutzt.
In dem inzwischen sanierten und denkmalgeschützten Komplex ist seit 2012 das Forschungszentrum für Biodiversität und Klima (BiK-F) untergebracht. (JB)

The institute building is a five story elongated structure where laboratories, small auditoriums, a library and a chemical warehouse were located. Each institute had a separate entrance. The design consists of an exposed reinforced concrete frame filled in with running ribbon windows and rich yellow clinkers. A façade which displays more openness than the predecessor seminar rooms is used because of the greater need for daylight in the workrooms. The surface percentage covered by windows is much more than that covered by the clinker balustrades.
Kramer used the need for protection against the sun on the south-west side to introduce a feature of the Modern which had already been tested in warmer climate zones, the *brise soleils* covering the entire length of the façade with double strips of concrete in the form of a grid recessed by a half meter.
The separate auditorium building in the front had space for lectures with larger audiences. It is supported by four disk-shaped concrete yokes which arch over the cubic structure, allowing for the auditorium roof to be suspended. Instead of land filling the hollow on the lot, Kramer set the building in it, placing the ground floors on street level. The two building elements are connected with a walkway roofed over and set on steel supports. The open space beneath the auditorium building was used to park bicycles.
Since 2012 the renovated and listed complex has been home to the Biodiversity and Climate Research Center (BiK-F). (JB)

31 Institute für Pharmazie und Lebensmittelchemie, Brise Soleil, 1957
31 Institutes for Pharmacy and Food Chemistry, *brise soleils*, 1957

32 Institute für Pharmazie und Lebensmittelchemie, 1957
32 Institutes for Pharmacy and Food Chemistry, 1957

Arch. PA Kramer, F. Kramer, Pharmazeutisches Institut, Institut für Lebensmittelchemie und Städtisches Nahrungsmitteluntersuchungsamt, Typoskript | typescript; Universitätsarchiv Frankfurt | University Archive, Frankfurt.
Lit. Jourdan 1982, 78; Lichtenstein 1991, 250–253, 287; F. Wurm, Ferdinand Kramer, SSP Schürmann-Spannel, Forschungszentrum BiK-F, Stuttgart 2014; Eine Welt der Forschung, in: NP, 01.11.1954; Zwei neue Universitätsinstitute, in: NP, 17.01.1958; Die neuen Institute für Lebensmittelchemie und Pharmazie, in: NP, 18.01.1958; Abb., Leg. in Werk und Zeit 1/1958; F. Kramer, Rede eines Baumeisters vor Naturwissenschaftlern, in: BW 32/1958, 779–785.

33 Institute für Pharmazie und Lebensmittelchemie. Modell
33 Institutes for Pharmacy and Food Chemistry. Model

Institut für Kernphysik | Institute for Nuclear Physics
Atomreaktorhalle, Beschleunigeranlage, Labor- und Hörsaalgebäude, Institutsgebäude für Radiochemie | Nuclear reactor hall, accelerator, labor and auditorium building, building for the Institute for Radiochemistry
Frankfurt am Main, August-Euler-Straße 6
1956–1958
abgerissen | demolished in 2006
Mitarbeit | Collaboration: Walther Dunkl, Helmut Alder

34 Institut für Kernphysik, Reaktorgebäude, 1958
34 Institute for Nuclear Physics, nuclear reactor hall, 1958

Anlässlich der Gründung des Instituts für Kernphysik stiftete die Hoechst AG der Universität Frankfurt 1956 einen Forschungsreaktor, der 1958 als zweiter Reaktor der Bundesrepublik in Betrieb ging (der erste war 1957 der Forschungsreaktor der TU München in München-Garching). Für die Institutsbauten stellte die Stadt Frankfurt ein zwei Hektar großes, aus Sicherheitsgründen innenstadtfernes Grundstück auf dem Rebstockgelände zur Verfügung.
Vor Planungsbeginn hatte Kramer eine Studienreise nach England unternommen, um sich im Atomforschungszentrum Harwell bei Oxford über die speziellen Probleme der Bauaufgabe zu informieren: „Eine vollständig neue Welt, in der man da die Geheimnisse + Gesetze jetzt bekannt sind, diese sozusagen wiederholt. Wenn diese Produkte zum Wohle der Menschen benutzt werden, können sie ein Se-

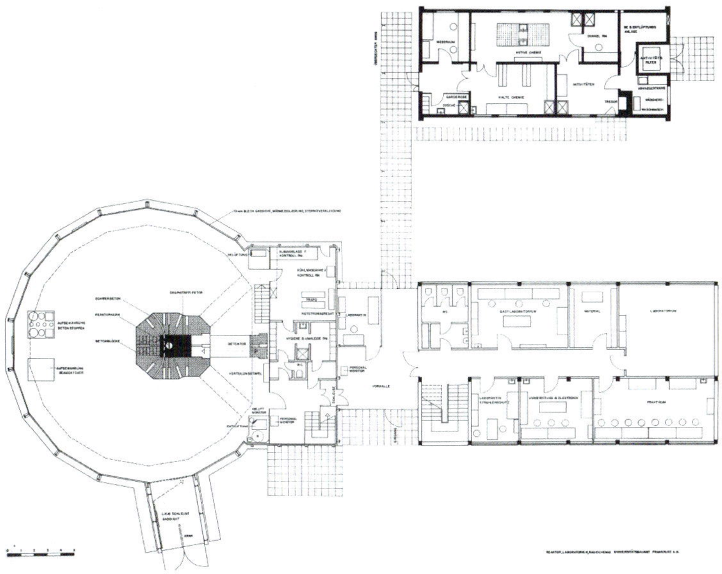

35 Institut für Kernphysik, Reaktorgebäude, Labor für Radiochemie. Grundriss
35 Institute for Nuclear Physics, nuclear reactor hall, radiochemistry laboratory. Ground plan

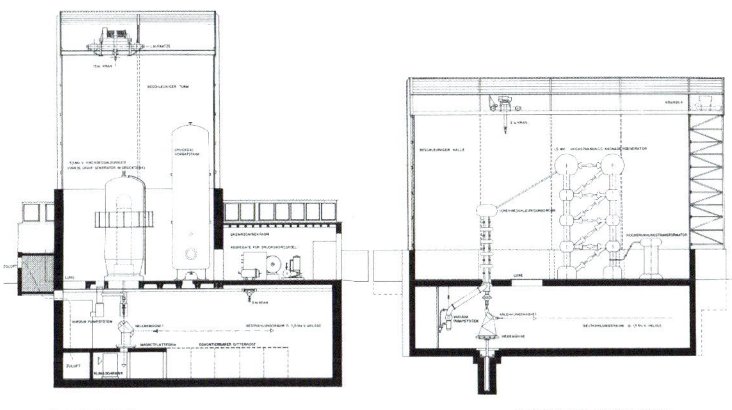

36 Institut für Kernphysik, Beschleunigeranlage. Schnitt
36 Institute for Nuclear Physics, accelerator. Section

gen sein, umgekehrt aber der letzte Fluch. Lauter junge Leute, kein altes Gesicht, ziemlich unordentlich genial, ich möchte fast sagen bei der Gefahr der Dinge leichtsinnig. Nach aussen die schärfsten Kontrollen, ich war erstaunt, dass man mich zuliess zu den Besichtigungen. Diese Woche fange ich hier an mit der Planung des Reaktors + des Labors" (Brief an Beate Kramer, 14.10.1956).
Das umfangreiche Bauprogramm bestand aus einer Reaktorhalle mit Reaktor- und Radiochemielaboratorium und Kontrollgebäude, zwei Teilchen-Beschleuniger-Türmen, dem Hauptgebäude mit Kernphysikalischem Institut und Hörsaal sowie weiteren Gebäuden wie Energiezentrale, Werkstatt, Wachhaus, Hausmeisterwohnung und Mensa. Da der Bau eines Reaktors noch Neuland war, plante Kramer die einzelnen Bauaufgaben in enger Abstimmung mit dem Institutsleiter Erwin Schopper sowie einem „Gremium aus Beamten des Innen- und Wirtschaftsministeriums des Landes Hessen in Verbindung mit allen Dienststellen, die mittelbar oder unmittelbar mit dem Projekt zu tun hatten".
Um die innenliegende Technik in der Architektur sichtbar zu machen, entwarf Kramer für den Reaktor ein polygonales Gehäuse mit Kuppel. Ein gasdichter Mantel aus stark wasserhaltigem Beton, 10 mm dickem Blech und einer Eternitverkleidung umschloss das Reaktorgebäude, das über eine Schleuse von den angeschlossenen Laboratorien betreten werden konnte. Für die Beschleunigeranlagen für einen 5,5-MeV-Ionenbeschleuniger und eine 1,5-MeV-Hochspannungskaskaden-Generator errichtete Kramer zwei im Erdgeschoss verbundene Türme mit 17 und 12 m Höhe. Die offene Stahlkonstruktion wurde von innen mit Welleternit geschlossen.
Nach zehnjähriger Betriebszeit wurde der Reaktor aufgrund technischer Schwierigkeiten abgeschaltet und 1977 durch einen neuen ersetzt, der jedoch keine Betriebserlaubnis erhielt. Nach dem Umzug des Instituts auf den Campus Riedberg wurde der gesamte Komplex 2006 abgebrochen. Auf dem Gelände befindet sich heute eine Wohnsiedlung. (PS)

For the occasion of the founding of the Institute for Nuclear Research the Hoechst AG donated a research reactor to Frankfurt University in 1956, which became the second reactor in the Federal Republic of Germany to go into operation, in 1958 (the first in 1957 was also a research reactor belonging to the TU Munich in Munich-Garching). For safety reasons the city of Frankfurt allocated a two hectare lot outside the downtown area on the Rebstock grounds for the institute buildings.
Before the planning began Kramer visited the atomic research center in Harwell by Oxford in England in order to gather information about the spe-

38 Institut für Kernphysik, 1958
38 Institute for Nuclear Physics, 1958

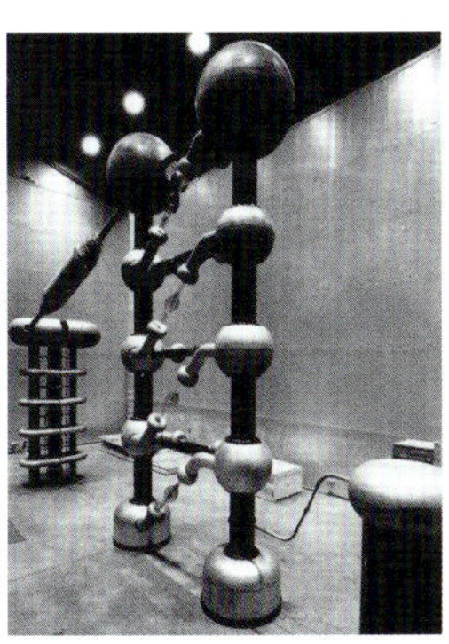

37 Institut für Kernphysik, 1,5-MeV-Hochspannungskaskaden-Generator, 1958
37 Institute for Nuclear Physics, 1,5-MeV high voltage cascade generator, 1958

39 Institut für Kernphysik, 2006
39 Institute for Nuclear Physics, 2006

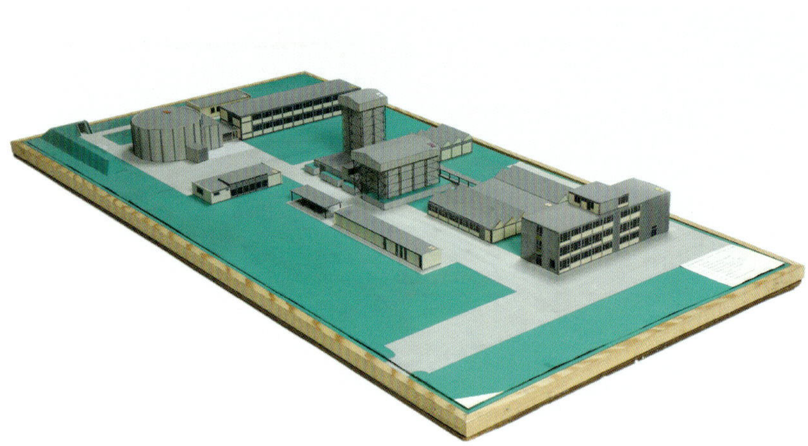

40 Institut für Kernphysik. Modell | 40 Institute for Nuclear Physics. Model

41 Hörsaalgebäude I, 1958
41 Auditorium I, 1958

cial problems of construction for this type of building from: "A completely new world, whose secrets and laws are now known and demonstrated here. If this technology can be used for the benefit of humanity it will be a blessing, if not, it will be the ultimate curse. Lots of young people, no old faces, unconventionally brilliant, I would almost say a little careless concerning the dangers involved. The security was extremely tight, I was astounded that they allowed me to take part in the tours. This week I will start plans for the reactor + the laboratory" (letter to Beate Kramer, Oct. 14, 1956).
The extensive construction task consisted of a reactor hall with a reactor and radiochemistry laboratory and control building, two particle accelerator towers, the main building with the Institute for Nuclear Physics and auditorium and other buildings like energy center, workshop, guard house, superintendent's apartment and the cafeteria. Since building a reactor was a new experience, Kramer planned the individual tasks in close coordination with the director of the Institute, Erwin Schopper, and a "committee of officials from ministries of the interior and economics of the state of Hesse in connection with all departments that are indirectly or directly involved with the project".
In order to highlight the technology inside the architecture, Kramer designed a polygonal housing with a dome for the reactor. A mantle made of gas-tight, highly hydrated concrete, 10 mm of sheet metal and an Eternit cladding surrounded the reactor building, accessible through a lock to the adjacent laboratories. Kramer built two connected towers on the ground floor with heights of 17 and 12 m for the accelerator units, one for a 5.5-MeV ion accelerator and one for a 1,5-MeV high voltage cascade generator. The open steel structure was sealed inside with corrugated Eternit.
After ten years of operation the reactor was shut down because of technical difficulties and replaced in 1977 by a new one, which however was never issued a permit to operate. After the Institute moved to Campus Riedberg the entire complex was demolished in 2006. A residential settlement is located today on the grounds. (PS)

Arch. PA Kramer; Universitätsarchiv Frankfurt | University Archive, Frankfurt.
Lit. Jourdan 1982, 80; Lichtenstein 1991, 254/255, 287; Abb., Leg. in NP, 18.12.1956, 4; E. Schopper, Forschungsreaktor Frankfurt, SD, in: Die Atomwirtschaft 7–8/1957, 223; Frankfurts Universität übernimmt Atomreaktor, in: NP, 17.01.1958; Abb., Leg. in Progressive Architecture 11/1958, 117; F. Kramer, Die Funktion des Architekten beim Reaktor- und Institutsbau, in: Atomenergie in Hessen, Atombrief 8–9/1958, 341–344; F. Kramer, Forschungsreaktor der Universität Frankfurt/Main, in: BW 17/1958, 401–403, Titelblatt | title page, und | and in: AC/Internationale Asbestzement Revue (Zürich) 9/1963, 31–34; E. Schopper, Das Institut für Kernphysik der Universität Frankfurt am Main, SD, in: Achema-Jahrbuch, Bd. 1, 1962/64.

Hörsaalgebäude I | Auditorium I
Verbindungstrakt, Seminarräume und Einrichtungen | Connecting block, seminar rooms and furnishings
Frankfurt am Main, Mertonstraße 21
1956–1958
Mitarbeit | Collaboration: Helmut Alder

„Den Beifall der Dozenten und Studenten", so Ferdinand Kramer 1958 in der *Bauwelt*, verdankte das Hörsaalgebäude I seiner in Raumnutzung, Akustik, Belichtung und Klimatisierung erwiesenen Effizienz. Das sechsgeschossige Gebäude besteht aus dem eigentlichen Hörsaalgebäude, mit seinem markanten Treppenhaus an der westlich gelegenen Stirnseite, welches das scherenartige Gefüge der Treppenläufe durch geschosshohe Stahlfenster sichtbar macht und dieses besonders bei Nacht bildhaft in Szene setzt. Ein Verbindungstrakt schafft den Anschluss an das Hauptgebäude der Universität, mit Büros, Seminarräumen, Garderoben, Toiletten sowie Personenaufzügen.
Da das Baugelände durch damals noch vorhandene angrenzende Altbauten in Privatbesitz beschränkt war, musste der Raum optimal genutzt werden, um eine maximale Anzahl an Sitzplätzen zu realisieren. Die Hörsäle sind daher wie übereinander versetzte Keile angeordnet, wodurch die Raumhöhe in jedem Geschoss an einer Seite des Saals abwechselnd die einfache und doppelte Geschosshöhe des Verbindungstraktes erreicht. Das Rednerpult steht dadurch abwechselnd an der Ostseite und im folgenden Stockwerk auf der gegenüberliegenden Westseite der 25 × 25 m großen Hörsaalgrundfläche. Durch diese Anordnung konnten der umbaute Raum reduziert und damit die Kosten für den Bau erheblich gesenkt werden. So entstanden im Erd- und im 2. Obergeschoss jeweils zwei Hörsäle mit je 350 Sitzplätzen, im 3. und 5. Geschoss jeweils ein Hörsaal mit 750 Sitzen.
Eine wichtige Rolle kommt der Raumakustik zu. Durch mit Glaswolle isolierte Wände kann in den Sälen eine absolute Stille erreicht werden. Gleichzeitig sorgt die ansteigende Kassettendecke dafür, dass der Schall optimal verwertet wird und der Redner von allen Rängen ausgezeichnet zu verstehen ist.

42 Hörsaalgebäude I, 1958
42 Auditorium I, 1958

43 Hörsaalgebäude I, Treppenhaus, 1958
43 Auditorium I, staircase, 1958

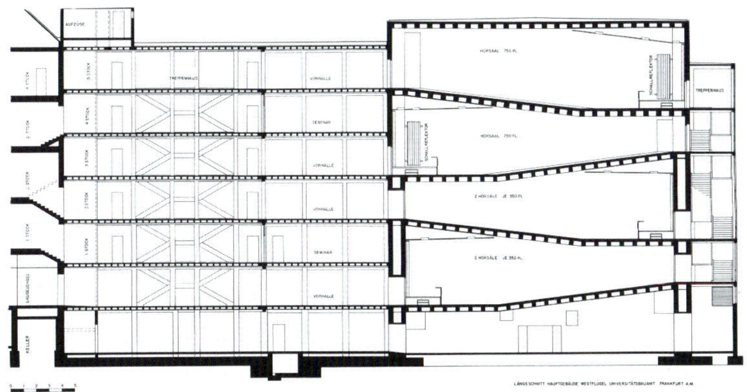

44 Hörsaalgebäude I. Schnitt | 44 Auditorium I. Section

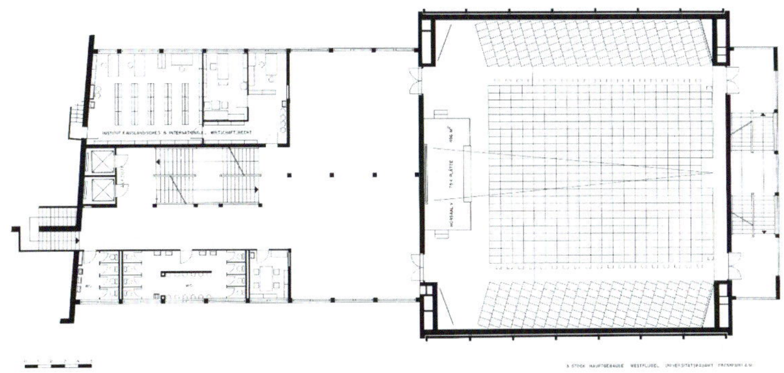

46 Hörsaalgebäude I. Grundriss 3. Obergeschoss | 46 Auditorium I. 4th floor plan

Für die Beleuchtung wählten Ferdinand Kramer und Helmut Alder Leuchtstoffröhren, die in den Kassetten der Decke installiert wurden, um eine blendfreie, gleichmäßige und ausreichende Beleuchtung zu gewährleisten. Auf Fenster wurde verzichtet, die eine ungleichmäßige Belichtung der Säle zur Folge gehabt hätten und zur Belüftung der Räume nicht erforderlich waren. Diese erfolgte durch eine Klimaanlage, die innerhalb einer Stunde neun Luftwechsel durchführen konnte. (JB)

According to Ferdinand Kramer, as he was quoted in 1958 in the magazine *Bauwelt*, "The students and professors applauded" the proven efficiency of space use, acoustics, lighting and air-conditioning of the new auditorium building. The six-floor building, with its striking staircase on the front side to the west, is exposed by the scissors-like structure of the flights of stairs through floor-high steel windows, which at night creates a striking view. A connecting section with offices, seminar rooms, wardrobes, toilettes and passenger elevators provides access to the main building of the university.
Since the building lot at the time was flanked by privately owned older buildings, the available space had to be optimally used in order to create as much seating as possible. For that reason the auditoriums are stacked on top of each other like wedges, with the room height on one side of the hall on each floor alternating between the connecting section height or its double. That in turn meant that the podium on one floor was on the east side, and on the next floor across from it on the west side of the 25 × 25 m auditorium space. This arrangement saved on space and thereby lowered considerably the costs for the building. On the ground floor and on the 3rd floor there were two auditoriums, each with seating for 350, and auditoriums with seating for 750 on the 4th and 6th floors.
Room acoustics played an important role. The glass wool insulated walls allowed for a perfect stillness in the auditoriums. At the same time the graduated ceiling panels ensured that the sound is optimized so that the speaker can be understood in all the rows. Ferdinand Kramer and Helmut Alder had fluorescent lamps installed in the ceiling panels in order to provide enough glare-free, uniform lighting. There were no windows because that would have created irregular lighting in the auditoriums, and they were not conducive to room ventilation. An air conditioning unit was installed with the capacity to replenish the air nine times per hour. (JB)

Arch. PA Kramer; Universitätsarchiv Frankfurt | University Archive, Frankfurt.
Lit. Jourdan 1982, 81; Lichtenstein 1991, 256/257, 287; H. Wingler, Vollendung der Universität gefährdet?, in: NP, 19.12.1956; Das Haus ohne Fenster (Abb., Leg.), in: NP, 07.05.1958; K. J. Marschall, Schwarzwaldluft im Hörsaal, in: Diskus 3/1958; F. Kramer, Hörsaalgebäude der Universität Frankfurt/M, in: BW 48/1958, 1171–1175; F. Kramer, Bauen für die Wissenschaft, in: Die deutsche Universitätszeitung 6/1960, 17; F. Kramer, Neubauten der Universität Frankfurt/Main, in: BuWo 8/1962, 318/319.

Wettbewerbsentwurf Studentenwohnhaus | Student dormitory competition design
Studentenwerk mit Cafeteria für die Universität Marburg/Lahn (2. Preis) | Student union building with cafeteria for the university Marburg/Lahn (2nd prize)
Marburg/Lahn
1957

Arch. PA Kramer, F. Kramer, Planzeichnungen | Plans.
Lit. Jourdan 1982, 79; Lichtenstein 1991, 287; K. Bertsch, Heime, Altersheime, Jugendheime, Jugendherbergen, in: Architekturwettbewerbe (Stuttgart) 22/1957.

Wochenend- und Ferienhaus Albert von Metzler | Weekend and vacation home for Albert von Metzler
(mit Einrichtung | incl. furnishings)
Arnoldshain/Taunus, Reifenberger Weg 24
1957

Es dauerte lange, bis Kramer nach seiner Rückkehr ein erstes Wohnhaus bauen durfte: das im Taunus gelegene Ferienhaus des Bankiers Albert von Metzler. An einem bewaldeten Osthang liegt es über dem Ort. Am 28. November 1955 schreibt er seiner Frau: „Gestern war ich mit von Metzler im Taunus um seinen Bauplatz zu besichtigen, es war eisig, Schmitten ist dort schon 600 m hoch [...]. Ganz hübsch aber nicht aufregend, 6 protzige Villen am gleichen Hang – aber keine Baudiktatur, sodass ich bauen kann was ich will." An dem eingeschossigen längsrecht-

45 Hörsaalgebäude I und II. Modell | 45 Auditorium I and II. Model

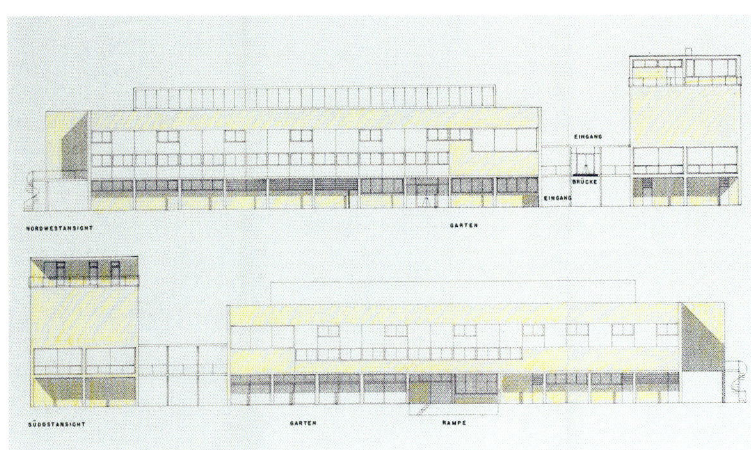

47 Studentenwohnhaus Marburg. Ansichten | 47 Student dormitory, Marburg. Views

48 Ferienhaus von Metzler, 1957
48 von Metzler vacation home, 1957

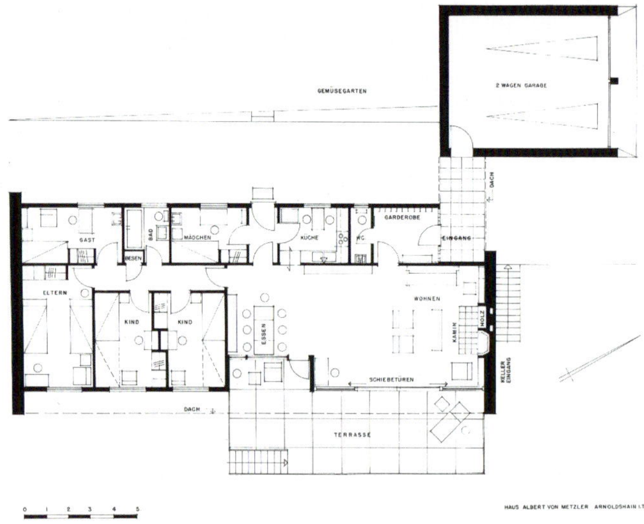

50 Ferienhaus von Metzler. Grundriss
50 von Metzler vacation home. Ground plan

eckigen Haus mit Flachdach fallen die vorstehenden und das Dach leicht überragenden massiven Seitenwände auf, die Kramer als Referenz an die Landschaft in lokalem Sandstein mauern ließ. Im Kontrast dazu stehen die wie eingeschoben erscheinenden, mit Holz verschalten Fassaden an den Längsseiten. Mit dem Kaminplatz in der Seitenwand erinnert der zur Terrasse mit großen Glasfenstern geöffnete Wohnraum, der fast die Hälfte des Hauses füllt, an Kramers amerikanische Typenhäuser. Der Eingang befindet sich auf der Hangseite, ebenso die Doppelgarage, die mit einem kurzen überdachten Gang mit dem Haus verbunden ist. (WV)

49 Ferienhaus von Metzler, 1957
49 von Metzler vacation home, 1957

It took a long time after he returned from America before Kramer had the opportunity to build his first residence, a vacation home in the Taunus for the banker, Albert von Metzler. It is located on a wooded eastern slope overlooking the town. On November 28, 1955 he wrote to his wife: "Yesterday I went with von Metzler to the Taunus to look at his construction site, it was freezing, Schmitten is 600 meters high […]. Very pretty, but not exciting, with 6 imposing mansions on the same slope – but no construction dictates, so I can build what I want." The one story oblong house with a flat roof is distinguished by the massive, protruding sidewalls, slightly jutting over the roof, which Kramer had executed in local sandstone in reference to the landscape. In contrast, as if they had been inserted, the wood covered façades run along the long side. The living room opening up to the terrace with large windows and a fireplace in the sidewall takes up nearly half of the building and is a reminder of Kramer's American standardized houses. The entrance is on the slope side, along with the double garage, which is connected to the house via a short covered passageway. (WV)

Arch. PA Kramer, F. Kramer, Planzeichnungen | Plans.
Lit. Jourdan 1982, 79; Lichtenstein 1991, 274/275, 287.

Institut für Leibesübungen |
Institute for Physical Education
Frankfurt am Main, Ginnheimer Landstraße 39
1958–1963 (Planung | Planning),
1968–1972 (Ausführung | Implementation)
Entwurf | Design: Ferdinand Kramer
Ausführung | Implementation: Heinrich Nitschke

Arch. Universitätsarchiv Frankfurt |
University Archive, Frankfurt

Wettbewerbsentwurf Rathauszentrum Marl |
Town Hall Center Marl competition design
Marl, Creiler Platz 1
1958

51 Rathauszentrum Marl. Modell
51 Town Hall Center Marl. Model

Arch. PA Kramer. Planzeichnungen | Plans
Lit. Lichtenstein 1991, 287; Rathauszentrum Marl, Sh., Architektur-Wettbewerbe, Mai 1958.

Wohnhaus Gottlieb Ruth | Gottlieb Ruth residence
Bad Homburg, Heuchelheimer Straße 19
1958/59

52 Wohnhaus Ruth, 1959 | 52 Ruth residence, 1959

Arch. PA Kramer, Planzeichnungen | Plans.
Lit. Jourdan 1982, 81; Lichtenstein 1991, 287.

Wettbewerbsentwurf Max-Planck Institut für Hirnforschung | Max Planck Institute for Brain Research competition design
Frankfurt am Main, Deutschordenstraße 46
1959

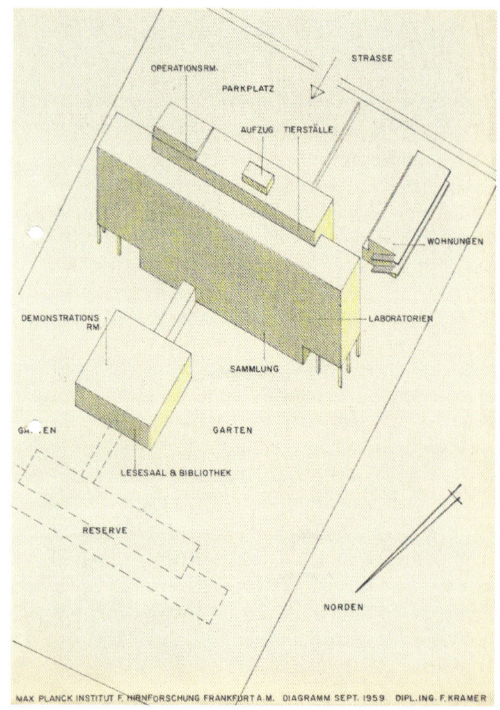

53 Max-Planck Institut für Hirnforschung
53 Max Planck Institute for Brain Research

Arch. PA Kramer, Planzeichnungen | Plans (Sept. 1959).
Lit. Jourdan 1982, 85; Lichtenstein 1991, 288.

Philosophisches Seminargebäude (Philosophicum) | Philosophy Seminar Building (Philosophicum)
Frankfurt am Main, Gräfstraße 74–76
1958–1960
Mitarbeit | Collaboration: Walther Dunkl
2015/16
Revitalisierung, Erweiterung | Revitalization, extension: Stefan Forster Architekten, Frankfurt am Main

Parallel zur Gräfstraße erstreckt sich das 1960 fertiggestellte Philosophicum – eine neungeschossige,

54 Philosophicum, 1960 | 54 *Philosophicum*, 1960

56 Philosophicum, 2015 | 56 *Philosophicum*, 2015

knapp 80 m lange Scheibe, der zwei Türme aus Sichtbeton vorgelagert sind. Diese fassen neben den Toiletten die Aufzüge und Treppenhäuser zur Erschließung und ermöglichen so einen effizienten Hauptbaukörper mit einem für Kramer typischen kompakten Grundriss. Die geringe Gebäudetiefe von 10,5 m sorgt für beste natürliche Belichtung. Größtmögliche Flexibilität der Raumaufteilung ist durch die Stahlskelettbauweise gewährleistet, die keinerlei tragende Wände oder Stützen im Inneren benötigt. Das Philosophicum ist somit ein frühes Beispiel für Stahlskelettkonstruktionen ohne verkleidete Stützen in Deutschland. Das Stahlskelett wurde binnen drei Wochen errichtet.
In seiner Gestalt erinnert das erste Hochhaus (32 m) der Frankfurter Universität eher an ein Verwaltungsgebäude der Industrie als an einen Hochschulbau. Die elegante nach außen sichtbare Stahlkonstruktion mit schlanken schwarzen Doppel-T-Stützen verleiht der Fassade des neunstöckigen Baus eine vertikale Tendenz, die durch horizontale Fensterbänder und weiße Brüstungsplatten im Gleichgewicht gehalten wird. Das strenge Raster ist lediglich im obersten Stockwerk durch Sichtbetonfüllungen teilweise aufgebrochen. Dies ergab sich aus der Funktion der dahinter liegenden Einheiten – eines Modellsaals der klassischen Archäologie und Räumen für Klimatechnik – und korrespondiert zugleich mit den Treppenhäusern. Das Erdgeschoss, in dem ab 1960 auch das Bauplanungsbüro der Universität untergebracht war, springt wiederum leicht hinter die Stahlstützen zurück. Insgesamt ist das Gebäude ein sachlich nüchterner Nutzbau voller Arbeitszellen ohne einladendes Foyer oder schmückende Elemente. Lediglich die angehängten Nottreppen an den Schmalseiten des Baus erscheinen nicht rein funktional, sondern sind auch ein ästhetisches Element der Gestaltung.
Das seit 2002 ungenutzte Gebäude wird z. Zt. nach Plänen von Stefan Forster Architekten zu einem Apartmenthaus für Studenten mit 239 Einheiten umgebaut. (PK)

The *Philosophicum*, completed in 1960, runs parallel to Gräfstrasse. It is a nine story, almost 80 m high disk behind two towers of exposed concrete. In addition to the rest rooms, the towers access the elevators and stairways, creating an efficient main building structure with the compact floor plan that is typical for Kramer. The relatively shallow building depth of 10.5 m lets in the most possible natural light. The steel frame construction, which does without bearing walls or supports, allows for great flexibility in the room partitioning. The *Philosophicum* is an early example in Germany of steel frame construction without covered beams. The steel frame was erected in three weeks.
The design of the first Frankfurt University high-rise (32 m) resembles more an industrial administration facility than a university building. Visible from the outside, the elegant steel construction gives the façade of the nine story building with its slender, black, double T-supports a vertical thrust, which is balanced out by the horizontal window rows and white balustrade panels. The rigorous grid is partially broken up on the top floor by exposed concrete fillings. The grid indicates the function of the units behind them, a hall for classical archeology models and rooms for air-conditioning equipment, and corresponds at the same time with the stairways. The ground floor, where the construction planning office was located beginning in 1960, recedes slightly behind the steel supports. The building as a whole is a soberly utilitarian structure filled with work cells which does without a lobby or decorative elements. The attached emergency stairs on the narrow side of the building is the element which is not purely functional, lending an aesthetic element to the design.

55 Philosophicum, 1960
55 *Philosophicum*, 1960

57 Studentenwohnheim und Philosophicum. Modell | 57 Student Dormitory and *Philosophicum*. Model

The building has been unused since 2002 and is currently being converted by Stefan Forster Architekten to a 239-unit student apartment house. (PK)

Arch. PA Kramer, F. Kramer, Philosophisches Seminargebäude, Typoskript, 26.01.1961 | typescript, Jan. 26, 1961; Universitätsarchiv Frankfurt | University Archive, Frankfurt.
Lit. Jourdan 1982, 82; Lichtenstein 1991, 258–261, 287; Haus ohne Dach und Wände, in: NP, 22.10.1958; Seminar für die Studenten, in: NP, 06.11.1958; F. Kramer, Seminargebäude der Universität Frankfurt, in: BW 15/1961, 427–432; Kein Platz für Hieronymus, in: NP, 30.10.1965.

Wohnhaus Walter Lippmann |
Walter Lippmann residence
Dreieich, Kohlseeweg
1959/60

Arch. PA Kramer, Planzeichnungen | Plans.
Lit. Jourdan 1982, 81/82; Lichtenstein 1991, 287.

Umbau Wohnhaus Beate Kramer |
Beate Kramer residence reconstruction
Wallbach, Schweiz | Switzerland, Oberdorf 141
1959/60

Arch. PA Kramer, F. Kramer, Planzeichnungen | Plans.
Lit. Lichtenstein 1991, 287.

Institute für Physik und Mathematik I |
Institutes for Physics and Mathematics I
(mit Einrichtung | incl. furnishings)
Frankfurt am Main, Robert-Mayer-Straße 6–8
1959–1961
Mitarbeit | Collaboration: Walther Dunkl

1961 wird der Campus Bockenheim entlang der Robert-Mayer-Straße erweitert. Bei dem Institutsbau für Mathematik und Physik handelt es sich um einen Anbau an den Physikalischen Verein. Der sechsgeschossige Stahlbetonskelettbau ist mit hellgelbem Klinker ausgefacht. Da der Bau nach Süden ausgerichtet ist, wurden horizontale und vertikale Betonplatten als Brise Soleils eingesetzt, welche später durch leichte Aluminiummarkisen ersetzt wurden. Über dem westlichen Eingang begrüßt den Besucher ein an Stahlseilen hängendes transparentes Vordach. Die Erschließung des sechsgeschossigen Instituts leistet ein zur Südseite orientiertes, lichtes Treppenhaus, dessen Außenwand ganz in Glasprismen aufgelöst ist. Das Raster der Prismen bedeckt auch den Fahrstuhlschacht. Zusammen mit den feinen schwarzen Linien der stählernen Treppengeländer schaffen sie einen freundlichen Raumcharakter, zu dem auch die harmonische Farbgebung ihren Beitrag leistet (schwarze Böden, hellgelbe Klinkerwände, weißgestrichene Betonstützen, rote Fahrstuhltüren).
Die Verbindung des Instituts zum physikalischen Verein schafft ein zweites, leicht zurückversetztes Treppenhaus, das beide Gebäude horizontal und vertikal erschließt. Das ebenfalls mit Glasprismen ausgefachte Raster ist in seiner Einteilung so gestaltet, dass ein harmonischer Übergang zwischen Kramers funktionalem Neubau und dem Physikalischen Verein von Franz von Hoven aus dem Jahr 1907 entsteht. (JB)

In 1961 Campus Bockenheim was extended along Robert-Mayer-Strasse. The institute building for mathematics and physics was an annex of the Physics Society. The five-story steel concrete frame is faced with pale yellow clinkers. Since the building is oriented to the south, horizontal and vertical concrete slabs were installed as *brise soleils*. They were later replaced with light-weight aluminum awnings. A transparent canopy hanging from steel cables above the west entrance greets the visitors. A light suffused stairway, oriented to the south, whose exterior wall is completely dissolved by glass prisms provides access for the six story institute. The grid of the prisms, which also line the elevator shaft, creates an agreeable spatial character with the overlapping fine black lines of the steel banisters. The harmonious color scheme also plays a role, with black flooring, pale yellow clinker walls, white painted concrete supports and red elevator doors.

59 Institute für Physik und Mathematik I + II, 2015
59 Institutes for Physics and Mathematics I + II, 2015

61 Institute für Physik und Mathematik I, Seminarraum, 2015
61 Institutes for Physics and Mathematics I, seminar room, 2015

58 Institute für Physik und Mathematik I, 1961
58 Institutes for Physics and Mathematics I, 1961

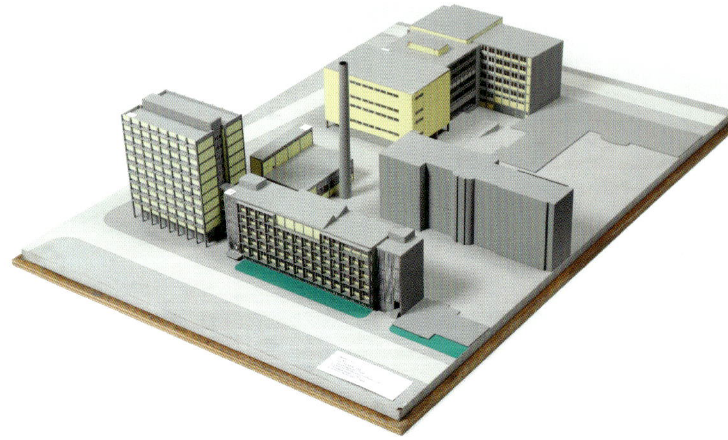

60 Institute für Physik und Mathematik I + II, Fernheizwerk, Hörsaalgebäude. Modell
60 Institutes for Physics and Mathematics I + II, district heating plant, auditorium building. Model

A second, slightly recessed stairway which accesses both buildings in the horizontal and vertical connects the institute to the Physics Society. The division of the grid, which is filled out with glass prisms, is designed to create a harmonious transition from Kramer's functional new building and the Physics Society built by Franz von Hoven in 1907. (JB)

Arch. PA Kramer; Universitätsarchiv Frankfurt | University Archive, Frankfurt.
Lit. Jourdan 1982, 86; Lichtenstein 1991, 263, 288.

Wettbewerbsentwurf Max-Planck Institut für Kernphysik | Max Planck Institute for Nuclear Physics competition design
Heidelberg, Saupfercheckweg 1
1959/60

Walter-Kolb-Studentenhaus | Walter Kolb Student Residence
Frankfurt am Main, Beethovenplatz 4
1960/61

Arch. PA Kramer, F. Kramer, Walter Kolb Studentenhaus, Typoskript, 26.02.1962 | typescript, Feb. 26, 1962; Universitätsarchiv Frankfurt | University Archive, Frankfurt.
Lit. Jourdan 1982, 85; Lichtenstein 1991, 262, 288; Walter Kolb, Studentenhaus in Frankfurts Westend, in: Mitteilungen der Stadtverwaltung Frankfurt a.M., Nr. 48, 02.12.1961; F. Kramer, Ansprache anlässlich der Eröffnung des Studentenheims der Universität Frankfurt, in: BuWo 8/1962, 324/325.

66 Walter-Kolb-Studentenhaus, 2015
66 Walter Kolb Student Residence, 2015

62 Max-Planck Institut für Kernphysik
62 Max-Planck Institute for Nuclear Physics

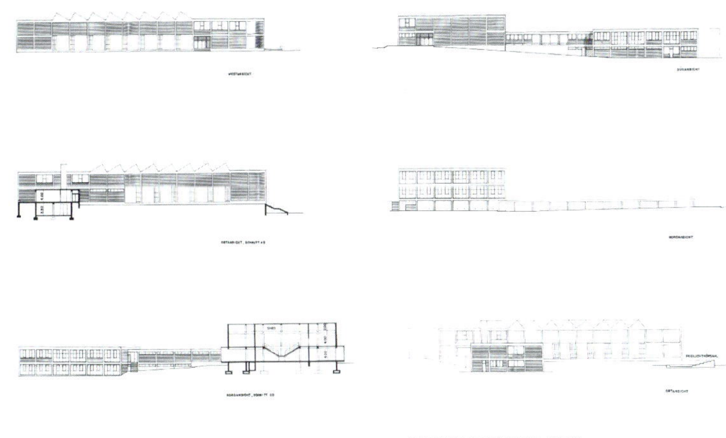

64 Werkkunstschule Darmstadt. Ansichten, Schnitte
64 Crafts School Darmstadt. Views, sections

Arch. PA Kramer, Planzeichnungen | Plans.
Lit. Jourdan 1982, 85; Lichtenstein 1991, 288.

Wiederaufbau des Theodor-Stern-Hauses | Reconstruction of the Theodor Stern House
Klinikum | University hospital
Frankfurt am Main, Ludwig-Rehn-Straße 25
1960
abgerissen | demolished in 2010

Lit. Jourdan 1982, 87; Lichtenstein 1991, 288; Generalplan für die Universität, in: NP, 11.01.1954.

63 Theodor-Stern-Haus, 1960
63 Theodor Stern House, 1960

65 Walter-Kolb-Studentenhaus, 1961
65 Walter Kolb Student Residence, 1961

Institut der Physikalischen Chemie | Institute for Physical Chemistry
Erweiterungsbau und Einrichtung | Extension and furnishings
Frankfurt am Main, Emil-Sulzbach-Straße 26
1962
Mitarbeit | Collaboration: Walther Dunkl

Lit. Jourdan 1982, 86; Lichtenstein 1991, 288.

Wettbewerbsentwurf Werkkunstschule Darmstadt | Crafts School Darmstadt competition design
Darmstadt, Olbrichweg 10
1962

Arch. PA Kramer.
Lit. Jourdan 1982, 86; Lichtenstein 1991, 288.

Um- und Anbau Gästehaus Bergkranz | Reconstruction and annex for Bergkranz Guesthouse
Riezlern, Österreich | Austria, Schwarzwassertalstraße 14
1962

Das im Kleinwalsertal gelegene, aus den 1920er Jahren stammende Haus Bergkranz wurde 1956 von der Goethe-Universität als Sport- und Studienheim erworben und wird bis heute entsprechend genutzt.

67 Gästehaus Bergkranz, 1962
67 Bergkranz Guesthouse, 1962

68 Gästehaus Bergkranz. Ansichten
68 Bergkranz Guesthouse. Views

71 Mensa, Milchbar, 1965
71 Cafeteria, milk bar, 1965

Durch einen An- und Umbau nach Plänen von Kramer wurde das Gebäude 1962 um Küchen- und Wirtschaftsräume erweitert sowie die Kapazität auf 50 Betten erhöht. Im Zuge dieser Maßnahmen wurden die typisch alpenländischen Dekore weitestgehend entfernt. Außerdem wurde eine Garage mit darüber liegender Terrasse errichtet. (PK)

Located in the Kleinwalsertal, the Bergkranz Guesthouse, built in the 1920s, was purchased by the Goethe University in 1956 as a facility for sport and study and is still used for those purposes today. The house was enlarged by an annex and conversion in 1962 using plans by Kramer to include kitchen and utility rooms, and the overnight capacity was increased to 50 beds. In the course of the renovations the Alpine decor was for the most part removed. A garage with a terrace on top was also added. (PK)

Arch. Universitätsarchiv Frankfurt | University Archive, Frankfurt.

Mensa | Cafeteria
Mensa der | Cafeteria of the Johann Wolfgang Goethe Universität Frankfurt am Main
(mit Einrichtung | incl. furnishings)
Frankfurt am Main, Senckenberganlage 31
1962/63
Mitarbeit | Collaboration: Walther Dunkl

„Ein Gebäude, das an Schmucklosigkeit kaum zu übertreffen ist“, heißt es 1963 im Feuilleton der *FAZ* über Kramers Mensa. Doch der schlichte Aufbau des sogenannten Labsaals hatte seine Berechtigung: Kurze Wege in der Produktion und bei der Ausgabe der Mahlzeiten ermöglichten eine effektive Verköstigung von bis zu 5.000 Personen. Die genaue Planung der Produktionsbereiche sorgte für einen reibungslosen Betriebsablauf.

69 Mensa, 1979 | 69 Cafeteria, 1979

Das Gebäude besteht aus einem zweigeschossigen Bau auf quadratischem Grundriss (40 × 40 m), dessen gesamte Struktur und Form auf dem Quadrat beruht. Ein Raster von 16 Stützen trägt das in Module von 5 m Breite und 10 m Höhe gegliederte Betonskelett. Die Fassade wird von großen quadratischen Stahlfenstern gebildet, die je nach Funktion der hinter ihnen liegenden Räume verschiedene Teilungen bekommen haben – fast vollständig offen vor den Speisesälen im Erd- und Obergeschoss und geschlossen oder halboffen vor der Küche und den Nebenräumen. Diese Vorgehensweise verweist auf das „Spiel der Füllungen“ in Le Corbusiers *Modulor*, das der Gewinnung harmonischer Maße und entsprechend gefälliger Oberflächen dienen sollte. Senkrechte und waagerechte Linien gliedern die Saalfenster in sechs Felder. Eine schlanke Strebe teilt das Quadrat in der Senkrechten. Die horizontale Teilung erfolgt im Verhältnis von 1 : 2 : 2 (von unten nach oben) mit einem geschlossenen Brüstungsfeld an der Basis.
Für die Professoren gab es im 1. Stock einen kleineren Speisesaal, der sich durch Material und Ausstattung von den übrigen Räumen unterschied. Für die künstlerische Ausstattung der Säle beauftragte Kramer den Grafiker HAP Grieshaber mit einer Serie großformatiger Holzschnitte. Im Erdgeschoss wurde der Hauptsaal durch eine Milchbar ergänzt.

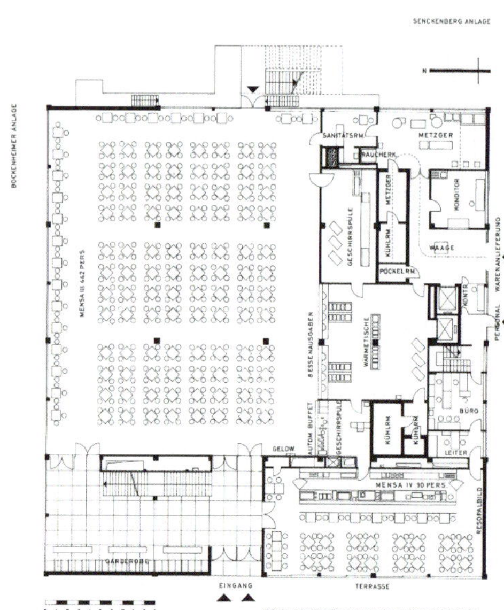

70 Mensa. Grundriss Erdgeschoss
70 Cafeteria. Ground floor plan

Der Bau wartet auf den Abriss, seitdem im Jahr 2002 der Betrieb der Mensa eingestellt wurde. Im Herbst 2015 wurden darin Unterkunftsmöglichkeiten für bis zu 350 Flüchtlinge geschaffen. (JB)

“A building that for baldness can hardly be topped” was how Kramer’s cafeteria was described in the feature pages of the *FAZ* in 1963. But the simple construction of what was also called the “refreshment hall” made sense: short paths in the preparation and dispensing of food expedited the feeding of up to 5,000 persons. Exact planning in the production areas also ensured a smooth running operation.
The building consists of two stories on a square floor plan (40 × 40 m) whose entire structure and form refers to the square. A grid of sixteen trusses supports a modular 5 m wide and 10 m high concrete skeleton. The façade is formed by large, square windows, which depending on the function of the rooms behind them are divided in different sections – from almost completely open in front of the dining hall on the ground floor and the 2nd floor to closed or half open in front of the kitchen and side rooms. The type of division refers to the “Spiel der Füllungen” (the fill-in game) in Le Corbusiers *Modulor*, which was intended to produce harmonic proportions and the correspondingly pleasing surfaces. Vertical and horizontal lines divide the hall win-

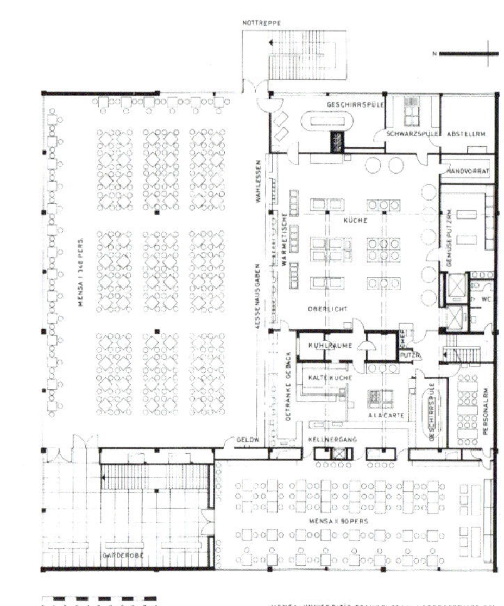

72 Mensa. Grundriss 1. Obergeschoss
72 Cafeteria. 2nd floor plan

73 Mensa, Milchbar, 1961 | 73 Cafeteria, milk bar, 1961

74 Mensa, 2015 | 74 Cafeteria, 2015

75 Mensa, Treppenhaus, 2015 | 75 Cafeteria, staircase, 2015

dows in six fields. A slender brace divides the square in the vertical. The horizontal divisions occur in the proportion of 1 : 2 : 2 (from the bottom upwards) with a closed balustrade field in the base.
A small dining room, distinguished from the other rooms by its material and furnishings, was reserved for the professors on the 2nd floor. Kramer contracted the graphic artist HAP Grieshaber with a series of large format woodcuts for the design of the halls. The main hall on the ground floor was augmented by the addition of a milk bar. The building is waiting to be demolished after the cafeteria was shut down in 2002. In the fall of 2015 lodging for up to 350 refugees was created in it. (JB)

Arch. PA Kramer, F. Kramer, Angaben anlässlich der Einweihungsfeier der neuen Mensa, Typoskript, 18.02.1963 | Details provided on the occasion of the inaugural celebration for the new cafeteria, typescript, Feb. 2, 1963; Universitätsarchiv Frankfurt | University Archive, Frankfurt.
Lit. Jourdan 1982, 86; Lichtenstein 1991, 264/265, 288; Mensa der Universität Frankfurt/Main, in: BW 28/1963, 792/793; N. Pevsner, Mensa, in: ARev, Okt. 1963; Mensa der Johann-Wolfgang-Goethe Universität, Frankfurt, in: AW 7/1966, 504–507.

Tiefgarage | Underground garage
Frankfurt am Main, Mertonstraße
1962/63 (Planung | Planning),
1963–1968 (Ausführung | Implementation)
Entwurf | Design: Ferdinand Kramer
Ausführung | Implementation: Ferdinand Kramer, Heinrich Nitschke

Arch. Universitätsarchiv Frankfurt | University Archive, Frankfurt.

Juridicum, Mehrzweckgebäude und Juristisches Seminar | Juridicum, multi-purpose building and Law Seminar
Frankfurt am Main, Senckenberganlage 31–33
1962/63 (Planung | Planning),
1963–1970 (Ausführung | Implementation)
Entwurf | Design: Ferdinand Kramer
Ausführung | Implementation: Heinrich Nitschke

76 Juridicum, 1980 | 76 *Juridicum*, 1980

Arch. Universitätsarchiv Frankfurt | University Archive, Frankfurt.

Institutsgebäude für Therapeutische Biochemie | Therapeutic Biochemistry Institute building
Erweiterungsbau des Theodor-Stern-Hauses, Universitätsklinikum Frankfurt | Extension of the Theodor Stern House, University Clinic Frankfurt
Frankfurt am Main, Ludwig-Rehn-Straße 25
1963
abgerissen | demolished in 2010

Lit. Jourdan 1982, 87; Lichtenstein 1991, 288; Das Geheimnis der Zellen, in: NP, 20.07.1963.

Geographisches Institut | Institute for Geography
Institutsgebäude und Einrichtung | Institute building and furnishings
Frankfurt am Main, Senckenberganlage 34–36
1964
abgerissen | demolished in 2007

Neben dem Geologisch-Paläontologischen Institut (1954) errichtete Kramer ein viergeschossiges Gebäude für das Geographische Institut, das mit einer Breite von 32 m weitaus größer war, sich aber in Kubatur und Materialität am Nachbarbau orientierte und mit diesem und einem weiteren Verbindungsbau einen Gebäudekomplex bilden sollte. Die Fassade war jedoch anders als beim Geologisch-Paläontologischen Institut nicht gleichmäßig gegliedert, sondern funktional gänzlich von innen bestimmt: Im 3. Obergeschoss fanden sich hinter vier mit Klinkern ausgefachten Rastermaßen der Hörsaal, die Seminar-, die Arbeits- und Dozentenräume angeordnet. In das Betonraster eingefügte Fensterbänder von verschiedener Höhe zeigten die Vielfalt der Nutzungen und erzeugten ein aufgelockertes Fassadenbild. Den Abschluss nach oben bildete eine Dachlandschaft mit einer Terrasse und den Oberlichtern des Hörsaals, deren Sheddächer eine Zackenlinie gegen den Himmel formten.
Das Gebäude wurde 2007 abgerissen. (PS)

77 Geographisches und Geologisch-Paläontologisches Institut, ca. 1970
77 Institutes for Geography and for Geology and Paleontology, around 1970

Kramer built a four-story building for the Institute of Geography next to the Institute for Geology and Paleontology (1954). At a width of 32 m it was considerably larger, but in its cubic shape and materiality it referred to its neighbor, and together with another connecting structure was intended to form a building complex. However in contrast to the Institute for Geology and Paleontology, instead of a uniform structure, the façade was determined functionally from inside: the auditorium, seminar, work and lecturers' rooms were located on the 4th floor behind four grids filled with clinkers. Window ribbons of different heights inserted into the concrete grid showed the multiple uses and generated a relaxed façade appearance. The building was capped by a roof landscape with a terrace and the auditorium skylights, whose shed roofs created a zig-zag against the sky.
The building was demolished in 2007. (PS)

Arch. PA Kramer; Universitätsarchiv Frankfurt | University Archive, Frankfurt.
Lit. Jourdan 1982, 87; Lichtenstein 1991, 288; C. Langhagen-Rohrbach, Senckenberganlage 36, Frankfurt a. M. 2006.

Umbau und Einrichtung Gästehaus | Reconstruction and furnishings for guest house
Frankfurt am Main, Schumannstraße 58–60
1964

Arch. PA Kramer, Liste Institutsbauten der Johann Wolfgang Goethe Universität Frankfurt/Main, Typoskript | List of institute buildings of the Johann Wolfgang Goethe University Frankfurt/Main, typescript (1964).
Lit. Jourdan 1982, 87; Lichtenstein 1991, 288.

Meteorologisches Institut, Umbau, Anbau | Meteorology Institute reconstruction, annex
Frankfurt am Main, Feldbergstraße 47
1964

Lit. Jourdan 1982, 87.

78 Meteorologisches Institut, 1964
78 Institute for Meteorology, 1964

Stadt- und Universitätsbibliothek | City and University Library
Frankfurt am Main,
Bockenheimer Landstraße 134–138
1959–1964
Bauherr | Client: Stadt | City of Frankfurt am Main
Mitarbeit | Collaboration: Clemens Köttelwesch

Im Generalbebauungsplan von 1953 war die Bibliothek auf dem Campusgelände zwischen Bockenheimer Landstraße und Mertonstraße geplant. Wachsender Raumbedarf der Universität führte 1959 zur Verlegung des Bauplatzes auf die gegenüberliegende Seite der Bockenheimer Landstraße. Erstmalig in Deutschland wurde in Frankfurt eine Bibliothek mit angelsächsischem Freihandsystem projektiert. Die Lesesäle erhielten ausgedehnte Handbibliotheken, so dass für einen großen Teil der Bestände ein direkter Zugriff für die Benutzer gegeben war. Die Planung unternahm Kramer gemeinsam mit Clemens Köttelwesch, dem Direktor der Bibliothek. Entgegen den vorausgegangenen Projekten für die Bibliothek von Ernst Balser verzichtete Kramer auf einen Bücherturm, den er „wegen seiner komplizierten vertikalen Bewirtschaftung und dem zeitraubenden Transport mit Paternostern" für überholt hielt.

79 Stadt- und Universitätsbibliothek, 1964
79 City and University Library, 1964

81 Universitätsbibliothek, Westansicht, 2015
81 University Library, view from the west, 2015

Sein zwischen 1962 und 1964 errichtetes Bibliotheksgebäude ist ein Stahlbetonskelettbau und gliedert sich in drei Teile: einen dreigeschossigen Verwaltungsbau, einen eingeschossigen Verbindungstrakt sowie ein vielgeschossiges Magazin- und Lesesaalgebäude. Die Fassade des zur Straße gerichteten Verwaltungsbaus ist mit schwarzvioletten Klinkern ausgefacht. Hinter einer Kolonnade aus Betonstützen befindet sich rückgesetzt der Haupteingang zur Bibliothek. In der Eingangshalle sind Auskunft, Ausleihe, Lehrbuchsammlung, Kataloge und ein Ausstellungsraum untergebracht, in den darüber liegenden Stockwerken die Verwaltung und der wissenschaftliche Dienst. Das Magazin- und Lesesaalgebäude mit Plätzen für ca. 1000 Besucher ist mit einer silbern glänzenden Vorhangfassade aus Aluminiumelementen und beweglichen senkrechten Brise Soleils zur Abschirmung gegen Sonnenlicht verkleidet. Im Innern ist der Bau durch vier jeweils 5 m hohe Hauptgeschosse strukturiert, die funktionsabhängig in je zwei Zwischengeschosse aufgeteilt sind. In drei Hauptgeschossen befinden sich – nutzerfreundlich für den Besucher und aufgeteilt nach Fakultäten – Handbibliotheken, hohe Lesesäle sowie „Carrels" (Lesekabinen), während in den niedrigen Zwischengeschossen die offenen Büchermagazine aufgesucht werden können. Die übrigen, nicht zugänglichen Bestände sind in drei unterirdischen Ebenen untergebracht.

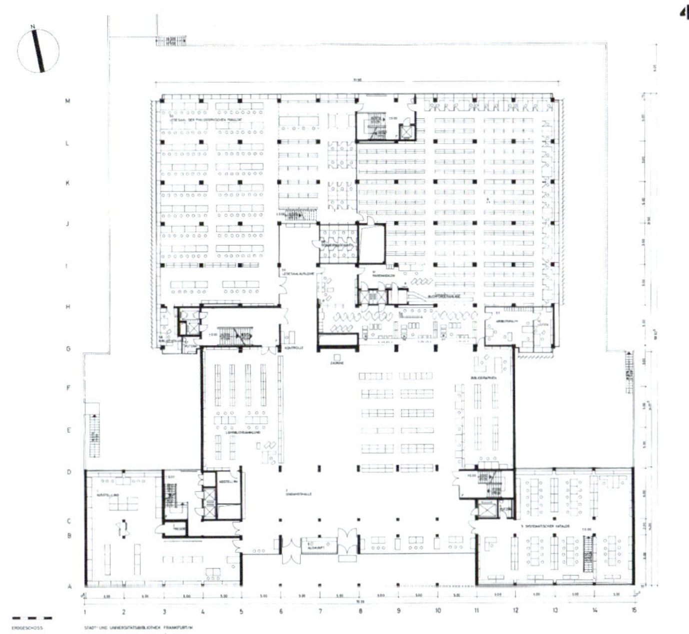

82 Stadt- und Universitätsbibliothek. Grundriss Erdgeschoss
82 City and University Library. Ground floor plan

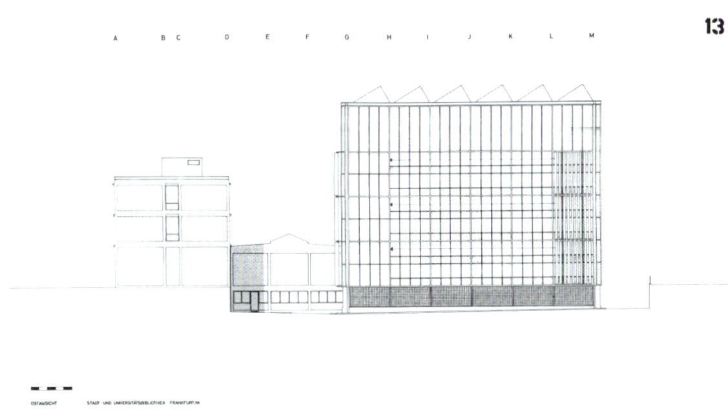

83 Stadt- und Universitätsbibliothek. Ostansicht
83 City and University Library. View from the east

80 Stadt- und Universitätsbibliothek. Modell, 1964
80 City and University Library. Model, 1964

Die vollklimatisierte Bibliothek war 1964 auf dem neuesten Stand der Technik: Eine horizontal und vertikal laufende Buchförderanlage sorgte für die Verteilung und die Leihscheine wurden via Rohrpost transportiert. Zu den Neuerungen der Zeit gehörten auch Mikrofilmlesegeräte, Hörkabinen, Tonbandanlagen und Reprogeräte.
Derzeit ist ein Umzug der Bibliothek zum Campus Westend geplant. Die Zukunft von Kramers Gebäude ist daher ungewiss. (PS)

In the master plan from 1953 the library was to be located on the campus grounds between Bockenheimer Landstrasse and Mertonstrasse. By 1959 the growing need for space led to shifting the planned library to a site on the other side of Bockenheimer Landstrasse. For the first time in Germany a library was planned with the Anglo-Saxon open access system. The reading rooms were furnished with extended reference libraries, providing the user with direct access to a large part of the collections. Kramer conducted the planning with Clemens Köttelwesch, the director of the library. In contrast to the previous Ernst Balser plans, Kramer did without a book tower, which he considered out of date "because of the complicated vertical operation and the time-consuming transport with paternosters".
The library was erected from 1962 to 1964 as a steel

84 Stadt- und Universitätsbibliothek, Eingangshalle, 1964
84 City and University Library, entrance hall, 1964

85 Stadt- und Universitätsbibliothek, Lesesaal, 1964
85 City and University Library, reading room, 1964

86 Universitätsbibliothek, Lesesaal, 2015
86 University Library, reading room, 2015

87 Stadt- und Universitätsbibliothek, Carrels, 1964
87 City and University Library, carrels, 1964

frame structure organized in three sections: a three-story administration building, a one-story connecting tract and a four-story storage and reading room building. The administration building façade facing the street is filled out with black-violet clinkers. The main entrance of the library is set back behind a colonnade of concrete supports. The check-out, textbook collection, catalogues and an exhibition room are located in the entrance hall, with the administration and scientific service on the floors above. The storage and reading room building with space for approximately 1,000 visitors is faced with a glistening silver curtain wall made of aluminum elements and movable, upright *brise soleils* to protect against the sun. The building is internally structured by four 5 m high main floors, which are each divided in two functionally determined mezzanines. User friendly reference libraries, high-ceilinged reading rooms and "carrels" (reading cubicles), organized according to faculties are located on the three main floors, while the open book collections can be accessed in the lower mezzanines. The remaining closed collections are located in three basement levels. The library was equipped with state-of-the-art air-conditioning in 1964, with a horizontally and vertically running conveyor belt to deliver the books, and borrowing slips arriving via pneumatic post. Among the new technologies for the time were microfilm readers, audio cubicles, tape recording equipment and duplicating machines.
The library is currently scheduled to be moved to the Westend Campus. The future of Kramer's library is unclear at this point. (PS)

Arch. PA Kramer, Stadt- und Universitätsbibliothek, Typoskript | typescript; C. Köttelwesch, Stadt und Universitätsbibliothek, Senckenbergische Bibliothek, Typoskript | typescript; Briefwechsel zwischen F. Kramer und Ossip Zadkine, 28.10.1963 – 03.11.1964 | Correspondence between F. Kramer und Ossip Zadkine from Oct. 28, 1963 to Nov. 11, 1964; Universitätsbibliothek, Archivzentrum, Frankfurt am Main | University Library, Archives Center, Frankfurt/Main.
Lit. Jourdan 1982, 88; Lichtenstein 1991, 266–271, 288; Europas modernste Bibliothek, in: NP, 28.05.1960; Platz für 2 Millionen Bücher, in: NP, 19.12.1961; F. Kramer, Über den Bau von Bibliotheken, in: BW 5–6/1962, 152, 133–136; F. Kramer, Neubauten der Universität Frankfurt/M, in: BuWo 8/1962, 322/323; H. Beck, F. W. Gravert, Die tragende Konstruktion der Stadt- und Universitätsbibliothek Frankfurt am Main, in: BING 3/1965, 121–125; Dem Bücherfreund, Studenten und Forscher, in: NP, 24.04.1965; Homage à Zadkine, in: BW 31/1965; Geld von Stadt, Land und Bund, in: NP, 30.04.1965; Stadt und Universitätsbibliothek eingeweiht, in: Mitteilungen der Stadtverwaltung Frankfurt a.M., Nr. 18, 08.05.1965; G. Remszhardt, Stadt und Universitätsbibliothek Frankfurt am Main, in: BW 45/1965, 1261–1273; F. Kramer, Bericht des Architekten, in: BW 45/1965, 1274–1276; F. Kramer, Epilog des Architekten, in: Die Johann Wolfgang Goethe Universität, Jahrbuch 1965, Frankfurt a. M. 1966, 98–100; Saubere Luft für Leser und Bücher, in: NP, 05.11.1966; Abb., Leg. in Bibliothek, Bertelsmann Universal Lexikon, Bd. 2, Gütersloh 1974, 198/199; Arbeitsplatz Universität, in: Uni-Report, 26.01.1983, 8.

88 Stadt- und Universitätsbibliothek, Lesesaal, 1964
88 City and University Library, reading room, 1964

Wettbewerbsentwurf Staatsbibliothek und Gästehaus | State Library with guest house competition design
Berlin, Potsdamer Straße
1964
Mitarbeit| Collaboration: Walther Dunkl

Die Staatsbibliothek Berlin hatte ihren Ursprung in der deutschen Teilung. 1962 wurde die Westdeutsche Bibliothek Marburg als „Staatsbibliothek der Stiftung Preußischer Kulturbesitz" von dieser Stiftung übernommen. Seit 1964 begann die Übersiedlung von Beständen, Dienststellen und Personal aus Marburg bzw. Tübingen nach Berlin. Unter dem Direktor Ludwig Borngässer wurde ein umfassender Bibliotheksneubau im Bezirk Tiergarten geplant. Das repräsentative Gebäude von Hans Scharoun konnte 1978 nach elf Jahren Bauzeit eröffnet werden.
An dem 1963 ausgeschriebenen Architektenwettbewerb beteiligte sich auch Ferdinand Kramer. Ähnlich wie bei seinem Entwurf für die Frankfurter Universitätsbibliothek schlug er ein Eingangsgebäude zur Straßenseite gelegen vor, von dem der Magazinbau sowie der in einem eigenen Bau vorgesehene Lesesaal erschlossen werden sollten. Kramers Entwurf schied in der 1. Runde aus. In der Begründung heißt es: „Die massigen Baukörper haben keinen Bezug zur baulichen Umgebung. Insbesondere nehmen sie in Maßstab und Form keine Rücksicht auf das gegenüberliegende Ausstellungsgebäude Mies van der Rohe's. [...] Die Gesamtanlage entspricht nicht der Bedeutung dieser Bibliothek." (PS)

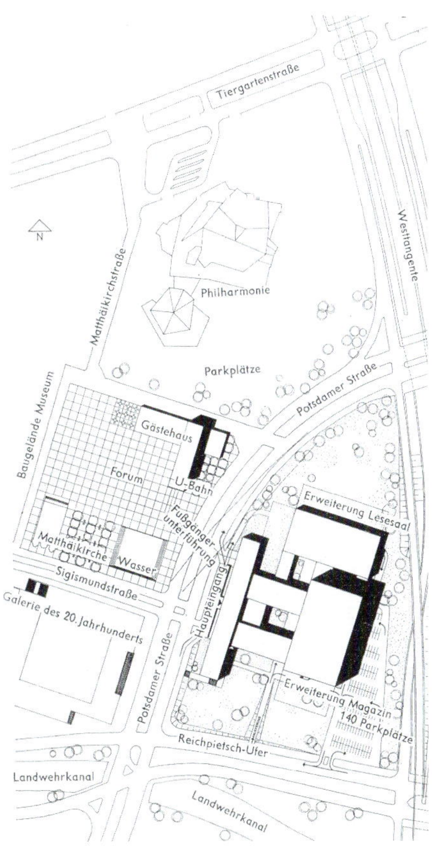

89 Staatsbibliothek und Gästehaus. Lageplan, 1964
89 State Library and Guest House. Site plan, 1964

90 Staatsbibliothek und Gästehaus. Modell
90 State Library and Guest House. Model

The Berlin State Library is a child of divided Germany. In 1962 the West German Marburg Library was taken over as "Staatsbibliothek der Stiftung Preußischer Kulturbesitz" by the Prussian Cultural Heritage Foundation. The transfer of collections, offices and personnel from Marburg and Tübingen to Berlin began in 1964. An extensive new building in the Tiergarten district was planned under the direction of Ludwig Borngässer. After eleven years of construction the imposing building designed by Hans Scharoun was opened in 1978.
Ferdinand Kramer also took part in the competition announced for the library in 1963. As with the design for the Frankfurt University Library, he suggested an entryway on the street side, providing access to the warehouse and to the reading room in a separate building. Kramer's design was eliminated in the first round. The grounds for rejection were: "The massive structure has no connection to the architectural surroundings. Especially in terms of scale and form the building takes no account of Mies van der Rohe's exhibition building across the way [...] The overall facility is not appropriate for the significance of this library." (PS)

Arch. PA Kramer, Planzeichnungen | Plans.
Lit. Jourdan 1982, 87; Lichtenstein 1991, 288; BW 55/1964, 1091.

Hörsaalgebäude II | Auditorium II
Frankfurt am Main, Gräfstraße 38
1964–1966

Trotz der Diffamierung seines ersten Hörsaalgebäudes als „fensterlosen Klotz“ ließ sich Kramer nicht beirren und errichtete das Hörsaalgebäude II, das auf die damals schnell steigenden Studentenzahlen reagierte und sich stark am ersten Bau orientiert. Es schließt mit einem großzügigen Treppenhaus konstruktiv direkt an der Südfassade des ersten Baus an. Eine deutliche Fuge zwischen den Betonskeletten beider Bauten macht indessen deutlich, dass jeder von ihnen nicht nur verschieden hohe Ebenen, sondern auch sein eigenes Tragwerk und eigene Maße hat. Eine kurze Treppe von nur sechs Stufen vermittelt zwischen den Erdgeschossen beider Gebäude. Es ist das einzige verunglückte Detail an diesem Bau, das seltsamerweise nie korrigiert worden ist: Weil Kramer die unterste Stufe unbedingt bündig mit einer Wand abschließen lassen wollte, sind die Stufen deutlich zu kurz und die Steigung viel zu steil ausgefallen, so dass beim Heruntergehen Umsicht angeraten ist.
Auch bei diesem Erweiterungsbau ordnete Kramer die keilförmigen Hörsäle in einem Kubus platzsparend und versetzt übereinander. Der Zugang zu den Hörsälen erfolgt über weiträumige Foyers unter abgehängten Decken aus weißen Gipsplatten. Die Foyers zeigen einen für die Universitätsbauten typisch Kramer'schen Farbenakkord: Über den grauen Steinplatten der Fußböden erheben sich die mit matthellgelben Fliesen bedeckten Innenwände. Weiße Betonstützen vor den Wänden lassen erkennen, dass diese nicht tragen. Cyan-blaue Doppeltüren, die in anthrazitfarbene Gewände eingefasst sind, markieren die Eingänge zu den Hörsälen. (JB)

The slander of the first auditorium building as a “windowless block” did not deter Kramer from going ahead with Auditorium II, which was a response to the rapidly increasing number of students. It was strongly oriented to the first building. A spacious staircase directly connected it to the south façade of Auditorium I. A demonstrative gap between the structural skeleton of both buildings made clear that in addition to being built on different levels, each of the buildings had its own support structure and dimensions. A short stairway of just six steps mediated between the ground floors of both buildings. That stairway is the only blemish on this building, and strangely enough it was never corrected. Since Kramer wanted to have the lowest step flush with a wall, the stairs are clearly too short and the pitch far too steep, so that in descending the stairs caution is advised.
As with the previous building, in the interest of saving space Kramer also inserted the wedge shaped auditoriums in a cube on top of each other. A spacious lobby beneath hung, white plasterboard ceilings provided the access to the auditoriums. The lobbies display a color scheme that is typical for the Kramer university buildings: the interior walls over the grey stone floor slabs are covered with light, matt-yellow tiles. The white concrete supports in front of the walls indicate that the walls are not load bearing. Double doors painted cyan framed by anthracite colored jambs signal the entrances to the auditoriums. (JB)

Arch. PA Kramer; Universitätsarchiv Frankfurt | University Archive, Frankfurt.
Lit. Jourdan 1982, 89; Lichtenstein 1991, 288; Abb., Leg. in FAZ, 24.03.1966.

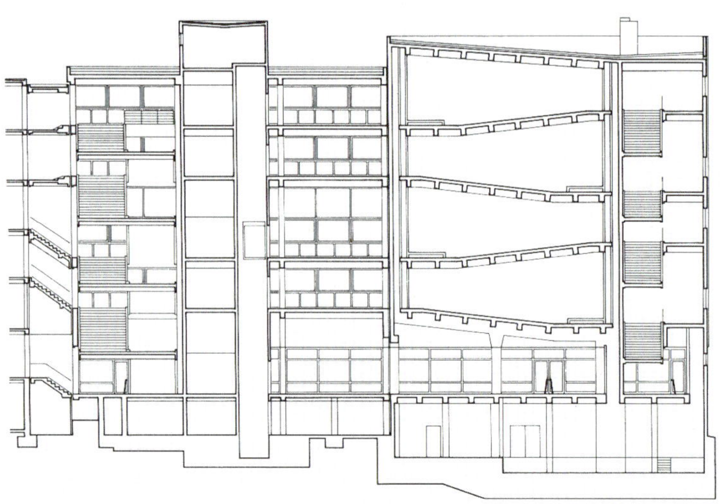

91 Hörsaalgebäude II. Schnitt
91 Auditorium II. Section

Institutsgebäude für Mathematik II | Mathematics II Institute building
Frankfurt am Main, Robert-Mayer-Straße 10
1964–1967

Aufgrund der stark begrenzten Fläche auf dem Campusgelände kam es 1964 zum Bau eines zweiten Hochhauses auf dem Kerngelände der Universität. Der neungeschossige Stahlbetonskelettbau befindet sich neben dem Institut für Physik und Mathematik I (1961). Eine mehrgeschossige Korridorbrücke verbindet beide Bauten. Anders als bei seinen früheren Institutsgebäuden setzte Kramer beim Hochhaus auf eine andere Art des Sonnenschutzes. Nicht Brise Soleils aus Beton, sondern vorkragende leichte Aluminiumlamellen spenden Schatten und verleihen dem Bau seinen „architektonischen Reiz“ (*FAZ*, 24.03.1966). (JB)

In 1964, because of extremely limited space on the campus grounds a second high-rise was built on the central university grounds. The nine story steel concrete frame is located next to the Institute for Physics and Mathematics I (1961), with a several story high corridor bridging the two buildings. In contrast with his earlier institute buildings, Kramer used a different kind of protection against the sun. Instead of concrete *brise soleils*, light, protruding aluminum slats provide shade which give the building its “architectural charm” (*FAZ*, March 24, 1966). (JB)

92 Institutsgebäude für Mathematik II, ca. 1967
92 Mathematics II Institute building, around 1967

93 Institutsgebäude für Mathematik II, 2015
93 Mathematics II Institute building, 2015

Arch. PA Kramer; Universitätsarchiv Frankfurt | University Archive, Frankfurt.
Lit. Jourdan 1982, 89; Lichtenstein 1991, 288.

Wohnhaus Gerold | Gerold residence
Astano (Tessin | Ticino), Schweiz | Switzerland
1966/67

Das Kennzeichen der meisten von Kramer nach dem Zweiten Weltkrieg entworfenen privaten Wohnhäuser ist eine starke Ähnlichkeit in Typ und Gestaltung. Diese besteht auch dann, wenn sie nicht in Hessen, sondern an weit entfernten Standorten gebaut wurden, wie das im Tessin errichtete Haus von Karl Gerold, des mit den Kramers befreundeten Verlegers der *Frankfurter Rundschau*. Alle diese Häuser sind nicht nur Einfamilienhäuser, man darf sie nach Größe, Komfort und der naturnahen Lage als moderne Landhäuser bezeichnen.
Im Unterschied zum Haus von Metzler auf den Hö-

hen des Taunus zeigen sie kein von Elementen der Region – Naturstein und Holz – bestimmtes Gesicht, sondern sind als Varianten eines Typs zu verstehen, der die urbane Ästhetik der Neuen Sachlichkeit der 1920er Jahre wieder aufnimmt und mit Kramers aus den USA mitgebrachten Erfahrungen verbindet. Fast alle sind Hang-Terrassenhäuser in Randlagen der Städte; alle haben längsrechteckige oder L-förmige, funktional entworfene Grundrisse, die mehrgeschossige kubische Volumen bilden. Die Grundrisse sind großzügig beim großen, zur Terrasse offenen gemeinsamen Wohnraum – oft mit dem amerikanischen Kaminplatz in der Seitenwand – und eher raumsparend bei den Funktionsräumen sowie Schlaf- oder Gästezimmern.
Die Häuser zeigen wenige Öffnungen zu Straße und Lärm und öffnen sich umso mehr in die grüne Natur auf der Gartenseite. Dort gibt es stets den durchlaufenden Balkon, der manchmal auf der ganzen Breite von einer darüber auskragenden Betonscheibe geschützt wird, in die das stets flache Dach hervorgezogen wird. Mit dem Weiß der Hauskörper kontrastieren die Brüstungen aus Drahtglas und die schwarzen Linien der schlanken Stahlteile, aus denen die Geländer der Balkone und die Treppen zusammengesetzt sind. Vor den Wohnräumen findet man stets eine breite Glas-Schiebetür, die den Blick ins Grün lenkt und es möglich macht, innen und außen zu einem Raum werden zu lassen; vor den Schlafräumen im Obergeschoss gibt es dagegen meistens Lochfenster im stehenden Format, die mit der auf den Balkon führenden Fenstertür verbunden sind, so dass nach Möglichkeit jeder Raum des dauernden Aufenthalts einen Zugang ins Freie erhält.
Kramers urbane Landhäuser sind weit davon entfernt, die nach dem Krieg wieder aufgenommene Moderne, die bei ihm stark an das eigene Schaffen vor 1933 erinnert, als Stil zu zelebrieren. Die ihnen eigene Nüchternheit entsteht aus der Überzeugung des Architekten, nichts zuzulassen, was als Repräsentation verstanden werden könnte; die Bauten sollten aus den Lebensvorgängen entwickelt und alles Überflüssige weggelassen werden. (WV)

Most of the private residential houses Kramer built after World War II share a strong similarity of type and design. This is also the case when they are built far away from Hesse, like the house Kramer built in Ticiono for Karl Gerold, a friend and the publisher of the *Frankfurter Rundschau*. Because of their size, accoutrements and the natural surroundings the houses are modern country houses and not simple one-family houses.
In contrast to the von Metzler house on the heights in the Taunus, they make no use of local elements of

95 Wohnhaus Gerold, ca. 1966
95 Gerold residence, around 1966

natural stone or wood in their designs. They are more to be seen as variants of a type which reflects the urban aesthetics of the New Objectivity of the 1920s together with experiences Kramer brought back with him from the USA. Almost all are sloped terrace houses on the outskirts of the towns and all feature oblong or L-shaped functionally designed floor plans comprising several story cube-shaped volumes. The floor plans for the large living rooms which open onto a terrace, often with an American style fireplace in a side wall are generously proportioned, while the functional rooms as well as the bedrooms or guest rooms are more modest in size.
The houses are not open to the street and noise, opening instead to the wooded side of the yard. There is always a balcony running the length of the house which is sometimes protected by a concrete slab jutting over it, in which a roof (always flat) pulls out. The railings made of armored glass and the black lines of the slender steel parts of the balcony railings and stairs provide a contrast to the white of the house itself. The living rooms are always faced with sliding glass doors which direct the view to the green outside and which create a unified space from the outside and inside. In contrast the openings in front of the bedrooms on the upper floors are provided by punch windows in upright format, which relate to the window door leading to the balcony, providing an opportunity in every room to gain access to the outdoors.
Kramer's urbane country houses are a far cry from the Modern which made a comeback after the war and which reminded him strongly of his own work before 1933. The soberness they express arises from the commitment of the architect to keep out anything that could be interpreted as representation. The buildings were intended to develop from life processes and to eliminate all that was superfluous. (WV)

Arch. PA Kramer, Planzeichnungen | Plans.
Lit. Jourdan 1982, 89; Lichtenstein 1991, 288.

Wohnhaus R. Maurer | R. Maurer residence
Bad Homburg, Theodor-Storm-Straße 20
1966/67

Beschreibung siehe Wohnhaus Gerold | Description see Gerold residence.

97 Wohnhaus Maurer, 1967
97 Maurer residence, 1967

Arch. PA Kramer, Planzeichnungen | Plans.
Lit. Jourdan 1982, 89; Lichtenstein 1991, 288.

Wohn-/Mietshaus Kramer |
Apartment/rental home Kramer
Frankfurt am Main, Schaubstraße 12–14
1968

Das Privathaus der Kramers entstand als Solitärbau in Sachsenhausen unweit des Städelschen Kunstinstituts. Mit drei Geschossen und fünf Wohnungen, die mit Ausnahme der obersten Ebene als Zweispänner vom in der Mitte liegenden Treppenhaus und einem Aufzug erschlossen werden, wirkt es wie eine zum Miethaus in die Höhe erweiterte Variante der Kramer'schen Landhäuser. Die Rückseite wird geprägt durch die durchlaufenden Balkone und über der oberen Ebene durch die als Wetterschutz auskragende Betonscheibe. Mit dem Weiß der Fassaden und der Wände innen kontrastieren die in Cyan-Blau gestrichenen Wohnungstüren. Den weißen Kubus im liegenden Format überragt ein kleiner grauer Betonwürfel für die Aufzugstechnik und einen Ausgang aufs Dach. Das 2. Stockwerk bewohnte Kramer ab 1969 mit der eigenen Familie. (WV)

94 Wohnhaus Gerold, ca. 1966
94 Gerold residence, around 1966

96 Wohnhaus Kramer, 2015
96 Kramer residence, 2015

98 Wohnhaus Kramer, 2015
98 Kramer residence, 2015

Kramer's private residence was built as a free-standing house in Sachsenhausen not far from the Städel Art Institute. With its three floors, a single apartment on the top floor and below it two apartments per floor accessed from the stairway in the middle and an elevator, it looks like a variant of a Kramer country house in the guise of a multi-story rental house. The back of the building is marked by the running balconies and the concrete slab extending over the upper level as weather protection. The cyan painted front doors contrast with the white of the façades and interior walls. A small grey concrete cube for the elevator and exit to the roof overhangs the white cube in a reclining format. Kramer and his family lived on the 3rd floor beginning in 1969. (WV)

Arch. PA Kramer, Planzeichnungen | Plans.
Lit. Jourdan 1982, 89; Lichtenstein 1991, 288.

Wohnhaus Dr. U. Kollatz | Dr. U. Kollatz residence
Wiesbaden, Willy-Borngässer-Straße 11
1968/69

Beschreibung siehe Wohnhaus Gerold | Description see Gerold residence.

99 Wohnhaus Kollatz, 1969
99 Kollatz residence, 1969

Arch. PA Kramer, Planzeichnungen | Plans.
Lit. Jourdan 1982, 89; Lichtenstein 1991, 288.

Restaurierung, Um- und Anbauten Comödienhaus Wilhelmsbad | Comödienhaus Wilhelmsbad restoration, reconstruction and annexes
Theaterbau von | Theater construction by Franz Ludwig Cancrin (1738–1816); Umbau Foyer, Künstlergarderobe, Verbindungsgang zum Foyer | Reconstruction for lobby, artists' wardrobe, connecting passageway to the lobby
Hanau-Wilhelmsbad, Parkpromenade 1
1968/69

Lit. Jourdan 1982, 90; Lichtenstein 1991, 276/277, 288; F. Kramer, Nachwort des Architekten, in: Das Theater Wilhelmsbad in Hanau (Hg. Comoedienhaus Wilhelmsbad), Hanau 1969, 46/47; „Vorhang auf" im Parktheater, in: NP, 02.10.1969, 9; G. Remszhardt, Das Wilhelmsbad in Hanau, in: BW 42/1970.

Wohnhaus Dr. R. Volhard | Dr. R. Volhard residence
Bad Homburg, Heinrich-von-Kleist-Straße 43
1969/70

Beschreibung siehe Wohnhaus Gerold | Description see Gerold residence.

100 Wohnhaus Volhard, 1972
100 Volhard residence, 1972

101 Wohnhaus Volhard, 1972
101 Volhard residence, 1972

102 Wohnhaus Volhard, 2015
102 Volhard residence, 2015

Arch. PA Kramer, Planzeichnungen | Plans.
Lit. Jourdan 1982, 91; Lichtenstein 1991, 288.

Projekt Wohn-, Archiv- und Bibliotheksbau | Apartment, archive and library building project
Florida, USA, Estero Boulevard, Koreshan Unity
1970

Arch. PA Kramer, Planzeichnungen | Plans.
Lit. Lichtenstein 1982, 288.

Wohnhaus Dieter Christ | Dieter Christ residence
Frankfurt am Main, Bischofsweg 27
1971

Beschreibung siehe Wohnhaus Gerold | Description see Gerold residence.

Arch. PA Kramer, Planzeichnungen | Plans.
Lit. Jourdan 1982, 91; Lichtenstein 1991, 288.

Umbau Galerie Herbert Meyer-Ellinger | Reconstruction for Herbert Meyer-Ellinger Gallery
Frankfurt am Main, Brönnerstraße 22
1971

Lit. Jourdan 1982, 91; Lichtenstein 1991, 288.

Wohnhaus Dr. A. Dietz | Dr. A. Dietz residence
Frankfurt-Bergen-Enkheim, Johann-Usener-Straße 1
1971/72

Beschreibung siehe Wohnhaus Gerold | Description see Gerold residence.

103 Wohnhaus Dietz, 1972
103 Dietz residence, 1972

104 Wohnhaus Dietz, 2015
104 Dietz residence, 2015

Arch. PA Kramer, Planzeichnungen | Plans.
Lit. Jourdan 1982, 91; Lichtenstein 1991, 289.

Friedhofstor und Familiengrab | Cemetery gate and family grave
1972

Arch. PA Kramer, Werkzeichnungen | Blueprints.
Lit. Lichtenstein 1991, 289.

Anhang

Appendix

Bibliografie | Bibliography

1924

Die Form ohne Ornament. Werkbundausstellung 1924 (Bücher der Form 1). Stuttgart 1924.
KRACAUER, Siegfried: „Stuttgarter Werkbundausstellung ‚Die Form'", in: *FZ*, 10.07.1924.
KRACAUER, Siegfried: „Stuttgarter Werkbundausstellung ‚Die Form'", in: *Das illustrierte Blatt*, 29.07.1924.
KRACAUER, Siegfried: „Werkbundausstellung ‚Die Form' in Frankfurt/M., in: *FZ*, 25.09.1924.
STAHL, Fritz: „Die Form. Zur Werkbundausstellung Stuttgart", in: *Berliner Tagblatt*, 24.07.1924.
v. LIERS: „Die Form ohne Ornament. Ausstellung im Kunstgewerbemuseum Frankfurt/M.", in: *FN*, 22.09.1924.

1925

REIFENBERG, Benno: „Haus Werkbund", in: *FZ*, 20.04.1925.

1926

„Deutsche Photographische Ausstellung", in: *FZ*, 15.08.1926.

1927

Abbildungen der Fenstermotive, des Türdrückers und eines Typenstuhls von Ferdinand Kramer, in: *BM* 25 (1927), Nr. 7.
„Die Ausstellung der Kunstschule", in: *FN*, 05.05.1927.
„Garage in Frankfurt", in: *BH* 31 (1927), Nr. 11.
HILBERSEIMER, Ludwig: *Internationale Neue Baukunst* (Baubücher 2). Stuttgart 1927.
KRACAUER, Siegfried: „Das Neue Bauen. Zur Stuttgarter Werkbundausstellung ‚Die Wohnung'", in: *FZ*, 31.07.1927.
REIFENBERG, Benno: „Die Kunstschule der Stadt Frankfurt. Zu ihrer Ausstellung im Kunstverein", in: *FZ*, 11.05.1927.
RENNER, Paul: „Möbel", in: *Stein, Holz, Eisen* 41 (1927), Nr. 16.
RENNER, Paul: „Zu den Arbeiten von Ferdinand Kramer", in: *DF* 2 (1927), Nr. 10, 320–323.
„Stuttgart. Werkbundausstellung: Die Wohnung", in: *Rote Fahne*, 01.05.1927.
WICHERT, Fritz: „Ein städtischer Kindergarten", in: *DNF* 1 (1926/27), Nr. 4, 88/89.

1928

„Altersheim Budge-Stiftung, Frankfurt/M.", in: *DNF* 2 (1928), Nr. 9.
„Architekturwettbewerb Altersheim", in: *FZ*, 13.09.1928.
Beton als Gestalter (Baubücher 5). Stuttgart 1928.
„Gemeinschaftshaus der Städtischen Siedlung in der Bruchfeldstraße, Frankfurt/M-Niederrad", in: *DNF* 2 (1928), Nr. 5.
GRÄFF, Werner: *Innenräume. Räume und Inneneinrichtungsgegenstände aus der Werkbundausstellung „Die Wohnung"*. Stuttgart 1928.
„Interiors and Furniture", in: *Studio*, London 1928.
KRAMER, Ferdinand: „Die Voraussetzung", in: *Innendekoration* 39 (1928), 267.
KRAMER, Ferdinand: „Individuelle oder typisierte Möbel?", in: *DNF* 2 (1928), Nr. 1, 8–11.
KRAMER, Ferdinand: „Projekt für ein Montessori-Kinderhaus an der Nussallee: Entwurf: Städt. Hochbauamt, Architekt Dipl-Ing. F. Kramer", in: *DNF* 2 (1928), Nr. 11/12, 221–223.
LOTZ, Wilhelm: *Licht und Beleuchtung. Lichttechnische Fragen* (Bücher der Form 6). Berlin 1928.
LOTZ, Wilhelm: „Möbelentwicklung und Typenmöbel", in: *DF* 3 (1928), Nr. 6.
PILEWSKI, Leoni: „Zeitgenössische Möbel", in: *Pravda* 1928.
SCHNECK, Adolf G.: *Der Stuhl. Stuhltypen aus verschiedenen Ländern und Versuche neuzeitlicher Lösungen in Ansichten und Maßzeichnungen* (Baubücher 4). Stuttgart 1928.
STAM, Mart: „Das Projekt Habermann, Kramer, Moser, Stam für das neue Altersheim in Frankfurt/M.", in: *DNF* 2 (1928), Nr. 10, 191/192.
STAM, Mart: „Wettbewerbe", in: *BW* 19 (1928), 983.
„Tankstelle der städtischen Garage an der Gutleutstraße", in: *DNF* 2 (1928), Nr. 4.

1929

„Ausstellung ‚Der Stuhl' vom 10. März bis 7. April", in: *FZ*, 08.03.1929.
GIEDION, Siegfried: *Befreites Wohnen*. Zürich 1929.
HAUPT, Otto: „Neue Serienmöbel", in: *Die Wohnung* 3 (1929), Nr. 4.
KRAMER, Ferdinand: Die Thonetindustrie", in: *DF* 4 (1929), Nr. 8, 206–209.
KRAMER, Ferdinand: „Die Wohnung für das Existenzminimum", in: *DF* 4 (1929), Nr. 23, 647–649.
NEUENDORFER, Ludwig: *Wie Wohnen? Ausstellung für neuzeitliche Wohnungseinrichtung*. Offenbach 1929.
„New Influences in Architecture", in: *Studio*, London 1929.
„Projekt zum Altersheim in Frankfurt/M.", in: *DF* 4 (1929), Nr. 14.

1930

„Das Altersheim der Henry und Emma Budge-Stiftung in Frankfurt/M.", in: *DNF* 4 (1930), Nr. 7, 158–176.
„Das Altersheim der Henry und Emma Budge-Stiftung in Frankfurt/M.", in: *Das illustrierte Blatt*, Juli 1930.
Die Wohnung für das Existenzminimum. Frankfurt a. M. 1930, 116, 133, 136, 147.
„Ein neuer Ofen", in: *Welt und Heim* 1930, Nr. 10.
FINK, S.: „Zur Eröffnung des Altersheims der Henry-Budge-Stiftung Frankfurt/M.", in: *DF* 5 (1930), Nr. 17.
GIEDION, Siegfried: „Une maison de retraite pour vieillards à Francfort/M.", in: *Cahiers d'Art* 5 (1930), Nr. 6.
„Gutes Licht macht froh", in: *Welt und Heim* 1930, Nr. 10.
LOTZ, Wilhelm: *Wie richte ich meine Wohnung ein? Modern, gut, mit welchen Kosten?* Berlin 1930.
MAY, Ernst: „Fünf Jahre Wohnungsbau in Frankfurt/M.", in: *DNF* 4 (1930), Nr. 2/3, 4/5.
SIGRIST, Albert: *Das Buch vom Bauen*. Berlin 1930.
STAM, Mart: „Das neue Altersheim der Budge-Stiftung in Frankfurt a. M.", in: *BZ* 27 (1930), 456–458.
VÖLCKERS, Otto: Altersheim der Budge-Stiftung in Frankfurt", in: *Stein, Holz, Eisen* 44 (1930), Nr. 23.

1931

„Das neue Café Bauer", in: *DNF* 5 (1931), Nr. 1, 18.
„Ein gutes Beispiel neuer Typenware", in: *DF* 6 (1931), Nr. 8.
GUBLER, F. T.: „Wohnen, eine Tätigkeit", in: *FZ*, 15.01.1931.
KRAMER, Ferdinand: „Das Neue Frankfurt", in: *DNF* 5 (1931), Nr. 1, 18.
KRAMER, Ferdinand: „Eine Großgarage für 68 Autos", in: *BZ* 28 (1931), 74/75.
NEUENDORFER, Ludwig: *So wollen wir wohnen*. Stuttgart 1931.

1932

BLANCK, Eugen: „Siedlung Westhausen in Frankfurt a. M.", in: *MfBS* 16 (1932), 11–14.
HITCHCOCK, Henry-Russell, Philip JOHNSON: *The International Style. Architecture Since 1922*. New York 1932.
Rationelle Bebauungsweisen. Frankfurt a. M. 1932.
VÖLCKERS, Otto: *Wohnbaufibel*. Stuttgart 1932, 24.
Wohnbedarf. Katalog zur Werkbundausstellung. Stuttgart 1932, 16.

1939

„Ferdinand Kramer. German Housing Expert Takes over Direction of Alden Estates", in: *Daily Item*, 06.04.1939.
Freedom Pavilion. Germany Yesterday – Germany Tomorrow at the New York World's Fair. New York 1939.
„Freedom Pavilion at Fair planned to celebrate the Pre-Nazi-Culture", in: *New York Times*, 13.01.1939.
„Old American Homes Lauded by Modern-modernist", in: *American Journal*, 25.06.1939.

1943

„New demountable furniture saves shipping space, eliminates metal", in: *The Architectural Forum* 1943, Nr. 7.
„Planks and Pegs knock-down furniture", in: *Interiors* 1943, Nr. 8.

1944

„Demountable Wardrobe", in: *House Furnishing review* 1944, Nr. 6.
KIMBALL, Robert: Europeans flee Hitler, set up shop here, like it so well they'll stay", in: *Wall Street Journal*, 16.05.1944.
„Put-Away-‚Wardrobe' assembled in less than a minute", in: *Newark Evening*, 11.05.1944.
„Put-Away Wardrobe", in: *The Boston Daily Globe*, 23.11.1944.

„Sturdy ‚Put-Away' Wardrobe", in: *Sunday News*, 07.05.1944.
„The Demountable Wardrobe", in: *Boston Sunday Post*, 18.06.1944.

1945
„A New Line of Folding Weatherproof Outdoor Furniture", in: *The Architectural Forum* 1945, Nr. 5.
„A New Line of Folding Weatherproof Outdoor Furniture", in: *Interiors* 1945, Nr. 6.
„Knockdown Furniture", in: *Popular Science* 1945, Nr. 12.
„Knockdown Furniture", in: *Architectural Design and Construction*, London 1946, Nr. 5.
„Koroseal Webbing", in: *Look* 1945, Nr. 9.
Pratt, Richard: „Upstairs and Down. A house designed for Ladies' Home Journal by Ferdinand Kramer", in: *Ladies' Home Journal* 1945, Nr. 10.
Ross: „Flexible", in: *The New Yorker*, 26.05.1945.
Savelson, Erwin: „U.S. Production Lines to Refurnish Europe", in: *Daily Mirror*, 06.04.1945.

1946
„Aluminium Lounge", in: *Chicago Mail Order Catalog* 1946.
„Aluminium Lounge", in: *Chicago Tribune*, 06.05.1947.
„Koroseal Webbing", in: *Esquire* 1946, Nr. 2.

1947
„A Red Nose from Aldens", in: *News Week*, 01.09.1947.
Baskin, J. M.: „Aldens Chicago Store", in: *Women's Wear Daily*, 01.09.1947.
„Develops Merchandise Trays for Display and Forward Stock", in: *Women's Daily*, 23.12.1947.
Good Design is our Business. Buffalo 1947.
Logie, Gordon: *Furniture from Machines*. London 1947.

1948
„Aluminium Lounge", in: *Progressive Architecture* 29 (1948), Nr. 9.

1949
„Display Trays", in: *Bakelite Review* 1949, Nr. 1.

1951
Department of Design Industry, Institute of Contemporary Art. Boston, winter 1951/52.
„Designing couple cut corners", in: *Look*, 05.06.1951.
„It's raining new business", in: *Plastics merchandising* 1951, Nr. 9.
„Paper Parasols", in: *Quick*, 09.07.1951.
„Paper Umbrella", in: *News Week*, 24.09.1951.
„Paper Umbrella", in: *Herald Tribune*, 11.11.1951.
„Pleated Paper Umbrella Opens New Area", in: *Look*, 17.07.1951.
„Umbrella Picture and Story", in: *Chicago Tribune*, 11.11.1951.

1952
„Rain Made Him Rich", in: *Parade. The Sunday Picture magazine*, 04.05.1952.

1953
„Bautätigkeit an der Universität Hauptgebäude fertig bis April", in: *NP*, 17.03.1953.
Beerlin, Günther: „Universität an der Bockenheimer Warte", in: *FR*, 25.02.1953.
„Das Hauptportal der Universität wird verbreitert", in: *FAZ*, 17.03.1953.
„Das neue Gesicht der Universität", in: *NP*, 12.02.1953.
„Das neue Portal der Universität", in: *FAZ*, 05.05.1953.
„Der Sandsteinschmuck", in: *NP*, 11/12.03.1953.
„Die Universitätsstadt", in: *Diskus* 1953, Nr. 3.
„Die Universitätsstadt. Bebauungsplan liegt endgültig fest", in: *NP*, 24.04.1953.
„Frankfurts künftige Universitätsstadt", in: *FR*, 17.03.1953.
Gruppe, Günther: „Die Baupolitik der Universität", in: *Diskus* 1953, Nr. 7.
Itten, Johannes: „Die Ausbildung des Entwerfers: e. Umfrage", in: *BuWo* 8 (1953), 458–460.
Jerusalem, Franz: „Modernes Barbarentum", in: *FAZ*, 11.03.1953.
„Kultur ist mehr als Luxus und Tand", in: *NP*, 03.02.1953.
„Liten intervju om nytt Goethe-universitet", in: *Dagens Nyheter*, Stockholm, 18.08.1953
„Portalfiguren fallen", in: *FAZ*, 14.03.1953.
„Universitäts-Zukunftsmusik", in: *Frankfurter Nachtausgabe*, 17.03.1953.
Wingler, Hans Maria: „Eine Universitätsstadt entsteht. 3 Folgen", in: *Neue Zeitung*, Berlin, 06., 10., 12.03.1953.

1954
„Ansichtssache", in: *FAZ*, 09.11.1954.
„Amerika-Institut. Gärtnerhaus Biologie", in: *Der Architekt* 3 (1954), Nr. 12.
„Biologischer Campus für sechs Institute", in: *FAZ*, 09.04.1954.
„Das neue Gesicht der Frankfurter Universität", in: *FR*, 11.01.1954.
„Das Reich der Geologie", in: *NP*, 11.12.1954.
„Dem Menschen eine Heimat geben. Ministerreden beim Jahrestag des BDA in Frankfurt", in: *NP*, 08.11.1954.
„Der kulturelle und geistige Wiederaufbau", in: *NP*, 06.02.1954.
„Die Zahl der Lernbegierigen steigt", in: *NP*, 12.11.1954.
„Eine Welt der Forschung. Neubau für das Pharmazeutische Institut und das Institut für Lebensmittelchemie", in: *NP*, 01.11.1954.
„Ein Neubau für die Universität. Die Institute für Pharmazeutik und Lebensmittelchemie werden errichtet", in: *FAZ*, 01.11.1954.
„Einweihung des Amerika-Institutes", in: *NP*, 11.06.1954.
„Frankfurt erhält ein großes Amerika-Institut", in: *Die Neue Zeitung*, Berlin, 21.05.1954.
„Frankfurter Adressbuch 1959. Auszeichnung für vierundzwanzig Bauten, Vorbildliche Architekturen aus den letzten vier Jahren in Hessen", in: *FAZ*, 08.11.1954.
„Gärtnerhaus Biologie", in: *NP*, 19.12.1954.
„Generalplan für die Universität", in: *NP*, 11.01.1954.
Hagen, Volker von: „Frankfurt erhält einen biologischen Campus", in: *Die Neue Zeitung*, Berlin, 08.04.1954.
„Im Dienst des Studiums der Amerika-Forschung", in: *FR*, 11.06.1954.
Kramer, Ferdinand: „Umbau der Universität Frankfurt a. M.", in: *BuWo* 9 (1954), 481/482.
„Neues Universitätsinstitut in der Senckenberg-Anlage", in: *FR*, 11.11.1954.
„Partner Erde", in: *FAZ*, 11.12.1954.
„Stätte der Forschung und des Studiums. In der Georg-Voigt-Straße entsteht das neue Pharmazeutische Institut", in: *FR*, 01.11.1954.
„Universität erhält Biologisches Camp", in: *FR*, 15. 01.1954.
Zietzschmann, Ernst: „Bauten des Verkaufs: Das Warenhaus", in: *BuWo* 9 (1954), Nr. 8.
„Zitronengelbe Wände und hellblaue Türen", in: *FAZ*, 11.06.1954.

1955
„Amerikahaus. Gärtnerhaus", in: *BuW* 8 (1955), Sh.
„Amerika-Institut. Gärtnerhaus. Fernheizwerk", in: *BuWo* 10 (1955), Nr. 2.
„Bauten der Johann-Wolfgang-Goethe-Universität Frankfurt a. M.", in: *BuWo* 10 (1955), Nr. 2, 68–72.
„Das amerikanische Warenhaus", in: *Baseler Nachrichten*, 15.12.1955.
„Der große Umzug der Biologen hat begonnen", in: *FAZ*, 06.10.1955.
„Institut für Biologie", in: *NP*, 14.12.1955.
Link, Franz: „American Studies at Frankfurt University", in: *The American-German Review* 1955, June/July.
„Technik mit Musischem Moment", in: *NP*, 22.05.1955.
„Wunderwelt der Pflanzen. Das Biologische Camp in der Siesmayerstraße ist bezugsfertig", in: *NP*, 14.10.1955.
„Wunderwelt im Biologischen Camp", in: *NP*, 09.02.1955.
„Zick-Zack im Freien", in: *FR*, 21.06.1955.

1956
„Atommeiler im Rundbau", in: *FAZ*, 15.11.1956.
„Atomreaktor-Diagramm", in: *NP*, 18.12.1956.
„Eine Chance zum Gespräch. Die Frankfurter Universität will weitere Studentenwohnheime einrichten", in: *FAZ*, 09.07.1956.
„Ein Heim für 127 Studenten. Rektor prof. Dr. COING: beitrag zur Lösung von Gegenwartsproblemen", in: *FR*, 09.07.1956.
Schmidt, Doris: „Das wachsende Frankfurter Universitätszentrum", in: *FAZ*, 29.09.1956.
Schmidt, Doris: „Forschungsstätte der Biologie", in: *FAZ*, 29.06.1956.
Wingler, Hans Maria: „Vollendung der Universitätsstadt gefährdet? Der Architekt Ferdinand Kramer und die Frankfurter Universität", in: *NP*, 19.12.1956.
„Zur Einweihung der Biologie", in: *NP*, 16.06.1956.

1957
„Atomreaktor auf dem Rebstock“, in: *FAZ*, 26.01.1957.
„Altersheim in Frankfurt“, in: *Architektur-Wettbewerbe* 1957, Nr. 22, 8.
„Der Atomreaktor wächst. Großbaustelle am Rebstock für die kernphysikalische Forschung“, in: *FAZ*, 15.01.1957.
„Den Atomen auf der Spur. Die Bauten für den Atomreaktor und die Forschungsanlagen auf dem Rebstockgelände“, in: *FR*, 25.01.1957.
„Der Frankfurter Atomreaktor“, in: *NP*, 25.01.1957.
„Durchaus geeignet. Kramer als Nachfolger Hassenpflugs“, in: *Hamburger Abendblatt*, 05.03.1957.
„Ehrenvolle Berufung“, in: *FR*, 04.03.1957.
„Ferdinand Kramer“, in: *Handelsblatt. Deutsche Wirtschaftszeitung*, 09.10.1957.
„Forschungsreaktor Frankfurt“, in: *Die Atomwirtschaft* 2 (1957), Nr. 7/8.
„Große Aufgaben erwarten ihn hier. Ferdinand Kramer an die Hamburger Kunsthochschule“, in: *Die Welt*, 05.03.1957.
„Hat Frankfurt eine Chance verpaßt? Der Architekt Ferdinand Kramer nach Hamburg berufen“, in: *NP*, 04.03.1957.
„Keine Klötzchen aus der Spielzeugschachtel“, in: *Abendpost*, 25.01.1957.
„Kommt Ferdinand Kramer wirklich?“, in: *Hamburger Echo*, 11.03.1957.
„Kramer bleibt“, in: *FR*, 05.06.1957.
„Kramer bleibt“, in: *FAZ*, 05.06.1957.
„Kramer bleibt in Frankfurt“, in: *NP*, 05.06.1957.
Kramer, Ferdinand: „Das Biologische Camp der Universität Frankfurt am Main“, in: *BW* 48 (1957), 1262–1267.
„Kulturelle Nachrichten. Architekt Ferdinand Krämer“, in: *FAZ*, 04.03.1957.
„Neubau ohne Fenster. Ein Hörsaalgebäude mit 3000 Plätzen im Universitätsgebäude“, in: *FAZ*, 15.01.1957.
„Neu: Der Sonnenbrecher“, in: *NP*, 06.04.1957.
Rahms, Helene: „Betonfachwerk und helle Klinker. Der Architekt Ferdinand Kramer“, in: *FAZ*, 05.06.1957.

1958
„Brise Soleil“, in: *WuZ* 7 (1958), Nr. 1.
„Das Haus der Hörsäle ohne Fenster“, in: *FAZ*, 14.05.1958.
„Das Haus ohne Fenster“, in: *NP*, 07.05.1958.
„Das Hochhaus der Philosophen“, in: *FAZ*, 03.09.1958.
„Der Geist Le Corbusiers. Eröffnung einer Ausstellung in Frankfurt“, in: *NP*, 27.06.1958.
„Die Goethe-Plakette“, in: *FAZ*, 24.01.1958.
„Die neuen Institute für Lebensmittelchemie und Pharmazie“, in: *NP*, 18.01.1958.
Eckstein, Hans: *50 Jahre Deutscher Werkbund*. Berlin 1958.
„Ehrung eines Frankfurters. Goethe-Plakette für Ferdinand Kramer“, in: *NP*, 23.01.1958.
„Ein Tag der offenen Tür. Einweihungsfeier mit Wissenschaftlern und Politikern am Frankfurter Atomreaktor“, in: *FAZ*, 17.01.1958.
„Ferdinand Kramer“, in: *FAZ*, 23.01.1958.
„Frankfurts Universität übernimmt Atomreaktor“, in: *NP*, 17.01.1958.
„Gigant aus Stahl“, in: *FR*, 06.11.1958.
„Goethe-Plakette für Ferdinand Kramer“, in: *FR*, 23.01.1958.
„Haus ohne Dach und Wände“, in: *NP*, 22.10.1958.
„Hochhaus im Skelett“, in: *FAZ*, 01.11.1958.
Krahe, Friedrich-Wilhelm: „Drei deutsche Forschungsreaktoren“, in: *BW* 49 (1958), 396–406.
Kramer, Ferdinand: „Hörsaalgebäude der Universität Frankfurt“, in: *BW* 49 (1958), 1171–1175.
Kramer, Ferdinand: „Pharmazeutisches Institut und Institut für Lebensmittelchemie der Universität Frankfurt a. M.“, in: *BW* 49 (1958), 779–785.
„Lebensmittel in der Retorte. Einweihung neuer Institute auf dem Universitätsgelände“, in: *FAZ*, 18.01.1958.
Marschall, Karl Joseph: „Der Philosophenbunker“, in: *Diskus* 1958, Nr. 3.
„Neue Hörsäle zum neuen Semester“, in: *Neue Rundschau*, 08.05.1958.
„Rathauszentrum Marl“, in: *Architektur-Wettbewerbe*, Mai 1958, Sh.
„Seminar für die Studenten“, in: *NP*, 06.11.1958.
„The peaceful atom“, in: *Time*, 13.10.1958.
„Treppenhaus Hörsaal F“, in: *FAZ*, 08.11.1958.
„Zwei Institute für die Wissenschaft“, in: *FR*, 18.01.1958.
„Zwei neue Universitätsinstitute“, in: *NP*, 17.01.1958.

1959
„Buchausleihe am Fließband. Die Pläne von Ferdinand Kramer für die neue Stadt- und Universitätsbibliothek“, in: *FAZ*, 23.07.1959.
„Die Frankfurter Universitätsstadt“, in: *NP*, 18.02.1959.
„Experimental Research Reactor“, in: *Progressive Architecture* 39 (1958), Nr. 11.
„Institut Leibesübungen“, in: *FAZ*, 02.09.1959.
Kramer, Ferdinand: „Studentenwohnheim der Universität Frankfurt Main“, in: *BW* 50 (1959), 519–523.
Rau, Friedrich: „Johann Wolfgang Goethe-Universität“, in: *Adressbuch* 1959.

1960
„Bisher 52 Millionen für die Universität“, in: *FR*, 16.02.1960.
„Chancen für die Frankfurter Universitätsviertel? Universitätsbaudirektor Ferdinand Kramer zu versäumten und noch möglichen Projekten in der Mainstadt“, in: *FAZ*, 19.07.1960.
„Die modernste Bibliothek Europas für Frankfurt“, in: *FAZ*, 05.05.1960.
„Die neue Stadt- und Universitätsbibliothek. Noch 1960 Baubeginn für die Stadt- und Universitätsbücherei“, in: *FR*, 28.05.1960.
„Ein Tunnel zur neuen Bibliothek“, in: *FAZ*, 28.05.1960.
„Europas modernste Bibliothek“, in: *NP*, 28.05.1960.
„Feuerleiter am Hinterhaus“, in: *FAZ*, 31.08.1960.
„Frankfurt erkennt die Not seiner Bibliothek. 52 Millionen investiert. Noch 100 Millionen notwendig“, in: *FAZ*, 16.02.1960.
„Hochhaus der Philosophen“, in: *FR*, 12.07.1960.
Iden, Peter: „Fünfzehn Jahre Wiederaufbau“, in: *Diskus* 1960, Nr. 5.
Kramer, Ferdinand: „Bauen für die Wissenschaft“, in: *Deutsche Universitätszeitung* 1960, Nr. 6.
Menzer, Rudolf: „Völlige bauliche und betriebliche Neugestaltung des Klinikums“, in: *FAZ*, 04.08.1960.
„Pharmazeutisches Institut“, in: *FAZ*, 28.07.1960.
„Philosophisches Seminar“, in: *Diskus* 1960, Nr. 12.
Rahms, Helene: „Ein Amt und 185 Architekten. Zu einer Ausstellung der Bauten des Landes Baden-Württemberg“, in: *FAZ*, 14.11.1960.

1961
„Baubeginn der Universitätsbibliothek“, in: *FAZ*, 19.12.1961.
„Bibliothek für Universität“, in: *FR*, 19.12.1961.
„Das alte Portal“, in: *Diskus* 1961, Nr. 3.
„Die Schlüssel zum neuen Seminargebäude“, in: *FR*, 28.01.1961.
„Ein Hochhaus für Philosophen. Neues Seminargebäude der Universität Frankfurt/M.“, in: *FAZ*, 15.02.1961.
Kd Stahlmöbel. Katalog der Firma Otto Kind GmbH. Frankfurt a. M. 1961.
Kramer, Ferdinand: „Seminargebäude der Universität Frankfurt“, in: *BW* 52 (1961), 427–432.
„Magistrat billigt Bibliotheks-Baupläne“, in: *NP*, 19.12.1961.
„Philosophen nun offiziell im Eigenheim“, in: *FAZ*, 30.01.1961.
„Stahlskelett mit Außenstützen. Kein Platz für Hieronymus“, in: *NP*, 30.01.1961.
„Walter-Kolb-Studentenhaus in Frankfurts Westend. Wohnung und Studienheimat für 70 Studierende aus aller Welt“, in: *Mitteilungen der Stadtverwaltung Frankfurt am Main* 1961, Nr. 48.

1962
„Bibliotheksneubau hat begonnen“, in: *FR*, 23.12.1962.
Kluge, Alexander: „Repräsentation fällt immer brutal aus“, in: *Christ und Welt*, 28.12.1962.
Kramer, Ferdinand: „Hochschulplanung gestern und heute“, in: *BuWo* 17 (1962), 315–317.
Kramer, Ferdinand: „Neubauten der Universität Frankfurt am Main“, in: *BuWo* 17 (1962), 318–325.
Kramer, Ferdinand: „Über den Bau von Bibliotheken“, in: *BW* 56 (1962), 125–143.

1963
„Dank an den Universitätsbaumeister“, in: *FAZ*, 23.01.1963.
„Das Geheimnis der Zellen. Neues Institut für therapeutische Bio-Chemie“, in: *NP*, 20.07.1963.
„Diener des modernen Stils. Universitätschefarchitekt Ferdinand Kramer 65 Jahre“, in: *NP*, 21.07.1963.
„Ehrenplakette für Baudirektor Kramer“, in: *FR*, 23.01.1963.

„Ehrenplakette für Universitäts-Baudirektor Dipl.-Ing. Kramer“, in: *Mitteilungen der Stadtverwaltung Frankfurt am Main* 1963, Nr. 4.
„Kramer erhält Ehrendoktorplakette“, in: *FAZ*, 22.01.1963.
„Mensa der Universität Frankfurt/Main“, in: *BW* 54 (1963), 792/793.
Modern Steel Construction in Europe. Amsterdam, New York, 1963.
Rahms, Helene: „Ferdinand Kramers Mensa. Sachlichkeit und Anmut. Zur Arbeit des Frankfurter Universitäts-Baumeisters“, in: *FAZ*, 18.02.1963.
Remszhardt, Godo: „Dem Architekten Ferdinand Kramer zum 65. Geburtstag“, in: *FR*, 22.01.1963.
Remszhardt, Godo: „Universität Frankfurt, Problem und Modell. Zur Methodik des Hochschulbaus in veränderter Gesellschaft“, in: *BW* 54 (1963), 791–793.
„Übergabe der Ehrenplakette“, in: *NP*, 23.01.1963.
Zusammenstellung von Asbest-Zement-Anwendungen für Ingenieure. Zürich 1963.

1964
„Erinnerungen und Zuversicht. Ausstellung zur 50-Jahrfeier der Universität“, in: *FR*, 10.06.1964.
Flesch-Thebesius, Max: *Johann-Wolfgang-Goethe-Universität Frankfurt /M. Überblick über ihre Entstehung, ihre Entwicklung und vorgesehenen Planungen*. Frankfurt a. M. 1964.
„Nur Flickwerk an der Universität. Stadtverwaltung versäumte wichtige Grundstückskäufe“, in: *NP*, 10.10.1964.
Rahms, Helene: „Ein Instrument zur Arbeit mit Büchern. Die neue Stadt- und Universitätsbibliothek in Frankfurt“, in: *FAZ*, 03.12.1964.

1965
„Bibliotheksumsatz um dreihundert Prozent gestiegen“, in: *FAZ*, 30.12.1965.
„Das Gesicht Frankfurts. Universitätsbaumeister Kramer im Ruhestand“, in: *NP*, 14.01.1965.
„Dem Bücherfreund, Studenten und Forscher. Die neue Stadt- und Universitätsbibliothek in Frankfurt/M.“, in: *NP*, 24.04.1965.
„Den Löwenanteil trägt die Stadt. Die Stadt- und Universitätsbibliothek eröffnet. Ein Festakt“, in: *FAZ*, 30.04.1965.
Die Johann-Wolfgang-Goethe-Universität. Frankfurt a. M. 1965.
„Dienst an der Wahrheit“, in: *NP*, 19.05.1965.
„Feierstunde vor Büchern“, in: *FR*, 30.04.1965.
Franz, Wolfgang: „Ehrenbürger der Universität“, in: *FAZ*, 14.05.1965.
Franz, Wolfgang: „Verdienste um die Universität“, in: *FR*, 19.05.1965.
„Geld von Stadt, Land und Bund. Die Stadt- und Universitätsbibliothek wurde feierlich eröffnet“, in: *NP*, 30.04.1965.
Heym, Heinrich: „E. E. Hochweisen Rath legieren wir unsere Bücher. Die Stadtbibliothek wuchs vom mittelalterlichen Bücherzimmer zur modernen Großbibliothek“, in: *FAZ*, 27.04.1965.
Kramer, Ferdinand: „Mensa der Universität Frankfurt“, in: *DLW-Nachrichten* 38 (1965), 22/23.
Rahms, Helene: „Ferdinand Kramer. Ein verwaistes Universitätsbauamt“, in: *FAZ*, 30.01.1965.
Rede zur Verleihung der Ehrenbürgerwürde der Universität, 18.05.1965.
Remszhardt, Godo: „Gesetz und Vernunft“, in: *FR*, 13.01.1965.
Remszhardt, Godo: „Stadt- und Universitätsbibliothek Frankfurt am Main“, in: *BW* 56 (1965), 1269–1276.
„Stadt- und Universitätsbibliothek eingeweiht“, in: *Mitteilungen der Stadtverwaltung Frankfurt am Main* 1965, Nr. 18.
„Vorbildliches Bauen in Frankfurt. Auszeichnung hessischer Architekten“, in: *FAZ*, 30.11.1965.
„Zadkine ist begeistert. Plastik ‚Prometheus‘ in der Stadtbibliothek aufgestellt“, in: *FAZ*, 29.04.1965.
„Zu Ehrenbürgern ernannt“, in: *FAZ*, 14.05.1965.

1966
„Die liebenswerte Wissenschaft. Botaniker feiern den Ausbau des Frankfurter Instituts“, in: *NP*, 08.09.1966.
Kramer, Ferdinand: „Die biologischen Institute der Universität in Frankfurt am Main“, in: *BW* 57 (1966), 937–941.
Kramer, Ferdinand: „Ernst May 80 Jahre jung“, in: *BW* 57 (1966), 858.
„Mensa der J. W. Goethe-Universität“, in: *AW* (74), 1966, 504–507.
„Saubere Luft für Leser und Bücher“, in: *NP*, 05.11.1966.
„Sechzehn Stunden Sonnenschein. Ein Einblick in die neuen Einrichtungen des Botanischen Instituts“, in: *FAZ*, 09.09.1966.

1968
„Ferdinand Kramer siebzig Jahre alt“, in: *FAZ*, 20.01.1968.
Liebers, Gerd: *Bibliotheksneubauten in der Bundesrepublik Deutschland*. Frankfurt a. M. 1968.
Rahms, Helene: „Comödie unter gemalten Himmel“, in: *FAZ*, 03.10.1969.
Rahms, Helene: „Ferdinand Kramer 70“, in: *FAZ*, 22.01.1968.
Remszhardt, Godo: „Ferdinand Kramer. Zum 70. Geburtstag“, in: *FR*, 22.01.1968.

1969
„Die Scheinwerfer sind eingestellt“, in: *FR*, 03.10.1969.
„Festliche Eröffnung des Comödienhauses Wilhelmsbad“, in: *FR*, 06.10.1969.
Lissner, Erich: „Rückschau auf Goethe bei der festlichen Eröffnung des wiedererstandenen Comödienhauses in Wilhelmsbad“, in: *FR*, 07.10.1969.
„‚Vorhang auf‘ im Parktheater“, in: *NP*, 03.10.1969.

1970
Brawne, Michael: *Bibliotheken. Architektur und Einrichtung*. Stuttgart 1970.
„Historic Wilhelmsbad and its Broadcasting Studio“, in: *The American Eagle* 1970, Nr. 8.
Michel, Hedwig: „The unforseen happened“, in: *The American Eagle* 1970, Nr. 8.
Remszhardt, Godo: „Das Theater Wilhelmsbad in Hanau“, in: *BW* 61 (1970), 1580–1584.

1971
„Ferdinand Kramer: Ernst May und das ‚Neue Frankfurt‘. [Kritik zum Vortrag von F. Kramer]“, in: *FAZ*, 19.11.1971.
„Frankfurts neue Kunstgalerie. Jorge Casillo bei Herbert Meyer-Ellinger“, in: *FAZ*, 15.10.1971.
„Im Mittelpunkt – Der Mensch. [Kritik zum Vortrag von F. Kramer]. Ernst May und das ‚Neue Frankfurt‘“, in: *FR*, 25.11.1971.

1972
Sharp, Dennis: *A Visual History of Twentieth Century Architecture*. London 1972.

1973
„Architekt der Universität“, in: *FAZ*, 22.01.1973.
„Ferdinand Kramer 75“, in: *FAZ*, 20.01.1973.
„Ferdinand Kramer 75 Jahre“, in: *NP*, 20.01.1973.
„Geburtstag“, in: *WuZ* 22 (1973), Nr. 2.
Neumann, Eckhard: „Ferdinand Kramer 75“, in: *BW* 64 (1973), 152.
Neumann, Eckhard: „Form aus Funktion. Zum 75. Geburtstag von Ferdinand Kramer“, in: *FR*, 20.01.1973.
Zauber des Papiers (Ausst.-Kat., Frankfurter Kunstverein). Frankfurt a. M. 1973.

1974
Carolin, Peter, M. J. Long: „Libraries“, in: *Architectural Design* 44 (1974), Nr. 7.
Jourdan, Jochem: *Ferdinand Kramer Werkkatalog 1923–1974* (Schriftenreihe der Architektenkammer Hessen 3). Frankfurt a. M. 1974.
Thonet Bugholzmöbel 1830–1974 (Ausst.-Kat., Museum für Kunsthandwerk Frankfurt). Frankfurt a. M. 1974.

1976
„Ferdinand Kramer Müveinek Kataloguisa“, in: *IPARI FORMA* 1976.

1977
Burk, Henning, Michael Müller: „Was ist aus Praunheim geworden? Ein Spaziergang mit Ferdinand Kramer“, in: *WuZ* 26 (1977), Nr. 2.
Kramer, Lore, Ferdinand Kramer: „Sozialer Wohnungsbau in Wien, in Frankfurt am Main“, in: *WuZ* 26 (1977), Nr. 4, 38/39.
Moore, Frazier: „He’s a man who makes things fit“, in: *News Press*, 12.01.1977.
Moore, Frazier: „He’s a man who makes things fit“, in: *The American Eagle* 1977, March.
Posener, Julius: „Geburtstagsfest: Ferdinand Kramer 80 Jahre“, in: *WuZ* 26 (1977), Nr. 5.

1978
„Architekt Kramer wird morgen 80“, in: *FR*, 21.01.1978.
Brüderlin, Rolf: „Geplant und gebaut für das ‚Existenzminimum‘“, in: *Basler Magazin*, 14.01.1978.
Conrads, Ulrich: „Lieber, hochverehrter Ferdinand Kramer“, in: *BW* 69 (1978), 125.

Eckstein, Hans: „Der Designer und Architekt Ferdinand Kramer wird 80", in: *SZ*, 21/22.01.1978.
„Ferdinand Kramer. Zu seinem 80. Geburtstag", in: *Werk/Archithese* 65 (1978), Nr. 15/16, 81.
„Ferdinand Kramer achtzig", in: *FAZ*, 22.01.1978.
Kramer, Ferdinand: „Ferdinand Kramer (80) antwortet", in: *BW* 69 (1978), 185.
Kramer, Ferdinand, Jochem Jourdan: *Die 20er Jahre und das Neue Frankfurt: Ein Gespräch mit Ferdinand Kramer anlässlich seines 80. Geburtstages am 22.1.78* (Hg. Deutscher Werkbund). Darmstadt 1978.
Selle, Gert: *Die Geschichte des Design in Deutschland von 1870 bis heute*. Köln 1978.

1979
Kramer, Lore, Ferdinand Kramer: „60 Jahre Bauhaus Weimar. Wissenschaftliches Kolloquium anläßlich des 60. Jahrestages der Gründung des Bauhauses Weimar vom 27.–29. Juni 1979", in: *BW* 70 (1979), 1204.
Schreiber, Jürgen: „Revolution aus dem Rathaus. Ernst May und sein Dezernat", in: *FR*, 24.12.1979.

1980
Kramer, Lore, Ferdinand Kramer: „Die Entstehung des Budgeheimes", in: *Archithese* 10 (1980), Nr. 2, 13–15.
„‚Man hätte mich ja auch mal fragen können …' Der berühmte Architekt Ferdinand Kramer zur Jubiläumsfeier ‚seiner' Siedlung", in: *FR*, 23.06.1980.
Schreiber, Jürgen: „Kosmetik auf Kosten der Ästhetik", in: *FR*, 14.03.1980.

1981
Kramer, Ferdinand: „Das Neue Frankfurt", in: *WuZ* 1981, Nr. 4, 34.
Kramer, Lore, Ferdinand Kramer: „Hommage à Loos: Begegnungen mit ihm", in: *BW* 72 (1981), 1877–1881.
Kramer, Lore, Ferdinand Kramer: „Soziale Nützlichkeit, Sachlichkeit war unser wesentliches Anliegen [Betr. Frankfurt a.M.].", in: *Neue Heimat* 28 (1981), Nr. 8, 20–29, 65.
Rahms, Helene: „Ein Avantgardist", in: *FAZ*, 28.11.1981.
Schreiber, Jürgen: „Bis zur Unkenntlichkeit entstellt. Das Rentnerhotel Budgeheim erscheint heute als Symbol zerstörter Zukunft", in: *FR*, 29.06.1981.

1982
Andritzky, Michael: „Interview mit Ferdinand Kramer", in: *Die Zwanziger Jahre des Deutschen Werkbunds* (Hg. Deutscher Werkbund). Gießen 1982.
Deutscher Werkbund (Hg.): *Die Zwanziger Jahre des Deutschen Werkbunds* (Werkbund-Archiv 10). Gießen 1982.
Ferdinand Kramer. Architektur und Design (Ausst.-Kat., Bauhaus-Archiv, Museum für Gestaltung Berlin, Ausst. 09.12.1982–23.01.1983]. Berlin 1982.
Kramer, Ferdinand: „Zu diesem Zeitpunkt: Ansprache anläßlich der Verleihung der Würde eines Doktor-Ingenieurs Ehren halber der TU München, 3.12.1981", in: *BW* 73 (1982), 569.
Kramer, Lore: „Berlin-Amsterdam 1920–1940", in: *BW* 73 (1982), 1096.
van Eekelen, Yvonne: „Beelden van bouwoptimisme", in: *Het Vaderland*, 08.06.1982.

1983
Marquart, Christian: „Keiner von den Old Boys aus Dessau. Architektur und Design von Ferdinand Kramer", in: *Stuttgarter Zeitung* 1983, Nr. 155, 37.
Posener, Julius: „Ferdinand Kramer 85 Jahre", in: *BW* 74 (1983), 73/74.
Sack, Manfred: „Bewundert, beschimpft – ein Funktionalist. Ferdinand Kramer, Architekt und Designer. Sein Prinzip heißt – Einfachheit", in: *Die Zeit* 38 (1983), Nr. 5, 34.

1984
Kramer, Ferdinand: „Ein Gelaufe um Anschluß", in: *WuZ* 32 (1984), Nr. 2, 47/48.
Wagner, Rudolf: „Pappdeckelhausen. 50 Jahre Westhausen/Frankfurt a. Main, BRD", in: *Aktuelles Bauen. Das schweizerische Bau-, und Architektur- und Planungsmagazin* 19 (1984), Nr. 4, 49–51.

1985
Edelmann, Thomas: „Schöne Grüße vom Barbaren", in: *TAZ*, 16.11.1985.
Kramer, Ferdinand, Lore Kramer: „Bauökonomische Strategien für das ‚Neue Frankfurt'", in: *Zur Ökonomie des neuen Bauens*. Stuttgart 1985, 131–154.
Posener, Julius: „Ferdinand Kramer 1898–1985. Die Phantasie des Exakten", in: *WuZ* 33 (1985), Nr. 4, 21.
Rahms, Helene: „Karge Epoche. Zum Tod des Architekten Ferdinand Kramer", in: *FAZ* 1985, Nr. 257, 25.
Schmidt, Doris: „Ein sanfter Pionier", in: *SZ*, 07.11.1985.

1986
Kramer, Ferdinand, Lore Kramer: „Erinnerungen an das „Neue Frankfurt", in: *BW* 77 (1986), 1054–1058.
Müller, Michael: „Ferdinand Kramer, 1895–1985", in: *Archithese* 16 (1986), 62–64.
Posenenske, Paul: „Die Moderne des Ferdinand Kramer", in: *Deutsches Architektenblatt*, Ausg. Baden-Württemberg 18 (1986), Nr. 6, 735–738.

1988
Posenenske, Paul: „Ferdinand Kramers Frankfurter Universitätsbauten vor dem Abriß?", in: *WuZ* 36 (1988), Nr. 1, 35/36.
Stock, Wolfgang-Jean: „Moderne vor dem Abriß", in: *SZ*, 14.03.1988.

1989
Kramer, Ferdinand: „Funktionelles Wohnen", in: Dagmar Lüder (Hg.): *Das Schicksal der Dinge*. Dresden 1989, 74–80.
Kramer, Ferdinand, Lore Kramer: „Wohnerfahrungen", in: Dagmar Lüder (Hg.): *Das Schicksal der Dinge*. Dresden 1989, 81–84.
Lüder, Dagmar (Hg.): *Das Schicksal der Dinge. Beiträge zur Designgeschichte*. Dresden 1989.

1991
Kabisch, Wolfgang: „Von der Chronik des angekündigten Todes und der Rettung durch geistiges Ping-pong-Spiel. Deutsches Design heute", in: *Daidalos* 40 (1991), 126–133.
Kaiser, Klaus (Hg.): *Architekten – Ferdinand Kramer* (IRB-Literaturauslese 3319). 1. Aufl. Stuttgart 1991.
Lichtenstein, Claude (Hg.): *Ferdinand Kramer. Der Charme des Systematischen: Architektur, Einrichtung, Design* (Ausst.-Kat., Museum für Gestaltung Zürich, Ausst. 05.06.–04.08.1991; Deutscher Werkbund, Frankfurt/M. in Zusammenarbeit mit | in cooperation with Deutsches Architekturmuseum Frankfurt/M., Ausst. 06.09.–20.10.1991; Bauhaus Dessau, Ausst. 06.11.1991–26.01.1992; Werkbund-Archiv 23; Wegleitung 380). 1. Aufl. Gießen 1991.
Müller, Michael: „Ferdinand Kramer und die Dialektik der Avantgarde", in: *WuZ* 39 (1991), Nr. 4, 17–25.
Peters, Ursula: „Ferdinand Kramer und ‚Das Neue Frankfurt'", in: *Monatsanzeiger/Germanisches Nationalmuseum* 128 (1991) 1026/1027.

1993
Kelly, Lore: „Das neue Frankfurt = Le nouveau Francfort", in: *Bau Doc Bull* 1993, Nr. 1, 5–12.
Kramer, Lore: „Ferdinand Kramer: Kontinuität und Weiterentwicklung im Exil", in: *Texte. Zur aktuellen Geschichte von Design und Architektur*. Walldorf/Hessen 1993, 38–2.
Kramer, Lore: „Ferdinand Kramers Türklinken für das Neue Frankfurt", in: *Texte. Zur aktuellen Geschichte von Design und Architektur*. Walldorf/Hessen 1993, 75.
Kramer, Lore: „Zu Ferdinand Kramers Arbeiten: Intention u. Realität", in: *Texte. Zur aktuellen Geschichte von Design und Architektur*. Walldorf/Hessen 1993, 76–83.
Kramer, Lore, Ferdinand Kramer: „Sozialer Wohnbau der Stadt Frankfurt am Main in den 20er Jahren", in: *Texte. Zur aktuellen Geschichte von Design und Architektur*. Walldorf/Hessen 1993, 88–92.
Tolmein, Gabriele: „Die großen Architekten. Tl.54. Ferdinand Kramer", in: *Häuser* 1993, Nr. 1, 51–62.

1994
Architekten. Ferdinand Kramer (IRB-Literaturauslese 3319). 2. Aufl. Stuttgart 1994.

1999
Ferdinand Kramer. Skizzen (L. Kramer). Frankfurt a. M. 1999.
Kramer, Ferdinand: „Individuelle oder typisierte Möbel?" (1928), in: *Theorien der Gestaltung. Grundlagentexte zum Design*. Frankfurt a. M. 1999, 49–51.

2000
HALLERBACH, Leif: *Wohnreform: Ferdinand Kramer und das neue Wohnen der 20er Jahre* (Ausst.-Kat., Bergische Universität GH Wuppertal FB 5, Ausst. 24.10. 2000–15.02.2001; Lehrstuhl für Kunst- und Designgeschichte). Wuppertal 2000.

2001
HANSEN, Astrid: *Die Frankfurter Universitätsbauten Ferdinand Kramers: Überlegungen zum Hochschulbau der 50er Jahre.* Weimar 2001.

2004
HALLERBACH, Leif: „Die Vielfalt des Seriellen: Ferdinand Kramers Entwürfe für d. Einrichtung d. Frankfurter Universität", in: *Werkbund-Hessen-Zeitung* 2004, 31–34.
KRAMER, Lore: „Zu Ferdinand Kramers Arbeiten – Intention und Realität: Auszüge aus e. Vortrag", in: *Werkbund-Hessen-Zeitung* 2004, 35–46.
LICHTENSTEIN, Claude: „Ferdinand Kramer: Rede zur Ausstellungseröffnung in d. Ausstellungshalle, Frankfurt vom 8. November 2003", in: *Werkbund-Hessen-Zeitung* 2004, 8–12.
„Symposion Ferdinand Kramer: d. letzte Kapitel d. Neuen Frankfurt – Ferdinand Kramer u. Bockenheim", in: *Werkbund-Hessen-Zeitung* 2004, 13–27.

2006
LANGHAGEN-ROHRBACH, Christian: *Senckenberganlage 36*. Frankfurt a. M. 2006.

2007
„Ferdinand Kramer", in: Peter GÖSSEL (Hg.): *Moderne Architektur A–Z*, Bd. 1: *A–K*. Köln et al. 2007, 540.
SELLE, Gert: *Geschichte des Designs in Deutschland*. Aktualisierte und erweiterte Ausgabe | updated and expanded edition. Online-Ausg. Frankfurt a. M. 2007.

2009
KONTOS, Georgios: „Ferdinand Kramer, Sohn der Moderne", in: *Wohnen. Aber wie?* Freiburg 2009, 31–38.

2010
DREYSSE, Dietrich Wilhelm: *Materialien zum Philosophikum*. Frankfurt a. M. 2010.

2011
QUIRING, Claudia: *Ernst May. 1886–1970*. München 2011.

2013
EDELMANN, Thomas: „Die Beständigkeit des Einfachen: Ferdinand Kramer (1898–1985) sorgt wieder für Gesprächsstoff", in: *Design-Report* 2013, Nr. 2, 58/59.
RÖTTELE, Stefan: „Ein Flügel für jedermann: wie der ‚Neue Frankfurt'-Planer Ferdinand Kramer ein Instrument entwickelte", in: *Amtsblatt/Stadt Frankfurt am Main*. Frankfurt a. M. 2013, 341.

2014
BREUER, Gerda: *Ferdinand Kramer. Design für variablen Gebrauch*. Tübingen 2014.
HANSEN, Astrid: „Die Architektur Ferdinand Kramers: genial oder banal?", in: *Frankfurt 1950–1959. Architekturführer*. Sulgen 2014, 108–115.
MATZAK, Matthias: *das neue frankfurt. Fotografische Sammlung von Matthias Matzak*. Tübingen 2014.
WAGNER K, Matthias: *Das Prinzip Kramer. Design für den variablen Gebrauch* (Begleitheft zur Ausstellung | booklet on the exhibition). Frankfurt a. M. 2014.
WURM, Fabian: *Ferdinand Kramer, SSP SchürmannSpannel, Forschungszentrum BiK-F, Frankfurt am Main* (Opus 77). Stuttgart 2014.

Abkürzungen | Abbreviations

GTA Zürich	Archiv des Instituts für Geschichte und Theorie der Architektur, ETH Zürich | Archive of the Institute for the History and Theory of Architecture, ETH Zurich
ISG	Institut für Stadtgeschichte | Institute for Municipal History, Frankfurt am Main
Jourdan 1982	Jochem Jourdan, „Werkverzeichnis", in: Bauhaus-Archiv (Hg.): *Ferdinand Kramer. Architektur & Design* (Ausst.-Kat.). Berlin 1982
Lichtenstein 1991	Claude Lichtenstein (Hg.): *Ferdinand Kramer. Der Charme des Systematischen* (Ausst.-Kat.). Gießen 1991
PA Kramer	Privatarchiv | Private archive Kramer
Risse 1984	Heike Risse: *Frühe Moderne In Frankfurt am Main, 1920–1933. Architektur der zwanziger Jahre in Frankfurt a.M. Traditionalismus, Expressionismus, Neue Sachlichkeit.* Frankfurt a.M. 1984

ARev	Architectural Review (London)
AW	Architektur und Wohnform
BH	Deutsche Bauhütte
BING	Der Bauingenieur
BM	Der Baumeister
BuW	Baukunst und Werkform
BuWo	Bauen und Wohnen
BW	(Die) Bauwelt
BZ	Die Bauzeitung
DF	Die Form – Zeitschrift für gestaltende Arbeit
DNF	Das Neue Frankfurt
DNS	Die Neue Stadt
FAZ	Frankfurter Allgemeine Zeitung
FN	Frankfurter Nachrichten
FR	Frankfurter Rundschau
FZ	Frankfurter Zeitung
MfBS	Monatshefte für Baukunst und Städtebau
NP	Frankfurter Neue Presse
SZ	Süddeutsche Zeitung
TAZ	Die Tageszeitung
WMfB	Wasmuths Monatshefte für Baukunst (und Städtebau)
WuZ	Werk und Zeit
ZdB	Zentralblatt der Bauverwaltung

CQ	Claudia Quiring
JB	Julian Bindi
PK	Peter Körner
PS	Philipp Sturm
WV	Wolfgang Voigt

Abb.	Abbildung(en) | illustration(s)
Arch.	Archivalien | records
Ausg.	Ausgabe | issue
Aufl.	Auflage | edition
Ausst.	Ausstellung | exhibition
Ausst.-Kat.	Ausstellungskatalog | exhibition catalogue
Bd.	Band | volume
Beil.	Beilage | supplement
Hg.	Herausgeber | editor
Leg.	Legende | key
Lit.	Literaturhinweise | bibliographical references
SD	Sonderdruck | special print
Sh.	Sonderheft | special issue

Autoren

Julian Bindi, geb. 1995 in Wiesbaden. 2014/15 Freiwilliges Soziales Jahr in der Denkmalpflege am Deutschen Architekturmuseum, Frankfurt am Main.

Enrico Dunkel, geb. 1979 in Boizenburg/Elbe, Kunsthistoriker. Seit 2012 Kurator der Kunstsammlung im Universitätsarchiv Frankfurt. Doktorand an der Goethe-Universität mit der Dissertation „Die Baugeschichte der Goethe-Universität".

Christian Freigang, geb. 1959 in München, Kunsthistoriker. 2003–2012 Professor für Kunst- und Architekturgeschichte, Goethe-Universität Frankfurt am Main, seit 2012 Professor am Kunsthistorischen Institut der Freien Universität Berlin.

Alexander Kluge, geb. 1932 in Halberstadt, Rechtsanwalt, Filmemacher und Schriftsteller. Für sein filmisches und literarisches Werk erhielt er den Grimme-Preis, den Georg-Büchner-Preis, den Heinrich-Heine-Preis und das Bundesverdienstkreuz.

Peter Körner, geb. 1981 in Frankfurt am Main, Innenarchitekt. Seit 2010 freier Kurator am Deutschen Architekturmuseum, Frankfurt am Main. Kurator der Ausstellung *Linie Form Funktion. Die Bauten von Ferdinand Kramer.*

Lore Kramer, geb. 1926 in Berlin. 1956–1974 Dozentin für Keramik, Werkkunstschule Offenbach am Main, 1974 Professorin im Fachbereich Produktgestaltung, Schwerpunkt Designgeschichte, Hochschule für Gestaltung Offenbach am Main.

Martin Mosebach, geb. 1951 in Frankfurt am Main, Jurist. Seit 1980 freier Schriftsteller in seiner Geburtsstadt; sein letzter Roman ist *Das Blutbuchenfest.*

Wolfgang Pehnt, geb. 1931 in Kassel, Architekturhistoriker. 1957–1963 Lektor im Verlag Gerd Hatje, Stuttgart, 1963–1995 Redakteur und Leiter der Abteilung Literatur und Kunst beim Deutschlandfunk, Köln, 1995–2009 Lehrtätigkeit an der Ruhr-Universität Bochum.

Claudia Quiring, geb. 1971 in Hofgeismar, Kunsthistorikerin. Seit 2010 freie Kuratorin am Deutschen Architekturmuseum, Frankfurt am Main. Kuratorin der Ausstellung *Ernst May (1886–1970). Neue Städte auf drei Kontinenten.* Projektleiterin des Lexikons *Akteure des Neuen Frankfurt. Biografien aus Architektur, Politik und Kultur.*

Matthias Schirren, geb. 1957 in München, Kunsthistoriker. Seit 2006 Professor für Geschichte und Theorie der Architektur an der Technischen Universität Kaiserslautern. Ausstellungen zu Leitfiguren moderner Architektur (Hans Poelzig, Hugo Häring, Richard Meier).

Philipp Sturm, geb. 1976 in Suhl, Politikwissenschaftler. Seit 2008 freier Kurator am Deutschen Architekturmuseum, Frankfurt am Main. Kurator der Ausstellung *Linie Form Funktion. Die Bauten von Ferdinand Kramer.*

Wolfgang Voigt, geb. 1950 in Hamburg, Architekt. Seit 1997 wissenschaftlicher Mitarbeiter und stellvertretender Direktor am Deutschen Architekturmuseum, Frankfurt am Main. Kurator und Autor vieler Ausstellungen und Publikationen zur Architekturgeschichte des 20. Jahrhunderts; u. a. der Ausstellung *Linie Form Funktion. Die Bauten von Ferdinand Kramer.*

Fabian Wurm, geb. 1957 in Essen, Literaturwissenschaftler und Soziologe. Er arbeitet als freier Journalist und ist Autor des 2013 erschienenen Buches über den Umbau von Ferdinand Kramers Pharmaziegebäude zum Forschungszentrum BiK-F.

Authors

Julian Bindi, born 1995 in Wiesbaden. 2014/15 voluntary social year in monument preservation at the *Deutsches Architekturmuseum* (The German Museum of Architecture, or DAM), Frankfurt/Main.

Enrico Dunkel, born 1979 in Boizenburg/Elbe, art historian. Curator for the Frankfurt University Archive's art collection. Doctoral candidate at the Goethe University with a dissertation on the building history of the Goethe University.

Christian Freigang, born 1959 in Munich, art historian. 2003–12 professor for History of Art and Architecture at the Goethe University, Frankfurt/Main, since 2012 professor at the Institute of Art History of the Free University of Berlin.

Alexander Kluge, born 1932 in Halberstadt, lawyer, filmmaker and author. Received the Grimme Prize for his cinema and literary work, the Georg Büchner Prize, the Heinrich Heine Prize and the Order of Merit of the Federal Republic of Germany.

Peter Körner, born 1981 in Frankfurt/Main, interior designer. Since 2010 free-lance curator for the Deutsches Architekturmuseum, Frankfurt/Main. Curator of the exhibition *Line Form Function. The Buildings of Ferdinand Kramer.*

Lore Kramer, born 1926 in Berlin. 1956–74 lecturer on ceramics at the *Werkkunstschule* (Crafts School) Offenbach/Main, 1974 professor for Product Design with a focus on history of design at the Academy of Art and Design in Offenbach/Main.

Martin Mosebach, born 1951 in Frankfurt/Main, jurist. Since 1980 free-lance author in his hometown; his latest novel is *Das Blutbuchenfest.*

Wolfgang Pehnt, born 1931 in Kassel, historian of architecture. 1957–63 editor in Gerd Hatje's publishing company, Stuttgart, 1963–95 editor and director of department of Literature and Art at the *Deutschlandfunk* radio station, Cologne, 1995–2009 lecturer at the Ruhr University in Bochum.

Claudia Quiring, born 1971 in Hofgeismar, art historian. Since 2010 free-lance curator for the *Deutsches Architekturmuseum*, Frankfurt/Main. Curator of the exhibition *Ernst May (1886–1970). New Cities on three Continents.* Project director for the reference work *Akteure des Neuen Frankfurt. Biografien aus Architektur, Politik und Kultur.*

Matthias Schirren, born 1957 in Munich, art historian. Since 2006 professor for History and Theory of Architecture at the Technical University Kaiserslautern. Exhibitions on leading figures of modern architecture (Hans Poelzig, Hugo Häring, Richard Meier).

Philipp Sturm, born 1976 in Suhl, political scientist. Since 2008 free-lance curator for the *Deutsches Architekturmuseum*, Frankfurt/Main. Curator of the exhibition *Line Form Function. The Buildings of Ferdinand Kramer.*

Wolfgang Voigt, born 1950 in Hamburg, architect. Since 1997 research associate and deputy director at the *Deutsches Architekturmuseum*, Frankfurt/Main. Curator and author for many exhibitions and publications on the architectural history of the 20th century, among them the exhibition *Line Form Function. The Buildings of Ferdinand Kramer.*

Fabian Wurm, born 1957 in Essen, literary scholar and sociologist. Works as free-lance journalist and authored in 2013 the book about the conversion of Ferdinand Kramer's pharmacy building into the Research Center BiK-F.

Bildnachweis | Photo Credits

Umschlag | Cover: PA Kramer. Foto | Photo: Ferdinand Kramer

Frontispiz | Frontispiece: PA Kramer. Foto | Photo: Horst Trebor Kratzmann

Einführung | Introduction
1, **2**: Norbert Miguletz

Beitrag von | Essay by C. Quiring
1, **2**, **19**: ISG – **1**: S7Wo., Foto | Photo: Paul Wolff; **2**: S7Wo/552: Foto | Photo: Paul Wolff; **19**: S8–9/285-1
3, **5**, **6**, **11**, **13–16**, **18**, **20**: PA Kramer – **16**, **20**: Fotos | Photos: Elisabeth Hase; **5**, **15**: Fotos | Photos: Paul Wolff
4, **8**, **10**: *DNF* – **8**: 5/1928, Cover; **10**: 11–12/1928, 220; **4**: 2–3/1930, 52
7: Risse 1984, 101
9: *DF* 7/1928, 223. Foto | Photo: Hans Collischonn
12: GTA Zürich, Nachlass | Estate Werner Moser
17: Jourdan 1982, 57

Beitrag von | Essay by W. Voigt
1, **2**, **4–7**, **12**, **13**, **15**: PA Kramer – **1**: Foto | Photo: Ferdinand Kramer; **5**: *Popular Science Magazine*, Dec. 1945; **15**: Foto | Photo: Marc V.
3: Erika & Klaus Mann: *Escape to Life*. Boston 1939
8: Gesellschaft für Sozialforschung e. V. (Hg.): *Institut für Sozialforschung an der Universität Frankfurt am Main*. Frankfurt a. M. 1925
9, **11**, **16**: Wolfgang Voigt
10: Ullsteinbild
14: Sigfried Giedion: *Time Space and Architecture. The Growth of a new Tradition*. Cambridge/MA 1956
17–19: Barbara Klemm
20: Norbert Miguletz
21: ISG S7C/1998/23.417

Beitrag von | Essay by P. Sturm
1, **6**, **8–16**, **18**, **19**: PA Kramer – **9**: Foto | Photo: Englert; **10**, **12**, **14**, **18**: Fotos | Photos: Ferdinand Kramer; **11**: Foto | Photo: Herbert Schwöbel
2: historisches museum frankfurt | historical museum frankfurt
3: Martin Elsaesser: *Bauten und Entwürfe aus den Jahren 1924–1932*. Berlin 1933
4: *BW* 33/1935, 3
5: *BM* 5/1952, 297
7, **17**: ISG – **7**: S7C1998/23.242. Foto | Photo: Aero-Lux; **17**: S7C1998/23.518

Beitrag von | Essay by L. Kramer
1–5, **8**, **12**: PA Kramer
6: Deutsches Architekturmuseum Frankfurt | German Architecture Museum (DAM)
7: Gustav Adolf Platz: *Die Baukunst der neuesten Zeit*. Berlin 1927
9, **10**: Wolfgang Voigt
11: Deutscher Werkbund: *Bau und Wohnung*. Stuttgart 1927
13: Norbert Miguletz
14: Wikimedia Commons

Beitrag von | Essay by W. Pehnt
1, **2**, **7**: PA Kramer – **2**: Foto | Photo: Grieshaber; **1**: Foto | Photo: Sigrid Neubert
3, **4**: Universitätsarchiv Frankfurt am Main | University Archive, Frankfurt/Main
5: Wikimedia Commons
6: ISG S7C1998/23.342
8: Sigfried Giedion: *Walter Gropius. Mensch und Werk*. Stuttgart 1954
9: Gerd Hatje, Hubert Hoffmann: *Neue Deutsche Architektur*. Stuttgart 1956

Beitrag von | Essay by C. Freigang
1: ISG S7C1998/23.398
2: Uwe Dettmar
3: Karsten Ratzke
4, **6**, **7**: PA Kramer – **4**: Foto | Photo: Ferdinand Kramer
5, **8**: *BuW* – **5**: 1955, Nr. 2, 685; **8**: 1956, 116
9: Norbert Miguletz

Beitrag von | Essay by F. Wurm
1, **5**: Norbert Miguletz
2: Bundesarchiv | Federal Archives, B 145 Bild-F006599-0004. Foto | Photo: Rolf Unterberg
3: Hessisches Ministerium für Wissenschaft und Kunst | Hesse Ministry for Science and the Arts
4, **6**, **8–10**, **12**, **13**: PA Kramer – **4**, **6**, **9**: Fotos | Photos: Paul Förster; **10**: Foto | Photo: Ferdinand Kramer
7: Carsten Krohn: *Mies van der Rohe. Das gebaute Werk*. Basel 2014, 111. Foto | Photo: Carsten Krohn
11: Stefan Forster Architekten

Beitrag von | Essay by E. Dunkel
1–5: Universitätsarchiv Frankfurt | University Archive, Frankfurt/Main

A. Kluge im Gespräch mit | in discussion with M. Schirren
1–3, **7–10**: PA Kramer – **3**: Foto | Photo: Ferdinand Kramer; **1**, **2**, **8**: Fotos | Photos: Sigrid Neubert
4: Peter Körner
5, **6**: Universitätsarchiv Frankfurt am Main | University Archive, Frankfurt/Main

M. Mosebach im Gespräch mit | in discussion with W. Voigt & P. Sturm
1, **4–8**, **11**: Norbert Miguletz
2: ISG S7C1998/23.435
3: Universitätsarchiv Frankfurt am Main | University Archive, Frankfurt/Main
9, **10**: PA Kramer
12: Barbara Klemm

Biografische Chronik | Biographical Timeline
1–5: PA Kramer – **3**: Foto | Photo: N. C. Hess; **4**: Foto | Photo: Ferdinand Kramer; **5**: Foto | Photo: Herbert Schwöbel

Werkverzeichnis | List of Works. Frankfurt am Main 1923–1937

1–4, **6**, **7**, **11**, **12**, **14**, **16**, **20**, **22**, **23**, **26**, **28–30**: PA Kramer – **1**, **4**: Fotos | Photos: Hermann Collischon; **20**, **22**, **29**, **30**: Fotos | Photos: Elisabeth Hase; **11**, **12**: Fotos | Photos: Ferdinand Kramer; **14**: Foto | Photo: Grete & Hans Leistikow; **6**, **7**, **16**: Fotos | Photos: Paul Wolff
5, **15**, **24**: ISG – **5**: S7A1998/11.338; **15**: S7A1998/12.017; **24**: S8–9/285-2
8, **9**, **21**: *DNF* – **8**, **9**: 11–12/1928, 221; **21**: 1/1931, 19. Foto | Photo: Hanah Reeck
10: Archiv | Archive Christoph Mohr
13, **17–19**: Norbert Miguletz
25, **27**, **31–33**: Peter Körner

Werkverzeichnis | List of Works. USA 1938–1952

1–8, **10–12**: PA Kramer – **2**: Foto | Photo: John Guss;
4: Ferdinand Kramer
9: *Ladies' Home Journal*

Werkverzeichnis | List of Works. Frankfurt am Main 1952–1974

1–8, **10–13**, **15**, **17–20**, **22**, **26–29**, **31**, **32**, **34–38**, **41–44**, **46–55**, **58**, **62–65**, **70**, **72**, **73**, **77–80**, **82**, **83**, **85**, **87**, **91**, **92**, **94**, **95**, **97**, **99–101**, **103**, **104**: PA Kramer – **47**: Foto | Photo: Uwe Dettmar; **27**, **29**, **31**, **32**: Fotos | Photos: Paul Förster; **80**: Foto | Photo: Grieshaber; **2**, **3**, **6**: Fotos | Photos: Sigrid Neubert; **7**, **12**, **13**, **52**, **94**, **95**, **97**, **99–101**, **103**, **104**: Fotos | Photos: Ferdinand Kramer; **17–20**, **22**, **34**, **37**, **38**, **73**, **79**: Fotos | Photos: Herbert Schwöbel
9, **14**, **21**, **24**, **25**, **30**, **56**, **59**, **61**, **66**, **74**, **75**, **81**, **86**, **93**, **96**, **102**: Norbert Miguletz
16, **23**, **33**, **40**, **45**, **57**, **60**, **67**, **68**: Universitätsarchiv Frankfurt am Main | University Archive, Frankfurt/Main – **16**, **23**, **33**, **40**, **45**, **57**, **60**: Fotos | Photos: Uwe Dettmar
39: Uwe Dettmar
69, **71**, **76**: ISG – **71**: S7C1998/23307;
76: ISG S7C1998/23383
84, **88**: Universitätsbibliothek, Archivzentrum, Frankfurt am Main | University Library, Archives Center, Frankfurt/Main – **84**: Foto | Photo: Foto-Boese; **88**: Foto | Photo: Inge Werth
89, **90**: *BW* 55/1964, 1091
98: Wolfgang Voigt

Register | Index

Für die Ausstellung *Linie Form Funktion – Die Bauten Ferdinand Kramers* gefertigte Modelle

Models built for the exhibition *Line Form Function – The Buildings of Ferdinand Kramer*

Modellbau: Technische Universität Kaiserslautern, Fachbereich Architektur
Prof. Dr. Matthias Schirren, Juniorprof. Andreas Kretzer

Wohnhaus Ella Erlenbach, Frankfurt am Main, 1929/30
Ella Erlenbach residence, Frankfurt/Main, 1929/30
Alexander Schuster

Siedlung Westhausen, Frankfurt am Main, 1929–1931
Westhausen Settlement, Frankfurt/Main, 1929–1931
Mara Jörke

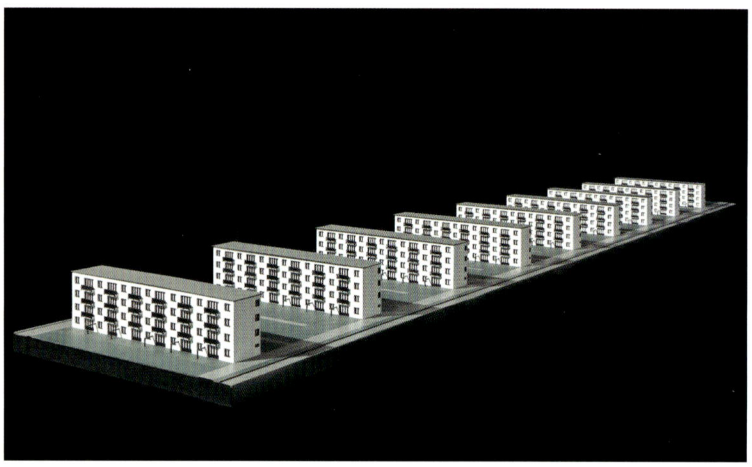

Siedlung Westhausen, Frankfurt am Main, 1929–1931
Westhausen Settlement, Frankfurt/Main, 1929–1931
Mara Jörke

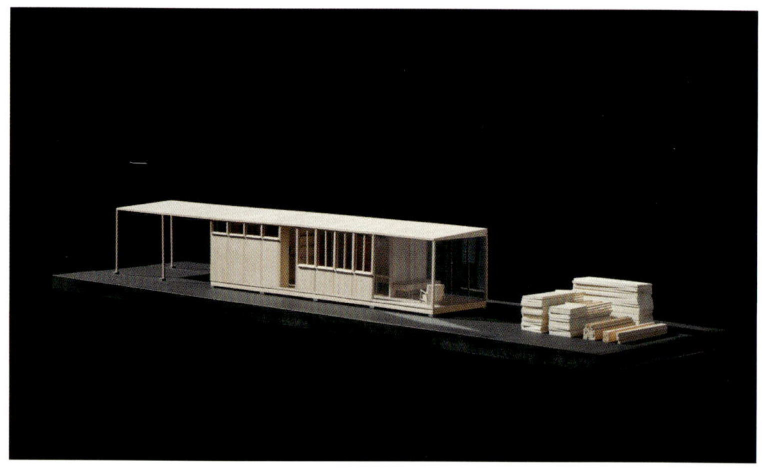

Projekt Wochenendhäuser, nicht ausgeführt, 1944
Weekend house project, not implemented, 1944
Karol Wolczyk

Hauptportal Jügelhaus, Frankfurt am Main, 1953
Jügelhaus main entryway, Frankfurt/Main, 1953
Sebastian Gille

Wochenend- und Ferienhaus Albert v. Metzler, Arnoldshain/Taunus, 1957
Weekend and vacation home for Albert v. Metzler, Arnoldshain/Taunus, 1957
Sarah Kannan

Impressum Ausstellung | Imprint Exhibition

Linie Form Funktion. Die Bauten von Ferdinand Kramer
28. November 2015 bis 1. Mai 2016

Line Form Function. The Buildings of Ferdinand Kramer
November 28, 2015 – May 1, 2016

Direktor | Director: Peter Cachola Schmal
Kuratoren | Curators: Wolfgang Voigt, Philipp Sturm, Peter Körner
Praktikant | Trainee: Julian Bindi
Öffentlichkeitsarbeit | Public relations: Brita Köhler, Stefanie Lampe, Lisa Katzenberger
Kuratorin Architekturvermittlung | Education Curator: Christina Budde
Führungen | Guided tours: Yorck Förster
Ausstellungsdesign | Exhibition design: Deserve Wiesbaden/Berlin, Mario Lorenz
DAM Corporate Design: Gardeners, Frankfurt am Main
Sammlungsleitung | Head of Archives: Inge Wolf
Bibliothek | Library: Erich Wagner
Registrar | Registrar: Wolfgang Welker
Sekretariat | Director's office: Inka Plechaty
Verwaltung | Administration: Jacqueline Brauer
Aufbau | Installation: Marina Barry, Paolo Brunino, Ulrich Diekmann, Enrico Hirsekorn, Caroline Krause, Eike Laeuen, Michael Reiter, Angela Tonner, Gerhard Winkler, Valerian Wolenik unter der Leitung von | under the direction of Christian Walter
Modellrestaurierung | Model conservation: Christian Walter
Rahmung | Framing: Angela Tonner, Valerian Wolenik
Haustechnik | Museum Technician: Joachim Müller-Rahn

Leihgeber | Lenders:
Privatarchiv Kramer, Frankfurt am Main
Institut für Stadtgeschichte, Frankfurt am Main
Universitäts-Archiv, Frankfurt am Main
Universitätsbibliothek, Archivzentrum, Frankfurt am Main
Stefan Forster Architekten, Frankfurt am Main

Modellbau | Model making:
Technische Universität Kaiserslautern, Fachbereich Architektur

Mit freundlicher Unterstützung von | With kind support of:
Kulturfonds Frankfurt RheinMain
Gesellschaft der Freunde des DAM
Wohnungsbaugesellschaft RMW
Architekten- und Stadtplanerkammer Hessen

Danksagung | Acknowledgements:
Marietta Andreas, Helge Aszmoneit, Julian Bindi, Uwe Dettmar, Enrico Dunkel, Walther Dunkl, Stefan Forster, Christian Freigang, Andrea Gleiniger, Christoph Gödde, Angela Hausinger, Ulrike Heinisch, Jonathan Quinn Jacobs, Annemarie Jaeggi, Mathias Jehn, Frank Juncker, Barbara Klemm, Alexander Kluge, Lore Kramer, Andreas Kretzer, Claude Lichtenstein, Michael Maaser, Norbert Miguletz, Martin Mosebach, Rolf Muhr, Annegert Nitschke, Susanne Olms, Wolfgang Pehnt, Katharina Pennoyer, Theodora Ruppenthal, Claudia Quiring, Matthias Schirren, Heiner Schnelling, Barbara Schreiber, Frank Schreiber, Anna Alexandra Süß, Rolf Toyka, Erich Wagner, Bernhard Wirth, Fabian Wurm

Impressum Katalog | Imprint Catalogue

Diese Publikation erscheint anlässlich der Ausstellung
Linie Form Funktion. Die Bauten von Ferdinand Kramer
28. November 2015 bis 1. Mai 2016
Deutsches Architekturmuseum
Dezernat für Kultur und Wissenschaft
Stadt Frankfurt am Main

This catalogue is published in conjunction with the exhibition
Line Form Function. The Buildings of Ferdinand Kramer
November 28, 2015 – May 1, 2016
at the Deutsches Architekturmuseum,
Department of Culture and Science,
City of Frankfurt am Main

Herausgeber | Editors:
Wolfgang Voigt, Philipp Sturm, Peter Körner, Peter Cachola Schmal
Redaktion | Editing: Philipp Sturm, Peter Körner
Bibliografie | Bibliography: Erich Wagner
Lektorat | Copy editing: Sigrid Hauser
Übersetzungen | Translations: Geoffrey Steinherz
Korrektorat englisch | Proofreading English: Jonathan Quinn Jacobs
Gestaltung, Satz, Herstellung | Graphic design and typesetting, production management: Rosa Wagner
Digitalisierung | Digitalization: Privatarchiv Kramer, Frankfurt am Main, Katharina Pennoyer
Repros | Art work: REPROMAYER, Reutlingen
Druck und Bindung | Printing and binding:
AZ Druck und Datentechnik, Kempten
Schrift | Typeface: Thesis
Papier | Paper: 150 g/qm Maxisilk (Novatech matt), FSC Mix Credit

MIX
Papier aus verantwortungsvollen Quellen
FSC® C008457

Die Deutsche Nationalbibliothek verzeichnet diese Publikation in der Deutschen Nationalbibliografie; detaillierte bibliografische Daten sind im Internet über http://www.dnb.de abrufbar. | The Deutsche Nationalbibliothek holds a record of this publication in the Deutsche Nationalbibliografie; detailed bibliographical data can be found under: http://www.dnb.de

The Library of Congress Cataloguing-in-Publication data is available.
British Library Cataloguing-in-Publication Data: a catalogue record for this book is available from the British Library.

ISBN 978 3 8030 0797 1 (Buchhandelsausgabe | Trade edition)
ISBN 978 3 8030 0797 5 (Museumsausgabe | Museum edition)
Printed in Germany

Mit freundlicher Unterstützung von | With kind support of:

KULTURFONDS
Frankfurt RheinMain

THE FLAG
A DIFFERENT PLACE

Architekten- und
Stadtplanerkammer Hessen

DAM
GESELLSCHAFT
DER FREUNDE DES
DEUTSCHEN
ARCHITEKTUR
MUSEUMS E.V.